叢書・ウニベルシタス　883

ユダヤ女 ハンナ・アーレント

経験・政治・歴史

マルティーヌ・レイボヴィッチ
〔ピエール・ヴィダル＝ナケ 序文〕
合田正人 訳

法政大学出版局

Martine Leibovici
HANNAH ARENDT, UNE JUIVE
Expérience, politique et histoire

アウシュヴィッツで殺された
アンリ・レイボヴィッチ、マルセル・レイボヴィッチ、
サビーヌ・フレンケルの思い出に、
そして私の父サムエル・レイボヴィッチの思い出に

目次

序文

大学の慣例にはよいところがあって、それは記載されたものがきちんと残されているということである。それゆえ、私がマルティーヌ・レイボヴィッチと初めて接したのは一九九六年の四月五日のことであったと正確に記すことができる。このとき、私はある博士論文を審査するための審査委員会の一員であった。この論文の題名が私の上梓した書物の題名とほとんど変わらないものであり、論文の指導教授であるソニア・ダヤン＝ヘルツブランのご厚意で呼ばれることになったのだ。

われわれは満場一致でこの研究が見事なものであると審議を下したし、私自身、この論文がこれまた卓抜な一冊の書物となって出版されることに今日でも大いなる喜びを感じている。

ハンナ・アーレント（1907–1975）が成人してからの生涯を生きていくことになるのは、生誕地であるドイツ、亡命地であるフランス、アメリカの大学世界や社会の外＝余白だけではない。彼女はそこを横断しながら生き抜き、順応主義の流れを堰き止めていくことになる。このことは政治哲学への彼女の関わりと同様ユダヤ人としての彼女の経験にもあてはまる。彼女の政治哲学は、その多くをドイツの古典哲学ならびに現代哲学に負っているだけではなく、彼女が頻繁に目を向けていたギリシア人にも負っているのだ。ともすれば、ユダヤ人であり同時にギリシア人であることなど誰にもできないと言われるだろう。しかし、その生涯と著作を通じてハンナ・アーレントは正反対の事態を示すことになる。プラトンの『プロタゴラス』において、彼女が前五世紀の偉大なソフィストから学んだのは、すべての人間存在には政治的領野で行動し語る資格が与えられている、ということであった。しかし、彼女の実存的な経験は、即座にヒトラー主義という現象の本質を見定めたひとりのユダヤ女としての経験である。それは、彼女の教師のひとりであるマルティン・ハイデガーが総統（le Führer）のうちでドイツ国民の現存在（*le Dasein du peuple allemand*）を称揚したときであり、また、その死によって一九六九年に終止符が打たれることになる友情を彼女と保ち続けたもうひとりの教師、カール・ヤスパースが一九三三年一月ナショナリストの青年に訴えかけることをいまだ有効と考えていたときであった(1)。彼女は書いている。「私にとって、ドイツ語とは母語であり、哲学であり、文学の創造なのです。こうしたことはすべて支持できますし、またそうするのが当然でしょう。しかし、そこから距離をとることもまた必要なのです」。実際、彼女は生涯を通じてこの距離を保ち続けるだろう。ユダヤ人であるにもかかわらず、彼女は聖アウグスティヌスについての論文を書いている。亡命中、彼女はシオニスト組織のために尽力する一方で、一九四五年以降のシオニズムに対してはおよそ最も辛辣な批判のうちのひとつをぶつけることにもなる。彼女は、エルサレムのヘブライ大学学長で亡命者であったマグネスと知り合う。このひとは、「アラブの人々となおも理解し合おうと努める唯一の集団のリーダー(2)」であり、彼女は彼の悲観的な、更には絶望的な分析を共有することになる。

しかしながら、彼女が第二次世界大戦中にユダヤの軍隊という考えを主張したのは、これと何ら矛盾することではない。これは、彼女がウラジーミル・ジャボチンスキーの立ち上げた党派のごとき「修正主義者」になってしまったということではなく、そうした軍隊によって「ユダヤの民」が人々の目に見えるようになり、反‐ヒトラー同盟の交戦員になることができ、それによって大量殺戮をより困難にすることを求めた主張であったのだ。

一九四三年にはすでに彼女はこうした大量殺戮に気づいていたが、その当時ヨーロッパのユダヤ人の運命を覆っていたのは恐るべき沈黙であった。以後、彼女のナチスに対する憎悪が弱まることが決してないとしても、幼稚な反ゲルマン主義に彼女が与することはないだろう。というのも、彼女は、ドイツを産業なき国家にすることを目論むルーズヴェルト内閣の大臣、モーゲンソーの計画がグロテスクで危険なものであるのを見抜くことになるからだ。一九四五年以降、彼女はヤスパースとの知的関係を取り戻し、その後マルティン・ハイデガーとも再び関係を築くこととなる。

彼女は実に早くからスターリン主義という現象の本質を見抜いており、「全体主義」という概念の創始者のひとりでもあったのだが、マッカーシズムには反対であったし、合衆国に逃げ場を見つけた多くの「エクス・コミュニスト（共産党転向者）」による反共産主義の熱狂を表すための強硬な言葉も持ち合わせていなかった。彼女の考えでは、アメリカの革命こそが真の革命であってロシア革命はそうではない、真の革命はマルクス主義的なものではない。しかし、彼女はマルクスを尊敬していたし、彼女だけがもうひとりのユダヤの偉大な女性、ローザ・ルクセンブルクについて、マルクスについてと同じく心のこもった人物描写をすることができたのだ。(3)

一九六一年、『ニューヨーカー』誌によってアイヒマンの裁判に派遣されて、彼女はそのルポを書く。これが『エルサレムのアイヒマン』であり、ユダヤの支配階層のなかで物議を醸すことになる。彼女が自分の言葉に慎重さを欠いたのは本当である。彼女は、多くの有力なユダヤ人がナチの企みに協力したという禁忌の主題に手を触れたのだ。すなわち、絞首刑にされた者の対独協力という禁忌の主題に。彼女はアイヒマンのうちに怪物を見るのではなく、恐るべき「悪の凡庸さ」を描き出し、決然と婚姻に関するイスラエルの法体系をニュルンベルク法と比較するのだ。

一九六八年、彼女はダニエル・コーン＝ベンディットに宛てて、「友人であったあなたのお父さんはあなたのことを誇りに思っていました」と書いている。「二一世紀の子供たちは一九六八年のある一日を学ぶことでしょう。われわれが一八四八年を学んだように[4]」。

「ユダヤの民の娘」――アーレントは自分でそう言うのが好きだったのだが――ハンナ・アーレントは、現代の世界に対して、社会学者が言うような「参加しながらの観察」という状況のうちにいた。この「参加しながらの観察」という同じ関係によって、マルティィーヌ・レイボヴィッチのハンナ・アーレントの著作に対する関係は特徴づけられる。彼女は著作の流れに入っていき、それに同一化し、あちこちで距離をとり、全人生を批判に捧げた者に対しても批判的になり、著作から身を引き剝がしそれをよりよく評価する、といったことを同時に行うことができる。

それゆえ、この実に美しい書物の中心には、経験つまり実存的関係と政治と歴史が同時に存在している。ハンナ・アーレントは歴史を問い、数々の歴史家のものを読んではいるが、みずからは歴史家になることはない。この領野において彼女は危うく難を脱したのだ、とさえ言えるだろう。カール・ヤスパース宛の最初の手紙――一九二六年七月一六日の日付――で、彼女は自問している。「歴史のなかに身を沈めること、それはしたがって、適当な事例の豊かな鉱脈をひたすら見つけようとすることを意味するのでしょうか」。ユダヤの歴史が彼女に教えるもの――マルティィーヌ・レイボヴィッチは見事にそれを示しているが――、それはマイノリティとして生存する可能性である。そこから、一民族国家ならざる合衆国に対する彼女の愛情が、シオニズムに対する彼女の逆説的な関係が帰結する。こうした関係は実り豊かな不安定さに特有のもので、私の考えでは、この不安定さこそがマルティィーヌ・レイボヴィッチの理解するハンナ・

アーレントの著作の真価を形成しているのだ。

経験、歴史、政治という三語を採り上げよう——ただしアーレントの思考においてそれらが組み合わされているのと同じ仕方で。ハンナ・アーレントは宗教的ではない。しかし、マルティーヌ・レイボヴィッチは、彼女の著作のうちでヘブライの唯一の祈りの言葉が言及されている箇所を見つけた。イスラエルに関しては、彼女はとても早くから神権政治に類似しうるあらゆるものを警戒してきた。イディッシュ語も、フランツ・カフカが書いたことを通してごくわずかに知っているだけだ。もっともこのことから、われわれはイディッシュ語とドイツ語の関係について深く考察する意義を得るのだが。東欧のユダヤ人たちは第二次世界大戦の直前にユダヤ「準 - 国家」（マクシム・ロダンソン）の民衆になっていたのだが、アーレントは彼らについてもよく知らなかった。セファラディの世界についてはまったく知らなかった。彼女が極端に批判的ながらも同意を示していたシオニズムとは、彼女にとってはユダヤ人女として反ユダヤ主義に応答する手段なのだった。

ユダヤの歴史において、彼女はふたつの理念的タイプを採り上げた。すなわち、成り上がり者とパーリアで、それらはアーレントにとってはマックス・ウェーバーと同時にベルナール・ラザールに由来するものだった。後者はというと、近代の全体主義の予兆と共に起こったドレフュス事件におけるフランス系ユダヤ人の英雄である。成り上がり者は「宮廷ユダヤ人」の遠い継承者である。彼は指導的な階級に同化するというよりはそこへ紛れ込む。「宮廷ユダヤ人」の子孫たるロスチャイルド家は、成り上がり者の世界の古典的な例であろう。アルベルト・バリンはドイツの主要な船舶会社の経営者で、一九一八年の敗北時に自殺するのだが、彼もまた成り上がり者のよい例である。ハンナ・アーレント自身がパーリアとしての生活を体験したのは、一九三三年から一九四一年にかけてフランスへの亡命中のことであった。これは、アーサー・ケストラーが「地上のごみ」と呼んだものを象徴するギュルスのキャンプ地での滞在によって特に顕著なものとなった。アメリカでも、彼女はすぐに有名な大学教員になったわけではない。それに、アメリカの大物教授たちにはフランスの教授が担うような社会的な重圧がない。

彼女は、ベルナール・ラザールを範としてみずから意識的パーリアであろうとした。彼女が深く理解していたのは、パーリアから成り上がり者に至るまで、すぐに走破されるスペクトルのようなものが存在するということだ。パーリアは成り上がり者の裏面であるし、成り上がり者はあっという間にパーリアになったり、再びそれに身を落としたりする。ドレフュス大尉を例に採ってみよう。というのも、彼女はドレフュス事件について深く考察したからだ。ドレフュスは成り上がり者であったが、それは初めて「触れてはならぬもの」のなかに入ったユダヤ人士官であったからで、つまり彼は軍の高等将官だったのである。彼の一族の運命は、ドイツよりもフランスでいっそう劇的なものだったブルジョワジーへの同化を象徴しているように思える。突然に彼は誤審によって「生者の世界から」――彼自身の表現によれば――「抹消され」、悪魔島の檻へ投獄される。それゆえ、彼はスペクトルのふたつの極を知ることになる。彼は成り上がり者からパーリアへと変わり果てたのだが、それはカフカの『変身』の主人公がある朝目覚めて「おぞましい虫」になっていたのと少々似ている。

意識的パーリアは政治をなす者であり、より正確に言えば、二千年にも及ぶその不在のあとでユダヤ世界に政治という概念そのものを復活させようと試みる者のことである。この分野において、彼女の分析はイスラエルの研究者G・ヴェイラーの分析によって裏づけられている。(5) 宗教的権威は、過去何世紀かのあいだに今はなき政治的権威に取って代わった。こうした状況について、ハンナ・アーレントの分析は実に深くまで及ぶだろう。彼女の目から見て政治というものは、そして何よりも民主政治というものは、複数性の世界を認めることである。すなわち、様々な社会階級、様々な政党が存在するのを認めることなのだ。プラトンが軽蔑的に述べたように、こうした変異性（poikilia）や多様性、変様性《ヴァリエーション》が民主主義の都市の特色を成すのである。つまり、料理人でも国家を治めることができるということだ。ハンナ・アーレントは、彼女自身が精通していたプラトンと違って、多様性そのものに対していかなる軽蔑も抱いていない。

ところが、このように多様性を要請することで、一連の帰結がすべてそれに伴ってくる。そう言ってよいなら、まず何よりもジェノサイドをどう説明するかという分野において。全体主義、それは政治的なものの崩壊である。このことは加害者の次元において真実である。というのも、アイヒマンのように彼らはもはやお役所の言葉（*Amtsprache*）しか、つまり行政の言葉しか分からなくなったからだ。しかし、これは被害者の側から見てもまた真実なのである。まさに、彼らが「無罪」であることになにがしかの悲劇性があったのだから。ユダヤ人評議会は政治的な活動はしなかったし、そうすることもできなかった。彼らが責められるべきは、彼らが政治の身振りを模した点にある。ワルシャワのユダヤ人評議会の議長であるアダム・チェルニアコフは、一九四二年七月にみずから命を絶つことで、この不可能性の帰結を描き出した。

ユダヤの民のただなかに政治を復活させること、それはこの民の無罪を撤廃することなのだ。この点に関して私が賛成できるのは、ハンナ・アーレントが述べたことと彼女の考察に対してマルティーヌ・レイボヴィッチが行った見事な分析だけである。

しかし、いかにして政治を復活させるのか。ここにおいて、シオニズムのディレンマと両義性とが姿を現す。ユダヤの民がそこに築かれる土地は「土地の不在」である。ひとはそれを嘆くこともできるし、反対に喜ぶこともできる。ヘルツル（Herzl）は嘆き、解決策を提示した。すなわち、ユダヤ人国家の創造と再生という解決策を。ただし、彼はこの「復活」を支援するために有力者たちに訴えることを選んだ。たとえば、スルタン・アブドゥル・ハミドやギヨーム二世、さらには皇帝《ツァー》ニコライ二世の反ユダヤ主義者の大臣プレーヴェにも。この種の奔走は宮廷ユダヤ人世界のひとつの在り方を非常によく表しているが、ベルナール・ラザールはこれを忌避し、ドレフュス裁判とレンヌ裁判が見直される一八九九年以降ヘルツルと袂を分かつことになる。ヘルツルの後継者たちは同じ道を選びイギリスに依存することになる。もっとも、一九三九年の白書とパレスチナへの移住への反対措置――ユダヤの民の歴史上最も悲劇的な時期だ――以降は少数分派を成すことになるのだが。しかし、ハンナ・アーレントとユダ・L・マグネスが信じたように、別の道は可能だったのだろうか。それは完全に明白であるわけではない。パレスチナのユダヤ人共同体の少数派は二民族的国家のために戦った。これに対して、多数派は一九四二年から、とりわけ一九四五年以降、軍事力に訴える見解を選択したのだが、ハンナ・アーレントはこれを告発した。この見解の帰結はアラブ人の一斉撤去であったが、彼女はそうした信条にはいかなる幻想も抱かなかった。率直に言って、まったく理解できないのは、ハンナ・アーレントは抑圧された民族とシオニストとの同盟を望んだが、いかなる民族とシオニストたちは連合を結ぶことができたのかということであり、また、バルフォア宣言とイギリス帝国主義の支え――いかにそれが僅少なものであれ――がなければ、少数派自身がいかにしてパレスチナにおいて自己表明することができたのかということである……。

　ハンナ・アーレントが一九四五年に説明したように、シオニスト運動の多数派が「修正主義者」の政策路線に賛同を示したことが本当ならば、この路線がイスラエルで一九七七年に初めて優位に立ち、次に一九九六年のラビン暗殺の何カ月後かに優勢を占め、結果として一九九三年のオスロで始まった過程に終止符を打ったことも同様に真実なのだ。これらすべてのことのうちで、『エルサレムのアイヒマン』の著者の最も悲観的な予測の根拠を裏づけないものは何もない。イスラエルに対する彼女の疑念は実に単純に彼女の国民‐国家に対する敵意によって説明される。要するに、イスラエルもまたそうした国民‐国家の劇画《カリカチュア》なのだ。正常化は悲劇に取って代わられた。今も続く悲劇に。

では、マルティーヌ・レイボヴィッチの分析を少しだけ延長してみよう。一九四六年、ジャン＝ポール・サルトルの『ユダヤ人問題についての考察』が出版された。ハンナ・アーレントはサルトルをよく知っていたが、(6) アルベール・カミュの方により好意を抱いていた。実に早々と、彼女はこのふたりの人物の違いを見抜いたのだ。とはいえ、ふたりともまさにフランスモラリストの伝統を引き継いでいたのだけれども。私の知る限り、彼女は決してこの『考察』について口にしなかった。ある意味で、このふたり以上に異なり、対立しさえするふたつの個性を見つけることは難しい。サルトルは一九四六年に反ユダヤ主義について語ったが、それはあたかも一九三九年以来根底的なことは何も変わっていないかのような口振りだった。(7) 根本的には、彼はヒトラーによるジェノサイドの本質を見抜いていなかったのだ。ハンナ・アーレントのよき註釈者のひとりが指摘したように、(8) サルトルが描いた本物のユダヤ人と本物ならざるユダヤ人という対立は、アーレントによる意識的パーリアと成り上がり者という対立をつぶさに思い出させる。更に、ユダヤ人を前にした民主主義者に対するサルトルの批判は、解放の限界についてハンナ・アーレントが述べたこととひとつならざる点で併行している。解放とは、ユダヤ人がユダヤ人であることをやめるという条件で当のユダヤ人にすべてを授けてくれるものなのだ。

解放がユダヤ人たちの不意を襲ったのだが、そのときユダヤ人たちは、高い身分は宮廷ユダヤ人から（特にドイツにおいて）低い身分はたかり屋までが存在する位階にみずからを書き込んでいた。解放はこの対立を除去しなかったので、彼女はそれを成り上がり者とパーリアとの対話に変えた。まさに、本物のユダヤ人とはみずからの歴史を受け容れてそれを継承する者なのだ。そうしたことをマルティーヌ・レイボヴィッチが実に見事に示してくれたことに感謝の念を記したい。

ピエール・ヴィダル＝ナケ

序論

ハンナ・アーレントの多様な著作の全貌がわれわれの知るところとなってから、また、彼女の理論的な大著だけでなく、政治に実践的に関わったり、歴史を問うたり、文学を批判したりした時期に書かれたテクストの大部分をわれわれが目にできるようになってから、すでにかなりの時間が経った。出版のこのような動き全体によって一般の読者に明らかになるのは、いかなる点において一八世紀以来のヨーロッパのユダヤ人の状況が、排他的ではないにしても特権的な形で彼女の分析の努力を引き起こしたのかということである。彼女が残した航跡のなかで、ハンナ・アーレント自身の人物像は修正された。一九七五年に彼女が死去すると、ニューヨークのニュースクールは彼女の思い出に敬意を捧げたが、いかなる講演もどれひとつとして彼女とユダヤ人の条件とを結びつけて捉えてはいなかった。アーレントはひとりの世界市民として、政治の理論家として考えられていたのであって、ユダヤ人としての出自は単に副次的な事実にすぎなかったのだ。おそらくエリザベス・ヤング＝ブルーエルによる伝記の刊行以来、ユダヤ性がアーレントにとっていかに重要であったかということが初めて意識されることになった。これは伝記的な細部として重要であるというばかりでなく、彼女の作品それ自体を解読する鍵のひとつとしても重要だった。ユダヤ性はアーレントにとって紛れもないひとつの経験であり、このことについて彼女がつねに認めていたのは、ユダヤ性によって自分の関心が政治や歴史に向かうということであった。それはたとえば、戦争によって中断されていた往復書簡を再開して彼女がカール・ヤスパースに宛てて書いたことである。

ブルジョワでも文学者でもない私の実存が拠り所にしているのは、夫［ハインリヒ・ブリュヒャー（Heinrich Blücher）］のおかげで政治的に考えて物事を歴史的側面から見ることを学び、他方で、つねに政治的かつ歴史的にユダヤ人問題から進んで始めようとしてきたという事実なのです。(1)

それゆえ、われわれの計画は次のようなものとなろう。すなわち、アーレントがここで「ユダヤ人問題」と呼ぶものによって彼女の政治思考がどのように導かれたのかを解明するのに貢献すること、更には、ユダヤ人としての経験を彼女の著作へ接近するための展望として選び採ろうとすることである。まず指摘しておきたいのだが、ユダヤ人としての経験を選び採ったからといって、われわれはアーレントの思考がもっぱらそこから理解されるべきだと主張しようとしているのではないし、また、ユダヤ的世界に関わる出来事だけが彼女の注意を喚起したのだと主張しているのでさえない。彼女の思考のそのようなユダヤ化は、アーレント自身がユダヤ女としてみずからを位置づける仕方と端的に矛盾するだろう。更に、ここでの「ユダヤ人としての経験」という言葉は、アーレントの考察がユダヤの伝統から着想を得ているということを意味してはいない。彼女がゲルショム・ショーレムに宛てて、「私がどこかに起源をもつとするなら、それはドイツ哲学の伝統です(2)」と書いたように。アーレントはユダヤ的伝統のなかで育てられたわけではないし、自身の著作をユダヤ的伝統の再発見に充てることもなかった。彼女にとって、ユダヤ性は社会‐政治的な経験として現れるのだが、この経験を解明することと切り離せないのは、一八世紀末以降のヨーロッパ社会におけるユダヤ人の解放と同化を考慮することである。それゆえここで問題となってくるのは、隠されながらも自分自身気づかぬ間にアーレントの思考に作用しているユダヤの起源を探すことではなく、反対にアーレントの諸々のテクストそれ自体を関係づけることなのである。それはたとえば、ヨーロッパで実際に生きられた近代のユダヤ人の状況——ユダヤ人の解放からナチによるユダヤ人殲滅の企てまで——の分析に充てられたテクストと、政治の理論化に属するテクストとを関係づけることである。ユダヤ人問題が自分を政治的・歴史的に「方向づける」のです、とアーレントが表明するとき、このことが意味しているのは第一に、彼女が率先して哲学‐政治学的な言葉で表そうとしていた政治問題は哲学者が哲学的領域の内部で提起する問題ではないということだ。そうした問題はむしろ、それ以後に彼女自身が傍観者としてではなく二〇世紀のヨーロッパ・ユダヤ人としての経験の当事者として出会う問題なのである。

この方向づけを明確にするために次のことを指摘しておこう。すなわち、われわれはアーレントのユダヤ性を捉えるふたつの通常の方法とは距離をとるということである。一方の方法は、パーリアの批判的立場に愛着をおぼえていたので、アーレントは政治について非現実的な言説を生むことがあまりにも多かったということを示すものである。あたかもアーレントが結局のところ、彼女自身告発し続けたユダヤ的没世界主義《アコスミスム》（無宇宙論）〔神を唯一の実在とみなす立場〕に捕らわれたままだったとでも言うように。もう一方の方法は、ギリシアへの準拠、哲学とポリスという多数派の観点と、この観点に取り憑き、更には敵対しようとし続けるユダヤ人や追放者やパーリアという少数派の観点とのあいだの対立や緊張が、彼女の思考の内部で実在していたのを前提としている。アーレントの「ギリシア的」側面は「成り上がり者」の側面と合致するだろうが、彼女においてそれは「成り上がり者」でありたい、多数派と共にありたい、政治的・哲学的権能を有する者——主として男たち——と共にありたいとの欲望を吐露するものであろう。

ユダヤに準拠することが初めは彼女の思考のユートピア的で非現実的な傾向であるにせよ、あるいはまた、ギリシアへの準拠と自身の政治理論とを犠牲にしてでも価値あらしめられる台座の役割として働くにせよ、そうなのだ。しかしながらわれわれには、『人間の条件』の数々の主張を副次的なものにしてしまう解釈は、アーレントの政治理論の全般的理解にとって有害であるように思われる。もっともこれは、彼女が書いているように、「それゆえわれわれが〈政治〉という言葉を口にする限り、ギリシアのポリスはわれわれの政治的存在の根底に、海の底に現前し続ける」[3]ということが正しければの話であるが。ある著者の思考の内部にある緊張、つまりは矛盾をも発見することが解釈者にとってどれほど魅力的であっても——これは彼女の思考の非‐体系的側面、非独断的側面を強調することであろう——、われわれ——われわれは決してアーレントの思考を再び独断的なものにしようとせず、また批判的精神を放棄しようとも思わない——は、諸々の政治分析——とりわけ、近代におけるユダヤ人の状況を扱っている分析——と特に『人間の条件』の理論的な精密さとの断絶という仮説から出発することはしない。むしろ、われわれはアーレントの著作の一貫性と彼女を支える着想に賭けるだろう。近代におけるユダヤ人たちの状況についてのアーレントの考察は、非現実主義やユートピアの源泉になるのではなく、人間が率先して共に行動するときに直面する幾つかの根本的問題を明確化する一助となるものなのだ。この方向において、記憶に留めておくべきは、アーレントが圧政者という側面からではなく、抑圧された者つまり「典型的な少数派、どこにいても少数派であってどこでも多数派になれない」者の側面から政治と接していた、しかも最悪の状況においてさえもそうであったということである。まさにそのとき、ユダヤ民族は「諸民族のなかのパーリア」[4]と化す途上だった。アーレントの著作は、少数派のものとして引き受けられた観点が、少数派の政治そのもの——その進展においてだけでなく苦境においても——の理解だけでなく、政治全般の理解をも可能にする方法について、特に興味深い事例となっている。われわれが試みるのは総じて、特殊なものから遠ざかることでのみ普遍的なものを把握する展望と同様、あらゆるものをユダヤノ相ノモトデ（*sub specie judaeorum*）考える展望からも距離をとることである。むしろ重要なのは、省察を加えられた特異な経験がいかにして、この経験をして普遍的な意味を把持できるような思考への方向づけをもたらしたのかを示すことである。それゆえ、特異性を乗り超えたり忘却したりして、より広い観点に達する必要はない。逆に、特異性は容認されなければならないし、それが進む方向、それ自身の方位に向けて進むにまかせなければならないのだ。別様に言えば、アーレントがユダヤ人としての経験に取り組むとき、その関心はつねに二重の運動によって特徴づけられている。ユダヤ人としての経験は、ユダヤ的観点だけからも非‐ユダヤ的観点だけからも捉えられるものではなく、つねにこれらふたつの交差点において捉えられるのだ。ロン・フェルドマンが書いたように、「近代のユダヤ人の状況に関する彼女の政治理論は彼女の政治理論を紹介してくれる。それに対して、彼女の政治理論はユダヤの歴史に対する彼女の解釈を照らし出してくれる」[5]。一般的に言うなら、アーレントの関心を惹いたのは数々の交差点であり、数々の関係であり——彼女自身の語彙で言い換えるなら——世界なのである。

第Ⅰ部でのわれわれの試みは、アーレントがつねにみずから引き受けてきた回答の意味を解明することである。その回答とは、「あなたは誰ですか」という問いに対して、「ひとりのユダヤ女です」と答えたことを彼女が認めたときのものだ。彼女の最初の著作——『ラーエル・ファルンハーゲン』——からしてすでに、彼女にとってユダヤ性はひとつの本質ではなく、動きつつある世界そのもののうちで不断に再開するところのひとつの話《レシ》であった、ということをわれわれは浮き彫りにするだろう。ユダヤ性とは、外的な呼称であるどころか、ある人物の《誰》（Qui）という次元であるのだ。ユダヤ性はひとつの経験を、世界への開示を特異化しはするが、ひとつのユダヤ思想を引き起こすものではない。第Ⅰ部では、アーレント自身のユダヤ人としての経験の土台に立ち戻ることになろう。それは近代におけるユダヤ系ドイツ人の歴史という特異な冒険であった。

より特殊にユダヤ人に関わる場合、アーレントのテクストが開いた世界は全体で四つの出来事によって特徴づけられる。四つの出来事とは、一八世紀末以降のヨーロッパのユダヤ人を解放する過程、一九世紀と二〇世紀前半の反ユダヤ主義の高揚、ナチによるジェノサイドの企て、シオニズム運動とイスラエル国家の建国への行動、である。世界を理解するにはある歴史観が前提されるものだが、われわれは第Ⅱ部において、アーレントが亡命していた時期に練り上げた歴史観を再構築する。この時期彼女は――シオニズム運動に従事するのと併行して――近代ユダヤ人の条件についての自身の認識に光をあてる仕事に打ち込んでいた。こうした歴史観が構想されたのは、当時ユダヤ人のあいだで支配的だったある種の歴史観――同化主義とナショナリズム――と接し、かつそれに対立することによってだった。ユダヤナショナリズムの批判的力をよく承知したうえで、アーレントはそれを同化主義と同様に非難する。というのも、これらはユダヤ民族を実体化することで、反ユダヤ主義に対して十分な取り組みを提示するのに失敗しているからだ。歴史観はいかなるものであれ時間の偶然性と不連続性という二重の前提に立脚しなければならないが、こうした時間だけが歴史（学）の典型的な領野である新しさにひとつの身分規定を与えることができる。この展望からわれわれは、『全体主義の起源』のなかでアーレントが編み出した「歴史の言葉での」この取り組み方《アプローチ》を再構成するだろう。この著作は、決して生起してはならなかった現実、そしてまた著者自身が何よりもその破壊を期待しているような現実を捉えるために様々な全体性を解体する。われわれはアーレントにしばしば向けられた反論を考慮することをも企てたい。そうした反論によれば、全体主義という概念に妨げられて、彼女はユダヤ人のジェノサイドに正当な身分規定を与えることができなかった、というのである。

反ユダヤ主義は全体主義のひとつの要素であったのだが、アーレントはその歴史を辿り直す。すなわち、平等な権利を有した市民としてユダヤ人がヨーロッパ社会に入り込んだときから、彼らを追放し無国籍者という状態へ追い込もうとする試みまでの歴史を描くのだ。第Ⅲ部において、われわれはこの導きの糸を手繰りながら『全体主義の起源』の第二部を読み直すことを提案する。近代のユダヤ人の状況についてのアーレントによる分析――解放と反ユダヤ主義との併行的展開――によって見えてくるのは、いかにしてユダヤ人問題が啓蒙の理論的闘争直後の近代人にとって最も危険な冒険のひとつの中心だったのかということだ。同等性〔平等〕の作用と、その類似性との不可避的隣接がある一方で、近代的国民‐国家という問題系は、差異のための言語をもたらすのに相応しい象徴的衰弱に冒されるのだ。同種の問題は、近代的国民‐国家を正当化する人権宣言の袋小路を批判する方向へ導くものなのだ。

たしかに、アーレントの考察の一部分は、解放以後のユダヤ人に開かれた世界の地勢を引き出すことに向けられているが、そのやり方は、こうした状況に対するユダヤ人の応答ならびに、彼らがそれに突き当たりその結果政治へ至るような内的な困難を分析することでもある。それは抑圧された民族が政治へ接近する際の一般的な問題を明かすものなのだ。こうした展望において、第Ⅳ部でわれわれは、パーリアという地位に特徴的な没世界主義《アコスミスム》についてのアーレントの分析と同様に、パーリアと成り上がり者の対立についての彼女の分析をも取り上げるだろう。没世界主義は世界の衰退であり、周辺世界に現前する差異を見極める力の欠如であり、抑圧された民族のただなかにおいて様々な立場や展望の多様性を受け容れることの困難である。ただし、アーレントがパーリアという状況から生まれた数々の考え方を手放しで称揚するどころではないとしても、それは、一九世紀に文学者や詩人が発明した没世界主義からの数々の脱出路をもっと顕わにするためだった。とはいえ、アーレントにとって真の脱出路は政治的であるほかなかった。したがって、第V部ではシオニズムに対する彼女の位置を分析してみよう。というのもシオニズムは、近代世界において政治的行動に訴えるユダヤ人がまずもって試みるもののひとつとして、彼女をつねに惹きつけてきたのだから。不幸なことに、彼女の目にはシオニズムは世界の現実に対する盲目の病に罹っているように映った。すなわち、行為は操られ、別の民族が現前することが避けられない事実であるような世界の現実に対する。シオニズムについてのアーレントのテクストを分析することで見えてくるのは、彼女の解説者たちによってはほとんど気づかれざるひとつの配慮である。すなわち、正義への配慮である。最後にわれわれが試みるのは、『エルサレムのアイヒマン』の出版によって引き起こされた論争、すなわち、《最終解決》の時期ユダヤ人評議会が果たした役割に関する論争を解明するのに貢献することであり、その際、地上から彼らを追放する意図の下に迫害された民族の支配階層の道徳的責任――それは直接的に政治的なものではない――についてアーレントが提起しようと試みた諸問題を明るみに出すつもりだが、虐殺者の方もこの計画を組織する際にユダヤ人の支配階層を利用しようとしたのだった。(6)

I

《あなたは誰ですか?》《ひとりのユダヤ女です》

二度にわたって、カール・ヤスパースは『ラーエル・ファルンハーゲン』（*Rahel Varnhagen, la vie d'une Juive allemande à l'époque du romantisme*）についての同じ反論をアーレントに送っている。一度目は彼が一九三〇年にこの草稿を初めて読んだときで、二度目はこの書物がついに出版された一九五二年にそれを受け取ったときである。ヤスパースによれば、アーレントの企図は「ユダヤ的実存」（*jüdische Existenz*）という不当な観念を構築することに帰着しており、この観念は「ユダヤ的」という形容詞を実存それ自体の高みにまで引き上げようとしている。そのとき実存は客体にされてしまい、実存を諸々の可能性の自由な源として理解することは不可能となる。実存を形容すること、それは実存をひとつの運命に縛ることであり、あらゆる自由を、すなわち自分自身のうちにみずからの根を見出す可能性を斥けてしまうことなのである。(1) 二〇年後、ヤスパースはこの反論を再び採り上げ、それを明確化している。アーレントの方法は狭量でユダヤ中心的すぎる。この書物はラーエル・ファルンハーゲンについてより以上にこの伝記作家の道程を明らかにし、今日では乗り超えられたがアーレント個人にとっては必要不可欠だった時期についてのみ証言している、と。当時、彼女は「ユダヤ的実存について根源的な諸問題と」なおも格闘しなければならず、ブリュヒャーはまだ彼女の人生に登場していなかった。(2)

ここでわれわれは、ヤスパースがユダヤ性を実存（*Existenz*）ではなく現存在（*Dasein*）の次元に位置づけていることに気づく。(3) これが意味するのは、彼の目にはユダヤ性が哲学的には経験論の領域に属している、ということである。ヤスパースによれば、ラーエルのことを「[彼女] 自身の意図と現実に即して、人間である限りで、つまりその実存において理解する必要があったのだが、人間であることについて、ユダヤ人問題は重要な役割を果たしたとはいえ、ユダヤ人問題だけがそうした役割を担うのではない」。たしかに、ユダヤ人‐であることは「着衣やタイミング」あるいはまた「機会」などの外的規定でありうるけれども、いかなる場合でも内的規定ではありえない。ある存在者をひとつの外的規定に還元したとしても、「社会学的なものや心理的なもの」だけに没入するのが関の山である。逆に、ラーエルのユダヤ性という経験的事実は彼女にとって、ユダヤ人だけが独占したのではない極限状況を体験する機会だったということも十分考えられる。ラーエルは一般的な意味で挫折の形象である。たしかに、彼女はユダヤ人であるという経験から挫折を味わっている。しかし、一般的な人間的実存の形象《フィギュール》が問題であり、ユダヤ固有の形象が問題となっているわけではない。別言すれば、『ラーエル・ファルンハーゲン』を読む際、読者は、「ユダヤ人である限り人間は本当には生きることができない」(4)との不愉快な印象を得るだろう。

しかしアーレントによれば、ヤスパースは反論を明確に述べようと考えながら、実は問題の根底に触れている。彼女が答えて言うには、「まったくあなたのおっしゃる通りです。社会的同化と国家的解放が提示している条件の下ではユダヤ人は〈生きる〉ことができない、と私は今でも考えています。私にはラーエルの生がそのことをよく示していると思われるのです」。一九五二年の段階でこの書物がアーレントにとってもう過去のものになっていたのはたしかであるが、ただ、彼女の声音と省察の様式を考えた場合にだけそう言えるにすぎない。というのも、彼女はこの書物の基礎を成す企図を自分のものとして引き受け続けていたからだ。それは、彼女がここで「無思想的《ナイーヴ》」と形容するラーエル自身の同化に逆らって、「ユダヤ的経験」(*jüdische Erfahrung*)を我が物にすることである。「無思想的」という言葉は、――ラーエル・ファルンハーゲンならびにドイツに同化した最初の世代のユダヤ人たちに反して――アーレントにとって同化はよく考え抜かれた方法ではなかったということを示している。なぜなら同化は、それ以前にドイツに在住していた世代が準備した既定の事実であったからだ。『ラーエル・ファルンハーゲン』と共にアーレントにとって重要となるのは、どのような言葉をもってかかる同化が最初に起きたのかを理解することである。こうした研究においてアーレントが拒否するのは、同化についての政治的かつ社会的状況を、社会学者や心理学者による単純な考察の水準に貶め、ヤスパースが「高次の諸事物の秩序」と名指したものに至るのを妨げること、これである。しかし、かといって、ユダヤ人の個人たちが「同化の端緒から」直面していた袋小路を理解するために、それを起点として「実存」が獲得されるような土地を出発点とすることもできない。一九三〇年以来、このようにしてアーレントはみずからの企図を正当なものとみなすようになった。

私はラーエルの実存(*Existenz*)をユダヤ性に「根拠づけ」ようとは――少なくともそれを意識しては――試みませんでした。この講演は、私の目には準備作業にしか見えません。これが示すべきは、ユダヤ的存在という土地(*Boden*)の上で、実存の明確な可能性が展開されるということです。今のところ、私はそれをただ正確に運命と呼ぶでしょう。こうした運命の展開はまさに土地の不在(*Bodenslosigkeit*)にもとづいており、これが実現されるのはただユダヤ主義からの決別がある場合だけなのです。(5)

ユダヤ的 - 存在の土地とは土地の不在である。たとえドイツ社会がラーエルにとって真の土地ではないとしても、彼女にとってはユダヤ主義ももはや土地ではない。みずからの企図を記述するにあたって、アーレントは「経験」(*Erfahrung*) という語彙を用いるために、現存在 (*Dasein*) と実存 (*Existenz*) の区別を避けた。彼女にとって、課題は、経験的なものを廃棄して、それを根拠づける客観的ならざる出自《オリジン》に向かうことではなく、特殊な状況を起点としつつ、いかにしてある新たな実存の経験が到来したかを理解することである。ラーエルにとって、経験的世界は安心感を与えるような所与ではない。不安を掻き立てる苦悩の試練が到来することで、そうした世界が所与として廃棄され、真なる存在や起源に達することになるのではないのだ。ユダヤ人たちの同化は啓蒙の伝統のなかで実行されたのだが、その啓蒙の伝統から生じた問題性ゆえに、ラーエルの出自は恥辱にまみれ、この情動が運命という形で彼女に人生の辛酸をなめさせることになる。ところが、この新たな実存的形象は直接に哲学の言語でみずからを語ることはできなかった。非人称的で普遍的な研究としての哲学の観念と絶縁したいと願う実存の哲学者たちの言葉をもってしても、それはみずからを語ることはできなかった。その点を差し引いたとしても、研究という形をとるならば、それは抽象的事態の定式化の方に向かい、その結果としてユダヤ性をひとつの本質のうちに凝固させてしまっていただろう。いずれにせよ、伝記によって、すなわち人生の物語によってのみ、アーレントはみずからの企図を首尾よく果たすことができたのだ。

実際これらすべてのこと、すなわち運命や危険にさらされた生は彼女の人生に関わります――私はそれを抽象的ニ述べることはできません(書きながらそのことに気づきました)。せいぜい、幾つかの例を用いることができるだけでしょう。まさにそうした理由で、私は伝記を書きたいと思ったのです(6)。

伝記だけが、ある人物の生の唯一で絶対的に個人的な性質とその規範性、すなわちその普遍的な価値とを同時に両立させることができる。それに対して哲学は、諸々の特異な生の単一性からつねに身を引き離すことでしか普遍的なものに到達できない。

これらの問いかけすべてを銘記することで、われわれは、アーレントがレッシング賞を受けた際にハンブルクで述べた演説の次の一節を理解することが可能となるだろう。

私が、比較的早い時期にドイツから放逐されたユダヤ人集団の一員であることを率直に強調するのは、人間性について論じるとき、きわめて容易に生じやすいある種の誤解をあらかじめ取り除きたいと思うからです。このこととの関連で、私は多年にわたって「あなたは誰ですか」という問いに対する唯一の適切な答えは「ひとりのユダヤ女です」であると考えていたことを告白せざるをえません。この答えだけが迫害という現実を考慮に入れていたのです。(7)

別の言い方をすれば、ユダヤ女の《誰》として形容されうるこの《誰》とはいったい何なのか。

1章　ユダヤ人の同化の起源で
──ラーエル・ファルンハーゲンあるいは内面性と物語としてのユダヤ性

エリザベス・ヤング゠ブルーエルが指摘したように、アーレントが真の哲学的転回を達成したのは、彼女が『アウグスティヌスにおける愛の概念』という博士論文の仕事から一九世紀初頭のベルリンのロマン派についての研究へと移行したときである。そうした道程において、一九三〇年に出版された論文がこのふたつの研究の「懸け橋」となると考えることができる。(1) アーレントがそこで示したのは、愛というギリシア的な概念と手を切ることで、アウグスティヌスは「内面性の王国」を開示し自己の自己に対する関係を問題化したということだ。『告白』の表現にしたがえば、「私」は「自己自身にとっての問い」── *quaestio mihi factus sum* ──となってしまった。この書物はルターに着想を得たドイツ宗教運動──敬虔主義──に多大な影響を与えた。この運動が強調したのは心であり、個人の感受性を深く掘り下げることで神自身を探求することであった。敬虔主義の世俗化──告白一般の態度の世俗化──は心理的で自伝的な近代小説に由来する。たとえばゲーテはその最も高名な代表的人物のひとりである。(2)

さて、一九三〇年のこの論文で言及されるゲーテという人物はラーエル・ファルンハーゲンの道程の中心にいる。彼女はベルリンでこの作家を真に崇拝する先駆者だった。ゲーテはアウグスティヌスについての論文と『ラーエル・ファルンハーゲン』のあいだに打たれたひとつの杭であり、あたかもこの女性の歴史が、ユダヤ人の歴史上新たな現象が出現したことを明示するものであるかのようだ。それは個人や、更には内面性を起点としてユダヤ主義と取り組むことであり、しかもユダヤ教の伝統ではなくキリスト教の伝統から作られた言葉においてユダヤ主義と取り組むことである。(3)「アウグスティヌスとプロテスタンティズム」という論文が「意識の変異」に気づいていたとして、それ以降アーレントが提起した問いとは、「ひとりのユダヤ人にとってそれは何を意味しているのか」(4)であった。

通常の解釈に反して、『ラーエル・ファルンハーゲン』におけるアーレントの企図を「投影による自伝」を目指したものと考えることは誤りであるように思える。それでは、「互いの位置が重なっていること、違いはあるにせよ一世紀も隔てた各々の状況が重なっていること」(5)をアーレントが公準として提示していることになってしまう。しかし、たしかにアーレントがラーエル・レーヴィン＝ファルンハーゲンに対してある共感を抱いているのは否定しがたいとしても、ハンナがラーエルに自己同一化しているということにはならない。ラーエル・ファルンハーゲンは「百年以上も前に死んだけれど、私の親友です」(6)、と彼女は書いている。そして、この友愛ということでアーレントが意味しているのはラーエルとの同一化ではなく、互いの立場の差異にもとづいて対話の空間を創り出すことなのだ。より根本的に、彼女はそのことについて『ラーエル・ファルンハーゲン』の序文のなかで、この書物の企図は救済と理解を目指したものであったと説明している。

まず救済の企図とは、ユダヤ系ドイツ人の歴史が終わりを迎えようとしているまさにそのときに、この歴史の断片を救済しようとすることである。過去を自動的に保存するために歴史のいかなる意味にも頼ることができないゆえに、救済はますます必要となってくる。なぜなら、ラーエル・ファルンハーゲンの歴史は閃光のように煌く現象――この現象は三〇年も続くことはなく例外的な偶然の重なりで可能となったものとはいえ――の出来《しゅったい》とは切り離すことができないからだ。ベルリン社会の移行期、すなわち「もはやまったく」と「いまだない」の時期、教養あるユダヤ人たちはベルリンで重要な役割を果たしていたが、それは彼らが最終的にドイツ社会に統合されたからではなく、まさに彼らがその外にいたからなのだ。この役割は、ユダヤ人女性たちによって活気を与えられた文学サロンの創出によって示され、これらのサロンは「混成的な社会生活」から絶えず蘇る夢の実現のごときものであった。そこでは、どんな慣習にも捕らわれない実に多様な個人が互いに交流をもっており、そこで重要視されたのは、個性[7]、「会話の精神」、「機知」（*Witz*）のセンス、つまり「見かけは異なった事物の類似を見抜く[8]」反省的で辛辣な無礼さだけであった。

救済――その精神はベンヤミンのものと非常に近い――という企図に加えて[9]、この書物はユダヤ人の同化の過程が初めの頃は何であったのかについて、つまり《ユダヤ人》問題が提起された期間について理解しようという欲望に衝き動かされている。自伝的な形をとることがないとはいえアーレントがここで問うのは、ドイツに同化したユダヤ人としての彼女自身の歴史である。それは一九〇六年ハノーファーでの彼女の誕生にある意味を与えることができる歴史なのだ。しかし、二〇世紀初頭、そのような問いかけは即座にひとつの障害にぶつかる。

われわれユダヤ人は転倒した歴史の展望をもつ傾向にある。出来事は現在から遠ざかれば遠ざかるほど、ますます明敏さと明断さと明瞭さをもってわれわれの前に姿を現す。そのような歴史の展望の転倒が示しているのは、直前の過去に対する責任をわれわれは政治的に引き受けたくない、ということである。

この直前の過去とは最近のユダヤ人の同化に他ならなかったが、その歴史はいまだに書かれてはいなかった。この歴史が書かれねばならなかったのは、単に公的な歴史が例外を採り上げていないからではなく、ユダヤ人自身が——アーレントはここで同化ユダヤ人を対象としている——例外を忘れるために全力を傾け、同化ユダヤ人という調和のとれたイメージを提示しようとしていたからだ。ところが、過去が抑圧の対象であればあるほど、現在に対するその拘束は大きなものとなる。アーレントは『レヴィ記』の言葉を援用することでこの点を補強する。「われわれは父の息子であり、祖父の孫であるからこそ、彼らの大罪が三世代、四世代あとまでわれわれにつきまとうことになるのだ(10)」。この意味で、ラーエル・ファルンハーゲンは変装したアーレントではなく、彼女の曾祖母であったのだ。

1節 恥と運命
——恥とその変化(11)

ラーエルの実存を運命として決定づける情動は恥であって、死を前にした苦悩ではない。「極端な恥、苦しさ、そして最も苦い不幸。それはユダヤ女として生まれたことだ(12)」、このようなことをラーエル自身その晩年に述べている。この主体がなしたことに関わるのではなく、生まれと共に与えられたものを対象とするのだから、恥は有罪性ではない。それは、「運命の打撃を被ることなく自分の生まれによって不遇になった」という感情として示される。ラーエルは「特定の不幸に耐える必要はなかったが不幸であった」。しかし、「生まれてからずっと、ラーエルの人生はこの劣等さに、つまり〈出自の恥辱〉に遮られている」限り、彼女は自分自身に固定され縛られることになる。アーレントが次のように書く通りに。

事実に対するラーエルの闘い、わけてもユダヤ人に生まれたという事実に対する闘いは、すぐさま自分自身に対する闘いとなる。彼女は自分自身に同意を与えるのを拒否せざるをえない。自分の存在をあっさり否定するわけにはいかない以上、かくも不利を負わされた自分を否認し、変更し、嘘でごまかすしかない。

だからこそ恥は必然的に運命となる。ラーエルが何をなし、何を試みようとも、ユダヤ性から身を引き剝がそうとする彼女の努力はすべて、ユダヤ性に回帰させることにしかならない。「彼女に到来するのはすべて確認、損失でしかない」。日記のなかで、ラーエルは綴っている。「あなたは何をしたの。何も。私は生が雨のように自分の上に降り注ぐにまかせている〔愚痴るばかりだ〕」。あるいはまた、「私がなすべきは、傘もなしににわか雨のなかを歩くときのようにすべてをして自分を通り抜けさせることだ」とも書いている。別の箇所では、彼女は自分を戦闘に身を投じた一兵卒になぞらえている。この兵士は身動きせず大砲の砲弾に向かいながらも、自分が何に服従しているか分からず、互いに押しのけ合い、みずからに起こることをまったく捉えていない。そんなわけで、ラーエルの人生に突如として生起する出来事によって、彼女が何か新しいものを発見するということは決してない。彼女の経験は不幸の繰り返しの経験なのだ。様々な形をとりながら、みずからの出自への恥辱は彼女にとってつねに「面と向かって」投げ出されたものであり、「瘤や内反り足のように」自身の一部を成すものだった。アーレントはラーエルの「暗い気質」をメランコリーと名づけた。そうした情念の状態においては、彼女にとって世界は「説得力のある現前」として、つねに彼女をみずからの出自の許しがたい性質へと連れ戻す諸事実から成る避けようもない連鎖として与えられる――「われわれは自分たち自身に対して生を与えることはなかった」。要するに、ラーエルはある事柄を確信していた。すなわち、「私は不運な人間だ」ということを。ユダヤ人としての出自を否定しようと躍起になる者がこうした状況を指し示すことができるのは、まさにみずからの起源に由来する言葉を用いることによってのみなのだ。私は「シュレミール（*schlemil*）〔ついてない人〕でありユダヤ女である」[13]。

恥がもつ主な効果は、個人の誕生に先立ってある歴史から当の個人を切り離す作用にある。起源ないし出自への接近はただちに遮られるということだ。『ラーエル・ファルンハーゲン』の冒頭からアーレントが強調するのは、各自が自身の誕生と「大いなる歴史」とのあいだに構築しなければならず、自然と歴史の関係として表明される関係の重要性である。自然は――生マレル（*nascere*）、誕生する（naître）に由来する言葉の語源によれば――生誕からわれわれに与えられるものである――すなわち、何よりもわれわれが生まれたという事実そのものであって、われわれの実存の原初的所与なのだ。しかし、この生誕が自然の純粋な事実という意味とは別の意味を担うようになるためには、それは「更に古い歴史〔……〕個人の歴史よりもはるか以前に始まっている歴史」に連結する必要がある。別の言い方をすれば、各人はそれぞれ、自身の生誕以前にみずからを関係づける想起という必要不可欠な仕事を耐えなければならないということだ。一七七一年にベルリンで生まれたとはいえ、ラーエル・レーヴィンの歴史は「エルサレムで一七〇〇年も早く」始まっていた。しかし彼女の特異性はまさに、若い頃から自分の人生が「この劣等性、出自への恥辱に遮られていた」限りで、自分自身のために想起という仕事を実行することができなかった、という点にある。まさにそこにおいて、ラーエルは底なし沼（*bodenslos*）に陥ることになる。彼女はひとつの世界に完全には一体化せず、ふたつの世界のあいだにいる。「ラーエルにはなにがしかの遺産を伝えてくれる伝統もないし、自身の実存を準備してくれたような歴史もない」とアーレントが書くように。ラーエルの実存を運命として決定するのは、即座に遮られてしまう歴史への接近である。というのも、無視され否定されてさえ、「歴史は復讐し［……］個人の運命になりすます」[14]からだ。

恥はラーエルを女性に共通の条件から切り離す[15]。そのことはラーエルが記した夢から判明する。この夢のなかではユダヤ人ならざる女性しか現れない。ラーエルは、クレメンス・ブレンターノの妻であるベティーナ・ブレンターノと、聖母マリアとのあいだで寝ており、はっきりとその顔を区別できないとはいえ聖母マリアはシュライエルマッヒャー婦人であることが分かる。社会性のみならず血統もまた女性的である。神には母がひとりいる。更に、この夢は社会全体に対する女性の地位を表している。女性は「世界の端に」おり、遠くから社会の騒乱を観察している。「取るに足りぬものたちがそこらじゅう走り回り、世界に対してできるすべてのことをやっている」。女性は「大地の女中」であり世界の台座であるが、みずからはそこから除外されている。この隔絶した同じ場所で結びつき合いながら――世界の端という共通の階層で――、女性は語り合い、自分たちを結びつけるものは苦しみであることを認めるのだ。しかし、互いに自分たちを苦しめていたものを告白し合ってみると、そうした言葉は彼女らを解放し、以後ずっとそうした苦しみは解消してしまう。これはまさに女性同士でやりとりされる言葉の治療《セラピー》的効力であり、これによって女性は自分たちが世界の端にいるという事態を耐えることができる。そのようにして、女性は屈辱を、愛の苦しみを、不正を、蹂躙された青春時代を知ったということを認めるのだ。しかし、ラーエルは他の女性に問いただす。「恥というものをご存じですか」、と。女性は憤慨して彼女から離れる。彼女たちが恥を考えてみたとしてもそれを理解することはなく、ラーエルはただひとりその重荷を背負ったままなのだ。この夢を引用したあとで、アーレントは次のように解説している。「ラーエルがこれほど激しくそして直接的に、和解する望みもなく自分を他者から切り離すものを示したことは一度としてなかった[16]」。われわれはむしろこう言おう。この夢はラーエルを他者一般から引き離すものを説明しているのではないし、彼女を女性の条件に結びつけたり同時にそこから切り離したりするものを説明しているのでもない、と。ラーエルと彼女の仲間にとって、女性性とは下位の条件であり、屈辱と不正の要因である。更に、決して満たされることのない女性の願望ゆえに、愛は苦しみの源泉となり、自分たちの青春時代が蹂躙されてしまう。しかし、女性性は恥において生きられるのではない。恥はむしろ抑制された積極的な力として現れる[17]。恥についての言及に至るまでは、夢の雰囲気は騒々しい悲しみであり、泣き声があり嘆き声があがる。逆に、恥の告白に同じ情念が伴うことはない。恥が引き起こすのは涙ではなく、ラーエルの役割に対する抗議であり——「私は何もしてこなかった！　何も！」——、それが「狂気と紙一重の魂の状態[18]」を表すのだ。悲しみが復権するのはその次でしかなく、そのときこの夢想するひとは他者たちによって隔たりを設けられる。ラーエルだけが感じたこの恥によって、彼女は他の女性から距離をとることになる。とはいえ、他の面では実に多くの共通点を彼女たちと共有していたのだが。要するに、このようにして最後に生じた他者たちとの隔たりこそが彼女の目を覚まさせたのだ。それはあたかも、彼女にとっては女性という苦しみよりもさらに根本的な点に彼女が触れたかのようである。

恥は自分自身に閉じこもりながらも、同時に自己からの脱出をも呼び起こす。しかし、この呼びかけはそれ自身ふたつの様相を呈する。まずそれは「成り上がろう」との決定、つまりジゼラ・パンコフが「外から見られた同一性[19]」と呼ぶものの採用たりうる。あたかも、肌の色を変えて、周りの人々が期待しているものを想定してそれに合致していくことができるかのように。あるいはまた——第二の可能性として

——、恥は他者への呼びかけを、主体の経験の物語を書き留めうる唯一の存在たる他者への呼びかけを引き起こす。

恥から逃れるひとつの方法があるだけではない。だからといって、隙間から見える眺望は逃げ道ではない。隙間ごしの眺望が恥についての公正な解釈にもとづいているのに対して、逃げ道はそれを自己の外にある何かへの離反として解釈する。まさにそのとき、そうした眺望は自己に固有の存在を明かすものとなるのだ。みずからの恥をユダヤ人に生まれたという恥として表明する代わりに、彼女はこの恥を自分がユダヤ人とみなされる恥ならしめるだろう。ユダヤ性は他人の目に飛び込んでくる外的な目印にすぎない。好きなときに変えることができる見かけにすぎないのだ。別の見かけを獲得すること、「肌を変えたり」「容れ物」を変えたりすること、自分に欠けていた社会的認知をもたらしてくれる「外から見られた」別の同一性に到達すること、そうしたことが可能ならば、ラーエルが手紙のなかで不平を述べていた「息苦しさと胸の苦しみ」の感情はおそらく消失するだろう。この場合、ユダヤ性のうちで最も目につく目印、人目につかせないということができずいつも気づかされてしまうもの、それはレーヴィン（Levin）という固有名とラーエル（Rahel）という名である。もし名を変えるなら、周囲の人々はあなたがユダヤ人であるとは考えないだろうし、自分にとって恥の動機にしかならないものにつねに引き戻されることはなくなるだろう。アーレントが次のように書く通り。

> それが恥だと思われているのにユダヤ人名を世界中にひきずっていくこと、それは［……］例外的な内的実存を不断に曝露することであって［……］、気づかれないまま通過することは決してできないということだ。彼女のユダヤ性が恥だと考えられるなら、ユダヤ人のままでいることは、世間の人々の眼前に内的世界

を開陳しようという傲慢で挑発的な行為でしかない。［……］「外面的に別の人格になる」ためには、ラーエルはまず何よりも衣服のようなものでみずからのユダヤ人出自の裸性を覆わねばならない。

ラーエル・レーヴィンは最初ラーエル・ローベルト（Rahel Robert）になり、洗礼後フリーデリーケ・ローベルト（Friederike Robert）に、それから結婚によってフリーデリーケ・ファルンハーゲン・フォン・エンゼ（Friderike Varnhagen von Ense）になった。名を変えようという決心はラーエルが成り上がり者の論理にはまり込んでいくその出発点である。より正確に言うなら、ラーエルは彼女自身「成り上がり者になる」ことはない。彼女は、平民の出でぱっとしない夫に、要人たちのあいだでスポットライトを浴び頭角を現すようせっつくことだろう。その点において、たしかにラーエルはまさに女性である。「成り上がる」ための彼女の企図は男性を介してしか行われないのだ。成り上がり者にとって、世界とは力をもっている者たちのサークルのことであり、彼はそこで人気と承認を得ることを求め、「高み」をしっかりと見つめている。ファルンハーゲンが次のように述べるとき、彼は実に正確に成り上がり者の進路を表している。「僕には抑えがたい衝動があって、上司のなかにあっても体面を重んじてしまうのです」。成り上がり者は自発的隷属の完全な形象である。彼にとっては、「何であっても、下男として部下として求められるものは何でもみずから進んで徹底的にやり遂げるふりをつねにすること」が必要なのだ。そのようにして、成り上がり者は他者——上司——が彼に抱くイメージに完全に引き渡される。彼はまさに既存の秩序の支えとなるのだ。成り上がり者は自分の個性の特異性を滅し、演出家とはなれずともひとつの役割に埋没することに同意する。彼は完全に自分の上官に依存しており、つねに自分が誰か出自はどこかということを忘れようと執心している。したがって、ファルンハーゲンがバーデンでプロイセンの公務の責任を担うようになったとき、それ以後王女（大公夫人）の許をよく訪れることになるフリーデリーケ・ファルンハーゲン・フォン・エルゼ夫人はついに「プロイセン公使閣下令夫人に成り上がる。〈彼女の出自の恥辱〉の跡はもはやない。ひとはもうプロイセンの公務を担う女性しか知らない」[20]。

こうした分析から次のことが帰結する。ヤスパースがアーレントに出した提案、すなわちラーエルのユダヤ性を「着衣と機会」としてのみ考えようという提案に対してアーレントがつねに反抗していたのは、そうした解釈がまさにラーエルの成り上がろうとする決心、つまりこの世界の有力者たちの規範的観点を選び採ろうとする決心の源にあったことを彼女が知っていたからなのだ。

ラーエルが名を変える必要性に取り組んだそのやり方がよく示しているのは、ユダヤ性は外在性に属するものではない、ということである。それは、もはや他人の目に見えなくなるよう修正できる見かけに属するものではないのだ。ラーエルは即座にユダヤ性を自己の内面と同一のものとして提起した。しかし、このユダヤ性はキリスト教的な名によって覆い隠さなければならなかった。こうした状況において、「ユダヤ人を根絶してわれわれの外に追い払う必要がある」と彼女は書いているが、みずからの外にユダヤ人を追い払うことなどせず、反対にそれを内面化し、その内面が他人の目に表象される道筋をもはやもたなくなるにつれて、彼女はそれに縛られていく。なぜなら、彼女の内面、つまり彼女のユダヤ性が「その外在性から解放される」ちょうどそのとき、彼女にとってそうしたユダヤ性が真正なユダヤ性そのものとして現れるのだから。ラーエルにとってのユダヤ性とは彼女の名とずっと同じものである。というのも、改宗しファルンハーゲンと結婚したとはいえ、彼女は次のように書いているからだ。「生涯を通じて、私はラーエルであって他の者ではないと考えてきました」[21]。社会的価値に決定的に与することを助長することなく、この執拗な内的緊張は彼女に反抗の構えをとらせることになるだろう。総じてアーレントが示すのは、たとえみずからの破滅に至るように見えても、ラーエルが勝ちえてきたものを一貫してすべて破棄するのはいかにしてか、ということである。そのような構えは恥の変化によって準備されることになるだろう。それはもはや逃げ道ではなく隙間ごしの現実の眺望なのだ。ここで、恥は他者がみずからに行使する支配力から他者を逃れさせせようとしない。反対に、恥は「証人への呼びかけ」として現れる。すなわち、セルジュ・ティセロンによれば、「恥を感じず、それゆえ恥を追い払うことなくそれを受け容れることができる他者、そこから、恥を感じている主体が共同体のなかに占める場所を復元できる他者」[22]への呼びかけとして現れる。しかしながら、誰もが証言を受け止めうる話相手になれるわけではない。より正確に言えば、どんな型の関係もそうした可能性を提出するのではなく、単にラーエルとその対話者のあいだで世界の素描を確立する関係、愛ではなく友愛についての関係だけがその可能性を提供するのであって、そこにおいて他者はそのひと自身の特異性において捉えられており、匿名の耳とは考えられていない。

なぜ匿名の耳かというと、最初のうちラーエルが誰にでも呼びかけているような印象を受けるからだ。「社交界の生活で認められず、出自から得られる人間関係もないがゆえに、彼女は人間でありたいという並外れて強い願望を感じていた」。それは解き放たれた告白の時期であり、徳へと高められた口の軽さの時期である。ラーエルが他者たちに対して求めるもの、それはまず彼らに理解されることである。とはいえ、いずれにせよ、そうしたことは起こりえない。というのも、彼女の呼びかけは全方位に向けられるからだ。つまり、彼女自身が特権的な対話者に選んでいないのに彼女の呼びかけを受信しようと望む者たち全員に。したがって、特に誰も彼女に明確な応答を返さない。「現実の聴衆は、自分たちが匿名の人間であるかのように、つまり応答することはありえず耳を貸すためだけに実存しているかのように扱われている」。ラーエルが他者に対して呼びかけるやり方それ自体によって、彼女の個性は、どれほど光輝き顕わになろうとも、曖昧なままである。彼女にとって、他者たちは「自身の内奥にある存在のイメージを彼女に送り返してくれる鏡」では決してなく――それは一定不変の存在である――、他者たちによってこの内奥にある存在が「明確に」なりうるのではないのだ。それゆえ、ラーエルは「自分が誰か――たとえばシュレミールであるとかユダヤ女であるか――[23]」を決して示せない、ということになる。

同じく彼女は恋愛関係においてもそうしたことができない。とりわけ、サロンから噴出した問題群の真只中でフィンケンシュタイン伯爵とのあいだに生まれた恋愛においてはそうだった。ならば、フィンケンシュタインとの恋愛関係とラーエルとアレクサンダー・フォン・デア・マルヴィッツを結ぶ友愛との違いはどのようなものであるのか。フィンケンシュタインと同様に、マルヴィッツもその家柄や社会的地位によって彼女とは縁遠いところにいる。[24]以前の関係においては、ラーエルは他者全般に対して自分を理解してもらうことを期待していたのに対して、ここでは彼女がマルヴィッツの不満を聞いている。マルヴィッツは、孤立を感じ自分の環境に対して倦怠と嫌悪しか感じておらず、消えつつある世界に対して明晰な目を向けている。ラーエルはマルヴィッツを助けようとする。逆に、マルヴィッツはラーエルを「権利上彼女にとっての対等なパートナーとして」遇した最初のひとりである。ラーエルとマルヴィッツのあいだに、ひとつの友愛が築かれる。これは、「残りのすべての人間に対抗する同盟」という様相を帯びながらも、ふたりのあいだにひとつの「世界」を創り出す。それぞれが相手に対してまったく対等なこの新たな態勢のおかげで、ラーエルは明確な実存の形式に至ることができる。相手を対等の存在と考えているという事実によって、彼女は唯一性として実存できるようになる。唯一性の本質とは例外的な性質の寄せ集めにあるのではなく、アーレントが書くように、「強度と情念の段階」のうちにあるのだ。あるひとの同一性、彼が「ひとりの - 存在」であるということは、そのヴェールを剥がされなければならないような実質ではない。同一性はある段階の強度から生まれてくる。この段階に達することは、ひとりの他者に対する関係の真只中においてしか可能ではない。そして、ひとはこの他者の同伴を自分自身のためでなくこの他者のために求めるのだ。

しかし、マルヴィッツがラーエルのために創り出した世界は束の間のものでしかありえないだろう。というのも、彼らの友愛は、フィンケンシュタインとの愛と同じように、みせかけ《ルアー》にもとづいていたからだ。ラーエルがそれを私的な同盟の外の世界でも継続しようとするや否や、彼らの連帯は崩れる。マルヴィッツが世界を軽蔑するその仕方は「ラーエルの絶望的な周辺性とは異なる」。彼女は彼に自分の恥についての夢を語ったけれども——彼女がそれを語ることができる限り、その恥は彼女の内面に一貫性を与え始める——、自分が誰か——「シュレミールやユダヤ人」——を語ることができるのはいまだマルヴィッツではないのだ。マルヴィッツは公的世界の外で身を持しているとはいえ、それでも彼は公的世界に「繋がっているし、伝統によって完全に同化している」。世界の流れに乗って生きている貴族階級として、マルヴィッツは過去に逃避することしかできない。同化を求めているユダヤ人として、ラーエルはマルヴィッツとは異なる理由で現在のうちに自分の居場所をもたないけれど、「より善き未来」という状況の改善を期待することができる。ラーエルはマルヴィッツの側に完全につくことは受け容れられない。しかし、フィンケンシュタインとの場合のようにそれを個人的な不幸と感じる代わりに、ラーエルは「反抗する……[彼女は]社会と世界の解釈に反抗するのだ。この世界の根本原理は彼女に対して敵意を剝き出すことしか決してできないのだが——ただ、彼女の人格に対してではなく、ユダヤ女としての彼女の身分に対して敵意を剝き出しにするのだ[25]」。

したがって、たとえラーエルとユダヤ人ならざる成り上がり者や貴族の友人とのあいだにひとつの世界が描かれるにしても、歴史的状況としては、彼らと共にではなく「運命の同志」と共に、ラーエルの経験は受容され彼女の恥は決定的に乗り超えられうるのだ。ラーエルがハイネに書いたように、「ガレー船の奴隷だけが互いを知っています(26)」。しかし、ハイネ以前に、パウリーネ・ヴィーゼルがいた。彼女はルイ・フェルディナン王子の古くからの教師であり、生涯を通じて慣習を拒絶し、決して「周囲に自分を合わせることはなく」、ずっとパリでスキャンダラスな生活を送っていた。ラーエルはファルンハーゲンとの結婚後パウリーネと再び交際を始める。しかしまさにそのとき、論理的に考えるなら、ラーエルは――王女たちと会うことを鼻にかけていたのだ――昔の関係を断ち切るべきだったろう。というのも、「交際できないような人物、評判のよくない人物」と共に身を危うくすると決めたのだから。ラーエルにとって、パウリーネは上流社会の慣習をものともせず最後まで自由を生き抜いた女性像を表している。上流社会とは、ただひとつのものだけを拒絶することで満足する社会のことである。それは嘘である。パウリーネは、嘘のない生活が可能であることの生きた保証なのだ。彼女らの戦いはそれぞれ同じものであったわけではないけれど――パウリーネは社会の慣習に自分の欲望をしたがわせることを拒絶する、すなわち結婚したりこっそりと愛人をもったりすることを拒絶するのに対して、ラーエルはもはや自分が誰かということについて嘘をつくことが耐えられない――、ラーエルにとってひとつの世界が描かれるのは、マルヴィッツと共にではなくパウリーネと共になのだ。「ラーエルが自分と同等の存在とみなす唯一の女性」、とアーレントが書くように。マルヴィッツとのあいだの同等性は束の間のものでしかありえなかった。なぜなら、いつ何時彼は貴族と化すかもしれないからだ。それゆえ結局、真に自分と同等の存在に対してだけ、ラーエルは、みずからのアイデンティティがひとつの社会的役割に還元されてしまうような状況への反抗を表明することができる。「生涯を通じて、私はラーエルであって他の者ではないと考えてきました」と彼女が書くことができるのはパウリーネに対してなのだ。ついに恥はその証人を見出したのである。それゆえ、ラーエルは以前拒絶しようとしたものと再び結びつくことができるようになった。このような受け容れは――彼女は死の前にこれを示しているし、これによってアーレントの書物は始まる――単にみずからの出自を容認するだけでなく、出自を自然の純粋な産物とせずにそれを人類のうちに書き込むような次元を回復することでもある。

何という歴史！――エジプトとパレスチナから逃れてきた者として私はここにいて、……高らかな歓びをもって、私はこの自分の起源を思い、最も古い人類の記憶が時間・空間かくも隔てて最近の状況と結ばれている、この巡り合わせ全体を思うのです。私の生涯のかくも長いあいだの最大の恥辱、最もにがい苦しみと不幸であったこと、ユダヤ女に生まれついたことを、今の私は決して手放したくありません。(27)

恥に打ち克つことは、歴史のなかにみずからの居場所を再び見出したということを想定している。ラーエルはもはやフリーデリーケ・フォン・ファルンハーゲン夫人ではない。彼女は「エジプトとパレスチナから逃れてきた者」というみずからの来歴を受け容れるのだ。

しかしながら、そうした運命は最小限の歴史的照明なしに理解できるものではない。アーレントのテクストの力は、主観的次元と社会‐歴史的次元を、相互の貶価を廃してうまく連結したことにある。

ラーエル・レーヴィンは「財を成した宝石商の家に」(28)一七七一年にベルリンで生まれた。時代はフリードリヒ二世の治世であり、この君主は、専制政治へと傾く権力を、ある種の宗教的寛容と同様に啓蒙への奨励とも調和させたのだった。君主制国家は行政に資金を投じる必要があったので、無視できない数の特権者の入市税と引き換えに、裕福なユダヤ人や「宮廷ユダヤ人」の幾人かに、ベルリンに居住してもよいという許可を与えた。それに対して、これら特権者よりも裕福ではない同志たちはというと、行商人や職人であって、彼らの多くは一七七二年と一七九三年にプロイセンによって獲得される東の領土に自分たちの居場所を見出すことになる。こうしたユダヤ人が「生きることのできた場所は、君主の国境内部を移動したり、軍隊を保持したり、地方権力の特別な保護を必要とすることが彼らにとって良く思えるような場所であった」(29)、とアーレントは念を押している。そして何よりも、彼らのあいだで同化への最初の傾向が現れてくることになるのだが、そうした同化はまず、衣服や生活様式や言語形式の変化として姿を見せた。

ユダヤ民族《プープル》の内部での社会的関係という観点から見て、宮廷ユダヤ人の時代は――この「短い期間、短くはあるが波乱に富んだ、ゲットーと同化を分離する期間」――裕福なユダヤ人と貧しいユダヤ人の分離の運動によって特徴づけられる。こうした運動は特権的ユダヤ人を「例外者」として指し示す。例外者は数の上で少数派であるが、その特権によって――いまだ権利ではないとはいえ――、貧しいユダヤ人共通の境遇に比べて例外者となれた。更に、特権的ユダヤ人は貧しいユダヤ人や伝統主義者を過去の遺物と考え、そうしたものをもはや望むことはなかった。あたかも、社会的・地理的対立が歴史的対立に姿を変えたかのようである。最終的に、特権的ユダヤ人が現れたことに付随して、ユダヤ民族の政治組織は変化し、民主主義的と想定されたものから専制主義的なものになってしまう。特権的ユダヤ人――彼は同宗者たちに皇太子の庇護という強みをもたらす――は、君主制を真似た権力をユダヤ共同体に対して行使する。しかし、そのような分離の運動は特権的ユダヤ人と貧しいユダヤ人の絆を断ち切るのではなく、反対にそれを維持する。実際、例外的ユダヤ人という観念そのものは、そうした特権者たちとは関わりのない大多数の人々と比べられた場合にのみ、意味をもつものなのだ。社会的、経済的に出世しようとも、一八世紀末の特権的ユダヤ人は「時代遅れの」民族が彼らに対して表象する出自と関わり続けた。彼らはそこから抜け出たかったが、自分たちが「地方に住むユダヤ人親族をやむをえず訪問する」ためにベルリンを出発するや否や、この「時代遅れの」民族はまたもや現前し現存するのだった。「時代遅れの貧しい同宗者たち」に対峙することで、特権的ユダヤ人に湧き上がったのは「自分は例外であり、それほどの高みにまで上りつめたのだという自惚れの意識」であった。裕福であっても、ユダヤ人は「社会の最下層の人間のなかでも最下層のひとり」と考えられていたのに対して、裕福なユダヤ人はみずからを第一等の人間、つまりは「第一等ノ人間」(*primus inter pares*)であると感じた。そのときから、彼らは自分たちを貧しいユダヤ人と比較することになる。アーレントは、彼女が一八世紀末の特権的ユダヤ人の「社会的内幕」と名づけるものに大きな重要性を与えているが、それはまるで例外ユダヤ人が舞台に立っており、彼女だけがそのふたつの顔を知っているかのようである。この内幕には、生誕がそこで生じる「自然」環境として、個人を保護する働きがある。裕福であっても、ユダヤ人はいまだにみずからがひとつの民族に属していると考える。こうした内幕が与えてくれる保護によって彼らは恥から守られ、逆に「悲惨と貧困が蔓延する環境から脱出した」との自尊心あるいは自惚れをもたされる。一八世紀末の特権的ユダヤ人は、すでに成り上がり者であったとしても、まだ「無邪気な成り上がり者」である、とアーレントは書いている。制度の観点から見るなら、特権的ユダヤ人が「絶対君主としてみずからの民族」を統治するという事実そのものがかかる絆を明示しているのだ(30)。

こうした状況において、アーレントの目にはラーエルが語る逸話は相当の重要さを帯びることになる。というのもラーエルは、ユダヤ性から脱出するために講じた努力がすべて失敗する運命にあった深い理由を打ち明けているからだ。ラーエルが語っているのは、いかにして若い娘たる自分がブレスラウに旅し、地方の貧しい親族の家で「ユダヤの伝統的結婚式に出席し、そこで長きにわたって空けられていた宮殿を訪れた偉大なトルコ人のように歓待された」のか、ということだ。そして、彼女は次のように付け加える。「私はそのことが恥ずかしかった」、と。ラーエルは、これら貧しいユダヤ人と縁続きであることに恥ずかしさを覚えるのではなく、彼女が恥じるのは、裕福なユダヤ人が貧しい親族を遇する際の恩着せがましい態度である。言い換えれば、ラーエルはユダヤ民族の内部で一般大衆と有力者とのあいだに確立されつつあった型の政治的関係に入り込むことをたちどころに拒絶する。ここで恥の作用は他者との同一化から生じている。私は彼ら——ユダヤ人——と「同様のもの」であるゆえに、彼らがなすことは私の心を揺さぶり、私のうちで恥として生じる。あたかも、私自身が裕福な親族を「偉大なトルコ人」として受け容れるまでに身を落としているかのようだ。しかし、この健全な恥が政治的表現を見出すことはできなかった。それはラーエルという主体性に繋がったままであった。その直接的な結果として、ラーエルは生まれ落ちた環境から、裕福なユダヤ人という環境から引き離された。彼ら裕福なユダヤ人はユダヤ民族との絆を感じ続けていたとはいえ、その振る舞いは第一等の人間として思い上がったものであり、貧しい親族からのばか正直な隷属と賞賛を享受していたからだ。こうした種類の絆——彼女にとってそれはユダヤ民族への絆を表していた——を拒絶することで、ラーエルは、「大部分の地位の低いユダヤ民族との連帯」と同時に「例外的ユダヤ人の少数集団」を捨て去った。以後、彼女は「[モデルも]伝統もない」純粋な個人として実存のうちに投げ出されることになる。しかし、この個体化は彼女を解放するどころか束縛する。それ以後、彼女の出自——つまり、貧しい始祖の世界と同時に裕福なユダヤ人の世界——は恥に染まり、したがって生涯ずっと彼女につきまとい、成り上がり者として彼女が獲得したものをすべて一貫して打ち消すことになるのだ。

こうした現象は近代のユダヤ人にとって重要な帰結を孕んでいた。以後——すなわち、同化の状況において——ユダヤ人であることは民族への帰属を示すのではなく、個人的な特徴と化したのだ——「彼女の帰属は〈彼女特有の不幸〉になる」。アーレントがここでわれわれに考えさせるのは、歴史的状況と個体化の形式との連結に関する問いである。ラーエル・ファルンハーゲンの歴史から引き出すことのできる教えは、一方では、このようにユダヤ性を内面化することは政治的な袋小路に陥る、ということである。ラーエルの世代のユダヤ人は「全員で解放されることさえ求めない、彼らが求めるのは単にみずからのユダヤ性から脱出することだけである。機会が訪れるとすぐ、彼らは秘密裏に目立たぬよう、個人的なものと映る問題を、個人的な不幸と考えるこの問題を解決しようとするのだが、それもまた個人的になされるのだ」。そうした政治的な袋小路はまた個人的な袋小路でもある。ユダヤ人がみずからのユダヤ性に片をつけようとすればするほど、このユダヤ性はますます個人的なものとなり、「瘤や内反り足と同様に避けようのないものとなる」。「個人的な問題としては、ユダヤ性は解決不可能なものであった」[31]とアーレントが書く通り。

しかしながら、ラーエルのようなひとたちは、受け容れ社会にうまく同化することも、生まれた社会に溶け込むこともはやないので、こうした中間の不安定な場から、みずからの地位を練り上げ始めることになる。その結果、いかなる伝統も予見することができなかったそうしたひとたちの経験が伝えられ始める。こうした伝達を媒介するもののひとつに、彼らがドイツの文化とドイツ語に接近する、ということがあったのだが、この時代、ドイツの文化とドイツ語の最重要人物のひとりはゲーテであった。

2節　被られた運命から物語としての運命へ
——「ゲーテの恩恵によって」ドイツ人であることの美徳＝効用とその限界

ベルリンのサロンは、貴族や俳優やユダヤ人を集めたはかない空間であった。彼らは、生まれ落ちた環境からいずれも断絶していたということで結ばれていた。一種の舞台の上で各人はその人格性、外化可能な真に個人的な要素を示すことができるのだが、なぜそうなるかというと、ラーエルのサロンのようなサロンで少しのあいだ実現された「理想的社会関係」のうちで、諸々の慣習が中断されたからである。アーレントによれば、ゲーテとは、あらゆる人々——とりわけユダヤ人——がそのような状況にひとつの意味を与えることを可能にしてくれた作家だった。彼の文化についての考えは、ユダヤ人に「ゲルマン－ユダヤの同化の精神的要素」を提供してくれた。この要素とはまず、ユダヤ系ドイツ人というカテゴリーに特徴的な教養あるユダヤ人の形象である。彼らは「ゲーテの恩恵によってドイツ人であると自称できた」。彼らはまた「自民族の低い社会的地位」から逃れようとしたが、そのやり方は特権的ユダヤ人のように裕福さでもなければ、政治でもなく、文化によるものだった。文化とは、ドイツ語の二重の意味での*Bildung*（教養＝人間形成）のことである。すなわち、一方では個人の教育と養成であり、他方では知識の獲得である。[32]

しかしながらアーレントによれば、ゲーテとラーエルの出会いは——更にはそこから、ゲーテとユダヤ系ドイツ人との出会いは——微妙なものであった。一方では、この出会いによってラーエルはみずからの経験を語る方法を見つけ、彼女が被っていた運命を、その完成が物語の形で見出されるような真なる運命に変えることができた。しかし他方で、ラーエルがヴィルヘルム・マイスターの歩みに同一化することができるのは、再び述べるならば、己がユダヤ人としての起源を否定しようとするまやかし《ルアー》にもとづく場合だけである。ゲーテの主要な著作を集中して考察したあとに、ラーエルは名を変え洗礼を受ける決心をした。

ラーエルはサロンの全方位に向かう言葉でも阻止できない反復のメカニズムにまず屈するのだが、それは次の理由による。

> そうした告白はすぐに忘れられる。というのも、結局のところどんなひとであれその関心を惹かないからだ……。なぜなら、永続性を有するのは互いに伝え合うことができるものだけだから。伝達不可能なもの、伝えられないもの、これは誰にも語られなかったし誰にも印象を与えることがなかった。また、いかなる道を通ってもこれが時間の意識に浸透することはなく、取るに足りないものとして、混雑した忘却の曖昧なカオスに落ち込んでいって、再び生じるということで断罪される。再び生じるというのは、それが効果的に生じたとしても、現実において持続できるどんな避難場所も見つけることがなかったからだ。(33)

別の言い方をすれば、運命――または不幸の反復――とは、みずから言うこともできず語ることもできないものの抑圧――それゆえに、その回帰――と別のものではない、ということだ。語ることができるようになるためには、歴史を語って聞かせられる「運命の仲間」が必要であるのは本当である。しかし、運命の仲間だけでなく、彼らを超えてあらゆるひとが記憶に留めることのできる言葉もまた必要なのだ。

実際、出来事が言説のうちで伝えられる瞬間からのみ、被られた運命は真に運命と化す。これは、「自己省察において己と他者とに対し、自分自身の物語を繰り返し語りきかせることで達成される」(34)。「語ること」にそのような効用があるのは、何よりも物語が想起であるからだ。そのおかげで、過去は蘇るに至ることができるのではなく――というのも、過去は決して戻ってこないから――、どう見ても不条理で不幸をもたらす出来事の全体とは別の形で反復されることになる。この反復が物語による想起であるということは、しかしながら全体的記憶を指し示しているわけではない。すべてを語ることがつねに不可能なのは、礼儀からわれわれが黙っていなければならないものがあるからではなく、語ることは、保持されるにふさわしいものの選択をつねに前提としているからだ。こうした選択――それゆえ、幾つかの事柄の忘却――は物語が理解可能であることの条件なのだ。それがなければ、物語はまとまりのない出来事の純粋な集積に成り下がるだけだろう。

しかしながらそのような行為は、もしラーエルがみずからの人生を自分のために選んだ貧しい証人に語るだけに留めていたなら、いかなる伝統のうちにも書き込まれず、後世に残ることもなかっただろう――それゆえ改めて忘却の淵に沈み込んだだろう。レベッカ・フリートレンダーはそうした証人のひとりであるが、このひとの愚かさは「限度を超えていた」。もし、ラーエルがゲーテの人格のうちで「瞑想的なもの」に出会う機会がなかったら、そうした個人的な練成が将来の世代に残ることはなかっただろう。彼女はゲーテについてR・フリートレンダーに次のような言葉で語っている。

ゲーテに耳を傾けなさい［……］。彼の書いたものをお読みなさい、不幸なときに聖書を読むように［……］。私の生涯を通して、この詩人は私にずっと付き添ってくれました。

意味深長なのは、ここでゲーテの位置が聖書と同じであるということだ。このことは、ゲーテのテクストに聖なるテクストの権威を付与するべくラーエルが願ったということを意味してはいない。聖書はここで物語として援用されている。彼女自身それを伝統的な枠組みとして拒絶しない限り、ラーエルが自分自身の歴史を先祖の歴史へと組み込むのを可能にしたであろう物語として。以後、モデルの役割を果たすのは、もはや族長や預言者の歴史＝物語ではなく、『ヴィイルヘルム・マイスターの修業時代』となる。この書物を起点としてゲーテは「ラーエルに欠けていた伝統のほとんど代わりとなることさえできるのである」。しかし、ラーエルのアウレーリアへの、ミニョンへの、あるいはマイスター自身の歩みへのありうべき同一化を超えて、ゲーテが詩人であるという事実そのものが彼女に、ドイツの歴史への同化を可能にするのであって、ドイツの歴史へのこの統合とはドイツ語への統合以外のものではない。ゲーテの詩がラーエルに与えたのは、「それにもとづいて彼女自身がみずからを理解できるようにしてくれる」言葉の数々であった。アーレントによれば、そうした同化の潜勢力はヴァルター・ベンヤミンの世代まで維持された。ベンヤミンの精神的実存は「ゲーテによって形成された。彼は詩人であって哲学者ではないし、彼の関心を喚起したのはもっぱら詩人や小説家であった。たとえ彼が哲学を研究していたとはいえ(35)」。哲学に比して詩はより高い統合力を有しているのだが、この力は、詩だけが未曾有のもの、特殊なものを受け容れて、それを「一般的真理」に変貌させつつもこの真理を抽象的なものに転じないことに由来する。さらに、この「一般性」は、慣例と伝統の全重力を課せられた言葉が「いわば初めて響いたときのように」扱われた場合にのみ湧出する。ラーエルが、「ゲーテのあらゆる言葉は、別のひとが同じ言葉を発する場合と比べて、彼がそれを発するときにはまったく異なるものとなる」と書くように。最も伝統的な要素――それは言語であろう――に対する働きかけであるとはいえ、詩はパーリアを歓待する潜勢力を有し、パーリアに「世界のなかの避難所」[36]をもたらしてくれる。

詩によって獲得された避難所は、ユダヤ人がドイツ語へ接近する際の媒介となった。ドイツ語は当時、ラーエルの世代にとって重要な位置を占め始め、ドイツ語についてのユダヤ人の側からの驚くべき知的創造性がそれに続いたのだが、この歴史はナチズムとともに終焉してしまう。亡命は、アーレントに詩とドイツ語のこの密接な絆をもっぱら確認させるだけだった。「母語と他のあらゆる言語」との隔たりは次のように要約される。すなわち、記憶の最深部に暗唱できる数々のドイツ語の詩が現前しているのであり、これらの詩は、あらゆる不測の事態や、受け容れ国の言語において獲得された安定にもかかわらず、無傷のままで、頭の後ろで、「心の裏側で（*in the back of the mind*）[37]」際限なく使えるのだ。

しかしながら、ラーエル・ファルンハーゲンの世代から始まるゲーテの作品への同化は、ユダヤ系ドイツ人にとって両義性を伴わないわけではなかった。実際、教養小説（*Bildungsroman*）の中心的観念とは、すなわち、個人の生を飾る様々な出来事、恋愛の出会いと同様に友愛の出会いは、何が起ころうとも個人をかすめる偶然であるどころか、反対に教育的な試練であって、これを通してそのひとは徐々に自分がどんな人間かが分かってくるというものだ。別の言い方をすれば、人生の様々な出来事にはひとつの意味があって、それらは互いに結びつきまさにひとつの生を、つまりひとつの運命を構築するのだが、ただ想起が出来事のあいだの繋がりを連続的に打ち立てる場合にだけ、この運命は形を成すことができる。そのようにして、ラーエルは自分自身の歴史を検討することができるのだ。幸福と不幸はもはや不合理な偶然ではなく、ヴィルヘルム・マイスターにおけるように、「教育的要素」となる。そんなふうに、ゲーテはラーエルに「絆の作り方[38]」を教えた。しかしながら、アーレントによれば、ラーエルのヴィルヘルム・マイスターへの同一化には明らかに何かまやかしがある。「彼女は、マイスターの人生と彼女自身の人生との対照的な差に一度として目を向けていない」[39]、とアーレントは書いている。

アーレントによるヴィルヘルムという人物の分析で強調されているのは、ブルジョワジーの生活様式の拡大が引き起こした文明の危機である。この生活様式は、事物の流通と計算のなかに直接巻き込まれた主体性を土台としているのだが、そうした主体性にとっては、他者に対してみずからを表象するという問題は提起されない。ブルジョワには能力も才気もあるけれども、個性とは何であるかということを知らない。こうしたブルジョワが「問うのは、〈君は誰か〉ではなく、単に〈君は何をもっているのか〉である」、とゲーテは書いている。存在《エートル》の問いを提起することはできない――それゆえ、現《アパレートル》れの問いも提起できない。ブルジョワの唯一の問いは、所《アヴォワール》有の問いということになる。逆に、その生まれによって他者の上に立つがゆえに、貴族はそのための努力を何もしなくてもただちに「見分けられる」。ブルジョワジーと違って、貴族はせっせと働く必要はないし、この違いは貴族にとって優美さのように「自然の」ものである。さらに、この違いには内的なものは何もなく、つねに直接的に見えるもの、表象されたものである。貴族はおのずから「公的人間」となり、「いつでも外面的には自制でき」、「大人物に対しても取るに足りない者に対してもいつも同じように接する」のに対して、現れ出んと努めるブルジョワはつねに「滑稽で面白味がない」[40]。別の言い方をすれば、ブルジョワは「何も代表せず[……]私的な人間のままであり続ける」。ヴィルヘルムはブルジョワジーのうちで生まれた危惧を表している。それは、「自分はもはや目に見えないのではないか、自分自身のリアリティはもはや確固としていないのではないかという危惧、国家――それは人間を目に見えるようにしてくれる――が崩壊しつつあるこの過渡期における危惧」[41]であった。それゆえ、若いブルジョワは、みずからのうちに「生まれゆえに拒まれていた本性を発展させようとする避けがたい傾向」を感じ、かつ目立ちたいという欲求を捨てることがないので、自己形成のために「独自の道を辿ら」[42]ねばならない。アーレントが示すように、教養、すなわちこのように方向づけられた自己‐形成のプロセスは、自己呈示する技巧を身につけていく期間である。劇場は若いヴィルヘルムにとっては貴族にとっての宮廷にあたる。それは、何を所有しているかではなく、自分が誰であるかを示すことを個人が身につける舞台なのだ。ヴィルヘルムが言っているように、「舞台の上でなら、教養ある人間は上流階級にいるのと同じように人格的に輝いて見える。精神と肉体は何をするにも歩みをそろえて進まなくてはいけない。僕は舞台でも、どこか他にいるときと同様に立派にやれるだろうし、そう見せかけることもできるだろう」[43]。ゲーテが示したいのは、各個人が唯一の個性をもち、それぞれが異なる内面性をもつならば、個性と同様に内面性も外在化され表象されるはずである、ということだ。教育の目的は、そのひとだけにぴったり合う現出の形式を見つける手助けをすることである。自然の幸福では十分でない。天才でさえみずからを開花することができるのは、ありのままに自己を発達させるための助けとなる教養を見つける場合だけなのだ。

一八世紀末の「まったくブルジョワ的なベルリン」のなかには、表象〔代表〕の危機によって不安定になったあらゆる種類の個人が見られる。若いブルジョワは自分自身を追い求め、ユダヤ人は同化の途上にあり、若い貴族は、個人がその肩書き以外の何ものでもない田舎貴族の家系という避難所を離れるや自分自身の「個性」に還元される。それゆえ、ユダヤ人のサロンはゲーテの虚構に出てくる俳優の劇団と実際に同じ役割を果たしていた、と考えることができる。どんな世代も、各自がみずからの個性を示し、表すことを要求される空間を少しのあいだは見出すことができた。前代未聞の危機に対して新たな答えを創り出すことが問題であったとき、社会の余白から生まれた場だけが――ヴィルヘルム・マイスターの俳優の劇団とまったく同じように――、そのような経験を可能にするのだった。そのときまで、ラーエルはそこで自分の居場所を見つけることができていた。アーレントが書いているように、「フンボルト、シュレーゲル、ゲンツ、そしてシュライエルマッヒャーの世代はすべて、同じような状況にあったのだ(44)」。

したがって、ラーエルにとっての思い違いはどこにあるのか。あの小説に戻ってみるなら、ヴィルヘルムは自己自身の探求に出かけるために別れたものと決定的には断絶していないことが確認できる。結局は、彼はすべてを取り戻すことになるのだ。彼の遺産は彼のことを待っており、それを引き受けるために戻ってきて社会的世界と和解する。アーレントが次のように書く通り。

［マイスターのなかで］読むごとに開かれてくるのは、より豊かでより純粋な世界である。［……］しかしながら、古い世界の形象が彼を捨てることは決してない。まるで、そうした形象が以後あらゆる価値を失ったかのようだ。［……］何も決定的な闇に落ち込むことはない［……］、主人公の人生が全面的に暗くなることは一度としてなかった。

小説の冒頭でヴィルヘルムは、父の商人的価値を嫌って家族の住居を離れるのだが、それは、彼がそのような価値と最終的に和解するためだ。ゲーテは、人間の活動を連結するものとして広がっていく、変様する世界の証人である。彼が高く評価するのは、政治的活動ではなく、家事の活動のように整理と節約の原理が全体を占める経済活動である。ゲーテの「市民的」美徳は私人のものなのだ。

『ヴィルヘルム・マイスター』について熟考しながら、ラーエルは次のことを理解できると思った。ゲーテによれば、内面性が外に表出されるための条件は、個人が何としてでもその独自性を放棄することであり、また、自分自身であることと世界で役に立つように働くこととのあいだに矛盾はないと認めることなのである。アーレントによれば、まさにこの点でラーエルはこの小説の中心から逸れてしまう。すなわち、ヴィルヘルムの「地位に入ること」は彼が一時的に手放したものと和解することであるという中心から。あたかも、ヴィルヘルムの内面性が最終的に認められるのは、あらかじめ存在し彼を待たせることしかしなかった外在性のうちであるのを彼が理解しているかのように。こうした道程はゲーテ自身の経験と完全に調和している。ゲーテは「母国」で生きるように世界で生きるのだが、だからこそ、彼の人生は「つねに‐すでに存在した者たちの連続的連なりである。世界は学校となり、ひとは教育者となるか誘惑者となる」。彼はみずからの道程とドイツの道程を同一視し、彼の本性は歴史と合致する。彼は、「私が一八歳のとき、ドイツもまた一八歳でしかなかった」と書くことができる。逆に、ラーエルの状況は、結局は再び見出される自分〔ゲーテ〕の遺産に対するこの長い回り道のうちにあることはできない。ラーエルのドイツへの同一化には、様々な冒険によって目を開かされた神童の回帰といったものは何もない。反対に、ゲーテは自分の遺産を手放す口実としてラーエルの役に立ったのだ。彼女はみずからの独自性をみずからのユダヤ性と連合し、ひいてはそれをみずからの内面性と同一視したのだが、『ヴィルヘルム・マイスター』の教えを、そうしたユダヤ性を手放せとの命令として解釈する。それは「みずからの独自性を放棄して人間のなかで人間的なものになる」(45)ただひとつのやり方だというのである。ラーエルは名を変え、ほどなく洗礼を受ける。彼女は成り上がり者としての道を踏み出すのである。

アーレントによれば、この方向でこそ、ドイツ・ユダヤ人たちの歴史におけるゲーテ作品の後継を解釈しなければならない。彼らは、他の文化人たちの一員となるはずの教養ユダヤ人という形でドイツ文化に参入したのだが、そうした参入は――ラーエルがその先導者であったゲーテへの信仰と共に――成り上がり者についての一種の神話を生み出した。この神話は、ゲーテのように名を成すことでユダヤ人としての運命を逃れうるというもので、実に多くの若いユダヤ人たちが共有する錯覚の形をとった。それゆえ、シュテファン・ツヴァイクを読むことで、アーレントは次のような考察の着想を得たのである。

ゲーテに具現されているような天才こそ彼らの理想であった。いくらかなりとも詩を作れる若者はみな若きゲーテを気取った［……］。そしてこうした神童たちの親に教養があれば、真似の方もそれだけ行き届いたものになった。その物真似はへたな試作だけに限られず、個人的な生活のありとあらゆる細部にまで及んだ。ゲーテに倣い超然たることを自負し、彼のように「悠然と」政治に背を向けた(46)。

文化の生産、豊かな知性、しかし政治には盲目、こうしたことがアーレントの目には彼女の出自であるドイツのユダヤ性に特有の特徴と映ったのだ(47)。

3節 「母語だけが残る」？

ドイツからの亡命の間際で、アーレントはヤスパースを前にして、ドイツの歴史に対する片寄った責任を引き受けた。ドイツ性を人間的性質一般へ通じる道だと考えることを拒絶していたので、一九三三年のアーレントはドイツの歴史的かつ政治的運命に対して自分に責任があるとは考えなかった。逆に彼女が断言したのは、自分にとってドイツであったものに対しては責任をとることができるしまたそうすべきである、ということだ。ドイツ、それは「母語、哲学、詩(48)」であった。生涯を通じて、アーレントはこの約束に忠実であり続けたのだが、それというのも一九六四年に彼女はガウスに次のように宣言したからである。

すなわち、「ドイツ語、それはいずれにせよ、心のうちにあり続け意識的に維持していたもののなかで最も重要なものです」。ガウスが彼女に「最も苦しい時期でさえそうであったのですか」と尋ねたとき、彼女はこう返答した。「いつもです。どうしよう、と私は思いました。ですが、おかしくなったのはドイツ語ではありません！」[49]。アーレントによれば、このような定式は言語の一般的地位に送り返される。

言語においては、過ぎ去ったものは根絶できない基盤をもち、過去を厄介払いしようとする試みはすべて最終的には言語に乗り上げて座礁する。[50]

ところで、サダゴラ近くのツェルニフチ生まれの詩人、パウル・ツェラン、彼自身もまた言語の譲渡不可能な現前の事実確認から出発した。しかし――まさに詩人にとって――ドイツ語は人間を殺すためにうなり声をあげたのだから無傷ではいられなかった。そういうわけで、アーレントが安心しようとしたのに対して（「ですが、おかしくなったのはドイツ語ではありません！」）、ツェランは「死を孕んだ発語の千の暗闇」を果敢に潜り抜けようとする。この通過は言語それ自体の死、つまり言語が「無言に‐なる」ことへと接近するものである。ツェランの詩的経験が考えるきっかけを与えてくれるのは、言語は死を与えているあいだ死を隠蔽するのに貢献したが、その言語が死に襲われうるということであり、また、たとえ言語が根絶不可能で譲渡不可能であっても、それは「ペスト」に感染しうる、ということだ[51]。アーレントの感嘆文――「おかしくなったのはドイツ語ではありません！」――はそれゆえ問いただすに値する[52]。

アーレントにとって、ドイツ勢力圏におけるユダヤ人の驚嘆すべき知的創造性はある独特な状況と結びつけられている。それはイディッシュ語と近しいことである。この言語をユダヤ人は同化以前にドイツ語と一緒に話していた。したがって、ドイツへの同化はヨーロッパのなかで、言語の問題がほとんどいかなる役割も果たさなかった唯一の同化となったのである。というのも、イディッシュ語はすでにドイツの方言であったからだ[53]。しかしながら、イディッシュ語からドイツ語への移行というものはやはり存在したのであり、それはドイツ語のなかにイディッシュ語が存在していたということだ。たとえばラーエル・ファルンハーゲンの母語はイディッシュ語であり、一八世紀末ドイツに生きていたユダヤ人はすべてこの言語を話していた。ラーエルの手紙のフランス語翻訳者が強調しているのは、どの点において彼女のドイツ語が独特なものであるか、ということだ。なぜなら「つねに楽しく生き生きとしているのだが、ドイツ語の厳密な文法に対しては時として不正確で軽率なイディッシュ語の使用」がそこであらわになっているからで、アーレントによる転記の重要な価値は、初めて彼女が原文に忠実であったということなのだ[54]。イディッシュ語からドイツ語への移行を説明するために、アーレントはカフカの有名なテクストふたつを拠り所とする。それは、『マックス・ブロートへの一九二一年の手紙』と『イディッシュ語についての演説』である。問題は、彼女がこれらのテクストを裏返しに解釈しているということだ。アーレントにとって、言語の運動はつねにイディッシュ語からドイツ語へと向かうのに対して、反対にカフカが検討しているのは、帰還の可能性ではなく、イディッシュ語によってドイツ語を問い直す可能性なのである。

アーレントによれば、ハイネは、「非‐ユダヤ人を前にして、ユダヤの言葉を出さないようにする同化ユダヤ人」とは一線を画しつつも、ユダヤ人のドイツ語への真の同化を成し遂げた初めての詩人であった。彼の詩的天才の本質は、「イディッシュ語とヘブライ語の無数の表現をドイツ語へと移しかえる」ことにあった。さらに、アーレントは付け加える。「あたかも、それがこれらの表現の詩的部分であるかのように[55]」、と。彼女は後年のテクストのなかでこの問いを再び取り上げているが、そこで彼女はカフカに言及している。自分の世代のユダヤ人たちの「恐ろしい内面条件」の言語学的側面を他のどの側面よりもしっかり摑みながらも、カフカは、「今世紀の最も純粋なドイツ語の散文」を書いた。アーレントはマックス・ブロートへの手紙のくだりを多く引用しており、そこでカフカはユダヤ系ドイツ人作家の状況を三重の不可能性の状況として描写している。それは、「書かないという不可能性、ドイツ語で書くという不可能性、別の言語で書くという不可能性」のことだ。しかし彼女は、続いてカフカのイディッシュ語についての発言を説明するのと同じやり方で、即座にマックス・ブロートへの手紙の重要性を破棄する。イディッシュ語は「ユダヤ人であれ非‐ユダヤ人であれ、ドイツ語で自己を表現するあらゆる人々」に軽蔑されていて、カフカはかかる軽蔑に反旗を翻した。その反抗の仕方をアーレントは高く評価しているのだが、彼女が肯定するところでは、「*Mauscheln*〔イディッシュ訛りで話すこと〕は、まさに無数にあるドイツ語方言のうちのひとつでしかないとはいえ、言語のドイツ的空間のうちに〔……〕まさにその場所を占めている」と気づくことで、カフカはこのような軽蔑と戦ったのだろう。この限りで、「*Mauscheln* から、つまりイディッシュ語から高地ドイツ語への移行は、低地ドイツ語やドイツ語方言から高地ドイツ語への同じような移行と同様に正当である」と彼女は書いている。アーレントにしたがうならば、カフカの思考の運動もまた、ドイツ語がイディッシュ語の「詩的故郷」になりうることを示すものだった。イディッシュ語は無数のドイツ語方言のひとつでしかなく、それら方言は──ドイツ語が方言によってのみ形成されている限りで──イディッシュ語を「言語のドイツ的空間(56)」に同化させるものなのだから。

ところが、『イディッシュ語についての演説(57)』を読んで気づくことは──プラハでレヴィ（Löwy）という俳優が開いたイディッシュ語の詩の朗読会にある夜出席した教養あるユダヤ人聴衆に対する挑発を含んでいないわけではないけれど──、カフカがそのようなことをまったく述べていないということである。

イディッシュ語の始まりについて自問しながら、彼はその始まりを「中高地ドイツ語が高地ドイツ語へと変わりつつあった」時期に位置づけている。更に彼は付け加える。「それゆえ、ふたつの形式のあいだで可能な選択があった。中高地ドイツがそのひとつ、イディッシュ語が別のもうひとつである」。カフカがイディッシュ語を復権させたのは、イディッシュ語から高地ドイツ語への移行があらゆるドイツ語方言からの移行と同様に正当なものであることを示そうとしたためではなく、逆に、イディッシュ語は――近代高地ドイツ語と同じ資格で――中世ドイツ語がとった道のうちのひとつであることを示そうとしたからである。更に、同じテクストで方言が問題となっていても、それはドイツ語方言ではなくイディッシュ語の方言である。ドイツ語と同じ資格で、「イディッシュ語はそのすべてが数々の方言のうちにのみ存している」。近代高地ドイツ語とイディッシュ語をひとつの共通の言語から派生させることで、カフカはある程度までイディッシュ語を言語のドイツ的空間に位置づける。しかし、ひとを困惑させるこの近接性は、たまたまイディッシュ語を話したドイツ語圏のユダヤ人のうちに「嫌悪感が混じった」おそれを呼び起こすとはいえ、ドイツ語がイディッシュ語を故郷のごとく受け容れうるということを意味しているわけではない。事態は反対である。イディッシュ語からドイツ語へのありうべき翻訳といったものは存在しないのだ。とはいえそれは、両者があまりにかけ離れているからではなく、まさに両者があまりに近すぎるからである。「ドイツ語を理解できるひとは誰でもイディッシュ語を理解することができる」。ドイツ語を話すひとがイディッシュ語を聞くと、その文の意味は大体理解できるのである。しかし、まさにこうした理由で、「イディッシュ語をドイツ語に翻訳することはできない」。ふたつの言語の違いは語りえないものであり、ドイツ語がイディッシュ語を受け容れることはできないのだ。ある言語から別の言語へ移されたときに喪われたものが回復できないのは、それら言語のあいだのあまりに大きな隔たりのせいではなく、それらがあまりに近すぎるためである。それゆえ、イディッシュ語の聞き取りはあるメロディーを聞き取ることに似ているし、それを聞き取ることは、各人に自身の歴史を蘇らせ、自分ではそれと繋がることはできなくともユダヤ民族との絆を現前させる純粋な感情を喚起するのだ。カフカが詩の朗読会を聞きに来た聴衆に要求したのは、こうした感情に至るにまかせることであり、またそれに抵抗しないことであった。それゆえ、アーレントのように、ユダヤの劇団でカフカを魅了したものは、「特別にユダヤ的な要素であるよりもむしろ身振りや言語の生だった(58)」と言うのは正確でない。とはいえ、身振りや言語の生が彼を惹きつけなかったわけではない。しかし、日記から実に多くの箇所を引用できるように、そこでカフカは、これもまた喪われつつあるとはいえ、なおも真正なユダヤ性の啓示が彼のうちで喚起した感情を表現している。おそらく、アーレント自身はこうした感情に抗うだろう。彼女はアイヒマン裁判のとき、ランダウ判事に対する好意的な先入観を突如として痛感した。ランダウ判事はユダヤ系ドイツ人であり、ゲーテの言語の見事な運用力がヘブライ語のそれにまで及んでいるひとなのだが、それに対して、ハウスナー検事長は彼女には「〔ポーランドの〕ガリシアのユダヤ人の典型として見え、感じが悪く、絶えず間違いばかりしていた――おそらく、このひとはいかなる言語も知らぬひとたちのうちのひとりなのだ」。同様の見方で、アーレントは、「まるでイスタンブールにいるかと思うくらいに(59)」法廷の入り口に殺到した近東の人々に対しても違和を感じていた。

しかし、忘れずに付け加えておくと、カフカが感じた感情は、いかなる点で自分はユダヤ性というこの形式から回復できないほど切断されているかをより苦痛に満ちた仕方で彼に測らせるだけなのだ。彼はプラハで生きドイツ語を話す教養ユダヤ人として、大衆のあらゆるドイツ語表現から切り離されていたので、彼のドイツ語は「階級や社会的作用の外に」ある。マルト・ロベールによれば、まさにこの不可能な状況

において こそ、カフカの文章の「明快だが同時に底知れない」性質、「新語、古語、詭弁的言い回しの」回避が生起しえたのだ。「あたかも彼は言語を迂回して、直接に社会や歴史の外にある言語に辿り着こうとしているかのようだ(60)」。カフカの状況はハイネの状況とまったく異なっている。ハイネは実に嬉々としてイディッシュ語をドイツ語へ移すことができたが、それはイディッシュ語がドイツ語に非常に近いからである。彼は一七九七年にデュッセルドルフに生まれた。そこのユダヤ人はイディッシュ語を話していた。ハイネにとって、イディッシュ語への回帰という問題は提起されず、単にそこからの出口についての問題が提起されるだけだ。それに対して、たとえカフカの母が書いていたドイツ語が大いにイディッシュ語の影響を受けていたとしても、それはもはやイディッシュ語の名残でしかない。この言語が彼の周りにいる人々によって話されることはない。彼らはそれに深い軽蔑を抱いていたのだ。改めてイディッシュ語と出会うために、カフカはドイツ語に対して距離をとらねばならなかったが、この回帰運動を最後まで実行することは決してできなかった。それに、彼の文章になにがしかのイディッシュ語の影が残されることは一度もないし、ドイツ語が彼にとってひとつの故郷になることもなかった。ドイツ語はカフカにとっては、「大地も空気も法則も(61)」欠いていたのだ。ハイネ、カフカ、ツェラン。ドイツ語の三人のユダヤ詩人。彼らは、ヨーロッパの歴史におけるユダヤ人の運命の三つの段階を示しているのである。

それゆえ、ドイツ語に関して、アーレントの側からの二重の抵抗があることになる。第一の抵抗は、ドイツ語のイディッシュ語に対する関係についての彼女の評価である。第二の抵抗は、アーレントがドイツ語の汚れという観念に立ち向かうことができないことの原因となっている。そのような抵抗を解釈するためにふたつの仮説を提起することができるだろう。

ベンヤミン論で明らかになる第一の仮説は、アーレントはつねに言語や真理(62)やおそらくは詩についてのハイデガー的な考えに執着し続けていた、というものだ。ギリシア語の「レゲイン」（話す）いう言葉について問いながら、ハイデガーは、表現と伝達《コミュニカシオン》機能は言語にとって外的な表象にすぎないことを示そうと努めている。言語（活動）のギリシア的意味——すなわち、言語（活動）の意味——は事物を単純な現前の全体のなかに集めてひとつにし、それらの覆いを取ると同時に隠して保護する能力を意味していた。言語（活動）はその存在《エートル》において現存在を見せ、顕わにするのである。したがって、アレーテイアとロゴスは「唯一つの同じもの」であって、覆いを取ることは覆いをかけることを地としてつねに遂行される。まさに非‐隠蔽として生起するために「非‐隠蔽は隠蔽を必要とする」からだ。哲学はハイデガーにとって「現存在の存在と合致する言（dire）」であり、したがって、哲学が「言語（活動）に仕える」ものであるとすれば、詩もまた、哲学とは別のやり方だが同じく特権的な仕方で言語（活動）を聞き取っているのである。言語（活動）は相異なる事物を集める、言い換えるならそれらを和解させ、相異なるものの相互帰属を確立しながらもそれらの差異を「単に一様なだけの一者の無味乾燥な統一性[63]」に均等化することはない。アーレントによれば、ベンヤミンは言語創造をその使用価値と伝達《コミュニカシオン》の価値において問うのではなく、「世界の本質」を意図も伝達《コミュニカシオン》もなく表明するものとして検討していたのだが、彼はこの点でハイデガーに非常に近い立場を採っていた。ハイデガーのように、彼は「詩から言語（活動）一般を理解した[64]」。まさに詩についてのそうした考えにもとづいて、アーレントはラーエルの発言のなかからゲーテについての次のような文章を選び出したのである。「不幸と幸福という、私がばらばらに切り離してしまったもの、結び合わせることが明らかにできなかったものを、彼は私のために目に見える形で繋げてくれました[65]」。存在《エートル》の覆いを取ることと一体化して集めつつ守る言語それ自体は、「おかしくなる」〔狂う〕のでなければ、いかにしてその本質を傷つけられうるのだろうか。

第二の仮説は、亡命の現象そのものへと送り返される。なぜなら、亡命はもっぱら、ひとが自己と共に携えている母語への共‐属の感情を強めるからだ。各人に刻み込まれ、それを話す亡命者たちの交流のなかで生きているとはいえ、言語は大地に繋がれてはいない。それは運搬可能なのだ。大洋の対岸では、この共‐帰属の認識はアーレントにとって新たな意味をもつことになる。ドイツで彼女は「自分がドイツ人だと一度として考えたことがなかった(66)」のと同様に、アメリカに移住してもアーレントは、ドイツやオーストリアの亡命者と違ってつねに同化への同じ拒絶を表明していた。彼らのことを彼女は苦々しい皮肉をもって『われわれ亡命者』のなかで語っている。かといって、そのような皮肉はアーレントが亡命者の支持をやめるということを意味しない。というのも、彼女自身もこの「われわれ」に書き込まれているのだから。しかし、連帯は批判的なものだ。アーレントが認めないのは、少なからざるひとたちが自分たちの亡命の存在理由を認めようとしないことである――つまり、自分たちがユダヤ人であるということを。実際、多くのひとたちが「みずから進んで、自分たちが選んだ国へ」移住してきたと主張していた。みずからの同化への態度を傷つけられることは決してないまま、彼らはフランスでは、自分たちはドイツでは善きドイツ人であった、それゆえフランスでは善きフランス人になるだろう、と請け合っていた。フランスを追われアメリカに逃れると、「彼らは偉大な神に、他のどの言語よりも英語をうまく話します、と誓うのだ――ドイツ語を思い出すことはほとんどなく(67)」。アーレントはドイツ語を決して忘れないし、生涯を通して強い訛りをもって英語を話した。あたかも、彼女が落ち着く先を見つけた国に対して、自分がこの国にいる存在理由をつねに示し続けようとしていたかのようだ。彼女は「生来的ニ女性ノユダヤの個人」であって、ひとは彼女が「ドイツで生まれ育った(68)」のを「知覚する」ことができた。亡命中にドイツ語を意識的に保つことは、同化を再び問い直すことと直接的に繋がるのだが、彼女がそれに着手したのは、ナチスの権力が優勢を極めてきたときだった。これはヤスパースが――アーレントに「あなたは［……］ユダヤ人でありかつドイツ人なのですか。私には、あなたがそうあるのは避けがたいと思いますが、あなた自身は今もそうありたいと思っておいでですか。あるいは、私の母のようにそのことを拒絶したいと思っておられるのでしょうか[69]」と尋ねて数年後に――最後にアーレントから引き出した譲歩の意味である。

あなたがお聞きになっている意味で、私はずっとドイツ人であり続けることを約束できます。つまり、私は何も否定いたしません。あなたのドイツもハインリヒのドイツも。私がそのなかで育ってきた伝統も、そこにおいて私が思考し、私の好きな詩が書かれてきた言語も否定いたしません。私は自分に歴史を語ろうとは思いません。自分のためにユダヤの過去もアメリカの過去も捏造しようとは思いません[70]。

母語が存続するという認識はここでは、「他の者たちにとっては、［それは］ひとつの国へ、おそらくひとつの情景へ、習慣と伝統のひとつの全体へ、とりわけある種の心性へと送り返されていた」という意味での起源へのノスタルジーをまったく有していない。母語についての数々の覚書によって、アーレントは内奥の現象に属する何かをわれわれに打ち明けているが、それは彼女の思考の行使そのものを巻き込み、言語環境の否応なしの変化と亡命によって明らかにされるものである。ただ母語だけが、彼女が展開する自然な観念の連合によって思考の機敏さを可能にできる。この連合は外国語でははるかに緩慢なものとなり、決まりきった表現や紋切り型《クリシェ》で思考を妨げるのだ[71]。しかし同様に推測できることは、一九三三年に移住して以来、アーレントは「第三帝国ノ言語」（*Lingua tertii imperii*）によってドイツ語の中毒に罹ることはなかった、ということだ。因みにヴィクトール・クレンペラーは、ナチズムの崩壊以降でさえどれほど

「第三帝国ノ言語」がドイツ語の使用を汚染させ続けたかを示している。[72] アーレントはドイツ語を自分と共に真に持ち去った。それゆえ、亡命それ自体が〔ドイツ語の〕この保存、この救済の源泉となっているのである。

2章　所与と《誰》

『ラーエル・ファルンハーゲン』は「予備的な仕事」であり、当然のことながら、そこからアーレントが自身の思考を練り上げることになる材料すべてがこの本のなかにあるわけではない。しかしながら、アーレントによるそれ以降の概念化によって、『ラーエル・ファルンハーゲン』の分析のなかで目につく理論的移動を表現し直すことが可能であるように思える。アーレントの初期の仕事の背景にはふたつの問いがある。

——所与からの個体化、すなわち《誰》の構成

——実存という観念を犠牲にして、経験という観念を強調すること

この展望においてわれわれが示そうと試みるのは、アーレントの思考がユダヤ人の思考であるとしても、それはいかなる場合もユダヤ的思考としては考えられない、ということだ。更にまた、「ユダヤ」は《誰》の表明に固有な要素のひとつであることを示したい。だからといって、それは「思考する自我」の特徴ではない。たとえ、思考が生きられた経験の出来事に繋がったままでいるという条件でのみ抽象の漂流を免れるとしても。

1節　「所与」からの《誰》の構成
——現れの区別＝差異化

アーレントがつねに保っていたユダヤ性との関係をゲルショム・ショーレムに理解させるために、彼女はユダヤ性を女性性と比較している。つまり、自分は男性でなく女性であるという事実と。女性であることは、彼女の人生のなかで「議論の余地のない所与のひとつ」であり、このことについて彼女は自分が「自然（*physei*）であって規範（*nomô*）でない[1]」とはっきり述べている。自然（*physei*）というギリシアの観念——それはラテン語では*natura*と訳される——は誕生という観念に差し向けられる。自然（*physei*）は、ここでは技術＝芸術（*technê*）——事物の製作から帰結するもの——に反するのではなく、ノモス＝規範（*nomos*）——法あるいは一般的に人間の制度——に反する。これは、アーレントが前‐政治的なものと政治的なものを区別しようとしたと言うに等しい。政治的なものは製作することに属するのではなく、行動することに属するものなのだ。それゆえ問題は、各人の所与がその自発性のうちで、行為する存在としていかなる役割を果たすのか、すなわち他者たちと共に何か新しいことを始めうる存在としてどのような役割を果たすのかを考えることだろう。アーレントは、所与を中和して《誰》に至ろうという前提の下に個体性についての等質的な理論を提案したのではない。反対に彼女が考えたことは、所与と《誰》の連関の可能性、それゆえ前‐政治的なものと政治的なものの連関の可能性なのである。

そのような連関を把握するために、まずはアーレントの思考のうちに存する所与と生まれとの違いをはっきりさせなければならない。実存の哲学者にとって、所与とは、現実は根本的に偶発的な事柄のなかで

「絶対的に計り知れないものであり、絶対的に理解不可能で予測不可能なものである」[2]という生まの事実である。アーレントはかかる所与の観念をみずから再び採り上げているけれども、彼女はこの観念を現実の全体に連合しようとする以上に、それを特異な実存の次元に連合しようとする。この点について、アーレントはヤスパースの教えに忠実である。その教えによれば、所与は私＝自我のうちにあって選ばれなかったものであり、私＝自我が率先して行うことがなかったものである。所与と自然（*physei*）という観念の連合は、自然なものとしての女性性やユダヤ性についての何らかのテーゼを主張するためにあったのではない。それにまた、男性性と女性性の特徴はそれらが社会的に作られたものであるという意味で自然なものではないという考えが、この連合によって必ずしも再検討されるとは限らない。自然（*physei*）という言葉が前提しているのは、誰も男性であるとか女性であるとかを決められている者はいないし、各人には偶発的な所与が存在するということである。同様に、アーレントがユダヤ性を所与――自然（*physei*）――として考えるとき、彼女が念頭に置いているのは「ある特殊な人間存在」ではなく、「政治的現在」[3]であって、さしあたりわれわれはそれを、自然的あるいは生物学的決定とは無関係な世界の配置として定義することにしたい。しかしパトリシア・ボーエン＝ムーアによれば、ここには遺伝はまったくない。あるのはただ、どんな生も「特定の場所で、時間のなかで決められた瞬間に」始まるということ、そしてまた、どんな生も「ひとつの民族と文化的同一性の文脈[4]」のなかで生まれるという事実である。そうした始まりは意志的なものではないのである。誰しもこれやあれやの共同体のうちに生まれることを決められないのだから。さらに、この始まりは「暗黙の」ものであって、いかなる宣言からも生じない[5]。生誕すること、それは世界のなかに生まれることであり、今ここに現れることであり、自分よりも以前に存在していた関係の網目の真只中に立つことなのだ。所与は未分化の現実ではなく、われわれ各人のあいだで交錯する多様な差異――男性、女性、ユダヤ人、など――の展開として直接に現れるものなのだ。各人による承認に合致するのは、フランソワーズ・コランが「それについては何も考えられず」、比較も、交換もできない起源の恵みからの所与と呼んだものを前にしたときの「感謝」の感情なのである。詩人のW・オーデンやリルケのように、(6)「ひとはそれを祝うことができるだけだ」。

しかしながら、各々に圧しかかるこの所与は、それだけでは彼らにいかなる特異性も与えることがない。それゆえ、次のような問いが提起されることとなる。すなわち、個体性＝独自性に達するためには、実存の哲学がわれわれに強いているように、各人はこれらの所与や差異を超えて、己がうちなるより真正なものへと向かわねばならないのか、という問いである。ところが、ラーエル・ファルンハーゲンの伝記がわれわれに示してくれるのは、まさに事態は正反対であるということだ。というのは、ラーエルがみずからの出自との関係を感謝の念の関係と感じられない限り、自分が誰かということもまた明示できないからだ。ユダヤ人の同化は次のような言い回しで思い描かれていた。すなわち、与えられたもの〔所与〕に対する感謝の念と同じくらい基礎的なものがユダヤ人には不可能ならしめられ、そうした基礎的なものは、彼ら自身の生まれを前線に繋ぎ直す可能性を切断する、すなわち、歴史的人間的意味――純粋に自然的な意味でもないが――を彼らの実存に与える可能性を彼らから断ち切ってしまうのだ。

しかし、所与が「生来のもの」であることは、毎回新たな個人の出現と共に所与が再び‐与えられる、ということを示している。この新たな個人は、自分が生まれたということだけで自発性の能力を有しているのだが、この能力は、いわば働きかけられた独自性において、この個人によって再び発揮させられるのを待機している。この自発的な能力をわれわれは「出生」と呼び、単なる所与とそれを区別するが、ただ、この能力が現実化されるという条件で所与は出生を担っている。

この点について、アーレントは、その問題系を修正しながらアウグスティヌスから再び始めている。繰り返し、彼女は『神の国』（XII, 20）のなかから、アウグスティヌスが神による人間の創造に言及した一節を引用している。それは、*Initium ut esset homo creatus est* というもので、彼女は次のように翻訳している。「始マリガアルタメニ、人間ハ創造サレタ」(7)。アウグスティヌスに依拠しながら、そして長い哲学的伝統に反しながら、アーレントが主張するのは、人間は死すべき存在ではなく生誕するものであり、自由で革新することのできる存在なのだ。しかしながら、注意深く『愛の概念』の初版を読んでみると、『神の国』の文章に言及されている箇所はどこにもない。アダムに対する想起と同様に創造主に対する想起についての彼女の分析において、初めに前提されていることは、死の経験がアウグスティヌスにおいては中心にある、ということだ。別の言い方をすれば、アーレントのアウグスティヌスについての最初の読みはハイデガー的なものである。とはいえ彼女の全般的な関心は、人間の世界や他の人間への関係を考えるためのアウグスティヌスの分析の重要性にもかかわらず、アウグスティヌスは世界への人間の愛を弱め、彼らを世界から引き離して真の起源たる神へと向かわせようとしていること、これを示そうとすることだったのだが。一方で、ひとつの生が始まるや否やひとつだけ確実になるというのは本当である。それは、この生が終わらなければならない、ということだ。「生が当然のごとく死に限定されている限りで、その終わりはたしかに予告できる」(8)。しかし他方で――「もはやない」時間と「まだない」(9)時間を同一視したアウグスティヌスに反して――、アーレントは後にこのふたつの時間を切り離すことになる。なぜなら、自然法則の観点そのものから見て、新たな存在の誕生、新しい特異な存在の誕生はつねに「規則的生起する無限な起こりえなさ」であるからだ。つまり、それは超自然的な何かといった意味ではなく、予期していなかった嬉しい驚きという意味での「奇蹟」なのだ(10)。私の死後の時間は私の誕生以前の時間と重ならず、この時間のあいだの大きな差異こそがまさに私の実存となるのだ。このように時間を切り離すことで、アーレントは「始マリ」（*initium*）としての人間に関するアウグスティヌスの命題を切り取ると共に、それらの命題を出生に関する彼女の理論の基礎としながら、命題にそれ自体としての重要さを付与することができたのだが、彼女はこれらの命題を死‐に‐向かう‐存在の一般的な展望と再び結びつけることはしなかった。

自発性の可能性――あるいは出生――は「われわれの物理＝身体的で個体的な出来という生々しい事実[11]」に対する応答として各人に帰着するのだが、死‐に‐向かう‐存在という展望から解き放たれると、それはただ私の生誕と共に与えられたものを再びやり直すことにのみ存する。つまり、ユダヤ性、女性性やその他すべての差異を。それゆえ、これらの差異はあれこれの方法で《誰》の構成そのもののなかに「移り」、そこで自己を再発見しなければならない。

あるひとが《誰》であるかという問いに、こうした場所を与えることで、アーレントはハイデガーの哲学の中心的な概念に応答している。しかし――「思弁的な個人化」に関してジャック・タミニオーが与えた分析にしたがうなら――、ハイデガーにとって現存在――《誰》――の単位＝統一《ユニテ》性は、*ameu logou* すなわち「言語（活動）ナシ」で真理のヴェールを剝ぎ取る哲学的行為によって捉えられるということが判明する。したがって、ハイデガーは一切の象徴秩序の先行的還元を自己把持の条件ならしめている。つまり、《誰》に関してはその筋道を語ることをやめねばならないのだ。さらに、この哲学者の実存的帰結はまさに「人格の特殊性に対する無関心さ[12]」において見分けられる限りで、ハイデガーの《誰》は中性的なものだと言えるだろう。《誰》に固有の存在《エートル》は、たとえば性への帰属と同じように存在的でしかないあらゆる独自性に存在論的に先行するのだ。

アーレントはというと、《誰》を人間の唯一性と呼び、更にまた「特異な人物に固有の要素」[13]とも呼んだ。しかし、これは《他》を熟考することで自身を見出さなければならない《同》のように、表現されることを待つ同一性ないし基体ではない。互いに異なるものである諸事物とは違って、人間は積極的に差異を表現するとアーレントが述べるとき、この積極性そのものこそが差異であるということ、またこの差異はその表現の外では何ものでもないということを理解しなければならない。人間の唯一性、各自の特異性、その《誰》、これらは差異化の永続的な運動である。それは、「言語（活動）と行為の流れにおいて現れる人物の生き生きとした本質」であり、その人物に固有の「声」であって、これは「言葉として凝固する」ことが不可能な「声」なのだ。この最後の表現は、《誰》はすべての《語ること》を原理的に逃れるえも言われぬものである、ということを意味しているのではない。行動し話すことで、《誰》は差異化へと、すなわち自分自身へと到来することができる。アーレントの思考のこの側面において、彼女はハイデガーの言語（活動）の哲学にしたがうことはなく、彼が関心を向けなかった言語（活動）の能力を考慮している。つまり、《存在《エートル》》の真理とは別の真理の覆いを剝ぎ取る言語（活動）の能力を。それは、われわれが語る言葉から他者たちに対して生じる光のことである。そうした覆いの剝ぎ取りは意図的なものではないし、私はその主人でも作者でもない。覆いの剝ぎ取りは、つねに「ひとがなすものとひとが語るものすべてにおいて暗黙」[14]のものなのだ。さらに、それを全面的に「視ること」は原則として不可能である。私が語り行動するとき、私は自分から他者たちへと透けて見えるものを決して正確には知らない。別様に言えば、《誰》が明るみに出るとき、それは他者による《誰》の表現の受け容れと密接に連動している。そして、この受け容れが《誰》に現れの空間を開けてくれるのだ。アーレントが次のように書いている通り、それは、

「公共性」の深い意味、一般に「政治的なもの」ということで理解されているものに先んじる意味であり、「……」ある特異な人物に固有のこの要素はただ公共的空間が存在する場においてのみ現れることができるだろう。[15]

「出生」にまつわる現出のひとつは《誰》が覆いを剝ぎ取ることであり、かかる暴露は隅から隅まで応答責任である。生まれること、それは何よりもまず、まったく新しく提起された暗黙の問いに身をさらすことなのだ。すなわち、「あなたは誰ですか」という問いに。多様性が数的多数性にならないためには、われわれ各人が何か新しいことを始め行動しながら、つまりは先在していた世界に特異性を生じさせながら応答しなければならない。まさにそのときわれわれは、「われわれの物理＝身体的で個体的な出来という生々しい事実」に秘められた能力や「われわれが誕生するときに世界に到来する始まり」を展開させる。「われわれは人間世界に言葉と行為によって組み込まれる、われわれは自力であたかも二度目のように生まれる」[16]。

「言葉として凝固することが不可能な」という表現において、「凝固する」というこの語に注意しなければならない。なぜなら、この語は、《誰》の啓示の一過的な性質と対立するからだ。《誰》の啓示は、ただひとつの視線で包摂できる共時態としては決して与えられない。したがって、この表現を《語られたこと》において保持できる唯一の形式は物語か伝記ということになる。誰かの歴史＝物語は他者の歴史と交錯する、限界のない網目において、そこに到来する新たな行為によってつねに変様される網目において。この網目は物語を絶えることなく再開させなければならないのだ。

それゆえ、アーレントにとって《誰》の現出は生まれによって「与えられた」差異を保持しない、と考えることはできない。もしそうなら、彼女が公然と「見て分かるように生来的ニ女性ノユダヤの個人であり、お察しのようにドイツで生まれ育った個人として」自己を提示できたのはいかにしてか、ということが理解できないだろう。「ユダヤ人」と「生来的ニ女性ノユダヤの個人……」という表現は、このとき、ハンナ・アーレントとは誰かということを明るみに出す物語として解釈されねばならない。そうした物語において、「所与」（女性性やユダヤ性）は現れているが（「見て分かるように［……］お察しのように」）、それは公然と受け容れられ宣言されている。そのことは、現れそのものが区別され、その様々な差異のひとつは性の差異であり、また別の差異はしかじかの民族への帰属であるということを意味している。世界の状況を考慮することは、ヤスパースがアーレントを非難したように、実存がそれ自身に根拠づけられるのを妨げるような社会学的ないし歴史主義的漂流ではない。実存とはまさに捨象不能な所与である。かかる実存が生まれを特殊化し、それに対して、各人の特異な生は応答するのだ。しかし、最初はこれらの差異は私以前から実在した世界における私の場所に属するものであったのだが、これらの差異の引き受けは、あたかも第二の生誕が問題となるかのように、私自身の自発性からしか生じない。あらゆる区別＝差異化から引き離された抽象的なものであるどころか、《誰》はむしろ様々な差異（女性であること、ユダヤ人であること……）の結び目として示されるのだが、それぞれの差異は、他の諸同一性に付加されるひとつの凝固した同一性ではない。むしろこう言わなければならない。すなわち、各々の特異な人物は、他者たちに共通する諸差異のつねに唯一なる変調＝変様——廃棄ではない——なのだ。いかなる所与も、この個人自身が特異化するやり方を決定することは決してできないだろう。ある時代がある生に影響を与えるやり方を記述するために提起すべき問いは、「何の結果か」という問いではなく「いかにして」という問いである。すなわち、「いかにして、ある男性やある女性が［……］みずからの生を生きたか、いかにして彼らが世界という舞台を進んでいったか」という問いである。この意味で理解されるのは、生は時代に条件づけられるのではなく、その反対に生は時代を「照らし出す」、つまり時代全般に対する応答の仕方そのものによって、万人に共通のものに光をあてることができる、ということである(17)。そのような特異化は、人間の実存の時間において、つねに予見不能なやり方で構築される。したがって、《女性》なるものや《ユダヤ人》なるものが実存したことは一度としてなく、実存したのは、女性たちやユダヤ人たちや、ユダヤ人女性たちなどである。だからこそ、アーレントはロマン主義の時代のひとりの《ユダヤ系》ドイツ人の生について語るのだ。そのとき、各人は差異の差異化となる。個人的特異性はつねにひとつの存在の仕方であり、ひとつの存在ではない。

それゆえ《ひとりのユダヤ女》とはひとつの物語であって、ひとつの本質を明るみに出すことではない。ということはつまり、「ユダヤ人であること」についての最終的な定義など決してなく、また、歴史＝物語が繰り返し－語られなければならないのと同様に各人は絶えずユダヤ性の意味を再定義しなければならないということだ。そうした再定義は、まずは各人の生まれた世界、すなわちユダヤ人のそのときの状況に応じて、しかしまた、その世界に引き続いて生じた出来事に応じてなされねばならない。したがって、「あなたは誰ですか」という問いに対する《ひとりのユダヤ女》という応答だけが迫害の現実を考慮に入れており、また、それゆえこの応答はもっぱら「政治的現在――それを介してこの集団への（彼女の）帰属は個人的アイデンティティの問いに匿名性の方向で決着をつけた――を承認した」、とアーレントが断言するとき、彼女は、自分が生きねばならなかった歴史＝物語のまさに当該時期のユダヤ人の状況についての問題性を考慮に入れていた。すなわちドイツにおけるナチスの迫害を。とはいえ、迫害はまだその全貌を現わしてはいなかった。ここでアーレントが銘記している日付は、一九三三年から一九三八年である。

この日付は彼女のドイツからの亡命ならびにフランスでの滞在と合致する。つまり「最初から全体主義に執着していた(18)」ナチスの運動が、十全なる意味でまだ全体主義的ではなかった時期と合致するのだ。自分がユダヤ人であったのは一九三三年から一九三八年まででしかないと、あたかもアーレントがわれわれに述べているかのように、この細部へのこだわりを理解してはならない。それが示しているのはむしろ、ひとつの生には「あなたは誰ですか」という問いにより緊急に答えねばならない決定的瞬間がある、ということだ。更に、このテクストは一九五八年にある賞を受賞したときドイツで述べたスピーチの原稿である。それゆえ、アーレントは、自分が誰であるかを聴衆に示してくれるはずの物語を、話しかける相手に応じて選ばねばならなかった。聴衆はハンブルクの自由都市の市当局のメンバーであった。一方で、彼女はドイツの聴衆に話しかけながら、ユダヤ女としての自身の歴史＝物語について言及しないということはできなかった。他方で、ドイツそのものに関しては、彼女の歴史＝物語は亡命の歴史＝物語であり、強制収容所への抑留の歴史＝物語ではなかった。

物語それ自体のテクストにしたがって更に指摘しておくと、アーレントにとって、ユダヤ人であることはある集団に（あるいは、彼女が後にショーレム自身の発言から再び採り上げることになるように、ある民族に）帰属することである。ところが、一九〇六年にドイツで生まれた個人にとっては、自分はユダヤ民族に帰属すると言うことは自明の事態ではない。歴史的に――ユダヤ人の解放の時代まで――そうした帰属は自明の事態であった。伝統的に、多かれ少なかれ非ユダヤ社会から離れて生きていたユダヤ共同体には、自分たちは同じ信仰、追放されているという感情、メシアによる救済によってひとつになった民族として自己同一化しているという身分規定があった。ところが、解放――古い共同体出身のユダヤ人の個人たちが市民権を獲得したこと――によっては、そのような民族に対して法的かつ政治的地位もまったく設けられなかったのだ。それ以後、ユダヤ人はユダヤ教を信仰するフランス人、ドイツ人、イギリス人の個人などとして自分を認識しなければならなくなった。その結果、ひとがユダヤ民族に帰属していると宣言するとき、そのひとはすでにユダヤ民族が存在していると断言しているのであり、同化の過程とは逆行して、多くのユダヤ人にはもはや見えなくなった現実の姿を見れるのだ。しかしながら、アーレントにとってそうした帰属の承認は、伝統を熟考したり「歴史を担った現実[19]」に愛着を感じたりすることによっては生まれなかった。それは、迫害の時代であり「政治的」であった現在と係わることで生じる。この表現は、全体主義についての数々のテーゼへとまさに送り返されることになる。彼女の時代（彼女の現在）の中心的な問い――全体主義としてのナチズムの到来――はユダヤ民族の運命と親密な関係があった。しかしながら、この動乱におけるユダヤ人たちの位置は、もはやユダヤ人の千年の迫害の歴史に見合うものとしては理解されえず、一九世紀、二〇世紀を揺るがした政治の潮流を分析する枠組みにおいてのみ理解されるだけだ。最後になぜ「匿名性の方向において」なのか。匿名性という言葉は、あたかも「〈君は誰か〉という問いに〈(ひとりの)ユダヤ女〉と応答することがポリスの平等の場面に現れえなかったひとたちの不幸である」かのように、「ユダヤ」がここでは「特異な諸存在をして総体やカテゴリーとして自己を定義するよう強いる[20]」集約的類であることを意味してはいない。「匿名性」はむしろ対照法によって近代のユダヤ人の状況分析へと送り返される。実際、何人かのユダヤ人が共通状況を免れようとして通った道のひとつは、他の多くのユダヤ人とは対照をなし、例外的に教養があり豊かで徳が高く創造的であるユダヤ人として登場することにあった。例外ユダヤ人の態度があるひとたちのなかに、その名と地位と名声ゆえに自分たちは迫害を免れるだろうとの思い違いを生み出した。ところが、アーレントに亡命を強いた情勢において彼女が理解したのは、ヨーロッパの「政治的パーリア」になったのはユダヤ民族全体であり、そうした喧騒のなかでは、博士たるアーレント女史も「街角のハンス・コーン坊や(21)」より重みがあるわけではない、ということだ。彼女が「例外的な女性」という地位に立つことを拒否したり、「有名な女性(22)」であることを嫌ったりする際には、繰り返し同じ倫理が見出される。アーレントは「生来的ニ女性ノユダヤの個人」として、他者のなかのひとりとして自己を呈示するのだ。

したがって、ロマン主義時代におけるユダヤ系ドイツ人の伝記と、『人間の条件』における行為の人間的条件、すなわち多様性の練成とのあいだには導線がある。たとえそれが公的‐政治的空間の問題でもなく、『ラーエル・ファルンハーゲン』におけるギリシアの都市国家の問題でなくても、アーレントはすでにそこで――体系的なやり方ではないけれども――後の著作で扱われる公共空間という彼女の考えを構成する幾つかの性質について口にしている。そのようにして、アーレントはいかにしてマルヴィッツが自身とラーエルのための世界を創造することに貢献できたかを示した。マルヴィッツは、ラーエルを対等な者とみなした最初の人物であり、それによってラーエルが自分を唯一性として呈示することができた限りでそうした世界は創造されたのだ。平等さと区別のこの二重の性質が再び見出されるのは、ラーエルのパウリーネ・ヴィーゼルに対する関係においてである。彼女に対してラーエルは自分が誰なのかを――最終的に――示すことができたのだ。つまり、「ユダヤ人でありシュレミールである」と。『人間の条件』においては、平等と区別は多様性の二重の特徴であり、公共空間の直接的な条件である。「行為と言葉の基礎的な条件たる人間の多様性は、平等と区別の二重の性質を有している(23)」。更に、『ラーエル・ファルンハーゲン』以来――ホメーロスもギリシアの歴史家をもいまだに参照することなく――、アーレントがすでに気づいていたのは、ある人物の生と物語との親近性であって、この物語は、彼女が「人格の唯一性と同一性」と名づけたものに、それが現出する可能性をつねに新たに与えるものなのだ。われわれはこの場においてゲーテが有する重要性を指摘しておいた。「君は何をもっているのか」という問いに心を奪われたブルジョワが「君は誰か」という問いを提起できない無能力に対する糾弾を彼がヴィルヘルム・マイスターに委ねたとき、ゲーテも彼なりの仕方で《誰》の現出をめぐる問いと取り組んだのだった。同様に、《誰》が呈示されるために、ゲーテは貴族と俳優だけがヴィルヘルムに供することができる場面の必然性を強調する。しかし、ついには世界とブルジョワ社会を同一視することで、ゲーテはこの場面を真の公共空間にすることに失敗してしまう。この方向で次のような仮説を立てることができるだろう。すなわち、アーレントにおいてギリシアへの参照はユダヤへの参照と緊張関係に入るどころではなく、むしろ近代ユダヤ人の状況の袋小路ならびにそれを超越せんとして何人かのユダヤ人によって実行された企てに関する彼女の分析こそ、アーレントはギリシア人による政治的なものの制度のうちに、あらゆる画一化から遠く離れて《誰》を公的に明るみに出すことを保証する表現を見出すに至ったという仮説である。

　別様に言えば、政治的なものとは――それは本質によって公共空間という考えに結びつけられる――、ふたりの個人のあいだでさえも不断にある仕方で生じうる世界の多元的な制度である、ということだ。公共空間の特徴は、それが関係づける者たちの数ではない。そこでアーレントは、たとえばヤスパースが彼の妻ゲルトルートと保った関係を公共空間に類似した「ミニチュアの世界」と名づけている。

> ふたりの人間存在のあいだで、自分たちがただひとつの存在だけしか構成しないという幻想に彼らの絆が彼らを屈服させないのなら、世界は新たに生まれることができる。ヤスパースにとって、自分の起源と妻の起源（ヤスパースの妻はユダヤ人である）をうまく統合し保護することのできる幸福は決して私的な何かではなく、ミニチュアの世界であり、そこで彼はこの世界の事情がどうでありどうでありうるかをいわばひと

つのモデルにもとづいて理解することができたのだ(24)。

このテクストの背後にはたしかにアーレントとヤスパースの書簡のやりとりの一部全体が、そして何よりも、ナチズムの最も暗澹とした時期にヤスパースから彼の妻へ送られた言葉が存しているのだが、この言葉についてゲルトルートはアーレントに打ち明けている。一九三三年以降、自分の置かれた状況に妻が耐えうるように、ヤスパースは妻に宣言する。「トルーデ、私はドイツです」、と。しかし、この宣言をゲルトルートはあまりにも軽薄なものと捉えた(25)。アーレントは彼女の判断に賛同する。誰であれある者が個人として、一民族や歴史‐地理的現実しか指し示さないドイツと自己同一化することは拒まねばならないのだ(26)。そのときヤスパースはみずからの「私はドイツです」という発言をはっきりさせるために筆をとった。彼はアーレントに、「ふたり共にとっての土地（*Boden*）を保証し」なければならなかったのだ、と書いている。そのことが意味するのは、ゲルトルートをユダヤ人として追放したのはドイツではなく、ドイツを掌握したいかがわしい人物や殺人者たちであり、彼らに反してゲルトルートを追放しなかったひとこそ真のドイツ人であったということだ(27)。一九五八年のテクストで、アーレントは彼女が敬意を抱いているヤスパースの最良の部分へとヤスパース自身を導きながらも、暗黙のうちにこの種の応答に無効を宣している。それは、「比類のない対話の能力、聴取力の卓抜した正確さ、つねに自分の考えを説明しようとする傾向、議論されている問いに留まり続けようとする辛抱強さ(28)」であり、これらが彼と交渉をもったひとすべての心を打ったのだ。これらの個人的特質にもとづいてヤスパースは――ハイデガーに反して――伝達《コミュニカシオン》に哲学的重要性を与えることができた。伝達《コミュニカシオン》とは「哲学的開放性の形式の最たるものであり、それは同時に、共同して哲学することである。［……］。伝達《コミュニカシオン》においてこの哲学者は自分の仲間たちのあいだで本質的に活動する［……］。それと共に［……］、この哲学者はみずからの原則にしたがってあらゆる上席権をどんなものであれ放棄したのだ[29]」。別様に言えば、アーレントはヤスパースに次のように言おうとしたのだろう。あなたとゲルトルートとの関係の価値は、あなたが彼女のためにドイツの地を守ったということ――それはドイツを人間性ならびに合理性へと強制的に繋がる形で構成するという点では意味があったでしょうが――ではなく、あなたの対話の能力ゆえに、ドイツ起源とユダヤ起源双方が守られるような「ミニチュアの世界」を彼女に保証したということなのです。なぜなら、どちらが上位に立つこともなく双方が表現されるに至るのですから。ゲルトルートのユダヤ起源が保護されるためには、この世界で彼女はユダヤ起源として現れる必要があった。あらゆる差異を根絶する同質的な平等性として世界が理解されることは決してできないのです。

2節　ユダヤ的経験を述べ理解すること。《誰》の区別＝差異化と思考する自我の中立性

『ラーエル・ファルンハーゲン』をめぐってのアーレントとヤスパースの議論を分析している際に、われわれが気づいたのは、ヤスパースからの反論に対する応答としてアーレントが現存在と実存の違いを再び採り上げることはせず、「ユダヤ的経験」（expérience juive）について語っていたということである。経験という観念はアーレントの思考の中心にある。より正確に言えば、それは彼女が思考それ自身の活動について述べたものの中心にある。しばしば引用される次の抜粋が示している通り。

思考それ自身は生きられた経験に固有の出来事から生まれ、その行く先を導くのに適した唯一の指針としてつねにそうした経験に結びついていなければならない[30]。

ユダヤ女として自身の経験から出発する思考の方向がアーレントにとって何を意味しているのかを画定するためには、彼女が経験ということで全般に何を理解していたのかを辿り直さなければならないし、また、多様で特殊な経験が——特殊で条件つきのものとしての自己を否認することなく——ひとつの思考を普遍的な目的へと導くためには、経験という観念はいかにして構築されるかを示さなければならない。

アン＝マリー・ロヴィエロが示したように、アーレントにとって経験は「世界への開け[31]」であり、このことは、感性的存在であるがゆえに各人が世界と結ぶ直接的関係の意味に解さねばならない。かかる開けのまったく最初の表現は、私にとって世界が「ある」（il y a）、あるいはまた、世界が私に現れるということであり、それをアーレントはメルロ＝ポンティにしたがって「素朴な知覚的信」と呼んだ。そうした「信仰」において、「あるということ」はつねに「私にそう見える」ということだ。言い換えれば、「非人称のそれ」（il）が私に姿を現し、現実のものとして措定される、つまり私の外部にあるものとして措定されるということだ。「そのようなものとしての現象（現れ）は、現実的性質の先行的指示を担っている」。しかし、現象は私に対してだけあるのではない。私の外部にある事物の現実性への指示、これは私に自分とは別の主体の現前を指し示している。もっと言えば、間主体性こそ私にとって事物の現実性の保証なのである。

われわれが見るものを見、われわれが聞くものを聞くところの他者たちの現前こそが世界とわれわれ自身の現実性をわれわれに確信させてくれるのだ。

別様に言えば、ひとつの対象が現実的なものとなるのは、つまりそれ自身に同一的なものとなるのは、そうした対象が様々な位置に立つ人間にとって十分に長いあいだ同じものとして現れる限りにおいてである。この持続は現実性の必要不可欠な要素でもある。諸事物の安定性は人間同士の関係の安定性に依存しているのだ。経験は、諸事物だけでなく、世界つまり他者たちの現前へも私を開いてくれる限りで、私に現実性への道を開いてくれる。人間であって神でないということ、それはまさにわれわれが他者たちには見えない内奥の場を意のままにできる純粋な傍観者ならざる存在であるということだ。「われわれは世界の一部であって、単に世界のうちにいるわけではなく」、知覚し知覚されながら他者たちに自分が《誰》かということを表明する定めにあるのだ[32]。

アーレントにとって、世界は間‐主体性であると言うことは、複数の主体のあいだにあるものとしての間（inter）を強調することにつねに帰着する。世界は共通の世界である。世界を特徴づけるこの「共通（性）」（commun）は、われわれがそれについて集合的性質を有するようなひとつの事物の位格を有さない。共通であること、それは真にわれわれの‐あいだ（entre-nous）であり、もっと言えば、出会いの場なのだ。つまり、人間の出会いそのものなのである。同様に、世界が各人にそれぞれの現実感を外的な保証としてではなく、そのひとの存在の次元そのものとして保証するなら、世界は本質的に各人の場所とは区別される。世界は私ではない。したがって、アーレントは世界の「間」の物質的な性質に固執する。ただしこの物質性はつねに人間の意義に見合うものとして考えられているのだが。それゆえ、厳密に言ってひとつの世界があるためには、諸対象が居住可能な場所に整理されなければならない。この場所は、そこに居住する人間同士の関係を打ち立てるのに好都合な場所であり、人間の行為と生の絶え間ない運動にもちこたえる安定的で持続可能な世界である。人間たちが生きる場としての世界は、何かが生じる単純な空間ではない。諸対象それ自体は順序よく整えられて、人間たちのあいだの関係を可能にしなければならない。アーレントが次のように書いた通り。

世界のなかで一緒に生きること、それは、諸対象から成る世界はその世界を分かちもつ者たちのあいだにあると本質的に言うことである。机がその周りに座っている者たちのあいだにあるように。どんなふたつのものの - あいだもそうであるように、世界は人間たちを結びつけると同時に引き離すのだ。

しかし、世界は共通の世界であると言ったとしても、それは世界を単位 = 統一性として構築することではない。つねに私に先在していた人間関係の網目は、「意志と意図の数え切れないほどの衝突」からできている。世界の共通（性）は様々な相違と同時に合致の衝突が引き起こされる多様性であり、その現実は「世界がそのうえに現れるところの数え切れない展望や側面が同時に現前することにもとづいている」。言い換えれば、いかなる場所も別の場所と一致することはない、ということだ。更には、見る位置や観点の多様性こそが世界の現実を保証するのである。そうした世界が脅かされるのは、様々な展望を重ねようとしたり、それを単純化したりただひとつの展望へ還元しようとしたりするあらゆる傾向によってである。逆に言うなら、展望が多くあればあるほど、それだけ世界はより現実的なものとなるのだ。

しかしながら、空間の観念は世界を記述するのに十分なものではない。というのも、世界は単に「われわれの同時代人と分かちもつもの」ではないからだ。そこで、時間の次元も考慮に入れる必要がある。

世界とは、「われわれに先行していた者たちやわれわれのあとに来る者たちと」[33]分かちもつものでもある。世界と私とのいまひとつの差異、すなわち世界の時間は私の時間ではないのだ。世界は私に先行し、私のあとも続いていくだろう。各人はある日世界に到来し、同じようにそこから出て行かなければならない。したがって、つねに新しい世代を迎えるために、世界には安定性という性質が必要となる。しかしこの安定性は、各人の場所が全体のなかの部分のようにあらかじめ存在しているような厳密な網目ではない。何よりもまず、配置（configuration）は変化する。世界の歴史的性質を書き写すために、その世界がしばしのあいだ呈示する配置こそが、ある世代の男と女たちが分かちもつひとつの「時代」（époque）であるとひとは言うのだろう。[34]更に、この配置はアーレントが「出来事」と呼んだ様々な変様をつねに被りやすい。出来事とは配置が部分的にかつ予見不能な形で変化することなのだが、この変化は出来事が生まれた場所からある転調を生じさせることができる。そして、今度はこの転調が網目の別の観点に予期せぬ変様をもたらすことになる。出来事はつねに一連の出来事なのである。最後に、各人が世界の一部である限りで、そのひとはこの網目に——つまり、同時代人や死者との共通（性）に——世界それ自体を作る多様な展望のひとつとして組み込まれねばならず、かくして網目それ自体を絶えず変様するのである。

それゆえ、経験が世界への開けであるなら、それは世界の配置をつねに変様するために到来する出来事への開けでもある。私に固有の展望はそうした世界の構成要素のひとつなのである。この意味において、生きられた経験という出来事は、私個人の生だけの出来事ではない。私はひとつの出来事を自分の経験の一部にするために、それに直接参与する必要はなかった。私の経験としての出来事、それは私の他者に到来する限りで世界の出来事でもある。私の経験は、たとえ私が出来事の傍観者でしかなく、その当事者でないとしても、そうした出来事によって触発《アフェクテ》されるのである。

そこから、世界への開けの本質的な側面が帰結する。それは情動《アフェクト》である。ハイデガーが示したように、世界が私に与えられるのはつねに情感的全体性において、つまり「気分」(*Stimmung*)においてである。これは、マルク・リシールが「受肉して生きること」と呼んだものの一部であり、その只中でリシールは情緒《アフェクシオン》――われわれを世界から孤立させる身体の過剰な現前、たとえば身体の激しい苦痛としての[35]――と情動《アフェクト》を区別している。情動はわれわれを世界へと至らせるのだ。そのようにして、われわれの世界への開けはつねに触発され情動化されるのだが、まさにこの意味で経験は「喚起される」。アーレントによれば、苦痛や不快においてさえ経験を感じとる能力が守られることが必要不可欠なのである。なぜなら、苦痛――それが病や責め苦の耐えがたい身体的な苦痛でないとき――は単に主体に固有な状態というだけではなく、それはまた世界のなかの何かがうまくいかないということをも示しているからだ[36]。同様に、哲学がそこからみずからの起源を汲み上げるところの「賞賛すべき驚き」やパトスを例として挙げてみよう、またわれわれにもっと近いところで、「人間が為すことならびに世界が成るところのものに対する声なき恐怖[37]」、更には怒りや憤慨や恥を例として挙げてみよう。そのようにして、傍観者に到来し、彼が感じとることのできる出来事――熱狂であるのみならず恥や悲しみや怒り等々でもある――は、傍観者や当事者に共通の世界や時代のうちに生まれ、傍観者の経験の一部を成し、当事者の経験と関係しつつも当事者の経験とは区別される。情動化《アフェクテ》された世界への開けは、経験の原初的基盤としての前-理解なのである。

しかしながら、生きられた体験から思考への移行について単純化しすぎた考えを抱いてはいけない。というのも、世界の共通(性)の開示が自動的に生じることはないからだ。直接性のうちに留まる限り、経験はその開示の能力を現実化することはできない。経験は思考でなければならない。実際、経験は前-理解としての世界への開けであって、理解として直接的に世界への開けなのではない。思考するという活動は言語（活動）と不可分であるが、経験が言葉で名づけられたり言葉に移しかえられたりしない限り、経験がそれへと開かれていくものは未知で茫漠としたままである。話すこと、それは内奥で感じられたものをつねに言葉に移しかえることであり、話はそれを現象的なもの、言い換えるなら伝達可能なもの、したがって現実的なものにするのだ[38]。それゆえ、世界への開けとしての経験はおのずと表現、言い換えるなら転移と媒介へと向かう。思考するという活動は、すでに世界に向かっていたものの、大抵は黙しているが明白な定式として、生きられた体験をこのように絶え間なく言葉に移しかえることに依存している。それは、ギリシア人が「実存したり生じたりするものすべて［……］を説明（*logon didonai*）せよ［……］という理性からの要請[39]」として理解していたことなのである。

しかし、前‐理解はその只中で世界がすでにつねにわれわれに与えられているような単なる情動性であるだけではなく、われわれが思考しようと企てるより前にわれわれに課せられる一般的先入見や自明の理でもある。その特徴は、言葉の強い意味で、われわれに経験を免れさせることである。先入見は過ぎ去った経験の残滓であって、単に判断を妨げるだけではなく「現在についての真の経験[40]」を不可能にしてしまうものでもある。なぜなら、それらは、新奇さや新しいものをすでに‐思考されたものへと折り返そうとするからだ。まさにロヴィエロが書いたように、「先入見だけから成る応答の自明さに自動的に服従すること［……］としての無思慮は「経験の不在であり［……］」、言葉の強い意味で、思考の主体性が積極的かつ責任をもって介入することなしには経験はない[41]」のだ。

それならば、われわれはいかにして到来するものの意義を調べることができるのか。すなわち、絶えず先入見によって凝固される抽象が思考に対立するのに対して、いかにしてわれわれは出来事をその特殊性と特異性において試すことができるのか。道を開くために、アーレントは理解の意義そのものに立ち戻るのだが、理解は「ひとに具わっている我が物にする仕方」と一致する。「各人が結局は他所者、新参者としてそこに生まれる世界をいわば脱疎外する仕方[42]」である。それゆえ、日常生活の親密さよりも根源的なものとして、世界に対する異質性といったものがわれわれ各人のうちに存在するのだ。かかる異質性、疎隔は、われわれが他所から、どこか分からない所から来て生まれる存在であるという身分に、まずもってわれわれが世界とずれていることに由来する。ただ、理解がなされるためにこのずれが乗り超えられるべきものであるとしても、そうしたずれは、すでに‐思考されたものの支配力を緩和するための基盤ともなる。まずもって世界がわれわれにとって異質なものであるのは、われわれ自身がそこに新たに到来する者であるからだ。しかし、生まれたということの性質は、月日の経過によって乗り超えられる唯一の出来事ではない。生涯を通じて、われわれは自身のうちに「起源の一部」をずっと担っており、そこに立ち返ることでわれわれは出来事の新奇さそのものに十分に応え、予断的なカテゴリーすべてを解体する機会を得ることができる。「個別者が包摂される測定基準や規則の基準をわれわれが奪われていても、本質として始まりを有する存在者は自身のうちに起源の一部を、予断的なカテゴリーを適用して判断することなしに、道徳性を構築する伝統的な規則全体を所有することなしに理解するのに十分なだけ担っている[43]」。新たなものを古いものへと折り返してしまわぬよう、われわれはつねにたった今到来したかのように振る舞わねばならない。理解にわれわれが接近できるのは、異質性の感情に立ち返る場合だけである。それは、われわれを他者たちから引き離す死を前にした苦痛という仮定が与える感情ではなく、反対に、新参者たるがゆえに他所者であったのにもかかわらず、自分たちが世界や他者たちに対して現れているという感情なのだ。

要するに、新たな視点から見直されたカフカのアフォリズムこそ、アーレントが生きられた経験「からの」思考ということで理解していたものに最も近づくのである。さしあたりは、伝統の問題にも、また、このアフォリズムが前提としている不連続な時間という考えにも注釈を加えないで、思考は「現在に根づき、現在――全面的に人間的な現在――と結びついたままである」と記しておこう。人間の現在は過去に後続し未来に先んじるものではない。現在は、生誕を起点とした組み込みの結果としてあるのだ。その生が続く限り、人間の現在は生誕と死の合間である。しかしながら、現在が思考の根づく腐植土であるとしても、それは、思考そのものがこの現在を「現実化・現在化」することで、思考の現在を作り上げているからだ。思考の現在とは、生と死の合間としての現在に対して距離をとることを前提とした現在なのである。「経験から出発すること」が前提しているのは、現在の経験の意義を問うために、過ぎ去った経験に立ち戻ったり、現在の経験の傾向を引き出したりしながら、もはやないものを現前させ、いまだないものを予見することができるということだ。過去と未来は、現在における思考が召喚するこの「もはやない」と「いまだない」なのだ。「もはやない」と「いまだない」が意味をもつのは現在から出発するときだけである。それゆえ、思考の現在とは、思考が根を張る現在というよりは、「思考が辿る険しい道、非‐時間の人目につかない小道である。そうした道を開くのは、生まれ死んでいく人間に授けられた時‐空間での精神的活動である」(44)。「非‐時間」の断片であるゆえに、思考は、あたかも世界から立ち去って公平な審判としてその情景を見ることができるかのように、時間の外に位置する空間にも、静謐な全体における永遠の現前にも達することはない。ある「領域」の現在ではなく、連鎖の現在が問題となる。すなわち、論証性の現在が問題となるのだが、これは――奇妙なことに――継続性の形をとって呈示されながらも時間的なものではない現在なのだ。この点について、形而上学の錯覚のひとつが生まれた。すなわち――カフカ自身はそれを免れていたが――、思考は人間の生の時‐空間的限界から逃れることができる能力を有している、という錯覚である。それは、情景の総体がそこで開示されるような突出部の位置に達した、という錯覚でもあった。思考の「生きられた」起源の喚起はまさに、思考を構成する距離をとる能力ゆえに思考そのものが生み出す錯覚、それを不断に打ち砕くことになるものなのだ。

それゆえ、世界が人間同士の関係の網目、諸々の特異な展望の多様性によって織り成された網目そのものであるなら、また、それぞれの特異な展望が考察される限りで世界それ自体を、つまりつねに自分自身を超えるものを開示できるような網目であるなら、ひとりのユダヤ女の展望にもとづいて世界の何かが開示されることに対立するものは何もない。ここでのユダヤ性は、元々は普遍的な世界の特殊な一事例として付加されるような形容詞ではない。ユダヤ性は世界に対する諸々の展望のひとつであるだけでなく、世界それ自体の諸々の展望のひとつでもある。展望それ自体は多様である。それゆえ、様々なユダヤ人としての経験の多様性という仮説から出発しなければならない。この多様性には、互いに衝突し合う経験を考察する方法の多様性が伴う。更には、世界がつねにひとつの時代という形態をとるなら、すなわち、世界を不意に特徴づける配置が本質的に予見不可能な変様（出来事）にさらされているなら、世界に対する、そして世界のユダヤ人の展望はいかなるものでも、いつもそれ自身に同一であることはできないだろうし、決定的に固定されることもできないだろう。そうした展望は、考察される限り、つねに世界の出来事と関係しそれに応答しながら構築され続ける。出来事は世界を直接にユダヤ人と関係させ、この世界の観客となる。したがって、ユダヤ性に対するアーレントの考察は四重の出来事に応答する形で構築されることになる。その出来事とはすなわち、ヨーロッパのユダヤ人解放のプロセス、一九世紀から二〇世紀にかけての近代反ユダヤ主義の形成とその拡散、ナチズムによるユダヤ人の迫害とその殲滅の試み、そしてシオニズムの歴史とイスラエル国家の創設である。

最後に、アーレントのユダヤ的経験が彼女の思考を導くとしても、ここではユダヤ的思考が問題とはならない。実際、──《誰》に反して──思考する自我（私）は「年齢がなく、性別を欠き、性質もなく、個人的な歴史もない」[45]、更に思考する自我（私）は「どこにもない」と彼女が述べるとき、それは次のことを意味している。すなわち、思考が、特異で内世界的なものとして生きられた経験に根を張るとしても、それは、まさにその意義を問いただすために特殊な状況を超越することでのみ構成されるのだ。あらゆる経験の内部において、各人は非‐時間のわずかな痕跡道を「何とかして新たにつけ」なければならない。この痕跡によって、各人は「それらすべては何かという問い」を提起することができる。その点において、外見はつねに性質づけられ多様であるけれども、思考する自我（私）はユダヤ的でも女性的でもなく、真に中立的でありむしろ性質のないものなのだ。この中立性は姿を見せるものでは決してないけれども、思考の行使が要求する一切の規定に対して距離をとる能力によって前提とされている。経験はつねに思考を要請するものであるのだが、思考することや理解することは、経験によって指示される問いを形成するために非‐時間のうちに身を置くことでしか可能ではない。この非‐場所に身を置き世界を見失ってしまう思考に特有の傾向を阻むためにこそ、円とその中心のように、思考は出来事ならびに生きられた経験に結ばれたままでなければならないのだ[46]。

ガウスとの対談において、アーレントは自分にとって出来事と政治的アンガジュマンと理解とのあいだに打ち立てられた関係が何であるかを実に正確に述べている。ヒトラーが権力を奪取したことに関して、彼女はふたつの応答を提出した。一方は、ユダヤ女としてしかそこに加わることができない政治的アンガジュマンであった。

私はある確信に達したのですが、それを当時私は今でも覚えている次の言葉で表明する習慣がありました。すなわち、「ひとがユダヤ人として攻撃されているとき、そのひとはまさにユダヤ人としてみずからを守らねばならない」、という言葉です。世界市民ドイツ人としてでもなく、また人間の権利という名の下において等々でもなく。しかし、私はユダヤ人という資格で、きわめて具体的な仕方で何をなせるでしょうか。

ここで、「あなたは誰ですか。ひとりのユダヤ女です」という表現は完全にその意味を得ることになる。しかし、アーレントにはもうひとつの応答がある。それは同じ出来事から彼女の起源を引き出すとはいえ、直接的に行為を要請するのではなく、理解を要請するものである。まさに、彼女が対談の冒頭で次のように述べたように。「私にとって本質的なこと、それは理解することです。私は理解しなければならないのです」。理解することの必要性こそが彼女を哲学研究に向かわせたのだ。同様に、ドイツで反ユダヤ主義が激化した時代に、アーレントは『ラーエル・ファルンハーゲン』の執筆を次のように同じ言葉で企てた。すなわち、「私は理解したいのだ[47]」、という言葉で。この点について、アーレントはユダヤ的思考を展開しようとは思っていない。彼女が求めるのはただユダヤ人としての経験から思考し、そこから理解しようとすることだけである。すなわち、ヨーロッパの近代性におけるこうした経験の意味を思考し、近代政治を理解するための一般的図式を引き出すことである。もし――われわれがすでに思考してきたように――ラーエル・ファルンハーゲンの生に関するアーレントの仕事によって、彼女がみずからを規定していた哲学的思考の枠組みを変様するに至ったとすれば、一九三三年の出来事において今度は、彼女は新たな政治的状況を理解することに身を捧げることになる。というのも、そうした新たな状況は彼女がユダヤ人として生まれたがために余儀なくされた亡命に新たな意味を与えることができたからだ。

Ⅱ

反ユダヤ主義、全体主義。崩壊するのをひとが見たがるものについて書くこと

アーレントが政治についての彼女固有の思考を始めたとき、ユダヤ人のあいだでの反ユダヤ主義へのアプローチは一般的にふたつの極のあいだで揺れていた。一方は同化主義で、これは解放の約束における際限のない信頼によって活気を与えられ、反ユダヤ主義を過小評価するものである。他方はユダヤナショナリズムであり、これは反ユダヤ主義を深刻に捉えるという利点はあったが、——同化主義に反応して——主《あるじ》の民族の実質とは本質的に異なる実質をユダヤ民族に帰す傾向にあった。ところが、アーレントによれば、同化主義もシオニズムも、近代の反ユダヤ主義の意味を理解するのに適切な分析の格子をもたらしてはくれない。明白な違いを超えて、それらは歴史という共通の概念を共有しているのだ。そうした歴史がもとづいているのは、出来事の表面に方向を与える深い力の実在という前提なのである。同化主義者（*Assimilanten*）にとっては、人類を解放と発展へと一般的に導くことが重要である。それに対してナショナリストにとっては——本質的にシオニストということであるが——反ユダヤ主義そのものが重要となるのだ。

出来事の新しさを捉えることのできない歴史という概念に、アーレントは、不連続性の概念を対立させる。この概念はのちに彼女に前例のない現象に取り組む方法を与え、一九四六—一九四七年以来、その現象を彼女は全体主義という名で指し示すことになる。同時に、反ユダヤ主義の意味に関する彼女の最初の考察はとりわけドイツの歴史の枠組みにおいて練られていたが、それが達成されるのは、彼女とブリュヒャーが一九四三年に初めて合衆国でアウシュヴィッツの話を聞いたときに感じた衝撃によってである。そのとき、彼らの前に「深淵［が口を開いたか］のようだった」[1]と彼女は述べている。それゆえ、彼女がしなければならないことは、ユダヤ人問題と反ユダヤ主義に関わる最初の練成を見直し、全体主義という概念の展望の下でそれらを捉えることである。したがって、不連続性という仮説が反ユダヤ主義とショアーの繋がりについての問いを導くことになる。アーレントによれば、ナチスによるユダヤ人殲滅の企ては、反ユダヤ主義を特徴とする西洋の長い歴史の最終段階ではない。ナチや全体主義による反ユダヤ主義そのものと死の工場のあいだには、深淵ではないにしても少なくとも亀裂が走っており、それはいかなる因果性も捉えることができないものなのだ。

しかしながら、アーレントにとってユダヤ人の絶滅がナチズムへのアプローチの特権的な側面であった、ということはそれほど明白であろうか。反対に、何人かの読み手は次のことを指摘している。すなわち、『全体主義の起源』において、アーレントは「ジェノサイドの特殊性を認めていない。というのも、強制収容所と絶滅収容所のあいだに本性上の差異を設けていないからだ」[2]。彼女のテクストのなかには、この点に対する「躊躇い」[3]があるということが正しいとしても、だからといってそのことは彼女がアウシュヴィッツの特異性に接近するやり方も、全体主義という概念の政治的適切さも無効にするものではない、ということをわれわれは示したい。アウシュヴィッツにとって、起こったことにふさわしい唯一の定式は、ユダヤ民族に対して犯された人間性に対する犯罪という定式であった。「歴史学者の回顧的視点や政治学の専門家の熱心な分析[4]」は、起きたことを述べ理解しようと試みるが、全体主義が多様性としての人間の本質を侵害する限りで、人間性に関する道徳的で哲学的な問いと出会うのを避けることはできなかった。

3章　反ユダヤ主義を解釈すること。同化主義とシオニズムの実践的かつ理論的不十分さ

二〇世紀前半、反ユダヤ主義を考察していたユダヤ人研究者は、知的な仕事に必要な公正な雰囲気を本当に味わってはいなかった。反ユダヤ的環境は躍起になって解放の正当性に対する疑いを抱き、ユダヤ人が明らかにフランスやドイツの市民権に近づいていたにもかかわらず異質なものであるということで彼らを非難していたのである。それゆえ、そうした問いに拘泥するユダヤ人にとっては、自分を守ったりそのような非難に応答しようという意志なしですますことは困難になってしまう。この道において、彼がつねに衝突するのは解放と同化という現象についての評価の問題である。解放と同化は理論的に区別されるが、現実的には切り離すのが困難である。一般的に言って、同化主義者はふたつの過程を同じものとみなすことを完全に受け容れて、つねに次のことを示そうとする。すなわち、ユダヤ人とドイツ人の例を挙げてみると、それらの過程は「百パーセント同じようなものであった」。それに対して、ナショナリストは解放と同化を切り離そうとして、反対に、ユダヤ人は「百パーセント異なっていた」[(1)]と考えたのだ。アーレントによれば、ふたつの事例において、解放と同化の歴史的かつ政治的意味は認められていないし、まさにそのことによってこの意味は現代の反ユダヤ主義の意味となる。まさに次のようなハイネの引用がア

ーレントをそのような問いへと導くことになる。

イスラエルはなんと無防備なのだろう！　うわべだけの友は外でイスラエルのドアを守り、そのうちにいる番人は狂気と恐れなのだ。(2)

しかしながら、アーレントははっきりと同化主義者の言説と一線を画していて、そのためシオニストに対する彼女の位置はより複雑なものとなる。彼女はつねにシオニストの同化に対する批判が自分にとって有していた重要性を認めていたけれども、(3)一九三七年になるや、彼女はシオニズムの幾つかの理論的前提に関する重大な留保を表明することになる。われわれはシオニズムについて、いずれにせよアーレントにとって決定的だったものを引き出しつつも、この留保を復元しなければならない。この章でとりわけわれわれの関心を惹くのは、同化主義者もシオニストも「現代の反ユダヤ主義の可能性の条件」(4)を引き出せない限りで、いかにして彼女が両者の問題系に活気を与えていた歴史の概念と一線を画さねばならなかったのか、を示すことである。

1節　同化主義と同化主義者
――「世界史への逃走」か「ユダヤ民族の歴史」か？
ヘルマン・コーエンの批判

アーレントが「同化主義」ということで理解していたものを摑むためには、「同化」と「同化の理論」

とを区別しなければならない。すなわち、

同化はひとつの事実であり、第二義的にのみそれはひとつの明確なイデオロギーを構成する。(5)

こうした事実は、ユダヤ人が「ヨーロッパ世界の歴史に参入し」彼らのうちに生き方の大変動をもたらした、ということに存する。(6)彼らはもはや以前に従っていた法体系を有する共同体の内部に生きることはできず、今後は一般の管轄内に属することになった。もはや特別な衣服によって区別されることもなく、自由に通行できる権利を獲得し、ユダヤ人はみずからが居住する社会の言語や文化を身につけたのだ。以後、親族的環境がひとたび乗り超えられるや、ユダヤ社会だけでなく、一般の社会が彼らの経験の領野となる。それゆえ、同化の歩みを自分たち自身で実行しなければならなかったラーエル・ファルンハーゲンのようなユダヤ人の最初の世代によれば、「素朴な同化」について、いかなる悲痛さや断念や主体の否認からも帰結しない存在様相について語ることができる。というのも、そうした存在様相は、ひとがそこで成長する社会のなかで施される教育によって与えられるからだ。この意味で同化するとは、一緒に育つ人々に似ることであり、彼らのように生きることであり、彼らのように、そして——場合によっては——彼らと共に食べることであり、同じ言語を話すことである。しかしながら、同化は事実であると言うこと、それはまた、同化の起源が一八世紀、一九世紀のヨーロッパの歴史の星座《コンステラシオン》＝配置に結びついている限りで、それが偶発的なものだと言うことでもある。ユダヤ人自身がなす運動に結びつく以上に社会や政治の深い変化に結びついているゆえに、解放は根本的にユダヤ人の共同体の地位を変え、それゆえ個人の生成を変えることになった。この意味で、解放と同化を切り離すことは不可能である。アーレントにとって、同化を批判することはいかなる場合でも旧態の生き方に回帰することを意味していなかった。同化の過程はこの意味で、歴史それ自身とまったく同様に後戻りのきかないものなのだ。

しかし、事実とそれに与えられる意味は異なる。この次元において語られるのは、もはや「素朴な」同化ではなく、同化のイデオロギーであり、あるいは「同化主義」である。アーレントの目には、同化主義を代表する最も重要な人物は哲学者ヘルマン・コーエンと映った。フランツ・ローゼンツヴァイクが敬意を捧げたこの人物、「このドイツ人、このユダヤ系ドイツ人、［……］純粋にユダヤ人であることをあからさまなノスタルジーと共に要求する今日のどんな人々以上にユダヤ人であり、純粋にユダヤ人である」[7]と敬意を捧げたこの人物が、クルト・ブルーメンフェルトの表現によれば[8]、いかにしてアーレントの目に同化主義の「典型」そのものと映ることとなったのだろうか。アーレントがコーエンに向けた批判は次のふたつの軸をめぐっている。(1)「世界史への逃避の[9]」運動に帰着することになるコーエン固有の哲学的前提を検討すること。(2)コーエンの論拠の戦略的な不適当さ。そうした論拠では、ユダヤ人たちに彼らを庇護しうるような意識を与えることはできない。なぜなら、いずれの論拠も反ユダヤ主義によって反駁されうるからだ。ここでアーレントはブルーメンフェルトの観点を再び採り上げるのだが、それによれば、コーエンの主張の惨憺たる結果はつねに「ドイツのユダヤ人の安心感をより強める[10]」ことにあった。

ユダヤ人を学生の協会や組合から排除したり、行政機関や教育機関において彼らの職業を制限する法体系を告発しながら、コーエンはユダヤ人に性急な結論には警戒するよう促している。たしかに、浅薄な精神ならばそこから次のように結論づけることができよう。すなわち、ドイツのユダヤ人の解放は弱々しいもので、政治的平等さが見かけのうえではより強い他の国々ほどには受け容れられていない、と。反対に、うわべから離れてそこから深さを考慮するに至らねばならない。すなわち、「ドイツのユダヤ人の政治的平等さは他のあらゆる場所よりもいっそう深く根づいている」[11]ということを理解しなければならないのだ。たしかに、ドイツでの彼らの権利はたとえばフランスに比べて制限されていたが、しかし、「文化的かつ歴史的根づき」に対して（単なる）政治的な権利とはどんな価値があるというのか。コーエンにとっては、ただこの型の根づきだけが重要なのだ。なぜなら、それだけが「深く」真実なのだから。おそらく、それはいまだ完全には目に見えるものではないが、進歩（*Fortschritt*）という意味で自己自身の現出へと方向づけられている。われわれはこの進歩を念頭に置かねばならず、緩慢だが不可避の運動を遅らせることしかしない不正義のあれこれの闖入によって注意を逸らせてはいけない[12]。したがって歴史の深い意味、つまり「世界史の緩慢な流れ」を考えることによってのみ、われわれは人種差別による憎しみとみずからの宗教の敵によって道に迷うことはなくなるだろう。この進歩はすでに現れていたのであり、さらにまた今後も現れるだろう。それは一八一二年のプロイセンの政令と共に初めて姿を見せた。この政令はユダヤ人を「法人」と定め、すでに「彼らの国家、祖国」になった国家における権利を彼らに与えるものであった。解放以前、彼らの身分は古代ローマが奴隷に対して定義していたのと同じようなものであった。彼らは「保護されて」いるが、監視の下で受動的にしか国家に参与できなかったのだ。ユダヤ人にとって、解放はカントが人類の啓蒙に充てた意味を有している。すなわち、多数派へと至るという意味を。解放によってユダヤ人は人類の尊厳に到達することはなかった――彼らはいつでも人間であった――が、解放は国家における権利を付与することで、彼らに「人類の文化を分かち合う権利[13]」を導き入れたのだ。逆に、プロイセンという国家の地平そのものが拡大したのである。ユダヤ教と他のすべての宗教の平等な権利を認めたことで、近代国家は道徳的な国家として歴史に登場することができる。なぜなら、コーエンにとって本質的なことはそこにあるからだ。一九一五年にドイツのユダヤ人は政治的権利をまったく享受しておらず、それゆえ彼らの宗教的権利はより重要となる。そうした権利はユダヤ人に自身のアイデンティティを保つことを確約してくれるだけではなく、さらにドイツにおける市民権にある意義を与えてくれるものでもあった。ユダヤ人は、唯一ドイツ国家に世界政治の灯台という役割を与えてくれるであろう一神教の観念を担う者なのだ。ユダヤ人はドイツの市民権に到達することで、世界史におけるドイツ国家の卓抜した地位を明らかにしてくれる。近代ユダヤ人の唯一の義務は一神教を維持することである。コーエンが次のように述べているように。「私は他の違いに対しては何の関心もない」[14]。

マルクスの定式を言い換えることでコーエンの図式を次のように特徴づけることができよう。すなわち、解放以前には長い迫害と不当さの連続から成るユダヤ人の歴史が存在したが、その後はもはや世界史しか存在しなくなり、そこにおいては同じ現象が一時的で表面的な後退にすぎなくなってしまう。ところが、アーレントによれば世界史という観念そのものが問題を提起するのである。なぜなら、そうした観念は、諸民族に分断されたひとつの人類の承認を前提とした現実の歴史を思考することを許容しないからだ。

諸民族の国家の歴史とは無関係に、人類の歴史は実際のところ何から成っているのかという問いには誰も答えない。

ユダヤ人の歴史に適用された場合、世界史の観念は少なくともふたつの不都合を生むことになる。ひとつは、終末のときに世界全体が賛同するであろう一神教、その「一神教の純粋な歴史」のために実質的な歴史が消失してしまうことである。それによって、本質的な概念、すなわちユダヤ民族という概念は斥けられてしまう。以後、もはやユダヤ民族は存在しなくなり、モーセを信仰するドイツ市民となり、道徳性が国際的に到来する事態へと関わっていくことになる。もはやひとつの民族の歴史が展開していくのではなく、一神教によってもたらされユダヤ人によって世界の文化へと伝えられた諸観念が展開していくのだ。こうした状況においては、ユダヤ人の実質的な歴史を考えることができるのは、ユダヤ民族という概念を受け容れる場合だけである。コーエンに反して、アーレントはここでシモン・ドゥブノフを拠り所にする。すなわち、「ユダヤ民族は存在する」[15]というひとつの事柄を弁えているドゥブノフを。ドゥブノフへのこの言及は、ユダヤの問いへ充てられたアーレントのすべてのテクストのなかで唯一のものである。彼女がここで口を挟んでいるのは、ドゥブノフのテーゼがアーレントの目には、ヘルツル――更にはピンスカーとノルダウ――のそれよりも妥当なユダヤ人史の考え方を可能にしたからだ。ヘルツルにとって、ユダヤ人であることはつねにそして至るところで彼らを襲う敵意の結果である。ユダヤ人は解放の対象であり主体でないとはいえ、そうした解放でさえ彼らの受動的な歴史を終わらせることはなかった。受動性は新たな状況のうちへと引き延ばされていったのだ。ドゥブノフの基本的な直観は、固有の意志を前提としなければユダヤ民族の歴史を書くことは不可能であるというものだ。「民族とは、その歴史を生み出すものであると同時にその産物である」[16]。これは、その最も重要な歴史的表明が精神的であると同時に制度的な「自治」を設置することであった民族から発出する創造能力を考慮すべきであることを意味している。精神的な観点と同様に制度的な観点から見るとき、外的な展望を優位に立たせようとする場合や、生き延びようとするだけではなく実存しようともする「内的な」意志を起点とし、社会的実存が想定する創造性の側面すべてをもってユダヤ人の歴史をつねに検討しようとしない場合には、この歴史はまったく理解されない。同様に、アーレントはつねに「ユダヤ民族」という概念を、ユダヤ人に関心を寄せる際に歴史と政治に対する自身の見解の基礎命題として堅持していた。それゆえ近代のユダヤ人問題に関わる実に多様な理論づけの真只中に分割線を引かねばならないとすれば、ユダヤ民族という観念を受け容れる者とそうでない者のあいだに引く必要があるだろう。しかしながら、われわれが理解しなければならないのは、アーレントがユダヤ民族という言葉に与えた正確な意味がいかなるものであるか、ということだ。なぜなら、彼女がナショナリスト的でシオニスト的な思考とこうした前提を共有しているとしても、彼女がそれをヘルツルのように考えているわけではまったくないし、またドゥブノフのように考えているわけでさえないからだ(17)。

世界史という観念の第二の不都合な点は、それがつねに過去の読み直しを提案するということである。それゆえ、コーエンにとって、ユダヤ人は当初からドイツ精神に収斂する普遍主義を担う者たちとなったのだ。そのときユダヤ人の解放は、予定調和を歴史的に明らかにするものとして現れた。普遍的な歴史という言葉で考える者たちは、つねに過去のうちに現在を予期し正当化するものを見たいと思う。ところが、あらゆる歴史と同様に、ユダヤ人の歴史も偶然性によって記されているのだ。ここで意義があるのは、ユダヤ人はつねに様々な国に離散していたという事実である。だからこそ、アーレントによれば、解放の現実的な役割はユダヤ人と非ユダヤ人のあいだの、一体ではあるが理解されざる同一性を白日の下で認めさせることではなく、「ユダヤの過去を備えたユダヤ人と共に様々な過去をもつ様々な国の市民になること(18)」なのだ。それゆえ、歴史を構成する偶然性を強調しながら、アーレントは伝統的なユダヤの歴史からも一九世紀のユダヤ正史からも隔たった位置に身を置こうとする。アーレントにとって、離散はもはや「ガルート」〔追放〕という宗教的概念ではなく、世界のなかでのユダヤ民族の位置を示すものである(19)。贖罪とシオンへの回帰という図式を断念することで、同化主義者の理論は、ある程度この事実を認めさせることに貢献した。というのも、こうした理論は大胆にも「不幸ではなく恩寵としての離散(20)」を考えていたからだ。しかしながら、そうした理論は、パリとベルリンを新たなエルサレムの象徴とみなす擬似メシアニズムの観点から離散を再解釈することで、すぐにこの事実を無視してしまう。アーレントにとっては、離散はまた別の意味をもつ。つまりそれは、離散自体の除去と統一への回帰を望む統合の時代へのノスタルジーをもって思考された亡命ではもはやないのだ。離散は――ユダヤ人が市民権へ近づく際に提示される新たな条件において――彼らのあいだでの前代未聞の差異化の形態として現れることになる。解放以前のユダヤ人は、数々の共同体のうちでまとめられていたとはいえ、離散していた。なぜなら、彼らは数多くの国に居住していたからだ。彼ら自身みずからのものならざる歴史に結びついているとして、彼らは居住していた国の影響をつねに被ってきたのだ。ユダヤ人と非ユダヤ人のあいだの知的交流、議論、「論争」が生まれるためには一八世紀を待つこともなかった。つまり一七世紀にボルドーやアルザスなどフランスに在住していたユダヤ人の意識と、国籍がそうであるがゆえに自身のことをフランス人やドイツ人やイギリス人と考えていたユダヤ人とのあいだには相違がつねにあったのだ。そうしたユダヤ人にとって、「フランス人であること」は国民‐国家（Etat-nation）に帰属することを表していたが、国民‐国家は彼を国籍がイギリスやドイツのユダヤ人と区別し、別の国のユダヤ人との連帯という問題を彼に対して別の言葉で提起している。それゆえ解放は、歴史についてのいかなる作為的な書き直しも除去してはならないような新たな現象を創り出した。すなわち、解放はユダヤ人を新たな分割にしたがって分割し、新たなやり方でヨーロッパの歴史に同化させるものであったのだ。身分的にユダヤ人を孤立させる障壁を打ち破ったとはいえ、その後、解放には至る所で同化という現象が伴った。解放は、それぞれのユダヤ人に新たな規定をもたらしつつも離散を強調したのだが、この規定は、自分自身とつねに同一である存在へと外的に加わるものではなく、ユダヤ人の存在それ自体を変えるものだった。そのとき、同化を思考することは、同化の根本的に偶然的な性質を忘却することなく同化のうちで不可逆的なものを思考することにある。

偶然性についてのこれと同じ意識によって、アーレントはユダヤ人へのヤスパースの執拗な要求に同意するのを控えた。この要求はユダヤ人がドイツ起源に参入するのを促すもので、彼はこの起源の本質を自由と理性の普遍的な価値が表明される出発点として定式化しようとしたのだ。総じて歴史がアーレントにとって決して絶対者の現出の場所ではないとするなら、ユダヤ人にとってドイツで生きドイツ語を話しても、ドイツ起源に参入するには十分ではない。アーレントがみずからの起源への回帰をなすとき、すなわち彼女がドイツにおけるユダヤ人の現前について問うとき、彼女が発見するのは共通の「歴史 - 政治的運命」ではなく、ふたつの歴史の偶然の出会いである。それこそが、ヤスパースの執拗さにもかかわらず、彼女がドイツの政治 - 歴史的運命への帰属という仮定によって、ドイツ語へのその同一化を補完することに決して同意しなかった理由なのである。

私は、ユダヤ人が［……］［この運命に］どのように遅れてどんな不完全な形で参与することになったかをよく知っていますし、当時彼らにとって異質なものであった歴史への参入が偶然になされたということも知っています。たとえ、ひとがこの百五十年を主たる証拠として持ち出そうとしても、事態はつねに次のようなものであり続けるでしょう。すなわち、ユダヤ人について語るときでも、そこから何世代にもわたってドイツで確立された希有な家系は理解されえず、ただ東から流れ込み、つねに同化の過程を刷新してきた人々だけが理解されるだけです。古に栄華を誇ったドイツはあなたの過去です。しかし、言葉をもって、何が私の過去なのかを言葉で言うことはほとんどできません。とはいえ、すべての明白なもの――シオニストや同化主義者や反ユダヤ主義者の明白なものが問題となります――ならびに状況の真の問題性を全般的に隠

すものにとって事情は同じではありませんが。(21)

ユダヤ的経験は、共通の国民的《ナシオナル》〔国民＝民族的〕運命への単純な同一化をつねに不可能にする隔絶の経験である。たとえユダヤ人が――大部分――ユダヤ性の「土壌」から切り離されているとしてもそうなのだ。ユダヤ人の過去、すなわち二〇世紀初頭のドイツに実際に現前したユダヤ人の起源は最初から複雑なものであった。そこに近づくためには、ユダヤ人が自身のものならざる歴史に偶然にも入っていくことになった多数の道のりを見届けなければならない。しかし、そうした問題性を感知するためには、同化主義者の単純化から身を引き離しておくことも必要となる。彼らにとって、ユダヤ人とは本質的にドイツを運命づけられたものであったからだ。まったく同様に――われわれがあとで見るように――、パレスチナとこの過去を同一視するシオニストの単純化からも距離をとっておかなければならない。ドイツのユダヤ人は東からの移民の流入に絶えず直面する。そうした移民にとって、同化の過程はなお実行するに値するものであり続け、それゆえ彼らの出会いは、移民よりも少し前からドイツで定住していたユダヤ人の同化そのものを問いたださないわけにはいかなかった。国家の支えとしての国民に共通の起源を求める国民的同一性が引き起こす問題性のすべてにとって、ユダヤ人は、彼らがいかなる同一性をもとうとも、つねに「異質性」という要素、超国民性（超国家性）を導き入れ、彼らはそれを引き受けねばならないのだ。

同化主義に立ち戻るなら、「百パーセントドイツ民族と同一である」がゆえにユダヤ人はいつもドイツ人であるという不断に刷新されてきた論証の「喜劇性」がこのとき砕け散ってしまう。そのときフランスでは、自分たちは「ウェルキンゲトリクス〔ガリア人の統率者でカエサルと闘った〕以来フランス人であり」、またユダヤ主義とフランス精神のあいだに予定調和があったことを執拗に示そうとするユダヤ人たちの姿が見られた。[22] 絶えずみずからの祖国愛の証を立てるために、同化主義者は自分たちが外国人であったということを忘却した。不幸にも、この「喜劇的な祖国愛」は結局のところ暗黒の時代における「絶望的な悲劇」へと姿を変えることになる。この時代、実に多くのユダヤ人がチェコスロヴァキアへ、次いでフランスへ避難するための亡命の道を歩むことになり、幸運に恵まれたものはアメリカへと亡命した。同化が指し示すもののうちで、「われわれが偶然に生まれた国ならびに、たまたま話すことになった言語をもつ民族への順応」ほど重大なものはないのに、同化主義者にとっては同化はつねに「ユダヤ人とフランス人の、ユダヤ人とハンガリー人の、ユダヤ人とアメリカ人の、ユダヤ人と……の予定調和[23]」を示すものとして現れていた。それゆえ、M・コーンは彼が避難した各々の国で、自分が新たな母国にどれほど忠実になれるか自分に快く授けられるまったく新たな国籍を毎回選び採るために自分の過去を忘れる準備がどれほどできているか、どれほど自分は進んでこの新たな国に溶け込んでいくつもりなのかを知らしめようとした。なぜなら、新たな国はいつでも自分に似たものであったからだ。

今われわれがこの議論の全体を、その哲学的な前提という観点からではなく、ユダヤ人に現実分析の枠組みを供しうるというその能力の観点から考えてみるなら、アーレントと共に二重の失敗をあらわにすることができるだろう。

第一の失敗は、ユダヤ人を世界のうちに位置づけられなかったことである。実際、ユダヤ人とホスト民族のあいだには「百パーセントの同一性」があると主張することは、受け容れ民族をあたかも完全で未分化で統合した組織として表象することを前提している。ところが、いかなる民族もそのような性質を示してはいないのだ。それはつねに相異なる集団や社会階級から成っているのである。だから、ユダヤ人はある民族一般に統合されている——あるいはそうなろうと試みている——と言うことはできないだろう。ユダヤ人はつねにこの民族を構成するいくつかの集団に統合されている――あるいはそうなろうと試みているのだ。この意味で、ユダヤ人は争いがすでに存在しているような社会的領域のひとつに、あるいは複数の領域に必然的に入り込むことになる。社会の一部に組み込まれることはつねにその社会の別の集団と対立することを意味している。アーレントによれば、同化主義は、こうした現実を認めなければならず、自分と現実の敵を見分けなければならないというユダヤ人に典型的な恐怖を明かしているのだ。一般にはこうした現実は認められず、その代わりに、ユダヤ人と社会のしかじかの集団との事実的な接近が、社会全体との同一性として一般化し実体化されることになる[24]。それゆえ、反ユダヤ主義を理解するためには、すなわちユダヤ人の敵が誰であるかを特定することができるようになるためには、西洋社会におけるユダヤ人たちの真の位置を知る必要がある。われわれはどこにいるのか。誰と関係しているのか。われわれを損なおうとするものは誰か。言い換えれば、われわれの友は誰か。われわれの敵は誰か。それゆえ、社会に目を向け、社会を完全な統一体としてではなく様々に分化したものとして分析することが問題となる。

　第二の失敗は、反ユダヤ主義者に彼らは誤っていると証明するものと考えられている同化主義者の議論がつねに当の反ユダヤ主義者にやり返されてしまう、という点にある。この点を明確にしようとして、特にコーエンに反して、アーレントはひとつの解毒薬を用いる。それは、コーエンのユダヤ教論考と同じ時期に出版された、モーリッツ・ゴールトシュタインの（『ドイツ‐ユダヤ文壇』*Deutsch-jüdischer Parnass* という）有名なテクストである。これが一九一二年『芸術監視人』（*Kunstwart*）紙上に掲載されるや、苛烈な反応と大論争を巻き起こした。モーリッツ・ゴールトシュタインは殊更にコーエンを援用することはせず、反ユダヤ主義者によって同じ種類の議論が繰り返される可能性を分析している。コーエンの議論はすべて、ユダヤ人とドイツ人の深い同一性、それもユダヤ人によってかくも強く感得された同一性を示すことに存していた。しかし、不幸にもゴールトシュタインが気づくのは、ユダヤ人のあいだでしかこうした印象は共有されていないということだった。「われわれは自分たちのことをドイツ人だと感じているが、それは無益なことだ。相手はわれわれのことをドイツ人だと感じてくれないのだから」(25)。なぜユダヤ人はドイツ文化を愛し、この分野で驚異的な生産性を発揮するのか。反ユダヤ主義者は、ユダヤ人がこのように現前することを、侵略として、本来ユダヤ人のものではない財を我が物にしようとする試みとして解釈する。ユダヤ人のドイツ語への愛着やドイツ語を普及させようとする彼らの役割——これがコーエンにおける中心的な論拠である(26)——に関して言うなら、彼はワグナーの次のような確信にいかにして抗することができるだろうか。すなわち、どれほど昔からユダヤ人がドイツ語に対して身近にあったとしても、ドイツ語は彼らにとってはあくまでも機械的に学んだ言語でしかないという確信に。ユダヤ人とドイツ人の同一性を示すために、コーエンはキリスト教がユダヤ起源であるということを強調する。しかし、こうした議論はこの時代には採用されることはなかった。キリスト教がまだ頑強な参照軸であったなら、そうした議論は重視されただろう。コーエンが、ドイツ民族はキリスト教徒であると断言するとき、彼はキリスト教と宗教に対する一般的な構えの影響が失われていることを見ていないのだ。アーレントが次のように書く通り。

シナゴーグに行く同宗者はどんどん減っているし、教会に行くキリスト教徒もどんどん減っている。〔ユダヤ人たちの〕異質な性質はなお残り、より濃くなっているのに(27)。

言い換えれば、緊急に反ユダヤ主義の近代的特徴を把握し、時代の反‐宗教的雰囲気に目を開いていかなければならないということだろう。それゆえ、キリスト教が落ち目になっているなら、キリスト教を「ユダヤ化する」ことを本義とした議論は、ゴールトシュタインにしたがえば、ユダヤ人に跳ね返ることにしかならない。「キリスト教は軽蔑すべきユダヤ教であり、キリスト教西欧はユダヤ化であって、これがゲルマン人の美しい宗教を荒廃させてしまったのだ」[28]。要するにコーエンは、反ユダヤ主義者は人種差別的であるのにあたかも問題は宗教に関わるものであるかのようにみずからの議論を練り上げているのだ。これほどに、人種の観念がユダヤ人を異質の性質へ、いかなる論証によっても除去できない絶対的差異へと閉じ込めたことはかつて一度もなかった。時代の新しさ、それは理性に対する公然たる拒絶であり、存在の情念的で尊大な論理の無批判的な引き受けである。ゴールトシュタインが書いているように、

あらゆる中傷が反駁され、あらゆる歪曲が正され、あらゆる誤った判断が追放されたときにも、嫌悪感が何か反駁しがたいものとして残る。[29]

結局、コーエンによれば、解放によってユダヤ人は道徳的な人格に変わり、国家に対する権利を得ることになった。それゆえ、彼らが国家に対して深い謝恩の念を感じるのは正当なことなのだ。彼らの愛国心には亀裂があってはならなかった[30]。ユダヤ人は絶えず国家とその代表者に無条件の忠誠の証を立てなければならなかった。しかし、アーレントによれば、そうしたことが具体的に言い表されるのは、あらゆる政府への信頼の表明によってのみなのだが、このような信頼の表明は格別に危険な反転を引き起こす。

彼らは概して――別様の在り方などありえない――つねに忠誠である。自分たちの忠誠心を誇りに思い、

それを当代の政府に保証してもらう――しかし、自分たちがそれだけによりいっそう信頼に値しない者と映っていることには気づかない(31)。

あらゆる政府に対してみずからの忠誠心を主張すること、それは定義からしてあらゆる政府にとって不審な者であることだ。自分たちの無条件の忠誠の証を立てたいと願いながら、ユダヤ人はいつも結局は裏切りの咎で告発される羽目に陥るのである。

2節　ユダヤナショナリズムの批判的な効力と理論的袋小路、自治主義者とシオニスト。アーレントとドイツのシオニズム（クルト・ブルーメンフェルト(32)）

同化主義を前にして、ユダヤナショナリズムはある批判的な次元をもっていて、それがユダヤナショナリズムに「実践における優位性(33)」を与える、とアーレントの目には映る。シオニズムにおいてかつてみずからに影響を与え心を揺さぶったものを一九六四年に彼女が思い出すのもやはり、「批判、もっと正確に言うなら、ユダヤ民族の只中でシオニストが展開した自己批判(34)」という言葉によってだった。しかし、こうした優位性は実践的なものでしかない。不幸にも異論の余地のある理論的枠組みの内部で述べられていたので、その優位性の影響力は限られたもので、このことはその実践的あるいは政治的な価値自体にも波及せずにはおかない。ここから、一九六四年になされた判断のいまひとつの側面が生じてくる。すなわち、「政治的には、私はシオニストたちとは無縁である」。

ユダヤ人が依然として外国人であることを非難する反ユダヤ主義の喧伝に直面しても、ユダヤナショナリズムは、ユダヤ人はドイツ人やチェコ人やハンガリー人と同一であると説得する傾向にある自己正当化に拘泥することはなく、反対に、ユダヤ人はドイツ人でもチェコ人でもハンガリー人でもないという性質を引き受ける。しかし、この定式をみずから取り上げたドイツのユダヤ人はこの定式の否定的意味に注意を集中することなく、それに肯定的な意味を与えて、ドイツ市民ではあるけれども国民としてはユダヤ国民であると考えた(35)。三〇年代、この型の意識は、ドイツ社会におけるユダヤ人の真の地位に触れるという顕著な実践的利点を呈している。実際、彼らは同化されていないしこの社会のいかなる階級にも帰属していない(36)。それゆえ、ナショナリズムは同化と解放に区別を設けて、ふたつの過程の隔たりを現出させる。解放は、ユダヤ人は国家の一市民になるであろうと断言しながらも、解放は彼らが社会へ統合されることをただ個人の観点からのみ把握する。それによって、解放は諸集団の統合、つまり同化を実行する使命を社会に委ねるのだ。市民権を取得することとしての解放がユダヤ人たちの政治的主導権を要請するとしても、社会的同化は、少数派の集団が決してその先導者になれないような過程である。彼らの振る舞いがどのようなものであれ、自分たちが用いることができると思っている善き言動の保証がどのようなものであれそうなのだ。こうした状況では、少数の集団を統合するものとみなされた国民の多数派がこの集団を国家に関わる者と認めないならば、その集団は——集団としては——異質なままであろう。多数派／少数派の諸関係によく見られる特徴のひとつは、それらが情念的な関係であるというものだ。モーリッツ・ゴールトシュタインはそれをすでに指摘していたし、ブルーメンフェルトも彼なりにこの議論を踏襲した。すなわち、ひとに愛情を強制することはできないのだ。それゆえ、ユダヤ人が国民としての性格を要求することは、結局のところ、「選ばれた奴隷ではなく主人である(37)」のを引き受けることでかかる拒絶に答えることに帰着するのだ。これは、ブルーメンフェルトが習慣的に「ポスト同化的シオニズム」と表現していたことの定式である。

ユダヤナショナリズムの「実践的優位性」の第二の側面はアーレントの目には、「道徳的衝動」から、「脊柱の骨折にも値する生に対する抗議(38)」から生まれてくる。以上のようにシオニストの態度を特徴づけながら、アーレントはドイツのシオニズムの根本的な側面のひとつを受け容れる。一九世紀末に、「ユダヤナショナリズムの再構築のための運動」としてと同じく「ユダヤ人としての誇りを再建するための運動(39)」として生まれた側面を。ブルーメンフェルトは初期のシオニストたちとは対立することになる。彼らにとってシオニズムとは東からのユダヤ人が亡命するのを助けねばならないという博愛的な運動であったのだが、なぜブルーメンフェルトが彼らと対立したかというと、彼の目にはそうした態度ではこの運動に固有の道徳的衝動には不十分と映ったからだ。「シオニズムはユダヤ人たちの国への回帰ではなくユダヤ教への回帰である」というヘルツルの言葉を改めて取り上げながら、ブルーメンフェルトは、東方ユダヤ人の運動が本質的に社会的なものとみなされているところで、同化ユダヤ人にとってのシオニズムの個人的、実存的性質を強調した。だからこそ、それぞれのシオニストはパレスチナへの回帰をみずからの実存の目的としなければならなかったのだ。ブルーメンフェルトはまず、ユダヤ国籍を実質的に再構成することを道徳的衝動の完成として思い描いている(40)。彼にとっては、大部分のドイツのシオニストたちと同様に、シオニズムの出発点は、ユダヤ人の苦しみでもなければ当然のことながら反ユダヤ主義でさえなかった。彼が手記に記しているように、シオニズムの出発点は何よりもまず「自己欺瞞(41)」を拒絶することだったのだ。みずからの尊厳を取り戻すこと、それは対等さを取り戻し、新たな形の隷属状態でしかないうんざりするような感謝の絆を拒絶することなのだ。それは、みずからの意識の自由を守り、決してなにがしかの国家をアプリオリに信任したりしない、ということなのだ。たとえある時期その国家が解放者であったとしても。こうした方向においても、「ユダヤ主義への回帰」はブルーメンフェルトにとっては、ヘブライヤイディッシュ文化のためにドイツ文化を放棄することをまったく意味しない。ドイツのユダヤ人としてのシオニストの覚醒の源は、ドイツ文化それ自体にあるのだ。ブルーメンフェルトのシオニズムのうちには、ある情念的な次元、真正さへの欲望が存在する。しかし、彼はその真正さを、再び現れ出ようと身を隠しているユダヤ教に結びつけることをせず、ドイツの伝統の敬虔主義的起源を見た。それは、道徳的真正さと公正さの探究——われわれは以前に、そうしたドイツの伝統からたしかに受け継ぐのである。われわれはそれによって個人は自身の直接的環境と対立することになる——を起点としてドイツの伝統へ回帰することなのである。ブルーメンフェルトが、自分は「ゲーテの恩寵によってシオニストでいられる」とか「シオニズムはドイツからユダヤ人への贈り物である」[42]などと述べるとき、彼が参照したのはこうしたことではないだろうか。

最後に——同化主義に対する「実践の優位性」の最後の側面という意味で——、ユダヤナショナリズムは反ユダヤ主義を深刻に受け止めるのだが、このことは、進歩への信仰にもとづいた自由主義的イデオロギーの拒絶を想定している。自由主義的イデオロギーが生んだ幻想のせいで、ユダヤ人たちは反ユダヤ主義の重大さについて洞察力をもつことができなかったとブルーメンフェルトは見ている。イスラエルへ移住し、ドイツのシオニズムを思い出しながら、彼はフェリックス・ローゼンブルートに宛てて、「われわれはヘーゲルの教え子の孫たちと敵対していた」と書いているが、これが意味するのは、「われわれのシオニズムは反‐自由主義的であった」[43]ということだ。進歩への信頼はとりわけ、ワイマール共和国の時代に反ユダヤ主義を考慮に入れることを困難にした。ワイマール共和国は、一八四八年以来ユダヤ人を招集してきた政治的理念を最終的に実現する使命を伴ってドイツで初めて実現されるべき民主主義国家として体験されたからだ。ラーテナウの殺害もナチの台頭さえも、この信頼を揺るがすには至らなかったのだ。忍耐せねばならず、改善は必然的に遅々としたものだが、ドイツ民族はやがて目を覚まし、善が勝利するだろう。ドイツのユダヤ人の大部分が、ナチズムは一過性の現象であると考えていた(44)。こうした空気のなかで、シオニスト――ブルーメンフェルトはそのリーダーであった――は自分たちの声を届かせるのに苦労した。彼らは災いを告げる予言者とみなされたのだ。アーレントの政治思想も同様に自由主義的イデオロギーの拒絶を共有しているが、ブルーメンフェルトこそが――様々なひとのなかで――彼女にこの拒絶を伝えたのだ、という仮説も立ててもよいだろう。

アーレントによれば、ユダヤナショナリズム一般に固有の「道徳的衝動」とそれによって可能になる明晰さ、つまりその「実践の優位性」は不幸にも、一九世紀の数々のイデオロギーから引き継がれた理論的な弱さの総体によって相殺されてしまった。国民の地位への要求は、主人たる民族が具現する原理とは本質的に異なる原理を具現するとみなされた民族の実体化という危険につねに脅かされる。それゆえ、同化主義的アプローチに抗して勝ち取られたユダヤ人問題の歴史化は無効になり、それによって構築されたのは、

根本的に非 - 歴史的な理論で［……］、それは散逸せる数々の意味の背後に何かを［……］求める。つまり、検証できる諸事実ではなく、互いに異質な実体同士の永続的な闘争を。この手法によって、［シオニズムは］、状況の歴史的分析に着手するのを改めて免除される(45)。

こうした批判はドゥブノフにも同様に向けられることになる。というのも、ドゥブノフは――ユダヤ人アイデンティについてのヘルツル特有の否定的な見方に抗して――、ヘーゲルの「民族精神」(*Volksgeist*)という概念を思い起こせずにはおかない「精神的国家」なる概念を構築しているからだ。ドゥブノフによれば、世界には数々の「国家類型」が存在し、それらは、自然に(天候や土壌に応じて)現れたあとで文化化され精神化されたのだ。それゆえ、ひとつの民族は不滅の精神的創造物を生み出す原理によって魂を吹き込まれることになる。内面的であるがゆえに不滅で、みずから可能とする様々な歴史的変転にもかかわらずつねに自分自身と同一な精神的創造物を生み出す原理によって。歴史についてのこのような考え方と関連させながら、ドゥブノフは社会を、その成長の度合いに応じた制度を作り上げながら発展していく生命体と考える。しかし、ここでアーレントが直接対象とするのは、ヘルツルのシオニズムである。ヘルツルはユダヤ民族にいかなる肯定性も付与してはいない。とはいえ、反ユダヤ主義に歴史の論理のなかで上記の地位を与えることで、ヘルツルは最後にはユダヤ民族を普遍的に憎悪された民族として特徴づけることになる。あたかも、そうした憎しみを他者がつねに抱くことで、ユダヤ民族に固有の実質が構築されるかのように。ヘルツルのシオニズムは、それゆえ否定的な実体化である――それに対して、ドゥブノフのシオニズムは肯定的な実体化である――が、それはまた同化主義の裏面でもあるのだ。

歴史的な展望がまったく欠けているため、シオニズムは同化主義の遺産を全面的に受け継ぐことになる。同化主義を逆さまにするだけでよいのだ。一方が、自分たちはつねにこの民族全体に同化してきたと語れば、他方はこう答える。いえ、反ユダヤ主義が証明したのは、われわれが総じてこの民族にとって外国人であるということであり、われわれのこの永遠の実質によって彼らに憎まれてしまうということです。

それゆえ、ひとつの抽象概念（ドイツ民族）の代わりに、ふたつの抽象概念（ドイツ民族、ユダヤ民族）あることになる。ユダヤ人と主人たる民族との諸関係は低下し、もはやふたつの自然な実体間の引力と斥力の無際限な作用でしかなくなってしまう(46)。

歴史性に最終的に接近することは、一切の実体化や知的休息の回避を前提としている。状況の多様性の背後にいっそう深く隠された同一性を発明することで見つけることができると思い込まれている一切の実体化や知的休息の回避を。深層による統一に抗するためには、表面の多様性に戻り現象のレベルに時間をかけ、急いでそこを通過しないようにしなければならない。その下に、誰もが把握できるわけではなく、哲学者と論理学者だけが理解できる唯一の過程があって、その数々の波乱を辿ることができるわけではないのだ。こうした状況において、アーレントの探求の意味は――同化主義に抗して――、シオニズムもナショナリズムも回避しなかった実体化という罠に陥ることなく、ユダヤ民族にひとつの地位を再び与えることにある。この問題への政治的接近ならびに政治用語での民族概念の再定式化だけが、これらの罠全体の回避を可能ならしめるだろう。

ユダヤ民族の実体化は、三つの盲信を生み出す。

(1) 同化主義者たちのシオニズムに対する態度とは逆に、シオニストたちが同化主義を真剣に受け止めるとき、アーレントによれば、彼らはユダヤ人に彼らの状況分析の枠組みを提起することに失敗してしまう。反ユダヤ主義は、まるで反ユダヤ主義が非ユダヤ民族の本質であるかのように歴史を構成する法則によって不朽のものとなってしまうのだ。またしても、ユダヤ人はみずからの環境に対して包括的な視点を向けるように促される。同化主義者は無条件の忠誠を奨励したが、彼らはユダヤ人と主人としての国民との全面的な同一性によってこの忠誠を正当化した。逆に、シオニストは非ユダヤ人を異口同音に反ユダヤ主義者であり、本質的にユダヤ人の敵であると考えた。アーレントはこれと同じ無理解を、とりわけ危険な態度の根源のうちに見抜くことになる。彼女がこの態度に遭遇するのは、フランスに亡命した幾人かのドイツ系ユダヤ人においてであった。これは、同化に対する批判についての誤った解釈に由来する態度だった。一九三三年以後、ラビは「テシュヴァー」つまり悔悛への呼びかけを発したが、これはユダヤ教への回帰やその意識の深化という形をとらねばならなかった。とはいえ、このスローガンは世俗の[47]ユダヤ人サークルによって「ゲットーへの回帰」という政治的スローガンとして再び採り上げられた。アーレントにとって、そうした非常識な言動は、ひとつの知的世界全体ならびにその価値と指針の崩壊をもたらした日付たる一九三三年以後ユダヤ人を捉えていた無気力の結果である。しかし、それはまた反ユダヤ主義そのものに対する宿命的な無関心の症状でもある。最も明敏なユダヤ人の指導者は、懲罰者たる神という古来の表象に訴えかけたが、そのとき彼らは、みずからの伝統から離れていくがゆえにユダヤ人たちは迫害されるのだと思い込ませようと努め、そうすることで、彼らにみずからの劣等さを告白させようとした。アーレントの目には、こうした反応は「見当違い」で、状況にそぐわないものと映る。なぜなら、「政治においては、汝の敵を知ることは少なくとも、汝自身を知ることと同じくらい大切である[48]」からだ。以上が第一の盲信である。すなわち、世界に対して目を見開くことができないこと、世界それ自体の内的差異を感受できないこと、友が誰で敵が誰かを理解できないことである。

(2) ひとつのユダヤ的実体があるとすれば、同化は純粋に外的で偶然的な現象としてしか考えられなくなる。ナショナリズムはそのとき、この実体を、つまり恒久的なユダヤの中核を再発見する方法となるだろう。ナショナリズムがその内容に見合う新たな諸形式をみずからに与えるためには、この中核を自由に発展するに任せねばならないだろう。アーレントにとっては、同化という事実が示しているのはユダヤ人自身の変化である。それゆえ、同化に対する批判は純化されたユダヤ的存在とのいかなる関係修復にも至らず、むしろアーレントにユダヤ人としての新たな経験の形を描写させることになった。この経験は、永遠のユダヤ的実体を外から包む衣服ではなく、ユダヤ的存在の新たな様式の出現であって、一過性のものではあるかもしれないが、その歴史について語りさえすれば痕跡を留めることができる様式なのだ。

(3) アーレントの包括的理論の企図に対して、第三の盲信はおそらく最も重大なものとなる。シオニズムは、そこでの実践の優位性にもかかわらず、近代の反ユダヤ主義の意味を解明する助けとはならないだろう。それどころか、シオニズムは危険にも、ユダヤ人に対する敵意をまさに「民族共同体」(*Volksgemeinschaft*) の結晶点ならしめると主張する国民‐社会的反ユダヤ主義に接近する。それゆえ、自由主義的楽観主義に捕らわれている同化主義者も、実体的なユダヤの同一性という神話に閉じこもったシオニストも、「近代の反ユダヤ主義の可能性の条件(49)」を問うことはできないのだ。アーレントは、まさにこの仕事と取り組むことになるだろう。これをうまく進めるためには、二重の暗礁を避けながら解放の曖昧さを分析しなければならない。暗礁のひとつは、反ユダヤ主義を解放とは無縁な現象にしてしまうことであり、もうひとつは、大惨事を予め余儀なくされた過程として解放を捉えてしまうことである。

4章　全体主義の区切り、あるいはジェノサイドの区切り？

「反ユダヤ主義の可能性の条件」を明るみに出すことは、アーレントにとって因果関係の機構を示すことではなく、反ユダヤ主義が実際に採った形式にとって「必要不可欠なもの」を熟考することである。しかしながら、アーレントが一九三三年頃に自身の敵を知ろうという企図を構成していたとしても、この認識が次のような命題を核として練り上げられるのは、『起源』（一九五一年）の最終稿においてのみである。すなわち、この命題にしたがえば、全体主義の一要素として考えられる近代の反ユダヤ主義の特殊性とはその政治的特徴であり、ユダヤ人の敵はこのことをユダヤ人自身より前に知っていたのだ。[1] ただ、たとえ彼女が実に早くからドイツ史における第三帝国の特殊性と同様に、反ユダヤ主義と宗教的含意を有した反ユダヤ教主義との差異を意識していたとしても、彼女の――三〇年代末の――第一の気がかりはドイツの残虐性だった。彼女は書いている。「世界のどの国家も、近代にこれほどの災いをユダヤ人にもたらしたことはなかったし［……］近代において、世界のどの国家ももはやドイツほど重大な意味をもつことはなかった」。さらに、帝国主義の概念がすでに『反ユダヤ主義』において現れているとしても、アーレントはここではなおも「ドイツのファシズム」[2] について語っている。亡命の年に遡るこの手稿から、世界史がひとつの中間休止をナチ敗北と一九四九年――「喧騒、混乱、純粋で単純な恐怖の何十年間に続く比較的平穏な最初の時期」(3)——とのあいだに刻んだ時に書かれた『起源』に至るあいだで、問題は移動したのだ。一九三七年、問題はドイツのファシズムを理解することであったが、その後は、歴史の起源だけには還元できない政治体制の本質を理解することが問題となる。アーレントはこの体制を全体主義と名づけ、四〇年末に大衆の言説に現れるようになったこの言葉をみずから改めて取り上げる。(4)全体主義の現象はドイツ史という文脈において作り上げられたものではあるが、それを単にドイツ史に固有の形成物とみなすなら、全体主義の本性は理解されない。全体主義という言葉は単に歴史的現象によって決定された全体を示すだけではなく、他の諸状況をも特定することを可能にする政治思想のひとつのカテゴリーとして構築されなければならない。そのような移動の動機は複雑なものであった。全体主義国家というカテゴリーをすでに援用しつつも、アーレントは一方で、まだきちんと制御されていないとはいえ、彼女の目には『起源』の最終部の記述を変更させるに足るほど啓発的に映ったソヴィエトロシアに関わる新たな資料を考慮に入れた。(5)しかし、ユダヤ人にふりかかった災いについて一九三七年に感受できたものは、ナチが強制収容所と絶滅収容所で犯した恐怖と比べれば何ものでもないということがあらかじめ発見されていた。ところが、いかなる既知の要因も、こうした恐怖を説明できなかったし、ドイツ史も、反ユダヤ主義の唯一の論理もそれを説明できなかった。今われわれは「恐怖における独自性」(6)、つまり理解の能力を裏切るような前例のない現象全体に直面している。「この新しさによって、われわれの歴史の連続性とわれわれの政治思想の概念は同時に砕け散ってしまった」(7)。

解説者はよく『全体主義の起源』の雑種性と分類不可能性を指摘するが、アーレント自身もそれを意識していた。(8)理解しようという企図を放棄しないために、アーレントは、エティエンヌ・タッサンの言葉によれば「特殊で包括的なやり方を創り出す」必要があった。このやり方は——全体主義という出来事の新しさゆえに――学科間の壁を無視しなければならなかった。方法論的に、アーレントが用いた全体主義という事実へのアプローチは二重のものである。すなわち、彼女は「システム的」アプローチと「歴史用語での分析」を混ぜ合わせるのだ。前者は、全体主義の基礎構造を引き出そうとするものであり、後者は全体主義という事実それ自体において結晶化した諸々の要素へと遡っていくものである[9]。しかし、こうしたふたつの次元の連結は決して単純ではない。あとに続く箇所で、われわれはアーレントの方法に関わるふたつの困難を分析しよう。一方の困難は、「歴史用語での」アプローチと、他の政治体制に対する特殊性における全体主義の本性を引き出そうという企図との関係に関わる。他方の困難は、ユダヤ人のジェノサイドに特異な地位を与える可能性に関わる。それによって初めて、他の歴史的諸状況にも適応可能な概念の枠組みにおいてこのジェノサイドが思考されるのだ。

1節　全体性を分解すること
――出来事、要素、結晶化。全体主義の本質

『全体主義の起源』を読んだあとで、エリック・フェーゲリンは、あたかもアーレントにとっては「一八世紀の原基的な形式から発展し尽くした形式に至るまで、全体主義の本質の段階的顕出[10]」を記述することが問題であったかのように、その方法を解釈している。ところが、全体主義とは彼女にとって、先在する可能性や歴史性から切り離された非時間的本質の具体化ではない。また、それは一八世紀に萌芽として含まれているものでもない。その新しさは未曾有のものである。全体主義は出来事であり、いかなる本質もそれに先立つことはなかったのだ。しかし、いったん実在するに至ったら、出来事は自身の到来という

事態を超越する幾つかの特徴を有することになる。これらの特徴を理論家は、――その出来事に見合うものであるがゆえに――「独裁政治や専制政治や独裁執政など、われわれが知っているその他の圧政の形式とは本質的に[11]」異なっているはずの概念を通じて述べることができる。これはアーレントがＥ・フェーゲリンに書いたことと矛盾しないのだろうか。

こうした困難を解明するためには、まずアーレントの歴史と時間についての理論に戻ってみるのがよいだろう。コーエンの展望は、アーレントがヤスパースのうちに見ていたドイツ観念論の一般的な感性に通じるところがあり、そのとき、彼は「われわれに届いた著作のいわば背景に有する絶対意識と交流しよう」としているのだが、そうした交流は、われわれに固有の経験についてすでに知っているものから実行される。こうした状況において、いまだ手がつけられていない問いは新しさについての問いということになる。アーレントはすでに次のように問うている。「歴史は、私が言いたいことや歴史がなくてもすでに知っていることに対する単なる一連の例証にすぎなくなっていないでしょうか[12]」。アーレントにとって、歴史性の中心的問いはつねに絶えず生じる新しさについての問いであった。「前代未聞な新奇性は歴史家の領分であり、歴史家は、つねに反復する状況にかかずらっている自然科学の研究者と違って、ただ一度きりしか生じないものを研究するのだ[13]」。しかし、歴史編纂とは単に様々な出来事を並べたものではない。歴史家の手続きは、「いかにしてそれは起きたか」という問いに呼び起こされたものであり、出来事がわれわれを回顧的に過去へと導くのだ。歴史とは、ある始まりの再構成、その探求であって、この始まりの帰結がまさに出来事をなすのである。

そうした探求においては、ふたつの誘惑、専門家によるふたつの歪曲に屈しないことが肝要である。第一の誘惑はむしろ――コーエンのごとく――、次のような考えに陥りがちな哲学者に関わるものだ。すなわち、到来したものは、有史以前に芽生えて、われわれの注意を惹きつける出来事を生じさせた必然的な過程の見かけの顔にすぎないから、この見かけの表面的なレベルからは離れて深い必然性を考えなければならず、しかもただ哲学者だけがそれを再構成できるのだ、との考えに。歴史の必然性の概念は、進歩の哲学の枠組みにおいては、ほとんどの時代に必ず現れる。ところが、こうした概念を拒絶する空気――そしてその衰退の空気、つまり逆の顔――の下で、アーレントは『全体主義の起源』を書いたのである。「進歩と衰退［……］は迷信の問題であり、信仰の問題ではない[14]」。進歩の観念は、歴史の深層で作動し、人間を無理にでも誘う力の発明に由来する。この力は経験によるあらゆる否定にもかかわらず、信じられてしまう力なのだ。さらに、進歩の概念は、「人類全体[15]」を「人間」として、すなわち「言葉で表現されるあらゆる種類の活動に伴う［……］ことのできる主体」として構築する知的戦略の成果である。そのような迷信に抗して、アーレントは最深層から浮上して「多様な現象[16]」へと戻ることを勧めるのだが、これらの現象を隠された本質的同一性の取るに足りない瘤と考えたりはしない。現象の表面に拘泥してこそ、出来事を既知の事柄と同一視することなく、出来事の新しさを把握することができるのだ。進歩という概念のいまひとつの不都合な点は、それによると、あとから来たものの方が先に来たものよりも優れているということだ。進歩という概念は起こったことの質をわれわれ自身で判断するのを免じてくれる。あたかも歴史自身がこうした判断を行うかのように。ところが、歴史という観点からだけでは、判断の基準は、成功かどうかという唯一のものになってしまう。すなわち、実際に生じたことや勝者の観点しかなくなってしまうということであり、W・ベンヤミンによれば、「この勝利の行進では今日の支配者たちが今日の敗者の屍体を踏みつけているのである[17]」。それゆえ、進歩という概念を拒絶することには、出来事を判断するわれわれの能力を解放できるかどうかがかかっているのだ。

避けるべき第二の誘惑は、むしろ歴史家に関わるものだろう。歴史家は、みずからの位置そのもののゆえに、出来事の生起の同時代人ではなく、それらの出来事をすでに生じてしまったものと考える。そこから、出来事の撤回不可能性と不可逆性を必然性と混同してしまう一般的な傾向が生じる。すなわち、出来事を、あるひとつの原因もしくは過去にあった原因全体の結果とみなす傾向が。ところが、歴史学の分野では、因果性は「まったく場違いで、歪曲の元となる」カテゴリーでしかない。生起したことの原因を探求することは、「現実的なすべての事柄は潜在的なものに先行されていなければならない」とか、あるいは未来——すなわち、過去の原因に対応する出来事——は「過去の結果でしかない」[18]と考えることを前提としている。しかしながら、アーレントによれば、そうすることは歴史の対象を結局は取り逃してしまう。つまり、前代未聞の新奇性を。出来事は以前の原因の結果であると言うこと、それは出来事をその原因から演繹可能と考えることであるが、そのとき歴史家の研究の出発点は過去から未来へと向かうのではなく、未来から過去に向かうのだ。それゆえ、出来事それ自身がさらに過去を発見させることになり、回顧的な道が最終的に走破されることは決してない。同じ出来事から様々な道を通すことができ、そこから、歴史家の方法それ自体のつねに未完成な性質が生じることになる。こうした状況においては、歴史家の作業仮説は必然性ではなく偶然性であり、それが歴史における人間の行為を斟酌することの条件である。偶然性によって示されているのは、出来事がたまたま起こったということではなく、それが起こらないこともできただろうし、別様に起こることもできた、ということなのだ。したがって、出来事が現に起こったように起こったとしても、それは訳の分からない力がそのように生ぜしめたのではなく、人間が行為して他の様々な可能性のうちのひとつを実現したからなのである。歴史家は、出来事がその終末となるような始まり、つまり、出来事の源である人間の行為を研究しなければならないのだ。

どんな歴史も時間についてのひとつの考え方を前提としているが、歴史に対応する時間は自然な時間ではない。人間は生きてある限り自然な時間に参与する。自然な時間の一般的な方向は過去から未来へ向かうのだが、個人にとってそれは反復と衰退であり、過酷な自動性である。逆に、人間の時間は非連続的なものでしかないだろう。ここで人間とは特異な人間という意味である。人間たちが実在しているのは、個々の誕生が予見不能性や新しさの挿入を意味する限りで、みずからの誕生という事実そのものによって自然の連続性を中断するからである。あたかも個々の新たな人間存在それ自身が過去と未来の裂け目であるかのように。それはまたカフカのアフォリズムが示していることでもある。

> つねに過去と未来の狭間に生きる人間の観点から見ると、時間は連続体つまり途絶えることなく連続する流れではない。それは中間、すなわち「彼」が立つ地点で裂けている。そして「彼の」場所は、われわれが通常理解しているような現在ではなく、むしろ時間の裂け目であり、これは「彼の」絶えざる戦い、過去と未来への「彼の」抵抗によって存在する裂け目なのだ。(19)

個々人の生誕は無限の世代の繋がりを前提しているが、この誕生は予見不可能なものであった。新たな人間存在が生まれるということは「一回ごと」の事柄、運命の一撃のごときものであり、その打撃の各々は、生まれたばかりの存在がその生ける差異化によって描くであろう未来を切り拓く限りで唯一無二である。「誕生ごとに、まったく新しい何かが世界に到来する」、あたかも「以前には誰もいなかった」(20)かのように。「特異な実体」――時間の非連続性――の際限なく刷新される挿入が開く裂け目は行為の条件であると同時に思考の条件である。新たな人間存在が絶えず地上に現れることは、行為がつねに可能であるということを意味している。各々の世代で絶えず新たに生まれ直す網目は、新たなものの出現を可能にする裂け目をつねに開き続ける。

しかしながら、行為というものが誕生時に世界に到来する衝動に対する応答であるとすれば、その行為は決して必然的なものではないだろう。そうでないとしても、それは自発的なものではなく強制されたものであろう。したがって、ここでは、生誕という事実だけで世界に何か積極的なものがもたらされるかのように、「新しさのパトス」(21)が問題になることはまったくない。新世代の到来が可能的なもののひとつの総体の開けを意味するとしても、この開けの意味は最初は決定されていない。マキアヴェッリの言明に再び耳を傾けよう。曰く、「時間はみずからの前方にあらゆるものを押し出し、善を悪として、悪を善としてもたらすことができる」。時間の非連続性という仮説が歴史編纂を、熱狂を生んだ例外的な瞬間を復元する方向に向かわせるとするなら、この仮説は恐怖のなかで新しさを理解しようとする領域をも開くことになるだろう。この恐怖が積極的な意味で人間の行為する能力に由来している、とは言えないとしても。そのとき、全体主義という現象を取り上げることは歴史編纂を、それとは異なる一連の困難に直面させ、これらの困難は歴史編纂がその物語を構成する仕方そのもののなかで響きわたるだろう。

実際、歴史編纂は単なる記録ではない。それは理解の試みでもあり、かつて起こったことに意味を付与する試みでもある。ところで、数々の出来事にひとつの意味を付与することはつねに、知解可能なひとつの流れのなかに出来事を再登録することになるのだが、そのことは、出来事のうちのいくつかが表すことのできた常軌逸脱を弱めることにしかならない。それゆえ、理解には存在したものとの和解の側面がつねに含まれている。ただしこの和解は、新たな始まりを可能にするために、なされたことを解体しようとする赦しと混同されてはならない。和解においては、解体すべきものは何もない。むしろ逆に、その事象が現実に取り返しのつかない仕方で起こったということを確信する必要がある。この現実に耐え、それを引き受けなければならない。何でもよいからそれに甘んじるということが問題ではなく、むしろ出来事に相応しい視点を調整し、それを見出さねばならないのだ。

出来事の意味を理解することは、それをひとつの原因に結びつけるためではなく、出来事とその数々の起源(origines)との繋がりを――物語によって――確立するために遡ることを要求する。ただ、起源は複数形で用いられ、ただちにその射程を制限されているとはいえ、この言葉は混同を招くことになる。なぜなら、これは現象の最初の出現を、つまりその始まりにおいて生まれつつある状態の現在を連想させるからだ。ところで、アーレントが全体主義に関して斥けるのはこのような観念なのだ。彼女の語彙によれば、起源とは要素《エレマン》を意味している[22]。要素は原因でもなければ、必ずや発展しなければならない萌芽でもない。それが当該現象の要素になるのは事後的にでしかなく、いったんそれが他の要素と編成されてからでしかないのだが、われわれはやがて生じる編成のタイプを予見することは決してできない。結晶化の予見不可能性は――それはしばしば些細な要因によって引き起こされる――、人間の行為に内属する自由と関係づけられねばならない。「こうした結晶化はその諸要素から引き出されうるのではなく、人間の自由に属するなにがしかの要因によって必然的に引き起こされる」。それに、結晶化は、あたかも出来事がその諸要素に帰着することができるかのように、諸部分を付け加えてできるものではない。出来事はひとまとめにされたすべての要素を超え出るのであって、こうした性質はわれわれの予測と期待をつねに上回る現実という性質以外の何ものでもないのだ。そのとき、理解は現象の本質との無限に刷新される対話として現れる。「奇妙な濃密さ[23]」に取り囲まれた暗闇の中核であり続ける本質との。ここで、本質とは具現されて現実と化すような抽象観念ではなく、当の本質を制御することなくそれに接近するだけの理解に――現実的なものとして――抵抗するものである。

しかしながら、歴史編纂のやり方は、単に理解しようという意志からだけではなく、存在したものや、みずからを保存してくれる物語がなければ忘却されるおそれのあるものを救済しようという意志からも生じる。そこから、アーレントは次のような困難に直面することになる。すなわち、「いかにして、ある事柄――全体主義――を歴史的に書けばいいでしょうか。というのも、私はそれを保存したいとは思いませんし、破壊することが大事だと思っているのです[24]」。こうした問いは純粋に形式的なものでも文学的なものでもない。物語を読むこと、それはつねに、文同士が互いに連関するほとんど自然の性向にしたがうことである。非常に正当にもセイラ・ベンハビブが記したように、「年代的配列ならびに先行‐継起の論理の言葉で述べられた歴史の語りの構造そのものは、生じたものを保存する一助となり、それを一見したところ不可避で、必然的で、もっともらしく、理解可能で、要するに正当化できるものにする」。だからこそアーレントは、「語りの連続性の連鎖を壊し、語りの自然な構造としての年代順を断ち、断片化や歴史の袋小路や失敗や破砕を強調し[25]」なければならなかったのだ。言い換えれば、出来事の複数の要素‐起源に遡ることはそれ自体、全体としての出来事を分解することなのだ。出来事は、年代順の尺度で以前と以後の順序にしたがって位置づけられるような単純な事実ではない。出来事それ自体は様々な要素から成った複雑な複合体であり、これらの要素は、不意に不可逆的な一貫性の網の目の下で結晶化する。出来事における新たなもの、新奇なものはそのようなものとしての要素ではなく、歴史の一時期に固定し確定した形式として生まれるその種の結晶化なのだ。したがって、こうした要素を見つけ出すことは全体性が解体されることを想定しており、この知的な解体は、それが理解しようと努める現実の破壊を願う欲望によって導かれる。「この寄せ集め《アマルガム》の破壊は諸要素の記述と分析を通じて企てられるのだが、寄せ集めが現実に破壊されるならそれはこれらの要素に解消されるだろう」[26]。それゆえ、ここで書くことは破壊することに一役買うことになる。

しかし、もし本当に人間の行為という領野に歴史が関わるとしたら、歴史はまさに政治理論をはみ出すことしかできない。それゆえ、アーレントは、結晶化がしかじかの要素から生じたと確認するだけで、なぜ別の要素ではなくその要素が決定したのかということを問わないままでは満足できない。各々の構成要素の背後に見られるのは、ひとつの解決されない政治問題であり、件の要素はこの問題のひとつの解答たらんとする。「反ユダヤ主義はユダヤ人問題を覆い隠し、国民‐国家の衰退は様々な民族を新たに組織するという未解決の問題を覆い隠し、人種主義は人類という新たな概念の人種主義を覆い隠す。純粋な領土拡張主義は、つねに狭くなっていく世界――われわれはこの世界を、西欧的普遍に属さざる歴史と伝統を有した民族と共有しなければならない――の組織が提起する問題を覆い隠してしまう」。言い換えれば、ナチズムが成功しえたのは、第一次世界大戦の殺戮以後の西欧が荒廃してしまったからなのだ。経済拡張以前の時代のなかで存続したあらゆる政治構造には、その時代の政治社会の問題に対して十分な枠組みを与えることはできないということが証明された。そこには計り知れない虚脱感があった。全体主義によってふりまかれた命取りの魅力は、過去と未来の歴史の鍵の保持者として、特に近代世界の諸問題すべての解決策の保持者として現れることにあった。それゆえ、第二次世界大戦後に立てられた問いは、ナチズムの消滅という事実によっても消えなかった近代の本質的な諸問題に立ち向かうのかどうかであった。第三帝国の崩壊後、諸要素の状態に回帰しながらも、これらは未解決の問題の徴しであり続ける。したがって、「ナチズムの解体は、特に危険でおぞましい寄せ集めを破壊することでしかない。しかし、当然のごとくこの破壊はあからさまにあらゆる古い要素を残しておく［……］」。これらの要素は、たとえそれらが分離されることで害を及ぼさなくなるとはいえ、真の政治的解決が得られない限り、新たな〈混合《アマルガマン》〉をあらゆる瞬間に見出してしまうおそれがある」[27]。ナチズムのような予見不可能な混合は、おそらく繰り返されることはないだろう。しかし、未来がいかなる結晶化をわれわれに用意しているのかを知ることはできない。そのとき、時代の本質的な問いは明らかに未解決である。

今やわれわれは、たとえ前例のない出来事が問題であるとしても、ひとつの本質が（あるいは、全体主義の本性が）存在するということ、それがアーレントにとって何を意味するかを理解することができる。ここでは、出来事は本来の意味で把握されねばならず、それゆえ、どんな歴史的事実もが出来事であるわけではない。出来事とは経験を再び組織し直すことなのだ。現象的諸差異を「本質的な同一性」の探求へ向けて超え出ないことに同意するなら、現象的諸差異が事象そのものを構築し、事象に出来事という地位を付与することになるだろう。われわれは概念的枠組みによって自身を現実と関係づける習慣を有していたのだが、この概念的枠組みを再考するよう促すのは、他ならぬ出来事であり、出来事の新しさなのである。アーレントが書いているように、「〈現象的諸差異〉は、何らかの本質的同一性を〈不明瞭にする〉どころか、全体主義を〈全体的なもの〉にし、この形式の政治を他の政治と区別し、ひいては、われわれがその本質を理解する唯一の助けとなりうるような現象なのである」[28]。「現象的差異」へと立ち戻ることに存する手続きは相対主義でも歴史主義でもない。それゆえ、真に前代未聞の新奇な出来事を捕まえるためには、出来事それ自身に固有の特徴から作り上げられた新たな概念を構築しなければならず――それをアーレントはここで本質と呼んでいるのである。しかし、そうした構築に至ったとしても、そのことは、いったん構築されると、概念はその起源に存していたような現実とは別の現実を照明しうるということを含意している。ただしそのためには、現実から決して遠ざからず、あらゆる状況を互いに対して閉ざさないことが条件となる。それゆえ、ソヴィエトの現実に直面することが、まずナチズムから練り上げられた概念の有効性を試すこととみなされうるとするなら、アーレントは、全体主義の概念が有する意味にまさに依拠することで、スターリンによるソヴィエト社会主義共和国連邦はもはや言葉の本来の意味での全体主義ではなく一党独裁であったと考えていた(29)。全体主義という概念は、あらゆる状況を同一化するはずのひとつの本質ではなく、逆に、弁別価値を伴った概念なのである(30)。

アーレントは全体主義という出来事を、全体的支配を狙う体制の創立として特徴づける。そのような定義にしたがえば、ある者たちにとっては、政治は支配することを賭け金としたゲームとなり、彼らは全体主義を政治の最も完成した表現と考える。これはアーレントの展望とは異なる。すなわち、アーレントにとっては逆に、全体主義とは、人間の政治への能力、つまり行為する能力を廃棄しようとする試みそのものなのだ。その点において、全体主義は、ある自由やその可能性を無傷のまま残す公共空間の単なる廃棄――この廃棄ゆえに自由の自己表現が阻止されるとしても――をはるかに超えたものである。そうではなく全体主義は、自由そのものへの人間の能力を根絶することを目指すのだ。それゆえ、圧政や独裁においては、人間相互の孤立化は彼らを行為への参入から締め出して私的空間に投げ出す機能を有しているのだが、全体主義においては、人間は根こぎにされ、あらゆる帰属から、みずからに固有の目的すべてから切り離されてしまうのだ。全体主義が求めるのは、人間たちを巨大な物体にも比しうるひとつの塊として束ねることであり、このことは、私的空間そのものを制御しようと試みる場合にだけ実現されうる。このような塊の特徴は、それが動員可能で、かつ人間がその道具または犠牲者でしかありえないような運動に巻き込まれているということである。みずからを妨害する可能性のある要素を排除することで正当化される、そのような法に則して組織されるこの運動の特徴こそ、全体主義を圧政から区別するものなのだ。それゆえナチズムは、劣等的諸要素を一掃した新たな人類の空間を作り出すことをみずからの目的として課したのである。こうした排除は、自然のひとつの法によって規定されたものとして現れるが、この法との関連で人間たちは唯一の権能しかもたない。すなわち、かかる法則の実現を加速したり減速したりする権能しか。だから、法の実行にはその特権的な方法として恐怖や犯罪を前提としているのだ。

こうした状況にあっては、政治哲学のカテゴリー――特にモンテスキューがそれに与えたときの「政体」のカテゴリー――を再利用するとしても、それはまったく理屈に合わないだろう。モンテスキューは人間に行為を促す原理に応じて複数の政治体制を区別したが、全体主義の「政体」がもつ特徴は、人間の行為を無に帰し、あらゆる行動原理を余計なものとすることである。(31) レイモン・アロンにとっては、そうした〔全体主義の〕概念化は一貫性のないものであった。つまり、政体の概念そのものを否定する政体とは何なのか、というわけだ。(32) ところが、それこそまさに全体主義という現象の極限そのものではないのか。社会化――あるいは脱社会化――のある様相に属する政府の形態が問題となる限りで、全体主義の政体について語ることができる。しかし、伝統的な諸政体がひとつの行動原理にもとづいているのに対して、全体主義の政体の特徴があらゆる行動原理を破壊することである限りで、全体主義の政体という表現で、政体の観念に付加された全体主義の観念は、この概念を、それ自体で不均衡な概念たらしめる。破壊的政体として、全体主義の概念は調和的な概念ではありえず、それは破壊の痕跡を維持し、極限的概念でしかありえない。すなわち、それは政体として破壊される政体であり、あらゆる行動原理、すなわち人間の行為そのものを廃棄するある型の陰謀を優遇するのだ。概念の不均衡は、全体主義が生み出そうと求めた完成せる全体性の幻想を破壊してしまう。全体主義の概念が黙殺してはならないことは、それ自身の特徴が、ある正当性を備えながらも――そのおまけとして――暴虐の罪を負うに至った政体ではないということである。全体主義は、「汝殺すなかれ」という命令を「殺せ」に逆転させることで犯罪を合法化するのだ。もし法が運動の法であるなら、また、法はその実現の障害となる「不純な」要素を排除することでのみ実現されるということが仮説とされるなら、法は殺すことを命じる。これは殺人の禁止の侵犯をはるかに超えたこと、殺人の禁止の廃棄である。それ以後、犯罪ならざるものは例外となり、以前は犯罪がそうであったような危険な試みとなる。人間の主導権の廃棄を目指すことで、全体主義からの挑戦は道徳への挑戦であり、全体主義はその奥底で、われわれの文明の基礎であるような善と悪の区別を襲うのである。

最後に、全体主義の弁別特徴は、それが全体支配の「実験室」[33]たる強制収容所の存在に依存しているということである。この実験室は、全体主義の意図が実験と実現の領野を見つけ出した場所であった。したがって、『全体主義の起源』の強制収容所についての章は、この書物の達成点なのである。もっと一般的に言うなら、収容所の実在は、他のあらゆる政体との対立で全体主義の政体を定める基準そのものをもたらす。複数の政体を分裂させるはずの確執は今や、社会主義と資本主義を敵対させる確執ではなく、「市民的自由にもとづく型の政府」と「強制収容所にもとづく型の政府」[34]のあいだの確執である。

2節　全体主義の概念とユダヤ人大量虐殺の特異性

アーレントは書いている。「反ユダヤ主義の歴史は、残したくない事柄の歴史をあえて書こうとする際に歴史家たちが直面する困難を示す好例です。彼らは破壊的な仕方で書かねばなりませんが、破壊を目的として歴史を書くことはある意味で矛盾した表現なのです」。こうした困難に立ち向かうためには、一般にふたつの道が採られる。第一の道は論争的な文体であり、そこでは、書物は「公共の意見を構築する」

ことを目的とした論争の書物とみなされる。この場合、理解せんとする企図は消え去ってしまう。「言葉は［……］真の発語《パロール》であることをやめ、紋切り型《クリシェ》になってしまう」。もうひとつの道は擁護の歴史であり、それは、あたかも物語が犠牲者たちを救うことを役目としているかのように、犠牲者の観点から書かれる。しかし、擁護の歴史は「まったく歴史ではない」(35)。役割があらかじめ割り当てられてしまっているのだ。ユダヤ人は犠牲者という形象の下で本質化され、非‐ユダヤ人は加害者という形象の下で本質化される、つねに自分自身と同一的な対面において。

クロード・ルフォールが記したように、反ユダヤ主義に関するアーレントの手続きは、ただひとつの虐殺の長い歴史しか見ないことが習慣となっているところで、非連続性を導入することに存している。「二〇世紀の迫害を理解する可能性は、全体主義の到来によって記されるような時代の政治的大変動を見抜き分析する場合にだけ、われわれにもたらされる」(36)。言い換えれば、アーレントの問いは、いかにして反ユダヤ主義はナチズムによって「多様なものを混ぜ合わせる」要因になったのかを知ることである。しかし、彼女は脱構築のこの水準にだけ留まってはいない。なぜなら、ナチズム以前においてさえ、反ユダヤ主義は統一体ではなく、「一種の寄せ集めであり、きわめて現実的な諸実体と、ユダヤ人ならびに非ユダヤ人の歴史に由来する諸伝統から構成されていた」(37)のだから。それゆえ、アーレントは近代の反ユダヤ主義の只中に境界線を導き入れ、これを前‐全体主義的反ユダヤ主義と全体主義的反ユダヤ主義において分析するのだが、前‐全体主義的反ユダヤ主義が今度は社会的反ユダヤ主義と政治的反ユダヤ主義とに分けられる。本質的に国家に刃向かうものとして、前‐全体主義的で政治的な反ユダヤ主義は「国民‐国家の特殊な条件のうちにその起源」を見出す。このような反ユダヤ主義の頂点はフランスのドレフュス事件であった。これもまた国家に刃向かうものとして、全体主義的あるいはイデオロギー的な反ユダヤ主義――その直接の先駆者はオーストリアのシェーネラーである――は、国籍を超えたものを要請するという特徴を呈していた。総じて、全体主義的反ユダヤ主義をこのように、ユダヤ人に対する宗教的憎悪ならびに前‐全体主義的反ユダヤ主義から区別するもの、それは一方では、全体主義的反ユダヤ主義が「生と世界のあらゆる概念の中心」になるということであり、他方では、「ユダヤ人憎悪が初めてユダヤ民族とまったく接触しないところで起こった」ということである。言い換えれば、前‐全体主義的反ユダヤ主義の理解は、一九世紀西欧の国民‐国家の只中で解放されたユダヤ人の社会的・政治的状況との繋がりを分析することなしにはありえず――そこにおいて前‐全体主義的反ユダヤ主義はユダヤ人に対する宗教的憎悪に接近することになるのだが、それに対して、全体主義的反ユダヤ主義は世界におけるユダヤ人の現実的状況とは何の関係もない。全体主義的反ユダヤ主義が前‐全体主義の政治的反ユダヤ主義から数々の要素を取り入れるのは、まさにそれが「自身に固有のイデオロギー的要素を用い、乱用し、ついには、イデオロギーにプロパガンダの力と価値を与えてきた具体的な基盤がほとんど消失するに至るような」仕方でなのだ。解放がもたらした新たな諸条件の下で、前‐全体主義的反ユダヤ主義は「依然としてユダヤ人と非‐ユダヤ人の関係の具体的現実に十分にしっかりと結びついていた」が、それに対して、全体主義的反ユダヤ主義がそこに根づいているところの社会的状況はもはやこの種の現象と何の関係もない。社会的諸条件以上に語るべきは、拡大のための拡大を目論む帝国主義的追求が生み出した脱社会化という条件についてである。これは国民‐国家の危機であり、アトム化し孤立化させられた大衆の出現であって、「ユダヤ人の近代史の現実とは実際にはほとんど何の関係もない問題」[38]なのだ。イデオロギーの要素として、ユダヤ人憎悪は全体主義的反ユダヤ主義のなかで道具的《アンストルマンタル》に機能する。それによって、アーレントは――C・ルフォールがこの点で彼女に反対したように――ナチズムの自然主義者的成分、社会体の完全無欠さというナチズムの幻想を無視しているのだろうか。その幻想によると、各人は、ブルジョワ社会の覆いから解き放つべき生命力に満ちた共同体の一器官にすぎないのだが[39]、アーレントはそのような分析を拒否していないようにわれわれには思える。彼女は、いかにしてナチズムが自然の諸法の全‐能にもとづくことで、あたかも万人がもはや一者でしかないかのように各人を膨大な運動へと巻き込んだのかを説明しているのではないだろうか。ここで、道具的《アンストルマンタル》ということが意味しているのは、ユダヤ人という表象――今述べたような幻想的社会体を解体し脅そうとする首謀者――は世界のユダヤ人たちの何らかの現実ともはや何の関係もなく、純粋に機能的な役割を果たしているということだ。なぜなら、まさにこの表象はその中心としてひとつの生命観‐世界観を組織するのを許容するからだ。ここでアーレントは、全体主義的反ユダヤ主義のイデオロギーの特徴に狙いを定めている。すなわち、恣意的な出発点――ユダヤの世界的陰謀――にもとづいて諸現象の全体を説明する論理としてそれが機能することに。

それゆえアーレントの手続きは、反ユダヤ主義それ自体の只中に更に不断に区別を設けると共に、区別された諸政体のあいだの移行点を不断に明らかにする仕事に存している。前‐全体主義的反ユダヤ主義と全体主義的反ユダヤ主義の区別による第一の帰結は、あらゆる反ユダヤ主義は――どれほどそれが耐えがたいものであっても――必ずしも全体主義には至らないという考えである。われわれがのちに見るように、解放と反ユダヤ主義のあいだに数々の移行点があるとしても、それは、フランス革命からアウシュヴィッツまで道が引かれていたということを意味しているわけではまったくない。そうではなく、これらの移行点が妥当なものであるのは、「いわば全体主義の前史」[40]に属する前‐全体主義の近代的反ユダヤ主義に関してのみである。全体主義的反ユダヤ主義は一九世紀の歴史に属さない諸現象との関係で分析されなければならない。それが出現した世界はもはやフランス革命が拓いた世界ではなく、第一次世界大戦の結果生じた荒廃した世界なのである。

しかしながら、解体の仕事がそこで止まることはない。なぜなら、フランス革命がアウシュヴィッツに導かないだけでなく、全体主義的反ユダヤ主義それ自体もまたアウシュヴィッツを十分に説明するものではないのだ。

ヨーロッパのユダヤ教の運命が、古典的な反ユダヤ主義によって完全に説明されると考えるのは間違いであろう。絶滅工場では、ヨーロッパのユダヤ人のほぼ四分の三が死んだが、この工場は、戦前にドイツや他の国で存在した反ユダヤ主義の運動の傾向から推論し予見することができたであろうものを大きく超えている。(41)

実に早くから――サロ・W・バロンにならって(42)――アーレントが確信していたのは、ガス室は反ユダヤ主義が主導した千年の歴史にわたる迫害の余分なエピソードではない、ということである。われわれは恐怖における独自性に直面しており、それは連続主義的な一切の歴史図式を、何よりも第一に、ユダヤ人がそれ固有の歴史――出来事を理解し損なわせる危険のある歴史――と結ぶ格別に悲痛な関係を破壊するのだ。アーレントはこの考えにつねにこだわってきた。

自分に固有の歴史にまつわる措辞でもっぱら思考するユダヤ人の目には、ヒトラーの時代にユダヤ民族を襲い、その過程で彼らの三分の一が死んでしまった大破局は、あらゆる犯罪のなかで最新の犯罪としてではなく、反対に、最古の世界の犯罪として現れた……［エルサレムの裁判では］聴衆の誰も、アウシュヴィッツがいかなる点で恐ろしいものであったのか、いかなる点でアウシュヴィッツの恐怖が過去のあらゆる恐怖と区別されるのかをはっきりと理解してはいなかった(43)。

反ユダヤ主義とナチズムのあいだにはもちろん数々の連関がある。反ユダヤ主義の役目は犠牲者を指し示すことだった。いかにしてユダヤ人はナチの全体主義の主要な――もちろん唯一ではない――犠牲者として指し示されることになったのか、いかにして彼らは「歴史の動乱の中心に(44)」押し流されていったのか、これこそ彼女が『全体主義の起源』で扱おうとした問いである。しかしながら、われわれが扱っている現象に鑑みると、方法論的観点から、ユダヤ的アイデンティティに焦点を合わせることが、出来事の意味を明らかにせず、反対にそれを「摩滅させる(45)」ようなときが訪れる。犠牲者のアイデンティティをいわば括弧に入れることは、ここでは彼らの運命(46)の特異性を隠蔽しようとの意志からではなく、反対にそれに立ち向かおうとの意志から生まれるのだ。「犠牲者の選択だけは、ユダヤ人を対象とした憎悪と反ユダヤ主義によって歴史的に説明がついたけれど、犯罪の本質は説明がつかなかった(47)」。言い換えれば、この犯罪は前代未聞のものであった。まさに、だからこそ反ユダヤ主義による説明は不十分だったのだ。

前代未聞もしくは前例がないという概念は、しかしながらアーレントにおいてはそれほど明確なものではない。あるテクストと別のテクストでは、前例がないものという本性はいつも同じものではないのだ。一九五〇年から一九五三年に刊行された最初のテクスト群においては、前例のなさは「全体主義の恐怖」であり、「恐怖における独自性」は行為の独自性であり、全体主義や「全体的支配という」出来事がこれを引き起こした。『エルサレムのアイヒマン』では、人類に対する犯罪としてのジェノサイドが「前例のない」ものであり、ガウスとの対談では、アウシュヴィッツが「死体を体系的に製造すること(48)」して挙げられていた。最初のテクスト群において、前例のなさは「強制収容所と絶滅収容所[49]」という現象と重なり合っている。第二の場合、問題となるのは第一の場合よりはるかに明らかにユダヤ人の特殊な運命である。では、アーレントの思考において『全体主義の起源』から『エルサレムのアイヒマン』にかけてひとつの重心移動があるのだろうか。より一般的に――それはわれわれがのちに取り組む第二の困難であるが――、彼女が二〇世紀のユダヤ人の迫害と大殺戮とを全体主義という概念の枠組みで把握している限り、アーレントはショアーの特殊な性質を見誤る道に踏み込んでいるのではないのだろうか。R・アロンがすでに気づいていたように、アーレントが用いたような全体主義の概念は、恐怖の行き着く先が労働収容所であるようなスターリニズムと、それがガス室であるようなナチズムとの相違を隠蔽してしまったのではないだろうか[50]。

重心移動があったという仮説は――エンツォ・トラヴェルソが正当にも指摘したように――、ジェノサイドに関するアーレントの最初のテクスト群が「この現代の出来事について驚くべきほど明確な理解を示している[51]」がゆえに、よりもっともらしいものとなる。これは、一九四六年の講演から引かれたアーレントの次のテクストが示している通りで、この講演のなかで、アーレントはナチの犯罪全体のなかでガス室とユダヤ人の運命の特異性を実に明確に結びつけている。

ある収容所では、ユダヤ人はヨーロッパの他の国すべての政治犯と一緒に集められました……。しかし、その収容所では、ユダヤ人だけがガス室に送られました。他の者たちは労働で死に至ることもありましたし、これは本当のことですが、そのひとたちはまたいわゆる自然死で死ぬ権利があったのです。彼らは奴隷でしたが、ユダヤ人だけが女性も子供もア・プリオリな死を宣告されていたのです。犯罪について想像力が欠如しているため、われわれは迫害と絶滅を区別していません。ユダヤ人以外の者たちは迫害され、ユダヤ人だけが絶滅させられたのです。(52)

逆に、強制収容所と絶滅収容所に充てられた『全体主義の起源』の章では、ガス室つきの収容所という装置には特別な位置づけはなされていない。この装置は、人類の壊滅を狙う全体的支配の実験室というより一般的なモデルを構築する際に持ち出され、ナチズムとソヴィエトの収容所双方にとって有効である。全体的支配とは、「人間存在の多様性と無限の差異化を、あたかも人類全体がただひとりの個人を形成するかのように組織しようとする」試みであり、これが意味するのは人間を動物のひとつの種として作り上げ、その成員を生きた死体に、つまりこのうえなく統御可能な反応の総体にしてしまうことなのである。しかし、こうした目的はそれほど容易に達成されるものではなく、それはあらかじめ存在するふたつの段階の到達点にほかならない。第一の段階は法的人格の破壊であり、つまり、個人に固有の権利すべてを廃棄することであり、犯された行為と投獄という対を乖離させてしまうことなのだ。この過程の出発点は諸個人を大量に非国民化することであり、彼らの権利がどこにおいてももはや保護されることがないようにすることである。これによって、文明化した一切の社会から隔絶したところで彼らを再編成し、彼らを全体的支配の理想的なモルモットに仕立て上げることが可能となったのだ。これらの個人の特徴は無罪であるということである。彼らは何もしておらず、ただ間違ってこれこれのものとして生まれてしまっただけなのである。第二の段階は道徳的人格の殺害であり、これは個人の尊厳という概念をことごとく不可能にしてしまう。収容所は、人間の視線と記憶から引き剝がされた「忘却の穴」なのである。こうした状況においては、殉教者というものは不可能になる。というのも、殉教者の条件——証人——が抹消されてしまうからだ。個人は最後の能力まで剝奪されてしまうのだ。つまり、死をみずからの意のままに扱う能力までも。死は匿名のものである。すべてはあたかも、この者があたかも決して実在したことがなく、一度も生まれなかったかのように進行する。最後に、意識の数々の決断はすべて曖昧なものにされてしまう。もはや選択肢は善か悪のあいだにではなく、悪と悪のあいだにしかない。犠牲者と加害者の区別――責任を割り当てる際の必須条件――はぼかされてしまう。ここに至ると、依然として残っているのは、人格の唯一性と自発性を顕わにする個体性としての人間の身体だけでしかない。身体の破壊――そしてこれが第三の段階であるが――から帰結するのが、非人間的諸存在の製造であり、彼らは「人間の顔をしたおぞましいマリオネットで、みなパヴロフの実験の犬のように振る舞い、自分たちが固有の死を迎えるときでさえ完全に予想可能な形で反応し、もっぱら反応してばかりいるのだ」。こうした結果を手にする方法は、人間を家畜用の車両で輸送すること、途方もない残虐行為が到着時に彼らを迎えること、冷酷で体系的な拷問である。人間の身体を苦しみの無限の可能性と共に扱いながら、目的は自発性としての人間的人格を破壊し、それを反応するだけの生物、つまり生きた死体に変えることになるのだ(53)。

そのような再構成のさなか、ガス室は二度にわたって介入した。一方では、法的人格の破壊を最も完全に実現するものとして。その結果は大量の無罪の人間を生み出すことである。絶対的に無罪であること(54)、つまり誰にとっても何かをすることが不可能であること、これは収容者を、その内部では誰も誰かと区別されることのないような塊とみなすことを前提としている。ガス室は、それが「個々の特殊な事例に充てられたものではなく、人々一般に充てられた」限りで、この原理をあらかじめ実現する。ソヴィエトの収容所との比較に際しては、ガス室が質的な相違を導き入れることはなく、いずれの場合にも、収容所は無罪の者たちでいっぱいなのだ。「ドイツでは［……］一九三八年以後、大量のユダヤ人、そしてロシアでは、いかなる不正行為とも無関係だが、当局の不興を買った一切の集団によって」。ガス室は、ロシアでも同じように働いていた原理をもっと完璧に実現するばかりであった。他方で、ガス室のいまひとつの事例は、個体性の破壊に関して生み出された。より正確には、ガス室そのものが問題なのではなく、「抵抗することなくガス室に送られるがままになる何百万もの人間存在の」行列を生み出す恐怖が問題なのだ。人間の自発性の絶対的破壊を示す恐ろしいイメージである。かくも胸を刺すようなイメージ――ソヴィエト的世界にはこれと匹敵するものはない――を、アーレントはダヴィッド・ルーセの書物の一節に重ねる。それは実際、「マネキンのように死に向かう人間の行列」に言及していた。しかし、ルーセの物語においてはユダヤ人のガス室への無気力な行進が語られているのではなく、マネキンという語が指し示しているのは拷問にかけられる抑留者なのだ。「われわれはみな、苦痛で押し潰されたマネキンであり、苦悩がわれわれを閉じ込め、打ち砕くことのできない眩暈のなかで憎悪が立ちはだかった」[55]。

これらのテクストにおいて、ある者を強制収容所に、別の者を死の工場に運ぶ経路の相違にアーレントが特別な地位を与えていないということはまったく疑いない。つまり、ガス室は強制収容所的世界の一部であり、絶滅は「強制収容所の発作的な形式なのである」[56]。ナチスの収容所について、アーレントがこの章で依拠している典拠は、ブーヘンヴァルトやダッハウが生み出したダヴィッド・ルーセ、ブルーノ・ベッテルハイム、そしてオイゲン・コゴンである。ところが、ルーセもコゴンもユダヤ人として捕らえられた抑留者ではなかった。また、ベッテルハイムがオーストリア併合直後の一九三八年秋にユダヤ人として逮捕されたとしても、ユダヤ人の収容は一九三九年までは彼らを絶滅させることをまだ目的としてはおらず、彼らを恐怖に陥れ、もって、財産すべての放棄のうえ国外へ亡命させることを目的としていた。それゆえ、この時代、拘留されたユダヤ人はまだ落ち着いていられた――これがベッテルハイムの事例である。[57] さらに、ダッハウもブーヘンヴァルトも、ラウル・ヒルバーグが理解していた意味では、一度として「死刑の中心地」であることはなかった。ベッテルハイムの物語においては、ユダヤ人は、他の者たちに加えて、収容所で現存した諸カテゴリーのうちのひとつであった。これと同様に、消えつつある階級の代表は、犯罪者や政治的敵対者に加えて、ソヴィエトの収容所に現前した諸カテゴリーのうちのひとつであった。

では、ナチの全体主義の只中でのユダヤ人のジェノサイドの特異性を主張する者たちに抗してアーレントの思考を動員するためには、アラン・ブロッサのように、こうした相違のなさを硬直化させねばならないのだろうか。[58] 反対に、ナチズムとスターリニズムの両方を対象とする全体主義の図式を立てることへの配慮から、ジェノサイドを隠蔽しているという理由でアーレントを非難すべきだろうか。そのような問題に関しては、相違の意識についてアーレントの思考を硬直化させるのを回避させてくれる限りで、「躊躇い」という言葉が適切なようにわれわれには思えるが、思い起こしておくべきは、そうした相違の意識が直接的に歴史家の許にあるのではないし、非ユダヤ人やユダヤ人の被収容者自身のうちにあるのでもなかったということだ。もっと正確に言うなら、相違についてこの意識は、全体的支配の数々の実験室についての分析を明白に導くものではなかったとはいえ、アーレントにおいてと同様、この分析でも認知されていた可能性があったのだ。殺人計画そのものにおける差異化という観点から、ユダヤ人のジェノサイドを意識化するための決定的な段階だったのはアイヒマン裁判である。[59] アーレント自身にとっても——E・トラヴェルソによればこれはアウシュヴィッツをめぐる彼女の省察の第三の局面なのだが——、それは今や『エルサレムのアイヒマン』で描かれた前例なきジェノサイドそのものである。「ここ何年かに実際に起こったことを実現するために、世界は八〇年も必要としたかのようだ[60]」。

問題は、絶滅という手続きと強制収容所という手続きのあいだのナチズムに固有の相違を意識するのが遅すぎたがゆえに、強制収容所の世界についてのアーレントの分析は、そしてまた、あらゆる他の犯罪と違って全体主義——ナチとスターリン——の犯罪には特殊性があるとの断定も、全面的に無効を宣せられ、両者を近接と差異を伴った同じカテゴリーの枠組みのなかで思考することの正当性も失われるのかどうかを知ることである。更に、全体的支配に充てられた『全体主義の起源』の章の構造における、ガス室という装置の位置づけの曖昧さが、アーレントの用いた全体主義という概念の妥当性を改めて疑問視することを促しているのかどうかを知ることである。一方では、スターリニズムとナチズムの類縁性を打ち立てる議論はあまりにも多く存在しており、そのため、アーレントが収容所の分析においてガス室の位置をどうするかを躊躇したことにもとづいて、その方法の総体を失墜させることはできない。この類縁性は、数々の強制収容所それ自体をも含んでいる。つまり、コリュマ〔シベリア〕とブーヘンヴァルトとの比較対照は不適当なものではないのだ。しかし他方では、ある状況と別の状況をできるだけ接近させたとしても、その接近を超えて、全体主義の概念そのものが、スターリニズムに対するナチズムの特殊性を基礎づけることにもなる。実際、全体主義に対するアーレントの方法を他の諸方法と異なるものにしているのは——すでに見たように——、犯罪が体制の中心そのものであるということなのだ。このことはスターリニズムにもナチズムにも同時にあてはまる。どの状況においても、制度それ自体を理解しようとするためには、当の制度をその中心から考察しなければならない。ところで、ナチズムの中心——更にスターリニズムに対するその特殊性——とは、実際のところユダヤ人が被った運命なのである。「強制収容所と絶滅収容所でのユダヤ人の経験は決定的なものであった。なぜなら、そうした経験は最も極端な経験を構築したからだ。この経験は、制度それ自体を理解する鍵を与えてくれることがしばしばある」(61)。制度を解明し、制度をその中心に還元するためには、この絶頂に先立って制度を考察するのではなく、それどころか反対に、この絶頂を起点としてこそ、他の数々の犯罪制度、そして最終的には全体主義の全体が検討されねばならない。だからこそ――アーレント自身のこの命題に忠誠を示すことで――、この場合グーラーグとトレブリンカとを比較するのに十分な理由はもはやないと主張できる。しかし逆に、ユダヤ人に対してなされた犯罪の特殊性に考察を加えるに際して、それを全体主義的制度と関連させずにおくことはできない。このうえもなく赤熱した犯罪から、それをなした体系を理解しなければならないとして、その場合にぜひとも思い描かねばならない問いは、一方ではこの犯罪がナチズムの他の側面に対してどのような位置を占めるのか、他方では絶滅の手続きは強制収容所的体系といかなる関係を保っていたのかを知ることに存している。[62] 複数の手続きを区別することは、ユダヤ人の絶滅を、まるでそれが残余の部分と無関係であるかのように、ナチズムそれ自体におけるまったき異例事態たらしめることを意味してはいない。全体主義の概念が必要なのは、そのような犯罪は「正常な」政治状況においては考えられないものだからだ。残る問題は、いかにしてこの概念を一個の説明体系たらしめることなく扱うことができるかを知ることであるが、それというのも、このような説明体系は、特殊な歴史的状況を考慮に入れることを実際に棄却してしまうからだ。全体主義という概念の妥当性についての議論が、諸状況の両立不可能性を要請する根本的な歴史主義と、これら同じ状況の特殊性を気にかけない本質主義とを対立させるような選択のうちで閉じられることはないだろう。

3節「アウシュヴィッツは決して起こるべきではありませんでした」
——人間の多様性に対する犯罪

それゆえ、強制収容所とジェノサイドとの区別を、アーレントによるの全体主義の分析という枠組みのなかで、しかもアーレント自身のテクストにもとづいて回復することが可能となる。そうした回復を試みるためには、死の工場に関してアーレントがかなり早くから表明していたことを改めて出発点とするのがよいだろう。彼女は死の工場を、「政治的な言い方で」「ユダヤ民族の成員の数々の身体（corps）に対してなされた人類に対する犯罪(63)」と呼んでいた。アーレントは、アイヒマン裁判をめぐる報告でとほとんど同じ言葉を用いている。すなわち、この報告でも、「ユダヤ民族の絶滅はユダヤ民族の全体〔身体〕[*body*]に対して遂行された人類に対する犯罪(64)」と言われているのだ。さしあたりは、これらふたつの言明を区別する微妙な差異《ニュアンス》は考慮しないで、人間的なものそれ自体に対する侵害と、犠牲者のアイデンティティの承認がそこで結合されていることを指摘しておこう。サウル・フリートレンダーが主張したのとは反対に、アーレントが人類に対する犯罪（crime contre l'humanité）なるものをどう解しているかを明示するその仕方は、さながら「ヘマ」のように、彼女が望むことなくわれわれに渡した(65)「鍵」などではなく、反対にそれは『全体主義の起源』以降の彼女の思考を駆り立てた直観の中心に存しており、この直観はというと、数々の収容所から生まれた物語を知った者が感じとるもの、すなわち恐怖との関係で思い描かれるべき認識や理解の「責務」として、彼女がみずからの責任を考えていたその仕方に由来しているのだ。

「戦前の人口のほぼ四分の三を喪い」、ユダヤ民族は「生き残り(66)」（survivants）の民族となった。この限りで、強制収容所と絶滅収容所におけるユダヤ人の生死は、ユダヤ民族全体における「共同の経験」である。「生き残り」というこの身分はショアー以降に生まれた世代の運命に重くのしかかり、各自の誕生を支配する偶然に補足的な意義を与える。ある程度、ショアー以降に子供をもうけたユダヤ人はすべて、聖書が告げ知らせるこの素晴らしい新生児を深く慈しんだ。「われわれに子供が生まれた」。この文は、アーレントにとって世界のなかでの信仰の粘り強さを象徴していた(67)。親の観点は、みずからの出自を問う子供にとって十分なものではないだろう。なぜなら、彼らが生まれたという事実は、必然的な過程に比して単に一般的にはありえないこととして、あたかも以前には誰もいなかったかのような、新たなものの開示として識別されるだけではないからだ。その事実はまた、血統が全滅してしまうというおそれにもかかわらず到来した誕生によっても識別されるのであって、まさにその血統の只中で、この誕生は生じる機会に恵まれたのだ。実に正当にもエミール・ファッケンハイムが説明した通り、「今日のユダヤ人は――ヒトラー軍の敗北という歴史的出来事がなかったら――、殺されていたか、あるいはまた、決して生まれることはなかったのである(68)」。

しかし終戦直後、まさにショアーの直前に生まれたアーレントにとっては、生き残りという名前はあらゆるユダヤ人にとって同じ事柄を意味してはいなかった。ある者にとっては、それは偶然によって収容所から生還し、「死との不気味なほどの近接」のうちで生き続けることであった。他の者にとって、それは身を隠したり逃れたりすることができ、恐怖の直接的経験の生存者にならなくてもよかったということを意味した。後者にとっては、生き残り＝生還者としての経験が自分たち自身のものになるのは、「代理人を立てる」場合だけであるが、その立て方は非‐ユダヤ人の場合と異なる。なぜなら、ユダヤ人である限りで、彼らもまた確実な死にうってつけの存在だったからだ。それゆえ、アーレントが自分自身について思い起こしたように、彼らが生き残ったことは偶然の結果でもある。「アメリカにわれわれがいるのは［……］偶然の出来事なのだ」[69]。しかしながら、生還者（rescapé）と生き残り（survivant）の区別は、単なる経験の相違をはるかに超えたものを示している。ユダヤ人たちのあいだに潜在的な断絶があり、これは、生還者が起きたことを伝える際に直面した極端な困難に起因する。彼らにとって、一切の経験ならびに経験に由来する一切の物語は粉砕されてしまった。なぜなら、起きたことが、「最も直接的な関係者たちの想像力それ自体を超えて」いるからだ。人間の経験は――われわれが前に見たように――表現と物語に向かう世界に対して開かれているが、それに対して、収容所の組織は一切の経験と一切の伝達を不可能にすることを目指している。実に多くの物語が非現実性の感情、すなわち拘留された人々が感じた不気味さ（*Unheimlichkeit*）の感情に言及しているが[70]、それは自分たちにも他人たちにも起こったことを信じることの困難なのだ。そうであるなら、この困難は、ましてや絶滅の生還者たちにも取り憑いている。一方では、歯車装置は一方の端から他方の端まで瞞着に依拠していた。すなわち、彼らを東欧の労働収容所に再び収容させるための嘘から、死のシャワーという禍々しい演出の最後の瞬間に至るまで。他方では、ナチスはユダヤ人の根絶の痕跡をすべて消し去ろうと企てた。その結果、戦中も戦後も、強制収容所に拘留された者のうちの生還者はすでに、これらの場所の恐怖を同時代の人々に納得させることに難儀した。ガス室に関しては、アーレント自身の証言を聞くだけで十分であろう。「まず何よりも、みなそのことを信じられなかった。本当のことを言えば、主人と私自身はこれらの殺人者が何をしでかすか分からないと考えていたのだけれど」[71]。彼らが遭遇したあとに身を隠し亡命しなければならなかった困難がどのようなものであったにせよ、生還者ならざる生き残りたちは、生還者が被った根本的な非人間化を免れた。

しかしながら、こうした状況は、物語の不可能性という結論に達するどころか、逆に物語の緊急性に訴えている。

われわれは未来のために、ナチによって作られたこの地獄の本当の歴史をどうしようもなく必要としている。それは、単にこれらの事実がわれわれの呼吸している空気そのものを変化させ汚染したからだけではない。また、単にこれらの事実がわれわれの悪夢をいっぱいにし、昼と夜の思考に浸透したからだけではない。それはまた、これらの事実が現代の根本的経験や根本的苦悶になったからでもある。(72)

ここでアーレントが増幅している緊急性は生還者自身のものではない。なぜなら生還者にとって、語ることが意味していたのは証言することであり、人間が決して存在したことがなかったように、人間を絶滅してしまおうとするナチの計画の実現を妨げることであったからだ。この緊急性は、あの地獄を、「現代の根本的な経験」を体験しはしなかったが、それと関係をもつ必要を強く感じる生き残りたちのものなのだ。かかる必要は、アーレントが認識の「責務」として思い描いている責任に帰属する。(73) それゆえ必要不可欠なことは、生き残ってしまったという罪責感に逆らって、しかもそれを隠したり別の罪責感とすり替えることなく、(74) 罪責感が伴う現実への通路をそこに見出しつつ、自分自身の場所から働きかけることであって、かかる通路の指標とはまさに生還者の物語が引き起こす恐怖以外の何ものでもないのである。

アーレントによれば、恐怖の感情はそのような現実への唯一可能な接近方法を表している。『全体主義の起源』には感情が強く出すぎているのではないかと危惧したエリック・フェーゲリンに対して、アーレントは次のように答えた。私はみずから「憤激モ偏頗モナク」(*sine ira et studio*) の伝統を捨てましたし、恐怖は客観的な記述を妨げるどころか反対に現象の一部となるのです。恐怖こそ唯一妥当な応答なのです、と。強制収容所を、怒りをもたずに描写することは、客観的であるということではなくそれを許すことである。これは、S・ベンハビブがいみじくも述べていた通りである。「ある言語活動が道徳的な共鳴を誘う場合、作者がみずからのテーマに関して述べることのできる価値判断が最初にあるのではない。そのような共鳴はむしろ物語そのもののひとつの側面であるにちがいない」(75)。より一般的に言うなら、恐怖とは、それを起点として、近代世界においてなおも哲学が可能となるところの感情なのだ。「人間たちがやってしまうこと、世界がそうなってしまうもの」を前にした声なき恐怖は、いわば声なき驚きの近代的形式であり、この驚きから哲学の数々の問いが生じるのである。哲学的驚きはかつては、慣れ親しんだものを前に距離をとって宇宙の不可視的秩序を賛美しようというものであった。しかしながら、そのようなパトスにおいては悪の場所は存在しない。逆に、恐怖は存在するものを前に距離をとることではなく、「起こってはならなかったこと」や「決してしてはならなかったこと」を前に距離をとることである。だからこそ、悪の問題を無視することなく、人間的事象を直接的に採り上げるのだ(76)。

おそらくそのときわれわれは、自分と夫が一九四三年にアウシュヴィッツについて耳にしたときのことに、アーレントが初めて言及した発言の意味をよりいっそう理解することができるだろう。

私たちの前に底知れぬ深淵が開いたかのようでした……。そんなことが起こってはならなかったのです。だから、犠牲者の数については話しません。私が話すのは死体の体系的な製造なのです〔……〕。アウシュヴィッツは決して起こるべきではありませんでした。そこでは、われわれが絶対にうまく制御することができない何かが起こったのです(77)。

「決して起こるべきではありませんでした」という表現のなかで驚くのは、彼女が「べきである」(devoir) という動詞を条件法過去〔過去の事実に反する仮定を言明する法〕で活用していることである。たとえこれらの出来事がわれわれの政治思想や道徳思想のカテゴリーを打ち砕いてしまったとしても、こうした道徳的型の言明こそが、どんな了解にも先立つこの現実に至ることができるのである。一般的にこうした言明が前提としているのは、時間の不連続性、偶然性である。しかし、生じないことがありえたすべての出来事についてもそれはあてはまる。ところが、ここにはそれ以上のことがある。この出来事の唯一性を成すもの、それはこの出来事が決して生じてはならなかったということなのだ。それでは、歴史のなかで生じた大虐殺について更に同じことを主張することができるのではないだろうか。それゆえ、われわれは仮借なきものの前に、つまり、時間がその癒しの能力をすべて喪ってしまうような過去の前に立たなければならないのだ。「起こるべきではなかった」という表現はわれわれ自身の位置を示している。つまり、事後に生まれ、過ぎ去った過去に安んじるのを禁じるわれわれの位置を。有名な「二度とそんなことがないように」に反して、条件法過去はあらゆる未来を締め出し、いずれもが起こらなかったかもしれない通常の出来事からこの出来事を区別する取り返しのつかないものを指示しつつ、生じてしまったことにわれわれを固着させる。「アウシュヴィッツは決して起こるべきではありませんでした」は、収容所からの生き残りの物語を知ったひとたちが感じた恐怖に続いて発せられた最初の言葉である。唯一この言葉だけが、生じてしまったことを理解する作業の道を開いてくれるのである。

そのとき立てられる問いは、恐怖の物語にもかかわらずではなく、この物語を起点として、いかにしてこの出来事との関係を按配できるのかを知ることである。先に見たように、どんな了解も前‐了解的界域を背景として浮き彫りになるのだが、この前‐了解的界域はというと、それを起点として、最初の経験の言語的転位、つねに新たな布置を受け容れるような意味の束の不断の再編成がなされるところのものなのだ。ここでの問題は、強制収容所と絶滅収容所の生き残りの物語がわれわれのうちに引き起こす恐怖にもとづいて、こうした連鎖がまずもって不可能にされてしまうということである。恐怖とは、たとえそれが生の終着点としての死の指標であっても、とにかくわれわれの指標すべてを解体するような、ひたすら脅迫的な現実を前しての後退りである。通常、生の終着点としての死は、ひとつの生が誕生したとか、個人が生まれたという事実を無効にすることはない。ここでわれわれは「死と生の外」にいるのだ。人間たちはかつて「生きた死体」として扱われた。あたかも彼らが決して生まれなかったかのように、そして本当には死んでいないのにすでに死んでいるかのように。彼らの身体はもはや、証人もなく子孫もおらずただ無駄に苦痛を感じる能力との関連でしか捉えられていない。われわれが感じるこの恐怖は、理解しようというすべての企図を麻痺させてしまうが、それは、この恐怖が「人間の想像力のあらゆる可能性を凌駕」し、他者の苦しみを――自分はその苦しみを感じないとしても――想像する能力としての憐憫《ピチエ》を頓挫させさえするからだ。B・ベッテルハイムが記したように、われわれはひとりあるいは幾人かのひとたちが苦しんでいる場合、その苦しみに共感することができるが、何百万人のひとたちに共感することはできない(78)。そのとき、読者を捕らえてしまうかもしれないのは無関心、「感情の完全な消滅(79)」であり、それは読者をこの現実とのどんな関係からも切り離し、現実を信じないようにさせてしまう。このような不信が――先ほど見たように――まさに殺人計画に呼応している限りで、かかる不信ほど危険なものは何もない。それゆえ、必要不可欠なことは物語とその読者との関係を確立することである。なぜなら、起こってしまったことの現実を伝えることとそれ自体、物語と読者とのこの関係に依存しているからだ。

このように、恐怖は声なきものであらゆる思考を麻痺させるのだが、では、いかにして了解は恐怖から発出しうるのか。この点を論じるために、ルソーの描いた憐憫の動きとの比較を試みることができる。憐憫は想像力による伝播で、それが可能になるのは、ただ思いやりのあるひとが自分自身は苦しみを感じていない限りにおいてである。憐憫とは自己から他者への最初の出立なのだ。私の心を打つのは、自分の苦しみではなく他者の苦しみである。しかし、まさに私がその苦しみを直接感じていないのだから、それが私の心を打つのは私がそれを想像する限りにおいてである。憐憫は、思考ならびに他者への思考の最初の契機である[80]。同様に、恐怖がある省察へと開かれることができるのは、その主体が直接的に犠牲者でない限りにおいてなのだ。実際、「現実の、現前する恐怖は、単に反応ならざるものを抗いがたく麻痺させてしまう」[81]。収容所の地獄、これは人間を苦しむ身体に還元してしまうことであり、この身体は――何よりも――どんな思考も、直接体験からのどんな隔たりも、直接的体験のどんな再練成も絶対的に妨げようとする。こうした再練成は時折、圧力がわずかなりとも緩む稀な瞬間に起こる。D・ルーセがブーヘンヴァルトの医務室での滞在を思い出しながら書いた通り、「少しのあいだ、もう待ち構えることも、策略を用いることもなく、罠に捕らわれた動物の反射的支配を成り行きにまかせてくつろいだ。夢想が再び可能になり、［……］思考が再び生まれるのが感じられた」[82]。プリーモ・レヴィが、極度に苦痛なものとして、「覚えているという苦しみとして、自分が人間であると感じることの悲痛な苦しみとして、暗闇から私の意識が現れ始めた瞬間に私を犬のように噛むものとして」描いたこれらの瞬間のうちに、支え――苦痛との隔たりのこの始まりを固定するひとつの仕方たる筆記《エクリチュール》によって構成されうるような支え――が入り込む。P・レヴィは、「そのとき私は鉛筆とノートをとり、誰にも言えないであろうことを書く」[83]と記している。ここでは、筆記は非人間化への直接的抵抗である。それが証言の媒介になるのは、あとから、いったん恐怖が過ぎ去ってからである。したがって、やがて最もよく読者に受け容れられるであろう物語は、苦しみとこのうえもない近さのなかで書かれた物語ではなく、ある再構成から生まれた物語であり、それにとって強制収容所の経験は哲学 - 政治学的な分析の機会（D・ルーセ）や人間の意義について熟考する契機（R・アンテルムやP・レヴィ）となる。A・ヴィエヴィオルカが指摘したように、「生まの証言はすぐには分かりにくく」[84]、読者のうちに、彼の意図とは反対の結果を招いてしまう。それは伝達を可能にするのではなく、伝達を打ち砕いてしまうのだ。あたかも、証言がかつてそれを麻痺させてきた恐怖の支配下になおもあるかのように。

しかしながら、この種の物語との必然的な対峙は、作家の数々の観点すべてを受け容れることを意味してはいない。それゆえアーレントは『われらが死の日々』(*Les jours de notre mort*)を注意深く読んだが、「決してわれわれは戦うことを諦めなかったし、決してわれわれは信仰を捨てることもなかったし、決してわれわれは生を冒瀆することもなかった」[85]というルーセの結論には反対した。このように生一般を肯定することには、ロマンチシズムに陥り、生じてはならなかったものを美化してしまう危険がある。総じてアーレントは、『全体主義の起源』において彼女が根源的悪と考えていたものを弁証法化する、言い換えるなら、「悪は善から生じることがある」という迷信に身を委ねようとする一切の試みに抵抗したのだ。彼女にとって、そうした物語は「苦痛と絶望」[86]しかもたらすことができなかった。この限りで、貴重なのは、自身は恐怖を体験せず、運よく想像力や転換の能力を保っていられたが、しかし——恐怖へのまなざしを逸らすためにこうした運に頼ることなく——逆にその恐怖に留まり、それに襲われるがままになることを受け容れ、そのときに生じたことを理解する媒介として「恐怖に怯えた想像力」[87]を構築するひとたちの展望である。

では、何を想像しなければならないのか。「アウシュヴィッツ」という名前はわれわれに犠牲者の苦し

み の途方もない大きさと虐待者たちの数々の行為を同時に思い起こさせるが、アーレントはそれを「人間がなしたこと」と本質的に理解していた。ただ、前例のなさを示すことが重要であるとしても、アーレントによればそれは、犠牲者の苦しみの方にではなく、犯された行為の方に向かわなければならないのだ[88]。あらゆる極度の苦しみは、前例がないものであってもそうでなくても、忌まわしくて想像だにできないものである。苦しみのあいだにはいかなる階層も確立されてはならない。ショアーの喚起に対して誰かが歴史上の大虐殺を長々と列挙するとき、「あなただけが苦しんだのではない」という主題に関して、記憶をめぐるこの耐えがたい競争に身を投じることは拒否しなければならない。前例のないものは数々の行為の本性であり、これらの行為が言語を絶しているとしても、それは苦しみが言語を絶しているのと同じことではない。

なぜなら、なされたことについての省察を企てる「恐怖に怯えた想像力」は、行為者たち自身にとって最初は理解不可能であるような事柄にぶつかるからだ。アーレントがこの問題に手をつけたのは、エリック・フェーゲリンが書こうとしていた『全体主義の起源』の書評に関する彼との手紙のやりとりにおいてであった。彼によれば、原罪を疑問視するリベラルな牧師、功利主義的倫理を打ち立てる哲学者、生の欲動から魂の現象を示す心理学者は、いかなる罪も犯さなかったとはいえ、強制収容所のナチス親衛隊の精神的父である。しかしアーレントにとっては、この点を肯定することは本質を見誤らせることになる。あれこれの犯罪をひとつのイデオロギーから演繹できたとしても、依然として謎であるのは、ひとが考えたことではなくやったことなのだ。われわれは、行為がそれ自体で証明の要素であるような真の演繹に直面している。アーレントは書いている、「絶滅収容所を前にして、われわれは〈決してそのように考えるべきでなかった〉と言うのではなく、〈それは決して起こるべきではなかった〉と言うのだ[89]」。謎は「いかにしてそれは可能になったのか」に関わるもので、このことは「いかにして人間が他の人間をそんなふうに扱うことができたのか」という問いに帰着する。しかし、人間存在の奥深い犯罪傾向を解明することだけが重要で、ナチズムが依拠したかのように、そうした問題を一般的に扱うことはできない。行為者と行為のあいだには、全体主義という媒介が必要であるが、このシステムは、前代未聞の犯罪を実行するために必要な策略を遂行できる新たな種類の行為者を出現させたのだ。言い換えれば、歴史上前例のない現象を示す全体主義の概念は、先述の「真の演繹」、行為への移行を説明するために構築されてはおらず、この概念はある状況――その只中で全体主義的残虐は可能になり、また、それなくしてはこの残虐は、それを理解しようとする一切の試みを失敗させる――の主要な特徴を収集することができるだけである。それゆえ、恐怖に怯えた想像力にもとづく再構築の対象、それは「政治的文脈」であり、歴史的・政治的過程であって、この過程は、今世紀に生じた数々の政治的大変動の結果として、諸個人を収容所の条件へ向けて準備させ、彼らをそれに適応させたのである。しかし、依然として「狂って」(*insane*) いるのは死体の大量製造である。理解できること(「歴史的・政治的に生きた死体を準備すること」、つまり『全体主義の起源』における非人間化の三つの段階を評定)と、行為への移行(「死体の気違いじみた大量製造」[90])とのあいだには、つねに乗り超えがたい断絶がある。唯一の道徳的非難――「それは決して起こってはならなかった」――は、この断絶をどうすることもできないでそのままにする。それゆえ、ここでは倫理が、現象の本質を指し示すことを許容する唯一のありうべき直接的展望なのである。

今やわれわれは、強制収容/ジェノサイドという区別を全体主義一般へのアーレントの取り組みと関係づけることができる。「この体制の神髄は、以下のような文のおかげで把握されうる。すなわち、《人間》の全能は複数の人間を無駄なものにしてしまうのだ」と、アーレントは書いている。全体主義の本性はただ強制収容所や絶滅収容所のなかでだけ公然と現れるのだが、それは人間の本性それ自体の変容、言い換えるなら人間の本性の破壊を目指している。まさしく、全体主義が人間を人間ではないもの、つまり「人間的動物の標本」へと還元しようと試みているからだ。それは取りも直さず、マーガレット・カノヴァンにしたがえば、「人間存在を動物から区別する人間独自の性質、特にその個体性ならびにみずから進んで活動し思考する能力を破壊すること」[91]である。しかし、フェーゲリンが反論していたように、人間本性があるとしてどうやってそれを変えることができるのだろうか。あるものの本性を変えるということはそれを別物にしてしまうことではないのか。更に、人間本性という概念それ自体を拒否しておいて、同時に全体主義が人間本性の変化を目論んでいると肯定することは可能なのだろうか。アーレントにとって、それが可能なのは、人間の人間性はまさにそれがひとつの本性ではないことに起因するからである。あるいはまた、人間の「本性」が「人間のもの」となるのは、その本性が人間に自然的ならざるものの典型、つまり人間になる可能性を開く限りにおいてなのだ[92]。全体主義の犯罪の特殊性は、かつてないほど近くから人間そのものの根源を傷つけたことであった。人間が本質的にそうでないところのものとして、反応はできるが行動は決してできない純然たる自然の身体、言い換えるなら全面的に支配された身体として。政治理論をこの種の問いへと向き直させながら、アーレントはアカデミックな学問分野——政治学、歴史学——を飛び越え、これらの学科に、その研究成果がどれほど豊かであれ、全体主義を扱うときには最も根本的な道徳的問い、そして何よりまず人間そのものの問いと直面させられることを思い起こさせた。

そのとき判明するのは、ユダヤ人のジェノサイド——そのためにガス室が設置された——をその特殊性において考慮することが、より根底的な仕方で、人間の余剰性を、ここでは個体性の殺害を実現するということだ。人類はひとりずつガス室で絶対的に廃棄される。意味深いことに、もっぱらユダヤ人の殺害に充てられた『起源』以前の書評では、アーレントは絶対的無罪と人間の個体性の破壊をひとつに纏めているが、のちに『起源』では彼女はこれらを切り離すことになる。

それから死の工場が到来し、若い人々も老いた人々も、弱いひとも強いひとも病弱なひとも壮健なひともみな一緒に死んだ。彼らは個人として死んだのではなかった。つまり、男や女、子供や大人、少年や少女、良いひとや意地悪なひと、美しいひとや不格好なひととして死んだのではなく、生命体の最小共通分母にまで還元され、根本的な平等性の最も暗く深い深淵に陥れられたのだ。彼らは家畜として、身体も魂もない何か、死がその徴しを刻むことのありえなかった顔さえもない何かとして死んだのだ。

友愛も人間性もないこの怪物的な平等性——猫とも犬とも共有されたであろう平等性——のうちにこそ、地獄のイメージが、あたかもそこに映し出されるかのように見出されるのだ(93)。

このテクストにおいて、ガス室はユダヤ民族の運命とだけ結びついている。それが示しているのは、ユダヤ民族に本質的にあてはまるのは、無国籍者によって準備された絶対的無罪という身分規定であり、それゆえ、抑留がレジスタンスという事実と結びついているような「政治的」収監者との相違が確立されるということだ。さらに、ガス室は人間の個体性を破壊する直接的な手段である。この犯罪は犠牲者の独自性を廃棄した。この犯罪は、たとえそれが人間の同一性であっても、一切の同一性を廃棄し、ユダヤ民族の各々の成員を「生命体の最小共通分母」に還元してしまったのだ。それこそがこの犯罪の恐怖である。これこそナチズムだけがなしえた跳躍であり、スターリニズムにはこれに対応するものは見当たらない。そこには伝達されざるものがあり(94)、また大量絶滅とラーゲリの抑留者たちの計画的な死との相違のひとつがある。収容所による人間の破壊には時間が必要である。アーレントがD・ルーセの証言をもとに指摘したように、人間の個体性とは、それが〔破壊者の〕意志を逃れる力に由来する限りで、破壊することが最も困難なものなのだ[95]。しかし、破壊に要するこの間隙で、ナチスの親衛隊はある限界にぶつかることになる。ロベール・アンテルムが書いたように、「彼らが明日も親衛隊のための獲物を望むのであれば、われわれは眠るのでなければならない。彼らもこの自然の欲求を逃れることはできない〔……〕。親衛隊はひとが糞尿することをも許容していた」。それゆえ、全員が死ぬためにそこにいるのだが、また、親衛隊はわれわれを疲労で、すなわち時間によって打ち負かすだろうと考えるのだが」、そのときどれほどわずかでも、どれほどありそうもないとしても、ある可能性が抑留者に残されることになる。つまり、「死ぬのを免れること」[96]という唯一の可能性をみずからに定める可能性である。逆に、ルドルフ・ヴルバの証言によれば、男性、女性、子供がガス室の出入り口に着く時間と彼らの死のあいだでは、およそ二時間の時間が過ぎたのだった。「これら多数のひとたちについて、私は、二時間後にその九十パーセントがガス死させられたことをよく知っていました。そのことはよく分かっていたのです。私に理解できなかったのは、このひとたちがそのようにして消えてしまうことができたということです[97]」。そのとき、〔ガス室を他から区別する〕相違はこの時間の節約のうちに、つまり、最終段階に至る諸段階のこの計画化のうちに存していて、その考え方は産業生産の方法に直接由来している。ラウル・ヒルバーグが見てとったように、親衛隊の考えでは、収容所に入れられたユダヤ人は貨物列車から降ろされた瞬間から生きるのをやめてしまったのだ。それゆえ、殺人センターにやって来た何百万もの男性、女性、子供には、いかなるぼろ小屋も古着も用意されていなかったのである[98]。殺人者が解決しなければならない唯一の「問題」は、この「塊」――

これはすでに有機物として考えられていた――を家畜用の車両からガス室を通って火葬場まで、いかに行進させるかを知ることであった(99)。

全体主義によってもたらされた多様性の廃棄に関するアーレントの数々の定式化はこのとき多様化し、複数化されうるだろう。強制収容所の外での全体主義的社会にあてはまるのは、全体主義が「人間存在の多様性と無限な差異化を、あたかも人類全体がただひとりの個人を形成するかのように」組織することを試みた、という定式である。強制収容所はそうした社会の実験室であり、そこで実行されたのは人間を「反応の束」に還元することであるが、これらの反応は、「まさに同じ種類の振る舞いを決定する別の反応にそれを置き換えることもできる」。そのような企図から期待される結果のひとつは、収容所の外で一見すると正常な生活を送る人間を制御することだったのだから。ルーセが記したように、マネキンのように死へと向かう行列を見ることで、彼らは絶対的な力能を、この驚くべき出来事を生み出しえた者に付与することになる。こうして彼らは「心痛でいっぱいになりながらも飼い馴らされて」家に戻る。しかし、ユダヤ人たちにとっては、全体主義の社会を実現することも、強制収容所的宇宙を実現することも重要ではなかった。アーレントの言葉そのものにしたがえば、重要なのは「生命体の最小共通分母」への還元であり、「身体も魂もない何か、死がその徴しを刻むことのありえなかった顔さえもない何か(100)」としての死であった。そこで実現されるのはただ、人間という種を別のものに変えることであり、これはロベール・アンテルムによれば親衛隊の権力にとって乗り超え不能な限界だった(101)。人類をひとつの種――純粋なる種――と同一視することは、人類をひとつの全体として捉え、塵とみなされた部分集合をそこから現実に切り捨てることでかかる全体の再編を決定する絶対的力能を前提としている。

人間の多様性というカテゴリーはアーレントの考察の中心にある。なぜなら、全体主義が根絶しようとしたのはまさにこのカテゴリーだからだ。収容からガス室まで、全面的な異質性というものはなく、激化していく唯一の計画があり、この激化はついには強制収容所なしで済ますところまで行き着き、このようにしてふたつの段階が構築される。こうした考察全体に対応しているのは、人間諸個人の多様性の廃棄としての人類に対する犯罪をめぐるアーレントの定式化である。すなわち、「政治的に言えば、死の工場はまさにユダヤ民族の成員の身体に対してなされた人類に対する犯罪を組織した[102]」。ユダヤ民族のこれらの身体に対して（*On the bodies of the jewish people*）。これらの身体ひとつずつ。これらの身体は一切の同一性を奪われ、有機的物質のように扱われる。この限りで、アーレントによるこの犯罪の名指しは、同じひとつの定式のうちに、普遍的次元と特殊な次元、人間それ自体への侵害と犠牲者のアイデンティティ——彼らに返されるべき——の認知とを集約している。ここから、『エルサレムのアイヒマン』の定式が有するそれまでとはいささか異なる調子が生まれる。アーレントが書くところでは、ナチスの犯罪は「この星に誰が住むべきで誰が住むべきでないかを決める[103]」ことに存していたのだ。ここでの定式化は、個人の多様性に加えて民族の多様性としての人間の多様性をめぐる問いと結びつけられている。ユダヤ民族の絶滅は、ユダヤ民族という身体に対して犯された（*perpetraded upon the body of the jewish people*）人数に対する犯罪だった。人類とはひとつの民族ではなく、原則として四散させられている。人類に対する犯罪は、人類に対する非人間性や残酷さ——たとえそれがどれほど残忍なものであれ——とは別ものである。民族的諸集団、「ユダヤ人、ポーランド人、あるいはジプシー[104]」の全体——諸民族であって人間一般ではなく、これらの民族の名称に言及するのは必要不可欠である——を絶滅しようとすることで、ナチスは単にこれらの民族に対する罪を犯しただけではなく、人類それ自体に対する犯罪、人類を特徴づける多様性に対する罪をも犯したのである。

この罪は存在すべきではなかった。この「すべきではなかった」の意味は、戦争に関するカントの言葉に近づけることができる。すなわち、戦中は、のちの平和を不可能にする何ものも起こってはならない、という言葉に。[105] 以下に記すのは、『全体主義の起源』における根源的悪についての定式化である。

決してそこにあるべきではなかった何かがおそらく近代政治のうちにあるのを意識すること［……］。すべてか無かなのだが、すべてとは言い換えるなら、人間的共同体がまとう諸形式の不確定な無限性ということであり、無というのは、強制収容所システムの勝利が、人類に対する水爆の使用と同じくらい峻厳な、人間的諸存在に対する有罪判決を意味している限りにおいてである。[106]

われわれはまさにここで根源にいる。人類――人間的共同体がまとう諸形式の多様性――かそうでないか、誰かであるか誰でもないか。たとえ世界がそれ以後に他の人々のために存続したとしても、アウシュヴィッツで起こったことは世界の真の終末であった。ひとつの民族全体が地球の表面から絶滅させられようとしたのだ。生き残った者や以後に生まれた者はこの前例のなさと共に生きなければならない。時間は実際に連続していたが、これらの出来事に回顧的な意味を与えてそれを歴史に組み込むものはその未来ではないし、地獄を作り出した張本人との和解の要因でもない。以後の平和は実際には不可能なのだ。「われわれが生きている限り、それが過ぎ去ることはないだろう」[107]。

III　困難な平等（解放の運命）

ユダヤ人たちに平等を認めることの理論的正当化は、それ自体が政治的平等の原理に依拠した複数の国民‐国家へとヨーロッパが組織化されていた時期における啓蒙の中心的な争点のひとつであった。しかしながら、実際の現実化においても理論的正当化においても、解放は、アーレントによれば、曖昧で多義的である。(1) 同化主義者とシオニスト双方による単純化から同時に一線を画そうとして、アーレントは二重の方向でユダヤ人解放についての批判を遂行した。

(1)ユダヤ人と啓蒙の信奉者——ユダヤ人たちの最初の友——のあいだに、歴史的同盟が結ばれた。

> 解放を、そして何よりもユダヤ人たちに彼らが同じ人権を要請するための論拠を、啓蒙という遠回しの手段によって付与されたユダヤ人は、ほとんど例外なく啓蒙の擁護者となった。(2)

しかしながら、解放をあらゆる悪の原因にすることも、解放が告げる「福音」、つまりユダヤ人は「ユダヤ人である限りで人間である」(3) という「福音」を放棄することもなく、次の問いに立ち向かわなければならない。すなわち、一八世紀ドイツで現れた数々の解放の教義において、前‐全体主義的な反ユダヤ主義——啓蒙ならびに平等というその理想に反対する闘争装置——の諸要素への移行を引き起こしたものは何なのかという問いに。言い換えれば、最初は教理上のもので次に実際的となる解放の手続きはいかにして、解放の観念と根底的に対立する諸傾向の出現に貢献することができたのか。ここでの課題は、あれこれの哲学者の反ユダヤ的言説の果てなき引用を呈示することではないし、反ユダヤ主義は啓蒙のうちで萌芽したと考えることでもない。そのような移行を考えることは、ユダヤ人の解放に関する理論的問題群の盲点がいかにして反ユダヤ主義への転換を生むに至り、その結果として、この問題群は、一九世紀以来ヨーロッパを動揺させてきた最初は地下に潜っていた流れに相応しい言葉を与えるには不十分で、「ユダヤ人たちを集める最後のカタストロフの大いなる日に(4)」現れることになったか、それを示すことに存している。

(2)解放についてのこの内的批判に付け加えるべきは、外的影響を明白化することである。理論的練成が公共の言説を導くようになると、その諸概念――これらは経験に由来する安定した一般的概念で、それは思考の絶え間ない流れを分節化し、思考を伝えるのに必要不可欠な枠組みを思考に付与する(5)――は理論的政治思想の空間から出来して、交換と不一致の布置の上で展開することになるのだが、この布置は、そうした概念が最初に組織する言説の論理そのものから部分的に独立した新たな内容を、これらの概念に必ずや与えることになる。概念のシステムの一貫性に重ね合わされるのは、政治的観点からして充実した外的意味のネットワークであり逃走線である。この運動を把握するためには、理論的分析の次元にだけ留まることなく、歴史の厚みのうちでの諸概念の現前を摑み直し、移動や方向変換や意味の新たな布置――この新たな布置は、偶然的かつ予想不可能で、最初の計画には含まれていなかった不調和な要素によって構成された歴史の布置の只中に現れる――を明るみに出さねばならない。この展望において、一九世紀におけるユダヤ人の社会内での地位ならびに彼らと国家との関係についての分析を起点として、解放に伴う数々の曖昧さが明らかになるだろう。『反ユダヤ主義について』(*Sur l'antisémitisme*)に寄せた一九六七年の前書きで、アーレントは読者にそのことを予告しているのだが、書物のこの部分はユダヤ民族の歴史たらんとしているのではないし、反ユダヤ主義それ自体の単に不完全な歴史たらんとしているのでさえなく、それが扱っているのは、「一九世紀の歴史の諸要素、実際には〈全体主義の起源〉に属するところの諸要素」なのである。こうして彼女は、第一次世界大戦に至るまで、政治的解放、すなわちヨーロッパの国民‐国家という枠組みのなかでのユダヤ人への市民的平等の授与は、曖昧さの二重の束を、ひいては反ユダヤ主義の二重の中心を生み出したということを示すだろう。最初の束は、その政治的特徴の起源をユダヤ人の解放、つまり彼らの国家への関係から引き出してくる。政治的反ユダヤ主義は「ユダヤ人たちが他から切り離された集団を成しているという事実に由来する」が、それに対して、解放は個人である限りでのユダヤ人たちの平等を認知していた。第二の束は、社会のなかでのユダヤ人の地位を考慮し、社会的反ユダヤ主義、つまり「ユダヤ人と他の集団とのあいだの弥《いや》増す平等性」によって生まれた差別を生み出す。政治的なものと社会的なものという概念的区別――これが政治的反ユダヤ主義と社会的反ユダヤ主義の区別を下支えしている――は、「生まの諸事実の迷宮を通してわれわれを導くことを」その機能としているが、実際には「政治的動機と単純な反感［……］が併行して展開していった(6)」。この区別は堅固な壁の確立を含意しているのではないし、複数の領野同士の関係を明らかにすることを禁じているのでもない。一九世紀における社会的諸関係の分析は、政治的平等という近代的概念に準拠することなしには理解不能である。これら二つの束を明らかにすることで、ドレフュス事件をその予兆とする二〇世紀の全体主義的反ユダヤ主義を特徴づける一触即発の寄せ集めはよりいっそう強調されるだろう。国家と対立するこの反ユダヤ主義的政治運動は、具体的な現れなき純粋な差異以外の内実をもたないだけにより不可思議なものとなる、そのような他者性を憎む大衆たちを同盟させることに成功したのだった。

『全体主義の起源』第二部は、国民‐国家の衰退ならびに近代の国民‐国家が拠り所としている諸原理を言明する人権の終焉の確認をもって締め括られている。第一次世界大戦がもたらした数々の結果のひとつは、法と国家のいかなる枠組みからもユダヤ人を追放することであったが、この戦争後のヨーロッパの経験に鑑みて、アーレントは人間と市民の権利宣言の批判に取り組む。考慮されるべき唯一の徴しではないにせよ、ユダヤ人の追放はより特殊には、国民‐国家のみならず、近代性の条件に十分な政治的枠組みをもたらそうと主張する諸国民‐国家のシステムもが破綻したことを明かしている。アーレントの著作のこの一節はこれまでしばしば註釈を加えられてきた。それとは逆に、この一節と、国民‐国家に対する批判のあいだの関係の研究が試みられることはほとんどない。ただ、この批判は、近代国家へのユダヤ人の市民としての参入を司る〔追放とは〕逆の過程が記述される際にすでに現れていた。リチャード・バーンスタインが示したように、国民‐国家の発展に関するアーレントの理解は、彼女のユダヤ人問題への関心によって形成されたのだが、この問題は、国民‐国家それ自体における国家と国民との秘められた抗争を彼女に敏感に感じとらせた。なぜなら、ユダヤ人はこの秘められた抗争の真ん中に捕らえられていたからだ。(7) これを機にわれわれが示したいのは、人権の終焉について語っているとはいえ、一九世紀と二〇世紀のヨーロッパのユダヤ人の悲劇的な体験に関するアーレントの省察は、これらの概念が組み込まれている問題構制の限界を明るみに出すことと同様、啓蒙にとって中心的な平等と人類の概念を放棄するよう彼女を導くことはなく、逆に、これらの概念が幾つかの曖昧さから解放されて、真にわれわれの行為を導くことができるような仕方で、それらを再び考え直すよう彼女を導くということ、これである。

アーレントの手続きの一般的な定式は次のようなものとなる。すなわち、一方では、解放は「うまく進むことができたかもしれない」と考えなければならないが、他方では、「なぜそれはかくもまずく進んだのか」(8) と自問しなければならないのだ。

5章　《啓蒙》の両義性から解放の曖昧さへ

1節　普遍的なものの感性化、啓蒙の問題構制の反ユダヤ主義的逆転の源
──文化的ユダヤ人と抑圧されたユダヤ人の形象

《啓蒙》の中心に存する人間性の観念の価値を明確化するために、いくたりかの現代の解釈者たちは、この観念は「お手本にした方がよい理想的な本性（範型《モデル》）でもなければ、順応しなければならない直接的な本性（種《エスペス》）でもない」[(1)]ということを指摘している。人間本性という概念を斥けて、人間をめぐる問いを未解決のままにしながら、言い換えると、決定的アイデンティティのなかに人間を決して囲い込むことなく、《啓蒙》は、われわれの行為と思考の地平のなかで人間性を打ち立てる。だから、《啓蒙》が思い描くような人間性の本質的な未決定性は、決定の脅威に恒常的にさらされる。ロベール・ルグロによれば、ロマン主義こそ、普遍的人間という抽象的性質を批判し、具体的人間の歴史的・伝統的根づきを強調することで、この脅威を実現したのだった。ところで、アーレントを読むなら、帰化〔自然化〕や〔国籍〕未決定性破棄の運動は、《啓蒙》の諸前提への反対者から出てきたものではなく、《啓蒙》それ自体に内在しているとの仮説が提起されるだろう。未決定性破棄は、人間を比較不能で相異なる本性に分かつことに存

しているのではなく、普遍的人間の本性を察知させ、それを示し、ひいては抽象的原理を具現する規範として人間集団を構成せんとする意志のうちに存している。こうしてユダヤ人は形象化的役割を果たし、一方では文化的な人間のモデルとして、他方では抑圧された人間のモデルとして、普遍的人間を感性化するに至ったのだ。こうしたやり口の結果は、アーレントによれば、「ユダヤ人からユダヤ人が作られ、諸個人の多様性からひとつの原理に至った」ということである。この一節において、生きているユダヤ人、つまり彼らの地理的、歴史的、社会的な複雑性は消えてしまっている。ユダヤ人は人間性のひとつの原理になり、そのような人間性形成の緩慢な過程の最初の継起としてつねに思い描かれる解放によって人間がなりうるものを表している。それによって、普遍的人間の抽象性は廃棄される。解放されたユダヤ人のおかげで、具現化された人間性の理想を見ることが期待される。まさにこの場所において、アーレントが書いたように、「《啓蒙》におけるユダヤ人問題の古典的な定式化は反ユダヤ主義の理論的基盤を与える[2]」のだ。《啓蒙》はユダヤ人という一般観念もしくは原理としてのユダヤ人を設置する。たしかにこの原理は《啓蒙》において肯定的なものであるが、この抽象の運動がいったん構築されると、他の悪意に満ちた数々の運動はこの原理を否定的に逆転させて採り上げ直すだろう。同化を望む生きたユダヤ人たちにとって、その直接的な結果は、これ以後彼らがある「グロテスクな要請[3]」にしたがうようになるというものだった。すなわち、人類の例外的な見本になるという要請である。彼らはできるだけこの要請に応えようとするが、この期待はあまりに並外れたものだったので、彼らの努力は期待を裏切ることしかできず、多くの友が敵に変わってしまったのだ。

　表象不可能なもの、つまり本性＝自然状態にある人間を示すことは、ある意味ではルソーの企図ではなかっただろうか。一方で、彼にとっては本性＝自然状態は仮説でしかないし、人間の本性＝自然は非-

本性＝自然でしかない。決定も本能もなく、人間はそこでは純粋な改善可能性でしかない。しかし、他方で、ルソーは人間についての一種の「長編物語」を再現してもいる。この「長編物語」のために、彼はその未開人についての記述を、数々の伝統的社会と接触することになった旅行者の物語から採り入れている。本性＝自然状態にある人間はおそらく今まで実在したためしがない。それは推測の対象でしかないのだ。しかし、ルソーがわれわれを少なくとも自身の考えに接近させようとするとき、本性＝自然状態にある人間はホッテントットやカリブとして姿を現している。たしかに彼らは本性＝自然状態における人間「それ自身」ではない。しかし、地上のあらゆる人間たちのうちで、彼らはそれに最も近い。それゆえ、彼らのイメージは、起源の表象不可能性を補うものとなり、そのとき起源は、たとえ近似的にであれ、われわれが感じとることのできるものとなる。この命題を逆転させて、生きた同時代人たるホッテントットとカリブが、理性によって旅行者たちが抱いていた本性＝自然状態にある人間のイメージを彼らに与えたのだと言うことができる。アーレントが指摘したように、一八世紀フランスは、最も疎遠な民族に対する関心の増大によって特徴づけられるのだが、その際、ヨーロッパ文化の気取りと軽薄さをより痛烈に糾弾するために、これらの民族の誠実さと素朴さが賞賛された。こうした考え方を教え込まれたフランス革命の英雄たちは、フランス国旗の下に、あらゆる国と文化に属する民族を解放する任を自分が課せられていると感じていた。「異邦の遠き国々に対するこの熱狂が頂点に達したのは、友愛という音信においてだった。なぜなら、この音信は、理性は風光を選ばないというラ・ブリュイエールの古い言葉を［……］証明したいという欲望から霊感を与えられていたからである」(4)。

しかしながら、未開人が教育を受ける以前の野蛮な種類の人間を表しているのに対して、解放されたユダヤ人は成功した教育のモデル、つまり一八世紀のもうひとつの理想である教育を受けた人間のタイプそのものを象徴していた。総じて、《啓蒙》の思想家たちは——特にドイツでは——単に人類の普遍性を証明しようとしただけではない。彼らはまた、教育を受けるだけでなく社会的・政治的環境を変えることによっても人間は改善可能性を高めうるとの考えを主張したのだ。

教育の重要性が特に目を惹くものとなるのは、メンデルスゾーンの人柄とその人生がその哲学の著作と共に受け容れられたことによる。メンデルスゾーンは不承不承とはいえ、ユダヤ人がなることのできる者の範例そのものとなったのだ。つまり、教養があり、人間性のモデルであり、レッシングからミラボーとグレゴワール神父を経てヘルダーに至るまで満場一致で得られる評価をもつ者の範例である。それに関しては、ユダヤ人解放の支持者がみな繰り返していた鍵となる言葉がある。すなわち、「彼らはわれわれと同様の人間であり、ユダヤ人である前に人間であるのだ[5]」。しかし、こうした人間性は潜在的である。それは、最後まで成長し尽くして本来の姿となるために、善き土壌と腕の立つ庭師——つまり善き教育——を必要とする種子のようなものである。こうした問題構制は、各人のうちに現前する人間の潜在性を窒息させたり捻じ曲げたりする劣悪な教育と考えられていたユダヤ的伝統の貶価につねに依拠している。劣悪な教育はある意味では非人間的なもので、それはキリスト教徒がユダヤ人を遇するやり方が非人間的であったのとまったく同様である。人間の人間性が「大いなる日に現れる」ためには人間を人間として遇しなければならない、とグレゴワールは書いている。ところで、このような脚色が可能であることの証拠を提出したいときに、つねに呼び出されるのはメンデルスゾーンの例である。「メンデルスゾーンを擁したことに誇りをもつ国家は、少なくとも理性の黎明期には至っている[6]」。メンデルスゾーンの模範性は、みずからの出所である泥沼のごとき苦境を脱するために彼が傾けた膨大な個人的努力のうちに存している。乗り超えるべき障害が険しければ険しいほど、それによってますます個人としての人間の性質の現実性が証明されるのだが、これらの性質は「卑しむべき遊牧民」[7]のなかにも実在していることが十分に見てとれる。総じてメンデルスゾーンはその才能よりも模範的な人間の徳――誠実さ、精神の正しさ、思いやり――によって賞賛される。何よりもまずなすべきは、ユダヤ人が今日ユダヤ人に見られる品位の低下にもかかわらず、他の者たちと同時に人間であるということの証明である。アーレントによれば、ユダヤ人たちはそのようにして「あらゆる人間が人間存在であることの生きた証」[8]となる。この定式は、他ならぬ啓蒙の只中で作動している未決定性の感性化の過程を実に正確に把握している。

　解放者の言説からユダヤ人に敵対する言説への逆転が、グラッテナウアーの冊子『ユダヤ人に抗して』(*Contre les Juifs*) の特徴だが、これは教育と文化的同化を渇望するユダヤ人社会を風刺したもので――特にベルリンのユダヤ人サロンを標的としている――、またアーレントによれば、ドイツにおける近代の反ユダヤ主義の最初の表明のひとつと考えられる。この冊子において近代的であるのは、ユダヤ人がひとつの人種――一八〇二年当時――とみなされていることではなく、グラッテナウアーが宗教問題も寛容も気にしていないということである。彼は抽象化を用いて、「あれこれのユダヤ人や［……］なにがしかのユダヤ人個人でなく、ユダヤ人一般、つまりどこにでもいるがどこにもいないユダヤ人について」[9]語ると主張しているのだ。一九三七年の原稿でのアーレントの分析にしたがうなら、ここに見られるのは、ユダヤ人の選びから人類のモデルや原理へという初期の数々の逆転のひとつであるように思われる。グラッテナウアーは原理としてのユダヤ人という観念を採り上げ直しはするが、それを人類や文化の原理にすることなく、それを俗物と成り上がり者の社会の「本質」として提示している。宗教的理由（キリスト殺しの民族）を持ち出したり、ユダヤ人と高利貸しのイメージ――現実においてまったく根拠がなかったわけではない――を結びつけたりする中世的憎悪に反して、近代の反ユダヤ主義はその抽象性によって特徴づけられる。「ユダヤ」は、論証の必要性に応じて際限のない意味を担いうる空虚なシニフィアンとして機能するのだ。ユダヤ人はその後、「国民のなかの国民」「国家のなかの国家」「黄金のインターナショナル」あるいは「セム族[10]」として交互に定義される。しかし、そこにまた「資本家」、その後においては「ボルシェヴィキ」などが付け加えることができるだろう……。

教養人であると同時に、ユダヤ人はまた抑圧された者、苦しんでいる人間、同情＝共苦（compassion）を掻き立てる被迫害者としても知覚されていた。アーレントが思い起こさせているように、ルソーこそが同情の経験に、つまり「同類のひとりが苦しんでいるのを見る［……］生来の嫌悪感[11]」に中心的な位置を与えた。これは、自然がわれわれのうちに刻み込んだ唯一の肯定的要素である。この経験――経験であって理性による活動ではない――は、苦しむ者と同情する者に共通の人間性の表明に他ならず、そうした人間性なしには、同情が感じとられることはないだろう。この限りで、苦しむ人間への関係は同情する人間に普遍的な人間性を示すのだが、それは抽象観念の努力によってではなく、共同体の直接的感情によってである。ユダヤ人たちにあてはめられるとき、この経験は、ユダヤ人とのあいだに同国人との関係を創設することはないし、被迫害者たちは「ひとがいわば自分と結びついていると感じる民族[12]」として現れることはない。彼らは抑圧された者という形象の下で普遍的な人間として見られ、それゆえ、この抑圧された者がその歴史と慣習と経験をもって、それも、抑圧や迫害という次元からだけではおそらくすべてを理解することのできない歴史と慣習と経験をもって現れることの可能性を抹消することになる。このようにして同情する人間の関心は、逆説的にも他者にではなく、この感情――そのおかげで人類という観念は抽象化であることをやめる――を感じる自分自身へ向けられることになるのだ[13]。

しかしながら、教養あるユダヤ人の形象と迫害されたユダヤ人の形象を同じ平面に置く必要はない。実際、同情が人類への関係の感性的現出である限り、第二段階において同情は諸権利の平等性を基礎づける抽象的な定式に向かい、かくしてこの定式は無条件に肯定されることになる。同類として認知されうる者との関係のなかで感得された人間性への準拠は、ユダヤ人に関してこれ以来躓き《スキャンダル》として現れうるものを終わらせるために援用される。人間が平等な者として考えられるなら、数え切れない禁忌、ユダヤ人たちの移動や活動に課せられる制約と重税にはもはや正当性はない。同情《コンパシオン》＝共苦は「寛容の要求」へと導いていく。「被迫害民族の人間的尊厳に対してなされた侵害への抗議、キリスト教ヨーロッパが幾重にも犯してきた不正を恥じる気持ち」(14)へと。それゆえ、抑圧された者の形象は、教養あるユダヤ人の形象ほどには制限されざる特徴を有している。この概念が例外性の観念――教養あるユダヤ人は他の者たちにおいて潜在性でしかないものを己が人格によって示していた――と結びついていたのに対して、抑圧された者への同情は、教養があろうがなかろうがあらゆるユダヤ人に、普遍的観念の名において、平等な人間性を要請するよう導くのだが、そもそもこの普遍的観念を発見させるのにかつて貢献したのは同情の経験であった。グラッテナウアーの言説には全面的に同情＝共苦が欠けていたが、まさにこの同情＝共苦の欠如こそ、ヘルダーの場合と同様――《啓蒙》との断絶を示す徴しなのである。逆に、アーレントによればドームの大いなる功績は、ユダヤ人たちに「他の市民たちの享受しているのと同じ諸権利を完全に所有させる」(15)ことを提案(16)しつつ、「政治的解放」という観念を最初に示唆したことにある。しかし、ドイツにおいてユダヤ人の解放が依然として議論の対象であったとき、この思考の運動が、一七九一年一一月一三日の国民議会の政令をもって歴史的に初めて実際的に表現されるに至ったのは、まさに革命期のフランスにおいてであって、この政令は生地《せいち》権という原理によって、ユダヤ人と非ユダヤ人に共通する人類という名の下にユダヤ人にフランスの市民権を与えた。この政令のテクストは模範的である。それはのちにユダヤ人の解放と名づけられるもの[17]を定義しているのだが、その際ユダヤ人の解放は、国家の他のすべての成員との法的平等性という徴しの下で、諸個人を国家へと統合することとみなされている。政令の歴史的力は、万人に――それゆえユダヤ人にも――更にまたプロテスタントや奴隷にもあてはまる正義の原理という名において、そこで解放が与えられていることに由来する。アーレントにとっては、この普遍主義的アプローチは「フランスにおけるユダヤ人解放の最良の伝統」を創始するものだった。なぜなら、このアプローチは、レッシング、ドーム、ミラボー、グレゴワール神父など「ユダヤ人の擁護者が用いた議論」、「〈個々のユダヤ人〉、ユダヤ人のあいだでも目立つ例外者につねに依拠した[18]」議論を乗り超えるものだからだ。普遍的原理への訴えはここでは、諸個人をひとりずつ国家共同体に組み込むといった語彙で表明されているとはいえ、例外も条件もないユダヤ人全体の解放を正当化しているのである。

しかしながら、ユダヤ人の解放の擁護者がそのような無条件性に留まることはめったにない。実際フランスと同様にドイツにおいても、ユダヤ人に対する権利の平等性について人気のあった宣伝文句は大抵教育への配慮を伴っていて、これは人類の改善への一般的な配慮の反映であった。ユダヤ人のいわゆる堕落は、彼らに固有の本性に起因するのではなく、ユダヤ人を人間として遇したり、彼らに人間と市民の権利を付与するのをキリスト教徒が拒絶したことに起因している。その結果、政治的権利があらかじめ人間の普遍性によって正当化されるとして、これらの権利はそれに加えて道徳的効果をもつことにもなる。ドームは、ユダヤ人が平等を手にする代価として「自己改善」するのを期待し、グレゴワールは「刷新[19]」を期待したが、これは彼にとっては同化を意味していた。権利の平等性のおかげで、「ユダヤ人は少しずつ［……］われわれの考え方、振る舞い方を採り入れていくだろう。われわれの法、慣習、風習を[20]」。ここでは、啓蒙の関心事として頻出した教育という問題構制が解放の努力の真実であり、それがかくして一切の価値を喪失すると主張することが重要なのではない。われわれとしてはむしろ、恒常的に現前する教育への配慮もまた、平等性の根拠たる人間の普遍的原理を感性化せんとする意志を証示しているのだと言いたい。しかし、抽象的原理の具体的同定が求められるとすぐに、この原理は——特にグレゴワールにおいては——ある型の人間の形象、すなわちキリスト教徒の形象をまとうことになる。別の言葉で言うと、政治的そして法的平等性は、周辺社会への同一化と引き換えにつねにユダヤ人に認められてきたのだが、周辺社会への同一化は、平等や不平等という言葉で表現されるのではなく、類似と差異という言葉で表現される。この現象の分析からわれわれは、人間のあいだの平等は感知できる次元にないとはいえ——それは決して証明できず、つねに実際の差異を超えたところにある——かかる平等性はそれを類似と隣り合わせにするような見かけにしたがっていると結論することができる。こうした隣接は避けがたいものだ。同類との平等性は、自己と同じ風習も慣習ももたない者との平等性よりも、つねに容易に認められる。政治的観点からすると、平等性のこの「見かけ」はその抽象的で論理的な言明よりも重要である。このような現象の考察こそが、アーレントをして反ユダヤ主義の分析へと導くことになるのだ。

2節　個人の権利の平等性とユダヤ人集団の存続
——ユダヤ人の銀行家と政治的反ユダヤ主義

アーレントは全体主義以前の反ユダヤ主義のうちに、ユダヤ人とは家族と血縁の絆にもとづく国際的組織であって、こっそりと政府を傀儡に変えてしまうとの表象が残存していることに衝撃を受けた。この現象を説明するための彼女の仮説は、反ユダヤ主義画像はある程度までは現実と関係がなくはなかったというものだ。「論議とイメージの著しい類似は倦むことなく自発的に再生産されていくが、こうした類似は、それらが歪曲する真実とのあいだに密接な関係を有している」[21]。反ユダヤ主義を真面目に考えること、それはまさに病んだ脳を揺り動かすただの幻想としては反ユダヤ主義を捉えないことである。反ユダヤ主義が現実から何らかの要素を引き出していなかったなら、反ユダヤ主義はこれほどの力を獲得することができただろうか。だからこそ、全体主義以前の反ユダヤ主義が歪曲した現実を修復するべく努めなければならないのだが、全体主義以前の反ユダヤ主義とて、ユダヤ人と非‐ユダヤ人との関係の具体的現実に繋がっていることに変わりはない。それゆえ、この形式の反ユダヤ主義を検討するためには、解放の初期におけるユダヤ人の社会的・政治的地位ならびに、彼らが非ユダヤ人に対してどのように現れていたかを共に考慮しなければならない。

政治的反ユダヤ主義を培った両義性の最初の束を明確化するために、アーレントは、解放がユダヤ人を統合した際の仕方を非難するシオニスト的批判の主要テーマをある仕方で改めて取り上げているが、この批判によると、解放は個人としてユダヤ人を統合しつつも、他とは区別されたユダヤ人集団が存続しうるための論議を予見することはなかった。しかし、アーレントはそこに留まらなかった。なぜなら、結局のところユダヤ人集団は、国民的統一にもかかわらず実際に存続した唯一の集団というわけではないからだ。みずからの分析を補完するために、シオニズムが非ユダヤ人社会と一体化した永遠の反ユダヤ主義に訴えるのに対して、アーレントは、シオニストによる批判のテーマと国民‐国家の機能に固有の矛盾とを関係づけている。彼女によると、国民‐国家はというと、その歴史の最初期にはユダヤ人集団の存続をみずからの計画の資金調達源のひとつとして必要としていたのである。開明的専制政治のような型の君主制国家と近代の国民‐国家の繋ぎ目の時期、この機能は宮廷ユダヤ人——特にプロイセンにおいては——によって果たされていたのだが、それ以後は、たとえば一九世紀前半のフランスに見られるように、ユダヤ人の銀行家が宮廷ユダヤ人の代わりを務めることになる。

　そのような分析において、アーレントは、国家一般と特定の国民‐国家を、最初から調和的あるいは理性的な実体のように考えたりはしない。国家のうちでは、互いに対立し合うこともありうる三つの異なる論理が共存している。つまり、法‐政治的論理と社会的論理と経済的論理である。国民‐国家の法‐政治的論理は国民‐国家を君主制国家と区別するものだが、これは国民主権にもとづいた正当化のシステムであって、その際、国民は平等な市民の共同体とみなされ、人間と市民の諸権利の宣言はその最も体系立った説明となっている。しかし、「何世紀にもわたる君主制と啓蒙的独裁制との所産である[22]」国家は国民によって正当化されるが、それはまさしく国家として、言い換えるなら、中央集権化された権力装置として正当化されるのであって、この装置は次第に強大になっていく行政の発展ゆえに生まれたのだった。国家が漸進的に自立性を強めていくという事実は、その各々が相異なる論理にしたがうようなふたつの結果をもたらす。最初の結果――社会的論理――はアンシャン・レジームの社会との断絶を創設する。そのとき、社会はもはや身分社会ではなくなり階級社会としてその姿を現すことになる。国家／階級という新たな関係は国家／身分という関係の延長ではない。社会を階級に分割することは社会分割の新たな指標となる。逆に、中央集権化された装置としての国民‐国家は君主制国家の後継者に留まる。この限りで、国民‐国家は、これがその経済的論理であるからだが、戦争といった短期間の軍事活動だけでなく行政にも融資するために資金を必要とする。これら相異なる論理は互いに緊張関係に入っていく。この緊張関係は一方では、平等な市民の共同体としての国家の政治的意味と生地《せいち》ないし国籍の意味とのあいだの緊張であり、他方では、「法の前の平等にもとづいた政体と階級の不平等にもとづいた社会[23]」とのあいだの緊張である。

こうした緊張のシステムの内部で、政治的反ユダヤ主義はその意味をもつことになる。実際、集団としてのユダヤ人——個人としてのユダヤ人ではない——の存続には、国民‐国家の政治‐法的論理の観点からも、階級の観点からも正当性が見出されることはない。絶対君主制の跡を継いだ国民‐国家の経済的次元だけが、集団としてのユダヤ人の維持に対する正当化ではなく存在理由を与えることができ、それによって彼らは国家との直接的な絆を保つ唯一の集団として現出させられることになる。なぜなら、最初は宮廷ユダヤ人として、次には銀行家としてこの集団は国家に資金源をもたらすことが可能であるからだ。そうなると、ユダヤ人の政治的立場は二連なりの矛盾のあいだに置かれることになった。すなわち、一方には国家の平等の論理とその経済の論理のあいだの矛盾がある。すなわち、国民‐国家の活動には隔離されたユダヤ人集団の存続が必要であるが、平等の論理はもはやこのユダヤ人集団を正当化できないという矛盾である。他方には、国家の経済的論理と階級に分割された社会の論理との矛盾がある。すなわち、ユダヤ人集団は国家に融資する集団として正当化されるが、階級としてのいかなる身分規定ももたなかった。

国民‐国家のシステムにおけるユダヤ人銀行家の働きと役割についてのアーレントの分析を理解するためには、一七九一年にフランスで出されたユダヤ人解放の諸政令から再び始めなければならない。これらは、一九世紀のヨーロッパにおいて「緩慢にそして躊躇いながら(24)」続けて発動される政令の最初の政令であった。さらにまた、これらの政令の内的な意義だけでなく、歴史の厚みのなかでそれらが獲得した意味をも理解しなければならない。それゆえ、これらの政令を以前の状況や後続の状況と同時に関連させながら考えなければならないのだ。

ある程度まで、解放はすでに成就された事実であった。少なくとも、一部のユダヤ人、つまり宮廷ユダヤ人や特権全般を享受しているユダヤ人にとっては(25)。宮廷ユダヤ人にとって、解放——すなわち、大部分のユダヤ人の生活を圧迫していた制約と税金を廃止すること——は特権であった。解放はユダヤ人のなかでも少数の者にだけ関わるものだった。解放は豊かなユダヤ人に与えられたのだが、その理由は国家には資本が必要であり、他の社会階級はこれを国家に提供することはできなかったからである。と同時に、こうした措置はというと、理性的存在としての人間という観念にもとづいて、あらゆるユダヤ人の解放が緊急課題となった時代に講じられた。それらの正当化は普遍的な尺度としてしか生じえない。この普遍性は、ありうべき数々の政治的変転と関係づけられるべきものである。国民‐国家の発展には秩序と身分の廃止、つまり条件の平等性が必要である。こうした状況にあって、解放は二重の意味を帯びることになり、これが数々の解放令の革命的射程の意味にいわば寄生することになる。すなわち、解放は（ユダヤ人と非ユダヤ人との）平等性であり、かつ（貧しいユダヤ人を犠牲にした豊かなユダヤ人にとっての）特権であったのだ。以前にわれわれが言及した矛盾がここに現れるのが見てとれる。すなわち、人間と市民の諸権利の宣言に必然的帰結であるとはいえ、平等性は政治‐法的論理に属していて、集団としてのユダヤ人は消滅してほしいとの期待を伴っているのだ。それに対して、経済的論理の側から見れば、解放はむしろ、資金の根本的供給源は涸れることがないとの期待のもと、最初は小さな集団に認められていた特権がユダヤ人全体に拡大されることを意味している。

しかしながら、国家の要求が増大するにつれて、宮廷ユダヤ人が供給しえた総額を優に上回る資本と融資が求められるようになり、その限りで、二〇世紀前半にはユダヤ人銀行家が宮廷ユダヤ人の跡を引き継ぐことになる。国家のうちに支配階級の利害の代表を見出すマルクス主義的思考に反して、アーレントは、国家の自立的歴史の大筋を、社会を構成する諸集団と関連づけて、ブルジョワジーと国家権力との太古の昔からの共謀を解明するのではなく、反対に、まずは、ブルジョワジーが自分の働きに直接的利害関心を有していないこと、この不在を解明している。階級である限りで、ブルジョワジーは社会のなかでみずからの経済的利益を追求し、この課題に向けて自分が働けるよう国家が秩序を維持することを期待する。[26] ここで提起される問いは、国家の観点から見て、他の資本家に比べてユダヤ人の銀行家が示す利点とは何かという問いである。いかなる点で彼らのユダヤ性が斟酌されるようになったのか。彼らが所有していた資本の総量の他に、ユダヤ人の銀行家の本質的特徴は、アーレントによると、ヨーロッパ中に広がる彼らの家系であった。その成員はヨーロッパのいくつもの国で同時に生きていた。最も顕著な例はもちろんロスチャイルド家であり、彼らはナポレオンの没落以後国債の管理の独占をほとんど確保していた。彼らはイギリス、フランス、オーストリアなどにいた。アーレントによれば、ロスチャイルド家のユダヤ性が守られていたのは、彼らがユダヤの伝統に愛着をもっていたからではなく、ふたつの社会的性質のためで、これらの性質は他の諸民族にとっては異型的だが、それを彼らはすべてのユダヤ人と共有していたのだ。これらの性質のうち第一のものは、間ヨーロッパ性——すなわち、ヨーロッパ性である。「領土もなく、固有の政府もなく、ユダヤ人はつねに間ヨーロッパ的要素を形成していた。国民‐国家はこの国際性という身分規定を守らなければならなかった。なぜなら、ユダヤ人の金融の仕事はこれに依存していたからだ」[27]。もう一方の性質は、ロスチャイルド家は様々な国に散らばった家系であるが、そのユダヤ性を独自の内婚制によって維持していたということだ。すなわち、男たちはユダヤ人女性と結婚しなければならず、それに対して娘たちは非ユダヤ人と結婚しなければならないというやり方である。ロスチャイルド家の人々のユダヤ性は、貴族階級におけるように、とりわけその姓の秘密に他ならない。アーレントによれば、ロスチャイルド家の家系の決定的な役割はユダヤ人における家族の絆の力を象っており、この力が解消や同化に対するユダヤ民族の反抗を説明してくれる。ここで家族は、婚姻の非‐異種混合制という観点からと同様に、外部世界の敵意に抗して個人を守り生き延びさせるその役割という観点からも考えられている。しかし、こうしたユダヤ人の間ヨーロッパ的性質は、国家が必要としていた商取引にとって、単に経済的に重要であるだけではない。この性質はまた、ユダヤ人に国民 - 国家というシステムのうちである地位を確約するものでもある。たとえユダヤ人たちがもはや国家の銀行家でなくなっても、彼らは相変わらず、戦争を引き起こしたヨーロッパの国家間の平和条約の取り決めを伴った交渉において決定的な役割を果たしていた。たとえば、ドイツとオーストリア間の交渉と同様、一八七一年のフランスとドイツの交渉においても、銀行家ブレイヒレーダーが決定的な役割を果たしたように。間ヨーロッパ的民族の成員たちだけがそのような仲介の役割を果たすことができたのである。反ユダヤ主義のあらゆる伝説に抗して、ユダヤ人——銀行家を筆頭として——は平和の配達人であって、国家間の戦争の配達人ではなかった。それゆえ、戦争が敵の全的殲滅を目的とした瞬間から、国家はもはや敵との平和的交渉の助けになる国際的要素を必要としなくなったということが理解される。アーレントの分析の逆説は、民族としてのユダヤ人の運命は、諸個人を統合しながらも彼らに民族としての正当性を与えない国民 - 国家と結びついていたのではない、ということを示した点にある。まさにユダヤ人が「国家による身分規定なきヨーロッパで唯一の民族[28]」である限り、彼らはむしろ国民 - 国家というシステムに結びついていたのである。それに応じて、このシステムの崩壊が二〇世紀のユダヤ民族の弱体化の第一要因であることが判明する。

国民 - 国家に対して実際にユダヤ人の銀行家が占めていた位置は、それが配置された最初の段階では、政治的反ユダヤ主義に特徴的な二重の換喩《メトノミザシオン》化を引き起こすことになる。

(1)ユダヤ人銀行家——その繁栄は国民 - 国家との商取引に依存していた——の家系に付着した間ヨーロッパ的性質は、集団としてのユダヤ人たちの存続の明白な徴しであるのだが、それに対して、解放はユダヤ人たちを市民として各々の国民のなかに同化しなければならなかった。けれども、このような現象は、解放という問題系全般においてはっきり言い表せるものではない。だからこそ、「外部世界の目には、一族［ロスチャイルド家］は、諸国民‐国家ならびに国民的次元で組織された諸民族から成る世界でのユダヤ人の国際主義という現実の象徴とも化したのだ」(29)。ここで大切なのは、ユダヤ人銀行家たちの数のうえでの多さではなく、象徴《サンボル》の——換喩《メトニミー》の機能である。すなわち、一部が全体とみなされ——その全体を彼らが手に入れたとみなされるのだ。悲劇は、——ユダヤ人たちの弥増《いや》す同化ならびに、かつては伝統によって確保されていた彼らの絆の弛緩という文脈において——、数々の銀行家一族の国際的な絆だけが、ユダヤ人集団をユダヤ人集団として現出させる唯一の目に見える絆であり続けたということである。ここでアーレントは他者の観点、つまり反ユダヤ主義者の観点を研究する。己が敵を認識することは、この敵の観点を復元するべく努めることを前提としている。さもなければ、なぜ知ろうと求たりするだろうか。彼女のやり方が把握できずに、多くの批評家がこの敵の観点を自分のものにしたといって彼女を非難する。彼女は自分なりの仕方で、ユダヤ人と銀行家の同一化ならびに金融へのユダヤ人の親近性を改めて採り上げるだろう。しかし、ここで重要なのは、同じ時代に職人やプロレタリアートのユダヤ人もいたということを思い起こさせることで、あなたがたは間違っていると反ユダヤ主義者に対して証明することではなく、反ユダヤ主義の「可能性の条件」を理解することである。その点で、彼女にはこう映った。すなわち、他とは区別された集団としてある時期ユダヤ人が必要とされたのは、もっぱら彼らが金融家である限りにおいてでしかなかったが、それに対して、別の経済部門での彼らの活動に必要な専門能力は、彼らがユダヤ民族に属していることとは無関係なものだったのだ。象徴の内容——ロスチャイルド家あるいはユダヤ民族全体の象徴としての銀行家——はまったく恣意的なものなのではない。ユダヤ人銀行家たちは、国民‐

国家の歴史のある時期、実際にひとつの役割を果たした。このことは、全体主義以前の反ユダヤ主義が現実の一部を知覚していることを前提としているが、この部分を全体とみなし、ロスチャイルド家をユダヤ人全般と同一視する換喩の過程においてイデオロギー化が始まるのである。

⑵ユダヤ人銀行家という地位は第二の換喩化を引き起こすのだが、今回は国民‐国家の社会的論理を起点としてで、国民‐国家の自立は社会を階級の社会として現出させる。ユダヤ人が銀行家のような経済的役割をユダヤ人として果たしていたのは——もう一度言うが、このことは別の職業を営んでいるユダヤ人がいたということと相容れないわけではない、ただしその場合彼らはユダヤ人としてそうした仕事に従事していたのではない——ブルジョワジーが国家の様々な企図に投資することに興味がなかった時代であったという仮説を受け容れるなら、社会的論理がユダヤ人集団に、階級システム内でのブルジョワジーや貴族や労働者や農民としての同一化をもたらさなかったということも理解される。なぜなら、ユダヤ人銀行家がそのような役割を獲得したのは、彼らの財産が産業資本投資から得られたものではないという意味で、まさに彼らがブルジョワジーではなかったからだ。ここでもまた、彼らの地位は換喩を助長する。もちろんすべてのユダヤ人が銀行家であったわけではなく、事実はそれにはほど遠かったのだが、銀行家たち自身が各々の国家のいかなる階級にも属さない集団であったということだけで、「社会的に」あらゆるユダヤ人が「空虚のなかに」位置するには十分であって、社会的非統合——この非統合それ自体はユダヤ人と国家の絆に結びついていない——はこの状況を更に強調することしかしないのだ。ここでの問題は、ユダヤ人を彼らが居住する様々な国の市民として許可するという観点からはユダヤ人の集団の存続は正当化できない、ということではない。重要な観点はというと、社会的同一性が階級への帰属によって代理表象されるがゆえに、ユダヤ人はたしかにひとつの集団たりうるとはいえ、この集団は階級ではないというこ

とだ。階級という観点からすら、ユダヤ人の唯一の存在理由は彼らの国家への関係であった。だからこそ、「時に国家と対立する社会階級はいずれも反ユダヤ主義的なものになったのだ。ユダヤ人は国家を代理表象するように見える唯一の社会集団であったのだから」(30)。

それゆえ、アーレントの主張《テーズ》はあらゆるユダヤ人が銀行家であるという考えに信任を与えることはないし、「近代国家における［ユダヤ人の］権力」(31)を確立することもない。さもなければ彼女は、ユダヤ人には政府を作ったり壊したりできる秘密の国際的潜勢力があるという反ユダヤ主義の考えをみずから主張することになってしまう。そう主張することは結局は、「ユダヤ人たちの奇妙な政治史が具現する最も重大な逆説」であると彼女が評したものを逸することに帰着してしまう。この逆説は、反ユダヤ主義的な数々の主張を直接否定するものではあるが、だからといってそれはユダヤ人たちを利するように働いたわけでもなかった。ユダヤ人銀行家はヨーロッパの家系という性質によってユダヤ人であっただけでなく、政治的権力への関係においてもユダヤ人であった。とはいえ、ユダヤ人に政治的権力が付与されねばならないのは、彼らが国家事業への資金供与の力能をある時期に有することになったからではない。問題は、ユダヤ人銀行家が政治的権力を行使しようとしたこと、すなわち政府の決定に影響を及ぼそうとしたことではないのだ。事実はその反対である。彼らは経済的力能を有してはいたが、「語の通常の意味でのブルジョワジー」が引き出したであろう結論をそこから引き出すことはなかった。銀行家たちは集団としてはまさにいかなる政治的戦略も持ち合わせていなかったのである。政治的権力は彼らの関心を惹かなかった。アーレントによれば、この現象の説明は、政治的領野に対するユダヤ人の伝統的な態度に求められなければならない。ユダヤ人の千年に及ぶ懸念は保護という観念に導かれてきた。敵対的な環境のなかで、誰が自分たちを保護できるのかを知ることが大事だったのだ。さらにそうした経験は、「上位権力が彼らに好意的であったのに対して、下位権力と民衆は彼らにとって危険だった」[32]ということを示している。ユダヤ人銀行家たちがこうした態度を継続しているということ、それを示しているのは、諸国家の合法性がいかなる型のものであるかに彼らが無関心であったということだ。彼らにとっては相手がルイ・フィリップであろうが、第二共和制であろうが、ナポレオン三世であろうが重要ではなかったのである。彼らにとって大切だったのは権力としての国家であった。政治的無辜であることはまさに、「何を犠牲にしても貫く忠誠」という言葉で表現される「国家への信頼」のうちに存している。いかなる政府であっても、その政府は支持を確約される。なぜなら、政府は国家と同一視されるからだ。しかし、国家と社会とのあいだの高まる緊張によって特徴づけられる時代においては、そのような態度は根本的に不適当であった。みずからの支持をどんな国家に対しても表明するだけでは、当の国家と対立しているあらゆる階級の敵意を生むことにしかならなかったからだ。

しかしながらアーレントは、全体主義以前の反ユダヤ主義は国家に融資する銀行家としてユダヤ人が到達した地位への直接の応答であり、そうした反ユダヤ主義の極みはナポレオン三世の治世下にあった、とはっきり主張しているわけではない。この時代にそうした反ユダヤ主義が拡大したとしても――たとえばトゥースネルは一八四五年以降ロスチャイルド家の神話を作り出すことに寄与した――、それが政治的動員力を初めて明かしたのはそれ以降の時代、ドレフュス事件の時代でしかなかった。ただし、アーレントが指摘するところでは、「ドレフュス事件が爆発したのは、第二帝政下、つまり、フランスのユダヤ人が自分たちの勢力、繁栄、影響力の絶頂を迎えたときではなく、反対にユダヤ人が重要な地位からすでにほとんど姿を消していた第三共和制においてだった」[33]。ドレフュス事件の時代は帝国主義以前と特徴づけられる移行期であり、それはブルジョワジーが国家への態度を変えたという事実を刻印されている。こうした動きにおいて、ブルジョワジーはユダヤ人銀行家の跡を引き継ぐだけでは満足せず、国家と資金調達の関係を逆転した。国家は、自身は権力へのいかなる望みももっていなかったユダヤ人銀行家に対しては主導権を保持していたが、ブルジョワジーは、みずからの拡張のための手段として国家権力を構成することで、国家権力をほとんど併合してしまおうとしたのだ。最初は、すべてのブルジョワジーがかかる動きと関わったのではなく、単に銀行関係のブルジョワジーだけが関わり、彼らは産業的生産からではなく融資から利益を得た。そのようにして、実に巨額の資本が蓄えられたのだが、市場の飽和ゆえにこれらの資本は本国《メトロポール》には投資されえず、遠くの諸国へと輸出され投資されて、その結果、融通の利く廉価な労力によって商品が生産されることになる。しかしながら、この動きのうちに、拡大のための拡大の追求として特徴づけられる植民地的帝国主義の始まりを見ることができるとしても、アーレントが書いているように、「貨幣の輸出と外への投資はそれ自体では帝国主義ではないし、必ずしも政治システムへと仕立て上げられた拡大へと繋がっていくわけではなく」、この政治システムは、金融資本の代表者が彼らの投資の保護を政府に確約させるときにのみ真に始まるのである(34)。資本輸出の最初の局面では、ユダヤ人資本家たちはなおも無視できない役割を果たし続けていたが、この役割は、当該地域の様々な産業集団が介入してくると急速に減退していった。ユダヤ人資本家たちは現実的ないかなる政治的権力も操ることがないので、海外投資に伴う危険の保障をすることができない。こうした投資を推進する者たちと利害を共にする国家だけがかかる保障をなしえた。この最初の段階――帝国主義時代に先立つ一〇年間たる一八七〇年から一八八〇年――の特徴は、「詐欺、金融スキャンダル、証券市場への投機の未曾有の増大(35)」であった。それは――何よりも――、奇蹟のような利得をちらつかせることで、庶民たちの貯蓄を海外投資へと引き寄せることであった。この点で最も意味深長なスキャンダルはフランスにおけるパナマ・スキャンダル（一八八九年）である。パナマ運河の建設に融資するために国家は、議会によって保証された国債を発行したのだが、パナマ運河会社の破綻によって、実に多くの庶民預金者たちが破産してしまったのだ。

パナマ・スキャンダルはドレフュス事件の直接の背景で、それはアーレントによればふたつの新事実をもたらす。「第一にそれは、議員と公務員が実業家になったということを示している。次にそれは、私的企業（会社）と国家装置の仲介者がほとんどユダヤ人だけであったということを示している」[36]。買収された議員のリストをレーナック自身によって届けられたドリュモンは、新聞を通して前例がないほどの反ユダヤ主義キャンペーンを展開した。ドレフュスの断罪（一八九四年）は、ドリュモンにとっては、この最初のキャンペーンを再び推進するための恰好の機会だった。

アーレントにとって意味深いのは、政治的反ユダヤ主義が現実から遅れて展開し、そのときにはかつて国家と銀行家を結びつけていた利益の関係が絶たれてしまっていたということである。国家とのこの切断されてしまった繋がりのなかで残ったのは、ユダヤ人たちが国家を操作していたという表象だけである。まさにこの瞬間、彼らは真に「空虚のなかに」身を置くことになった。国家の経済的要求という観点から見て、ユダヤ人が集団として実存することの存在理由が失われたのである。さらに、銀行家がユダヤ人集団を象徴していた限りで、彼らの役目がなくなったことは集団全体に影響を及ぼした。ユダヤ人集団の大部分が銀行家ではないにもかかわらず。それゆえ、ユダヤ人が国家の資金調達においてもはや必要不可欠な役割を担っていないとしても――パナマ・スキャンダルに巻き込まれた個人たちは仲買人であり、パナマ運河会社は決してユダヤ資本では成り立っていない――、また政治システムの堕落が彼らなしで始まったとしても、前の時代に作られた画像が、新たなものであるがゆえに不分明なある現象を象徴することになる。すなわち、有産諸階級が国家にもたらす利益や、政治と経済、国家と有産諸階級との漸増する絡みが、謎めいた雰囲気に包まれたスキャンダルに関して顕わになったのだ。国家は見かけ倒しとみなされるに至り、いかがわしい商取引の嫌疑がかけられ、何か明かされていないことがあるのではないかとの印象が生じる。この限りで、ある者たちにとっては国家は全体の利益をもたらすものとは映らず、特殊な人々の利益に与し、その結果として五〇万もの人々の破産を招いたものでしかなく、彼らはそうした国家と対立するに至るのだが、このような者たちが反ユダヤ主義者になったのである。反ユダヤ主義を動員する潜勢力は、一九世紀末の大衆の主要感情たる猜疑とのかくも容易な結託のせいで反ユダヤ主義にもたらされたのである。

政治的反ユダヤ主義は、ある意味で国民‐国家におけるユダヤ人の地位の現実と結びついていたとはいえ、すでにこの現実とは切り離されており、その点でイデオロギー的反ユダヤ主義に近づく。ドレフュス事件が帯びていた暴力的な形式は、もはや「一九世紀の典型的なイデオロギーという枠組み」には統合されない進展を告げているのだが、たとえそうだとしても、国民‐国家の諸条件のうちへの政治的反ユダヤ主義の投錨はかかる反ユダヤ主義に、国家の転覆を根本的に狙うことはしないという限定的性質を付与する。フランスの反ユダヤ主義は国民‐国家のナショナリズムがまとう数々の姿のひとつである。「国家が国民の道具に転じるのだが」、ここにいう国民はもはや市民の共同体ではなく民族の共同体であって、そのような「転倒＝倒錯」としての反ユダヤ主義は、ユダヤ人がその象徴である資金と政治の共謀を口実に、国家と共和制を攻撃する。しかしながら、反ユダヤ主義がナショナリズムと結びついたままでいる限り、それは今度はとりわけ外国人嫌悪の様相をまとう。それは外国人憎悪であり――「外国のユダヤ人はあらゆる外国人のステレオタイプになってしまった」――、国家的なものやその領土への自閉なのだ。この限りで、「国家的な次元では暴力的なフランスの反ユダヤ派は、国家を超えようといういかなる野望も抱いていなかった［……］。フランスの反ユダヤ主義者たちが〈党派を超えた党派〉を組織しようと試みることは決してないだろうし、国家を党派として、しかももっぱら諸党派の利害のなかで奪取しようと試みることも決してないだろう」。この点において、アーレントはローザ・ルクセンブルクの判断にしたがって、ドレフュス事件のあいだ、フランスではクーデターの真の危険は決してなかったと考える。しかし、まさに国家的反ユダヤ主義の力こそ、「ペタン一派」があれほど性急に、ナチスの命令を待つまでもなく反ユダヤの法律を公布したのかということを説明するものなのだ。ロベール・パクストンの著作より前に、アーレントはすでに、「ペタンの反ユダヤ法はナチの第三帝国によって課せられたのだという神話(37)」を非難していたのである。

たしかにアーレントは、近代国家の官僚的性質、近代国家が社会から分離していく動き、さらには、国家は個人ではなく階級を支配しているとの考えをめぐるマルクスの『ルイ＝ナポレオン・ボナパルトのブリュメール一八日』での分析を彼女なりに改めて取り上げているけれども、しかし、彼女のうちには、現実を覆い隠すイデオロギーとして普遍主義的言説を蔑ろにするものは決して見られない。この点で、彼女の分析は国民‐国家のぐらつきと同様に、国民‐国家がそこから着想を得、またドレフュス派の人々が擁護した諸原理の抵抗力を顕わにしている。全体主義以前の反ユダヤ主義の必然的帰結としての国民‐国家への批判は、アーレントがドレフュス事件の分析のなかで絶えず敬意を表している国民‐国家の創始的諸原理が引き起こした政治的関与への盲目を意味しているわけではない。国民‐国家もしくは、彼女が「フランスの国民的アイデンティティの栄えある権力(38)」と呼ぶものの創始的諸原理の喚起は、依然としてこうした原理に忠実で、その結果ドレフュス裁判の再審を求める戦いに関与した人々にその論拠を提供した。この創始的諸原理は一方では、「人権にもとづく国民というジャコバン的な非妥協的考え方」であり、それによれば、どの市民――その出自がどこであれ――も他の市民と平等の者で、彼はドレフュスが裁かれた際の明白な先入見に反対している。他方、いまひとつの原理は共和制的正義という想念で、これによれば、「ひとりの権利を侵害することは万人の権利を侵害することと同じである」。この観点から見ると、ひとりの市民がその権利が踏みにじられたとき、ある人間にもたらされた損害を超えて、権利の平等性にもとづいた共同体としての共和国それ自身が脅かされるのだ。諸原理をその抽象性ゆえに疑うことを旨とする通念の間違いを指摘しながら、アーレントは「《虎》［クレマンソー］の抽象性は、破産した人間の偏狭な考えよりも、政治の現実により近いものだった」と強調している。言い換えれば、そうした抽象性には現実を認識する力があり、筋書きを崩す助けとなるのである。この事件の筋書きで最も効果があったのは、ドレフュスはブルジョワであるとの偽の自明性であり、これが原因で社会主義者は実に長いあいだ訴訟の再審請求に加担することに二の足を踏んでいたのである。ところがクレマンソーは、正義にもとづく国家という考えに無条件に執着することで、「ロスチャイルド家のなかにも屈辱を受けた民族の成員を［見てとる］」ことができたのである。言い換えれば、原理は現実に通じるものであるということだ。ここでいう現実とは、解放の途上にあり、なかには経済的に恵まれた地位に昇りつめたひともいたとはいえ、「ユダヤ人はヨーロッパの抑圧された民族のひとつであった」という事実である。同時に、同じこれらの原理はパナマ・スキャンダルが暴いた他の数々の危険な傾向に対しても援用されることになった。これらの原理は「買収された議員の陰謀を告発する」(39) ことを促した。つまり、個人の利益を追求する目的で政治を道具にしてしまうこと、共和国にとってのいまひとつの脅威を告発することを。アーレントが第三共和制に対して抱いていた表象は社会主義者のそれに近いとしても、その意図は国家や政治を経済的利益の仮面だとして告発することにあるのではない。彼女がそうした現象に注意を向けるのは、それらが政治そのものを脅かす限りにおいてのみである。ブルジョワジーによる共和制という命題を信任するのではなく、彼女は反対にローザ・ルクセンブルクにならって、ブルジョワが共和国に脅威を与えていると考えるのだ。アーレントの語彙によれば、「ブルジョワ」という言葉がまず最初に意味しているのは、原則として株の個人的利益を作り出し、「本能的な警戒心と公的問題に対する［……］生来の敵意」から生まれた政治へのある種の関係なのである。ブルジョワの対立者とは——彼らにとってあらゆる公的制度は個人的利益という秤で量られる——、公的問題を万人の問題とみなしてそれに関心を寄せる責任ある市民なのである。[40]

政治の道具化と市民権の弱体化に抗して、アーレントは諸原理の必要性を肯定するのだが、諸原理が有している力、それはこれらの原理を守る心積もりのできている人々の戦いが諸原理に付与したものに他ならない。

現代まで、反ドレフュス派という言葉は、反共和制、反民主主義、反ユダヤ主義の同義語であり続けた。フランスの没落の原因は、そこにはもはや真のドレフュス派はいなかったという事実、つまり、今もなお共和制において民主主義、自由、正義を擁護したり実現したりできると信じる者がもはやいなかったという事実にある。[41]

3節　自然的差異としての差異化の生産
――プルーストと社会的反ユダヤ主義

ユダヤ人はその政治的解放以来、ヨーロッパ社会へと実際に参入し、この参入は漸増していったのだが、この進展から生まれた他の数々の曖昧さの束を把持するためには、この束を、「近代人の企てのなかで最も重大かつ危険なもののひとつ」に関わるより大きな問題系と関連づけなければならない。すなわち、トクヴィルのいう意味での「条件の平等」という問題系と。ここでもまた、近代史におけるユダヤ人問題の中心性は、ユダヤ人と非ユダヤ人との大昔からの敵対関係にもとづいて解釈されてはならず、一九世紀の政治と社会に一般的に影響を及ぼした数々の変更との関係だけで解釈されなくてはならない。たとえばアンシャン・レジーム期の社会においては、人間は差異化されていると同時に不平等だった。差異化されていたというのは、複数の秩序に再編されていたからであり、不平等だったというのは、これらの秩序が階層化されていたからである。したがって、人々の出会いはそれぞれが属している身分によってつねに媒介されていたのだ。数々の差異はつねに名称を授けられており、ひとは貴族であったり平民であったりするが、同時にユダヤ教徒もしくはキリスト教徒でもあった。世俗的位階はその正当性を父としての神のうちに見出していたが、王がその臣下の父であるのとまったく同様に、人間はこの神の子供なのだ。このような不平等――これは目に見える――は、魂の形而上学的平等――これは目に見えない――を排除するわけではなかった。これは神を前にした平等、法を前にした平等である。条件の平等の創始は、社会集団――一九世紀の社会は階級社会である――の解消ではなく、アンシャン・レジーム、すなわち数々の不平等の象徴的正当化における諸秩序ならびに分類の解体であった。近代社会が初めて、人間同士の直接的出会いを可能にしたのだ。「人間は地位や条件によって保護されることなく人間と対峙した」。言い換えれば、平等性は「世俗の」(*mundane*) 事実と化したのである。アーレントの書くところでは、「世俗の」ということの言葉は、平等が社会的であるとか経済的であるといったことを意味しているのではなく、平等にはもはや形而上学的正当化がなく、それゆえ平等は目に見えるものたりうるということを意味している。平等は人間のあいだの——魂のあいだのではなく——平等として思い描かれ、現出することを促されるのだが、このことは知覚そのものにおける変化を引き起こす。「平等が要求するのは、私が、どのような者であれあらゆる個人を自分と平等の人間として認識することである」。あたかも私の目が、政治組織によって原理的に認められた権利の平等性を浮き彫りにする類似性を他者に要請しなければならないかのように。トクヴィルの分析は民主主義の曖昧さに関するものであったが、アーレントはここで、他者の同類としての認知に起因する社会の等質化ならびに全能の権力を前にした万人の弱体化という脅威を銘記するのではなく、それとは反対の結果を銘記している。「不平等がひとつの社会に共通な法であるときには、どんなにひどい不平等でも衝撃を与えることはないが、みながほぼ同じ水準にいるときは、ほんの少しの不平等でさえ目ざわりである。それゆえ、平等がより大になればなるほど平等への欲望はつねにより貪欲なものになっていくのである」。言い換えれば、もはや差異のための言葉はないということである。各々が他者を自分と似ていると認識しなければならないなら、また他者を自分の同類と認識しなければならないなら、それでも存続する差異をいかにして説明できるというのか。差異のための言葉がないことによって、差異はより大きな脅威を与えるものとなるのではないだろうか。

ヨーロッパのユダヤ人たちはこれらの困難の只中に捕らわれていた。条件の平等は彼らにとって、社会的出自、民族の出自、宗教の出自が何であれすべての人間に原則的に適用される市民的平等を意味していた。政治的観点から見るなら、平等とは市民権であるが、ただし、これは単に平等な権利を享受できるということだけでなく、各自が政治的生活に参加できる能力、つまり他者の意見と合致したり衝突したりする自分自身の意見の特異性を表現できる能力のことなのである。ヨーロッパ史の特色は、政治的平等――少なくとも革命による断絶にもとづいてこの概念が引き起こした変化の作用――がすぐさま「社会的平面」に移されたということであった。ところが、アーレントにしたがえば、「社会」の数々の特徴そのものは次のような仕方で平等の概念を「頽廃させる」ことしかできなかった。すなわち、「ユダヤ人の条件が他の住人の条件と平等になればなるほど、ユダヤ人を他の住人から区別する特徴は驚くべきものになっていった[46]」のだ。

社会の役割に関するアーレントの問いの導きの糸は、社会学者によってではなく小説家マルセル・プルーストによって彼女に与えられる。プルーストは、「社会は現実に、より民主主義化されるにつれて、秘密裏に、より階層化されるのではないだろうか[47]」と問うている。みなが平等であっても、個人としてのユダヤ人は依然として「例外」的存在であった。民主主義化の途上にある社会こそが、ユダヤ人‐であることを、その個人がうちに秘めた不可思議な性質として規定し、その結果として、この性質は同性愛のように、外国人に対する魅力と嫌悪というアンビヴァレントな態度を引き起こすことになる。社会的反ユダヤ主義の実験室は社会全体ではなく「上流社会」で、若干のユダヤ人たちも――条件の平等性ゆえに――そこへの加盟を認めてもらおうと試みた。とはいえ、それはユダヤ人すべてがサロンに通ったということではない。そうではなく、銀行家の集団に由来する表象が政治的反ユダヤ主義としてあらゆるユダヤ人に跳ね返ったように、プルーストが描写した周縁的現象も社会的反ユダヤ主義としてあらゆるユダヤ人に跳ね返っていったということなのだ。

M・カノヴァンが指摘しているように、アーレントにおける社会という概念はそれを画定するのが特に難しい。それは単に内的に複雑であるからだけではなく、近似的な厳密さゆえのことでもある。(48) アーレントによれば、一般的に社会は画一化と同時に差異化の場所であるが、この差異化という言葉は、公共空間における《誰》の差異化という政治的意味で解釈されてはならない。

画一化の側面に関しては、社会という概念はふたつの導きの糸に則して組織されるが、その一方は経済であり、他方は文化である。コイノニア（*koinonia*）というギリシア語の意味――生命的欲求の満足とまず関わる家族全員のことで、これは労働と商品の交換とを同時に含意していた――から出発して、アーレントは社会的なものを、「公的領域において家事と家族の経済が認められること」、さらには「生命過程の公的組織化(49)」として考える。第一の意味の方はここではわれわれに直接関わるわけではないが、第二の意味の起源は市場ではなく「上流社会」であり、これはルソーの同時代に存在した一八世紀の貴族階級のサロンによって形成されたものである。これらのサロンのモデルは、ルイ一四世を真似た絶対君主たちがみずからの周りに集めた「宮廷」であり、これは貴族を宮廷人〔追従者〕に転じることで、政治的に無意味な存在たらしめた。財力ゆえに余暇や消費を楽しむことのできた男女で満員となることで、サロンは順応主義とエゴイズムを定着させた。各々がそこに姿を現さねばならないのだから、サロンは一種の公的空間である。しかしながら、このような登場は個性の現出ではなく、ひとが他者たちの期待に応えつつ自分に与えたいと欲しているイメージへの従属であって、そこでは何よりも社会的地位が重要視される。「上流社会」では、私は地位をひけらかし、肩書きを唱える。やがて私は地位と同一視されるだろう。「上流社会」は、流行の「擬似‐公的」空間であり、世論、「噂」、風聞、陰口が全能であるような「擬似‐公的」

空間なのである。社会の偽善に抗して、真摯さにはただひとつの逃げ場しかない。すなわち、親密さ、真心である。ルソーは、社会的なものと親密なものという新たな不可分な二重語の最初の「探検者－代弁者」であった。アーレントによれば、消費と余暇の発展に伴って「社会」は大多数の人々に及び、それと共にこれ見よがしの消費と社会的地位への強迫観念が生じることとなった。そうした発展は、アーレントが「大衆社会」と呼んだものを特徴づけており、この社会には「順応主義の危険とそれが自由に及ぼす脅威[50]」とが内属している。

しかしながら、順応主義を分泌すると同時に、社会は差異化〔分化〕をも分泌する。実際、ある意味では社会というものは概念においてしか存在しない。現実に存在するのは、生計を立てる必要性であれ、文化的国民的類似性であれ、それらによって結集する数々の集団なのだ。社会は「無数の多様な集団と組合＝連合」によって構築されており、その成立――「組合＝連合の権利の拡大」――は根本的な「社会の権利」である。差別とは自由な組合＝連合の別の側面である。ひとは全世界と結びつくことは決してなく、「類は友を呼ぶ」という原則に則して結びつくのであって、組合＝連合の基準はつねに選別的である。アーレントが書いているように、「ユダヤ女として、私が自分の休暇をただユダヤ人とだけ過ごしたいとしても、誰がどのように私の邪魔をするのかは分からない」。しかしながら、「ユダヤ女として」という表現は、私を別の集団の成員――彼らは休暇を自分たちのあいだで過ごし、場合によってはユダヤ人なしで過ごすことを選ぶだろう――と区別するとはいえ、ここでは私にいかなる個人の区別も与えてはくれない。それは、「あなたは誰ですか」という質問にアーレントが答えた「ユダヤ女」という表現と同じものではない。言い換えれば、いかなる社会の只中でも順応主義が支配しているのと同様に、集団それ自体の只中でも順応主義が支配している。「ある一定の社会集団に帰属することが認められているのは、その集団を他から区別し、その整合性を確証するところの一般的特徴に順応する者だけなのだ」[51]。社会的差異化〔分化〕は、つねに多少なりとも生まれによって伝播される原理に依存している。一切の社会的帰属──民族的帰属もまた──は、各人のアイデンティティを構成する所与である。しかしながら、社会は多様な集団によって構築されているので、ただひとつの順応主義ではなく、アイデンティティという点で互いに対立するいくつもの順応主義を有している。この限りで、「大衆社会──これは、集団のあいだの差別的な亀裂と区別の階層を抹消するのだが──は、社会それ自体にとって危険なのだ」[52]。したがってアーレントにとって、社会的差異化〔分化〕には大きな意義がある。なぜなら、社会的差異化〔分化〕は大衆化への抵抗の社会力を成しているからだ。その点において、社会は政治的重要性を有してもいる。階級は単に諸個人に対する「防御壁」ではなく、「怒りに満ちた諸個人の無形の集団」[53]が形成されるのを妨げるものでもあった。アーレントにとって、これは全体主義的諸体制が現れる条件のひとつなのである。

しかし、集団への分割が社会にとって必要不可欠であっても、つまりそうした分割によって諸個人にアイデンティティが与えられるとしても、社会は、つねに帰属する集団への順応主義に彼らを閉じ込める危険を伴う限り、それだけでは十分でない。したがって、そのようなアイデンティティは、社会的界域という唯一のものとみなされた界域とは別の界域において各自によってつねに繰り返し引き受けられ、やり直されねばならない。《誰》の公的現れは所与を無効にすることはないにしても、いかなる他なるものにも還元不能なこの《誰》の差異化〔分化〕を構成する。民主主義においては、有権者になれる可能性が、特に被選挙資格を得る可能性が誰にでも与えられなければならない。被選挙資格とは、「初めからみなが平等であるこれらの状況において抜きん出る可能性を各自に与える」ものであり、それゆえ、社会空間ではなく公的空間だけが要請する肩書きを示す可能性を各自に与えるのだ[54]。ここでわれわれはゲーテの『ヴィルヘルム・マイスター』を思い出す。これは、「お前は誰だ」という問いを発することのできないブルジョワの無能力を明るみに出す。ブルジョワは「何をもっているのか」という問いしか発することができないのだ。「何をもっているのか」という問いは、貴族が提起することのできた自己表象、現出することについての問いである。社会のうちで各自が答えなければならない問いなのだ。

重要なのは、社会において各人が、その役割や地位がいかなるものであろうと、「自分は何か」に関する問い――「自分は誰か」を尋ねる問いと対立する問い――に答えなければならないということである。もちろん、「私は比類なき唯一の者だ」は決して答えたりえない。それが含意する傲慢さゆえではなく、こうした答えにはいかなる意味もないだろうからだ(55)。

そのようにして、三つの主体化の様式が現れることになる。ひとつは、そのひとがもっているものによって――何をもっているのか――同定されるブルジョワの主体化。次は、社会的役割、つまり、自分が何であるかによって他者と自分を区別する――お前は何か――ところの諸差異の界域での主体化。最後に、市民性、つまり自分が誰であるのかを明らかにする機会を与えてくれる個人的区別の界域での主体化。第三の主体化の様相は前者ふたつの主体化の様相によって隠蔽される傾向がつねにあり、その限りで、最も脆弱な主体化の様相である。

では、アーレントによれば、いかにして一九世紀ヨーロッパの諸社会は現れるのか。一方では、差異化〔分化〕とアイデンティティの原理は階級への帰属によって保証される。しかし他方では、「社会」――「上流社会」という意味で――は、住人のなかでも経済活動において支配的な役割を担っていた階級に限定されるから、「非‐社会的な」諸層、つまり「社会が完全には統合しきれなかった諸集団」は同じ住人の内部で共存していた。こうした集団のなかで、アーレントが引き合いに出すのは労働者階級であり、またプルーストによって描かれた同性愛者とユダヤ人である。(56) しかしながら、「社会」に属していない点でユダヤ人が一九世紀のプロレタリアートと共通点があるとしても、彼らの状況は同じではない。一方で、われわれがすでに見たように、ユダヤ人たちはブルジョワでも農民でもプロレタリアートでもないので、階級社会に統合されず、社会的に言えば「空虚のうちに」あったということである。他方では、条件の平等はより特殊に、ユダヤ人にとっては社会的アイデンティティの喪失を意味していた。アンシャン・レジーム期においては、社会的独自性は共同体の指標によって与えられており、その宗教が象徴的な枠組みを提供していた。ユダヤ人が他の民族と区別されたのは生活様式によってであり、時には言語や、彼らのあいだの特権的関係、起源にまつわる共通の物語、各自が生まれた同定可能な環境によっても他の民族と区別された。社会的アイデンティティはすでに与えられたもので、ある意味では問題を提起することはなかった。逆に、同化の条件はその結果として、これ以後「お前は誰か」という社会的問いに対して「ユダヤ人」――他とは異なる過去を背負った民族の成員――であると答えることを不可能にした。そこから、プロレタリアートとのもうひとつの差異が生じることとなる。すなわち、ユダヤ人にとってのみ「社会」への同化の運動が生まれたのであって、この運動は比較的限定された諸個人にしか関わらなかったとはいえ、条件の平等という近代的出来事の曖昧さの結果をことごとく身に被る位置にあり、その徴候こそアーレントが社会的反ユダヤ主義と呼んだものの発展だった。数々の仕事場のあいだの結束ではなく「上流社会」が同化の社会的実験場であった。とはいえそれは、プロレタリアートや職人のユダヤ人がいなかったからではない。しかし、だからといって、アーレントにここで関心を抱かせた社会的反ユダヤ主義が生まれたのは、こうした場所にユダヤ人が現存することに起因するのでもない。この限りで、ユダヤ人たちは他と区別された集団として社会に組み込まれるのではなく、ひとりずつ、個人個人で組み込まれていくのだ。しかし、政治の舞台が、人格的に他と区別された者として自己を呈示する各自の可能性によって特徴づけられるのに対して、社会は個人に「みなと同様な」存在のイメージを他人に示すことを要求する。「上流社会」では、新参者に提起される問い、同化の要求は、平等／不平等という言葉よりもいっそう類似／差異という言葉によって表明される。ただ、ユダヤ人にとっては類似は自明の事態ではない。ユダヤ人が社会的に受け容れられるのは、ある逆説の様態においてでしかない。すなわち、「ユダヤ人であるがユダヤ人に似ていない（らしくない *were not like*）者[57]」だけが受け容れられたのである。言い換えれば、同化したがっているユダヤ人に突きつけられる問いが「お前は誰と同様か」というものであるなら、その問いにはつねに補足的な問いが伴っている。すなわち、「お前はわれわれと同様なのか、それともユダヤ民族、ユダヤ人と同様なのか」という問いが。ユダヤ人にとって、「みなと同様な」は別の意味を帯びている。すなわち、ユダヤ人は「みなと同様」であるのと同時に「ユダヤ人と同様でない」のだ。

この「ユダヤ人と同様でない」はそれ自体が多様化していくところの表現である。『ラーエル・ファルンハーゲン』に立ち戻ることで、それを把持することができる。ユダヤ人に類似していないということはまず「オストユーデン」(*Ostjüden*)、つまり東欧のユダヤ人に類似していないことを意味する。それゆえ、ラーエルは「傷つき、ぼろぼろで［……］軽蔑の対象となった民族共同体[58]」から身を引き離さねばならず、「ユダヤ人であること」についてつねに自己正当化しなければならないという際限なき課題に従事しなければならなかった。「私はそのような者じゃない」と絶えず宣言しつつも、ユダヤ人であること——なぜならそれこそ彼女の独自性であったから——。しかしながら、プロイセンの歴史の偶然がこうした問題系を変化させることになった。一八一二年の解放令は――征服者ナポレオンのフランスの影響の下――、多くの貧しいユダヤ人が住んでいた東欧の領土をプロイセンが失ったことに対応していたがゆえに、この解放は裕福なユダヤ人にしか関わらなかった。裕福なユダヤ人たちはもはや「例外者ではなく、軽蔑される民族を表象する者」なのだ。彼らの解放を裏打ちするものとしてある命令が登場したのだが、それは、「ユダヤ人」という抽象概念との相違を示すことを各々のユダヤ人に命じるものだった。「ユダヤ人」という抽象概念に対して軽蔑は向けられるのであり、解放されたユダヤ人たちはそれ以後このユダヤ人全般を代理表象し、かくして、グラッテナウアーが練成したこの抽象概念を具体化することになる。そのとき目撃されたのは、解放という問題系が教養あるユダヤ人にすでに突きつけていた矛盾をはらんだ命令の新たな定式化であった。例外ユダヤ人は大多数の「後進の同宗者」から区別されなければならなかった――これは社会的昇進にとって普通の状況である――が、解放以後、ユダヤ人は「祝福される個人」でなければならなかった。「なぜなら、彼は例外者であり、〈ユダヤ人から〉、それゆえすべてのユダヤ民族全般から区別されるからだ(59)」。しかし、解放されたユダヤ人自身にとって、「ユダヤ人」は把持不能な亡霊であり、それと自分を区別しようとする課題は不可能な課題となる。なぜなら、その生き方や考え方が特殊であるということで特徴づけられる社会集団に対して上位に立とうと努めることはできるとしても、亡霊相手に、つまり反ユダヤ主義の非難のままにどんな内容でも帯びてしまう抽象概念を相手に、それと自分を区別することなどできはしないからである。こうした布置は、プロイセンがウィーン会議後にその領土を回復しユダヤ人の解放令を廃止したときでも、消失することはなかった。「ユダヤ人」という把持不能な亡霊は残ったままだった。ユダヤ性は、各ユダヤ人が自分のうちに有しているとみなされる根絶できない自然的諸特徴の総体とますます同一視されることになる。同化の定式それ自体が、定式化不能な差異に合図を送っている。ユダヤ人に類似していないことは、各個人がその担い手であり続けるような「ユダヤ人」が存在するけれども、その輪郭はますます謎めいていくということを前提としている。かつての社会的・政治的状況はひとつの個人的特質へと変貌した。ラーエル・ファルンハーゲンの冒険の全体、恥辱の対象としてのユダヤ性への固着は、このような枠組みにおいて真に意味を得る。だからこそアーレントは、『反ユダヤ主義について』の、「ユダヤ人と社会」と題された章に、解放の初期をめぐる長い言及を挿入して、教育、例外ユダヤ人、ベルリンのサロン、ヴィルヘルム・マイスターなどのテーマを採り上げているのだ(60)。

このような現象はドイツ語圏に限定されるものではない。アーレントによれば、社会的同化とまだ同化していないユダヤ人との関係という不可分な二重性は反対に、「ユダヤ人問題(61)」と呼ばれる慣わしであるものの特徴である。フランスに関して、アーレントはベルリンのユダヤ人の近東地域のユダヤ人に対する態度と、フランス革命以前にすでに権利の平等を享受していたボルドーとアヴィニョンのユダヤ人の態度との相似を描き出している(62)。しかしながら、この相似は弱められることで価値を得る。一方では、フランスにおけるセファラードの共同体とアシュケナージの共同体は真に別個のものである。ボルドーのユダヤ人たちが、君主のようにアルザスのユダヤ人たちを支配していると言うことはできない。さらに、セファラード／アッシュケナージの分割がフランス革命中もそれ以後も存続していたとしても、たとえばパリではそうした分割は廃止されつつあり、ユダヤ人たちは全員一致で解放を要求していたのだ。後続する災難がどのようなものであったとしても、一七九一年の政令はフランスにおいてこの分割を消失させようとする影響力を有しており、実際にそれは実現したのだった。フランスにとって、アーレントが「ユダヤ人問題」と呼ぶものはポルトガルのユダヤ人／アルザスのユダヤ人という古い分割よりもむしろ、フランスのユダヤ人（アルザス、ボルドー、ヴナスク伯爵領出身の）と東欧の解放されたユダヤ人とのあいだでつねに刷新される分割とより大きく関わっている。パリは一八八〇年以来これらのユダヤ人を多数受け容れていた。それゆえ、同化の二重の顔、つまり、ユダヤ人に似ることなくユダヤ人であることの必要性が維持されていることは、移住の波が生じてから再び起こったヨーロッパにおけるユダヤ人解放を構成する特徴なのである。

貧しいユダヤ人との区別がユダヤ人一般に対する区別へと横滑りしていったこと、これもまたプロイセンという文脈には収まらない。『失われた時を求めて』におけるスワンとブロックという登場人物を比較分析してみれば、この二重の問題系が顕わになりうるだろう。一方で、ブロックは同化の第二世代であり、依然としてユダヤ人と自分を区別しなければならない。すなわち、格式あるバルベックのホテルを騒々しく占拠する「感じがよいというよりも絵のような趣の［……］ユダヤ人の集まり」から、プルーストによって一種のドイツ語訛りとして再生された訛りでフランス語で考えを表現する過度に東洋的なユダヤ人に至るまで、すべてのユダヤ人から自分を区別しなければならないのだ(63)。他方では、優美なスワンは「大ユダヤ」の家系に生まれ、「洗練された食通であり［……］ジョッキークラブのメンバーであり」、ポルト酒の愛好家であるゆえに(64)、もはやユダヤ的なものを何ら有さない。彼のうちでは、ユダヤ性はもはや国民的特徴ではなく、もろに人種的な特徴と繋がっており、同化という鍍金《メッキ》を通してこれらの特徴は生来の遺伝的な差異化として透かし見える。「ユダヤ人全般」は、同化した各ユダヤ人に取り憑いた人種的差異化として具現するのだが、それは、姿を現して遂に見出される機会をもっぱら待望しているのだ。

社会に「巧みに入り込んだ(65)」ユダヤ人の諸個人に当の社会が担わせていた役割は、ある時期に人種《ラース》という概念が「社会のなかに実在し、世論の同意を実際に得ている諸現象と確信(66)」のおかげで獲得した真正さを解明してくれる。サロンという現象がラーエル・ファルンハーゲンの伝記を書いていた者にとって無縁なものでなかったとしても、一八世紀末のベルリンのサロンと一世紀後のフォーブール・サン゠ジェルマンのサロンのあいだに数々の共通点があったとしても、プルーストはベルリンのサロンとは著しく異なるひとつの状況を描き出した。ベルリンのサロンがある時代を開いたのに対して、フォーブール・サン゠ジェルマンのサロンはそれを閉ざした。一方のサロンと他方のサロンとのあいだには、人間性を具現する例外的ユダヤ人たるメンデルスゾーンの人物像とブロックの人物像――「奇異ではあるが見て味わいのある」見世物とのあいだにあるのと同じく千里の径庭がある。ブロックがサロンに入り込んだことに関して、(67)プルーストは実に正確に、いかにしてユダヤ性が社会機構それ自体によってその純粋な「生来の」差異へと堕落したかを描いている。社会は一致してしか、つまり単調な仕方でしか機能しないので、気晴らしをするために絶えず独創性を（誰かについて、「彼は変だ」、「面白い」と言う意味で）呼び起こすのだ。それゆえ、ベルリンの人々がラーエル・ファルンハーゲンの精神の自由さやそのユーモアや豊かな人間性を高く評価したのに対して、ブロックはその人格的な美質と会話の上手さをもってしてもヴィルパリジ夫人にまったく受け容れられなかった。一方で、ヴィルパリジ夫人はブロックをあてにしていた。「次回の朝の演奏会で演奏してくれる芸術家たちをただで自分に調達してくれる」ことを期待して。他方で、ブロックは彼自身がひとつの見せ物だった。すなわち、彼が担っているユダヤ性は「美的な好奇心」を掻き立てるもので、「地方色好み」ゆえに、「オリエンタリズム趣味」ゆえに好まれる。しかしながら、プルーストが「人種の驚くべき潜在力」に帰着させたこのユダヤ性にはいかなる一貫性もない。それは繰り返し亡霊として現れる。あたかも古代のユダヤ人（必然的に東方のユダヤ人ということになる）が心霊術の会の開催中に回帰してきて個人を美化するかのようだが、そのときにこの個人が実際に発する言葉はその平板さゆえに失望させ魅惑を断ち切ることしかしない。ブロックが口を開くとき、彼自身は社会における想像的なものの高みに至ることなく、「ぼくの山高帽に注目したまえ」[68]と言う。これこそ、社会の想像力のなかにしか実在しないユダヤ人一般であり、この想像力がブロックの知らないうちに彼を二重化しているのだ。この意味でこそ、社会は民主主義的になるにつれて位階を作り出すのである。なぜなら、社会こそが差異の作用を統御するからだ。つまり、社会はそうした差異を好き勝手に高く評価したり、同様に拒否したりすることができるのであって、この差異はポリスの平等のうちで「自己差異化すること」とは何の関わりもない。

これらすべてに付け加えるべきは、一九世紀末に人種の概念が獲得した真正さは、「市民の責任感」——クレマンソーはドレフュス事件のあいだ絶えず同国人たちに責任感をもてと訴えた——「に対してブルジョワ的価値が勝利したこと」と関係づけられねばならないということだ。そうした背景を踏まえることでこそ、「型通りの心理学」への次第に顕著になっていく傾向をめぐるプルーストの指摘を理解することができるのだが、この種の心理学は、アーレントが「倒錯した寛大さ」と名づけるものの形をまとって数々の法廷を侵食している。プルーストが書くところでは、この「倒錯した寛大さ」によって「幾人かの裁判官は、性倒錯者における殺人とユダヤ人における裏切りを、原罪や民族の運命にもとづく理由を設けて、より簡単に予想し容赦する」[69]。政治的意見が党派の働きによって操られるとき、プルーストほど、政治的意見の堕落——ドレフュス派の意見とて例外ではない——を見事に解明した者は誰もいない。政治的意見はもはや真の判断ではなく、——スワンそのひとにおけるように——先祖返りでない場合にはそれはしかじかのサロンへの帰属の徴しである。

しかし、プルーストが解明するのは反ユダヤ主義の新たな特徴であって、これによれば、ユダヤ性は

「個人の不可思議な特権」としてではなく、「悪徳」として感知される。サロンのための気晴らしにも似た役割を担わされた男性同性愛者に対して社会が抱く関心からのいわば感染によって。こうした過程において危険なことは、同性愛——それ自体は何ら不名誉なことではない——との比較ではなく、この過程が、当時同性愛を指し示していた「悪徳」の概念を起点として実行されたという事実である。なぜ危険かというと、ユダヤ性が悪徳と化したときから、もはやそこから逃れる方法はなくなるからだ。この定式がまったく別の意味をもつのは、それがラーエル・ファルンハーゲンに関わるときのみである。アーレントがラーエルの伝記の章の一つに「みずからのユダヤ性からは逃れられない」という題名をつけたのは、いかなる点でこの次元〔ユダヤ性〕の認識が《誰》の構築において必要不可欠なのか、それも《誰》を決定するものとしてではなく、絶えず作り直すべき対象として必要不可欠なのかを示すためだった。ユダヤ性が悪徳と化すとき、ユダヤ性はユダヤ人がなしたり言ったりすることのできるすべてのことから逃れ去る。「悪徳は絶滅されるしかありえない」[70]のだ。

アーレントによれば、まさにこの方向でプルーストは「〔みずからの〕情熱と洞察の力によって」、ドレフュス事件のさなかに出現した反ユダヤ主義の新たな特徴を解明した。ドレフュス事件とは、「ユダヤ出自のあらゆる人々に対する組織的で計算された攻撃」[71]であった。それゆえ、ブロックが人々のうちに引き起こす好奇心は、またたく間に残酷な遊戯に変質しうる。ブロックは誤解の真只中にいる。彼は心からドレフュス事件について語ろうとし、大使であるノルポワ氏から情報を入手したいと望む。ノルポワ氏がドレフュス派か反ドレフュス派かどうかは決して知らないのに、ブロックは執拗にノルポワ氏に尋ねるのだが、ノルポワ氏がブロックと話してもいいと思うのは、彼がブロックのことを「少し時代遅れで、少しもったいぶった話し方のゆえに面白い人物である」とみなす限りでしかないことには気づいていない。しかし、楽しさは飽きるものだ。「話し相手がどれほど風変わりに見えたにしても、ノルポワ氏には対談があまりに長引きすぎたと思われるのであった」。かくして、もっと話したいと思ってブロックは限界を超えてしまうが、そのことに気づかない。ノルポワは彼を厄介払いしたいと思って、一般論を捨ててブロックに「ある激烈さをもって」問いただすのだが、ブロックの方はこの激烈さを、彼が自分の重要性と思い込んでいるものに見合ったものとみなしている。ノルポワ氏は詰問する。「［政府が］公民の義務を果たすようにと言ってきたら、あなたは言うことを聞いて、政府の周りに整列しますか。政府の愛国的な点呼に、あなたは耳をふさがずに〈はい〉と答えることができますか」。ブロックは自分のために味方を見つけようとするが、うまくいかない。彼らは互いに結束してブロックに敵対する。わけ知りの笑顔が交わされ始め、ブロックの宗教についてそっと耳打ちがされる。こうした集団の残酷さは、「われわれが根底的に無縁であると感じるひとたちの集団が引き起こす、物見高く悪意に満ちた面白さ」のうちに存している。誰も勇気を出してこの集団から離れようとせず、最後にはブロックに「それは私が原則としてヤペテ〔アーリア系〕のあいだでしか話さないことにしている事件です」と毒づかせることになる。ブロックの意見のことなど、ひとはまったく気にもかけない。彼はユダヤ人であるからだ。エキゾチックな存在が放つ魅力は結局は象徴的な死刑執行によって相殺されてしまう。なぜなら、ブロックはヴィルパリジ夫人によって一言もなく握手もされずドアまで送られ追い返されたからだ。ブロックは無視してよい人物である。彼は大笑いされたのだ。では、別の楽しみを見つけましょうというわけだ。ただし、最も直接的にユダヤ人に対して残酷な幻想、話者が「おぞましく、ほとんど狂った」と特徴づける幻想を口にするのはシャルリュス男爵である。男性同性愛者のサド－マゾヒズムは社会のサド－マゾヒズムの隠喩となる。彼は同性愛者の想像的な苦痛－苦悩となる。それゆえ、シャルリュスは話者の友人であるブロックに「エキゾチックな見世物」を自分に見させてくれるように頼んでほしいと話者に提案するのだが、その見世物のなかで、ブロックはダヴィデやゴリアテのように父を傷つけ、「この悪党を、私の家の年とった女中の口ぐせによれば、自堕落な母親をめった打ちにする」とされる。しかも、シャルリュスはそうした場面を想像して感じる快楽を隠そうとしないのである。[72]

こうした状況において、ユダヤ人のあいだで構成されうるのは、倒錯した社会性が党派のなかの党派という様相での倒錯した社交性のみである。非‐同性愛社会に散らばる同性愛者たちの関係を描くプルーストの描写はここでは、アーレントが書いたように、「X姫のサロンの対蹠点に見出されるのが、みずからのアイデンティティを公的に明らかにする権利はないけれど、意味を奪われたこの特質がなかったら決してこの場所に紛れ込むことはなかったであろうもうひとりのユダヤ人であった[73]」とするなら、ユダヤ人同士のある種の関係を示す比喩となる。同性愛者の社会は、オスカー・ワイルドの場合のように、時として犠牲者の周りで一体化し、苦痛と迫害によって結びつけられる公然たる社会なのだ。そのようなひとの集まりに対応するのが、「ドレフュスの周りにいたユダヤ人」の集まり、すなわち「彼らに打撃を与える追放に直面した同類の集まり[74]」である。しかしプルーストによれば、このような時期は例外的なものだった。彼というのも、大抵はユダヤ人たちは互いに避け合い、自分たちと最も対立する者を探していたからだ。彼らが避け合っていたのは、そのとき、アーレントの註解するところでは、自分たちの特徴が相殺され「ユダヤ性や同性愛的なものが、世界中で最も普通で平凡でまったく面白くない要素になってしまうかもしれなかった[75]」からである。集団内である倒錯者が別の倒錯者を割り出す場合、「互いに知り合いにならないことを願う」者たちのあいだで打ち立てられるのは、他人に見つからないような暗黙の了解であり、これは彼らにしか理解できない合図によって打ち立てられるので、結果としてその他の人々の社会を二重化してしまう非合法的な秘密の社会を創始することにもなる。同化の拘束はユダヤ性を際限なき強迫反復――個人的能力を決して明らかにすることなき戯れのなかで、隠すと同時に顕わにしなければならないもの――に変えるだけでなく、ユダヤ人のあいだにある種の関係の様式を築きもするのだが、この様式は、彼らのあいだに社会も共通の公的世界も創設されることを禁じるような社会的絆によって完全に決定されている。

一九世紀末とは資本主義に支配されながらも過剰生産による危機ゆえに周期的に動揺していた時代であるが、そこで明らかになったのは、諸階級への社会の構造化を脅かすことになる社会‐政治的運動であった。アーレントによれば、資本主義は便利さに向かうが絶えず余剰へと運命づけられた生産システムである。一方では、生産がもたらす利潤に与る国内市場の狭さによって、「余剰の富」が出現し帝国主義を出口＝市場とすることになった。他方では、人間自身が余分なものになり始める。「産業拡大の各時代にそのつど変わらず後続する危機の各々」が、「くず」になった人間を恒常的にふるい落としていくのだ。破産した「低額預金者」、失業した働き手もまた「余分なもの」とされる[76]。アーレントは、あらゆる社会階級から落ちこぼれたが、自分たちがどの位置にいるか決して分からない落伍者の集団を「モッブ」（下層民）と呼ぶ。モッブが政治の場面に、特に首領への崇拝[77]によって中心化された組織に闖入することによって、厳密に言えば階級の対立と同時に共和的政治組織に不均衡をもたらす要因が導入される。そのような結合が初めて現れたのはドレフュス事件のときであり、このとき群集は「ユダヤ人に死を！」の叫びに結集したのである。逆説的だが、ある意味では帝国主義のおかげで、この結晶化は――別の展開を予告してはいたが――頓挫した。実際、帝国主義――それが本当に発展したのはドレフュス事件の時代のあとのことでしかない――は、こうした群集の多くに思いがけない捌け口をもたらした。「これら余ったふたつの力、余ったお金と働き手によって国を出て行く手段が与えられた」[78]。それまでのあいだ、「群集はユダヤ人の店を略奪し、路上でユダヤ人を襲った」が、一方、上流社会は同時期に、狡猾な想像力を展開して「ギリシア神話のマルシアス」のようにユダヤ人の身ぐるみを剝ぎ、生きたままレーナックを火にかけ、徹底的にユダヤ人を割礼してしまおうと夢見ながらやりたい放題だった」[79]。これらの主題にもとづいて生まれたのが、政治制度の外で実現したエリートと大衆の同盟だったのである。

しかし、ドレフュス事件の近代的特徴やその新しさ――それを通じてこの事件を「当時の数々の出来事の一般的な反復」として考えることができる――は、政治的反ユダヤ主義――これは依然として国民‐国家の枠組みで捉えられている――に存しているのでも、社会的反ユダヤ主義――これだけでは政治運動を生むことはできない――に存しているのでさえなく、これらふたつの流れのあいだで実現した結晶化、混合態のうちにあり、これがまた新たな布置、新たな出来事を生み出していくのだ。「ユダヤ人一般」、「至る所にいるがどこにもいないユダヤ人」という形象がそこから出現するところの社会表象、かかる表象の作用を被った社会では、ユダヤ人の力能と国家のあいだに想定された共謀を特徴とする政治的反ユダヤ主義は――わずか数年のあいだだけとはいえ――、あらゆる階級から出てきたこれら群集の熱望を表象することができたのだが、これら群集の根源的な動機は怨恨であり、自分たちが代表されることなき社会や議会に対する憎悪であった。下層民〔モッブ〕にとって、政治的表象の形式――議会、政府――は見せかけである。下層民の首領たちの言説は反ユダヤ主義で溢れ返っていたのだが、この反ユダヤ主義がかくして下層民の特権的な政治表現となった。なぜなら、それは大衆の猜疑心、「政治的生活の現実的な力は、内幕で働く秘密の影響力の運動のうちにある[80]」と信じ込む大衆の傾向をうまく表現しえたからである。

6章　無国籍者あるいは「人間一般」

一九一四—一九一八年の戦争まで、ユダヤ人解放はヨーロッパにおいては根本的には脅かされてはいなかった。言い換えれば、国民‐国家は自分を動揺させる内的な力に抵抗し、依然として不正義に対する砦たりえたし、市民国家においてその諸原理を守る準備のできた市民が少しでもいれば、これらの原理に則して働くことができたのである。フランス市民であるドレフュスを擁護するために、法の前での市民の平等を引き合いに出すことができたのだ。国民‐国家とその解放の戦略にとっての最大の脅威が現れたのは、第一次世界大戦後のことであり、これは外部から、すなわち「直接的には国民‐国家自体の伝統にも制度にも由来しなかった諸要因」からもたらされる。平和条約が生んだ少数派に関する解決不能な問題と、とりわけ国民‐国家が統合も保護もできなかった無国籍者が大量に溢れたその規模とによってまず崩されたのは、「ヨーロッパの国民‐国家のシステムの安定性」、すなわち諸々の国民‐国家自身のあいだで一九世紀に構築された均衡であった。[1] これらの外的要因が結果として明らかにしたのは、国民‐国家がみずからの原理と一致して働けない、つまり人間たちに権利の平等を保証できないという構造的無能力であった。そのとき、守られるべき人間は人間でしかない、すなわち、無国籍者であり国民‐国家のなかに群れとして存在しているにすぎない。その理由はというと、国民‐国家が政治的かつ象徴的制度として機能することができるのは、いくつかの条件――そのときまで暗黙のものであり続けた――が与えられるときだけであるということだ。これらの条件は論理的なものではなく事実的なもの――つまりアーレントが「国民‐領土‐国家の三幅対」と呼んだものである。この三幅対が欠ければ、国民‐国家は法の前での市民の平等を創設する己が原理を嘲笑することしかできないだろう。われわれは、ここでアーレントの政治理論の独創性が働いているのを目にしている。その独創性とは、政治哲学――人間的事象に関わる規範的照準を有した実践的諸概念の理性的演繹――でもなければ、政治的出来事の純粋な歴史でもなく、それは政治的諸概念の有効性について問うこと、すなわちこれらの概念の起源と同時に、人間の経験を言語化し、それに意味を与えるこれらの概念の能力について問うことである。あるときから「人権」という言葉は空虚で役に立たない抽象概念の同義語となったという事実は、全体主義の運動への王道を準備した全般的な道徳的頽廃に起因するだけでなく、人間の権利の問題系の不十分さにも起因しているのであって、それをこそ解明しなければならないのだ。

二〇世紀の数々の経験は何百万人もの男女から一切の権利を奪ったのだが、アーレントによれば、「こうした喪失に対応し、人権のひとつとして数えられることさえ決してなかった権利は、一八世紀の諸カテゴリーにおいて表現されることはありえないだろう」[2]。アーレントが人権に向ける問いにおいては、権利の平等という観念に付随する曖昧さのふたつの束、すでにユダヤ人解放によって明らかにされていたこれらふたつの束が改めて結ばれることになる。そうした問いとは次のようなものだ。すなわち、その名の下に権利の政治的平等が付与されるところの《人間》の概念はどうなっているのか。また、この《人間》概念によって基礎づけられる、人間同士の自然な平等という観念についてはどうなっているのか。国民‐国家の基礎としての人権に対するアーレントの批判は、政治的制度として人権がまとう特徴だけでなく、前代未聞の状況を象徴する能力、つまり実践的な座標と言語をそうした状況にもたらす能力をも問いただしている。この挫折、この未解決の問題は、全体主義の直接的原因となったわけではないが、「現代の数々の課題を制御する」(3)ことができると主張する全体主義への素地を残すことに貢献したのだった。

1節　故国喪失の危険
──ヨーロッパ大陸の帝国主義という文脈における反ユダヤ主義の変化。イデオロギー的反ユダヤ主義から全体主義的反ユダヤ主義へ

「帝国主義」ということで、アーレントはふたつの現象を示している。一方は、拡大のための拡大という政策である。その「根」は、絶えず産業生産を拡大しヨーロッパの外部にしか見出せない新たな市場を求める傾向のある資本主義固有の運動である。この帝国主義にアーレントは、「海外」帝国主義あるいは「植民地」帝国主義という名を与える。拡大のための拡大、すなわち、まさに拡大それ自体が目的である拡大はある無際限性を導き入れるが、この無際限性は、民族も国境も考慮することがなく、国民という概念によって想定された被征服民の同意を要求することもない。したがって、人種差別主義、すなわち、人類を野性的で自然な部分と、それとまったく同じく人類の自然な完成としての文明化した部分に分割して前者が後者の優越を承認しなければならないとすることは、帝国主義的政治に相応しい。同様に、本国から遠く離れた植民地の支配者の行動様式は、法的審級から統御されることなき政令であり、同じく暴力的手段も自律化していく。植民地帝国主義のひとつならざる要素が、全体主義的行動様式においても見出される(4)。しかしながら、アーレントの分析から判明したのは、帝国主義の第二の形式──大陸の、つまりヨ

ーロッパの帝国主義――で、これは国民‐国家ならびにその基盤の崩壊の可能性を直接的にはらんでいたのだが、その理由は「それが現存するあらゆる政体にそれまで断固として敵対してきたし、当時もそうだった」からだ。[5] そうした帝国主義の動機は資本を輸出することではなく、同じ起源を分かち合う数々の民族を統一するという考えである。こうした枠組みにおいて、新たな形式の反ユダヤ主義がこの時期に生まれ、全体主義的反ユダヤ主義にその母型を提供することになった。人種差別主義的用語を使うことの他に、かかる反ユダヤ主義の特徴のひとつは、出現以来、それ――政治的というよりはイデオロギー的反ユダヤ主義――が「超党派的なもの」を自称しただけでなく、超国民的なものをも自称したということであった。まさにここで、われわれは国民‐国家にとって外的な現実と取り組む。というのも、そこでシェーネラーの反ユダヤ主義運動が展開されることになる枠組みとしてのオーストリア‐ハンガリー帝国は国民‐国家ではなかったからだ。オーストリアの状況を分析することで見えてくるのは、反ユダヤ主義の変化の輪郭であって、この変化ゆえに、国家を併合しようとした国民意識は、国境を越えての拡大を目指す運動の支えとなるイデオロギーを中心化し、統一化する要素となるのだ。

オーストリア‐ハンガリー帝国は国民‐国家ではなかった。何よりもその住人が数多の民族性に分割されていたからであり、次に、そこでは国家は人民主権から己が正当性を引き出せなかったからである。さらにまた、国家が法の前での平等を保証することもなかった。なぜなら、カフカの小説の村人に対する城の住民と同じように、国家は人民から遠く離れた官僚的機械に属していたからだ。国家装置が複数の民族性を超えて――ひいては諸階級さえ超えて――統治する限りで、政治的反ユダヤ主義という図式のひとつの相貌がそこには繰り返し見出される。すなわち、ユダヤ人たちは社会のなかにいなかったので、ひとつの民族性として現れることさえできなかったのだ。それゆえ、国家と対立関係に入る民族性――ドイツ民族性を筆頭に――はいずれも反ユダヤ主義的なものと化してしまう。オーストリアでは、「西ヨーロッパないし中央ヨーロッパのどこにも増して、住人は積極的に反ユダヤ主義者であった」(6)。

　しかしながら、オーストリア＝ハンガリー帝国での諸国民《ナシオナリテ》＝民族性の状況は、国民＝国家のナショナリズムとは区別されるある種のナショナリズムの展開を生み出し、それをアーレントは部族的《トリバル》ナショナリズムと名づけた。フランスの反ユダヤ主義は、国民を民俗的《エトゥニック》共同体という意味において捉え、国家に対して忠誠を誓い続けたが、これは国民＝国家のナショナリズムが変化したもののひとつである。ナショナリストたちは彼方への拡大を追求することなくその領土と自分を同一視し続けた。逆に、国民を構成するための必要不可欠なふたつの条件は中央ヨーロッパの民衆には不足していた。つまり、彼らには国家も境界の定まった領土内での定着も決してなかったのだ。国境は絶えず何世紀にもわたって変動しており、居住という観点からすると、このうえもなく多様な諸民族性が混ざり合ってきた。そこから、二重の「根こぎの環境」が現れ、そこから部族的ナショナリズムが生まれる。二重の根こぎと言ったが、それはまず政治的権威に対する根こぎで、この意味での根こぎは、ハプスブルク家の君主制は自分以外の国民《ナシオン》＝民族を優遇しているとどの国民《ナシオン》＝民族にも映るがゆえに、いかなる国民《ナシオン》＝民族もこの君主制に忠誠心をもたない限りで生じた。次に、根こぎは領土に対する根こぎであった。「これら民族《プープル》の成員は明確な繋がりをもっていなかったが、己が部族の他の成員が生きている場所ならどこでも我が家にいるように感じた」。それゆえナショナリズムは、ひとつの場所や一民族の数々の実現の価値づけではなく、部族の成員に共通なひとつの民俗的起源の価値づけを中心としており、各人はどこで暮らそうとその部族の「生まれつきの」継承者なのだ。各人のうちでの民俗的《エトゥニック》起源の現前は、スラヴあるいはゲルマンの「魂」という虚構《フィクション》において表明されるのだが、これは内的要素であって検証することが不可能である。各個人は――その行動や発言とは関係なく――、別の諸民族の特徴よりも優れていると想定された一般的な国民＝民族的性質を具現する者となる。部族的ナショナリズムとは盲目的愛国主義である。そうした優位性を正当化するために、みずからの民族に神的起源が付与される。かくして差別主義が実現される――そこには、「選ばれた」優等な民族と他の劣等民族との絶対的で本来的な区別がある――のだが、この差別主義は同時に内面的画一化でもある。他の民俗集団《エトゥニー》との関係においてのみ識別される民俗的差異だけが重要であるなら、「この民族の個々の成員間のあらゆる差異(7)」は消えてしまうからだ。

こうした状況は、領土拡張主義の数々の教理にとってはおあつらえ向きの腐植土である。領土という観点から見た場合の根なし草たちに、部族制は、一切の責任を斥けるようなアイデンティティを付与する。優れた者であるためにはドイツ人やチェコ人として生まれるだけで十分なのだ。部族制はひとつの目的を根なし草たちに与えもする。拡大、すなわち、自民族の成員がどこで暮らしていようとも、他国民＝民族に対する自国民＝民族の支配を確立するために、これらの成員を統合することである。画定された領土内に根づいていないという意味で部族制の源に存する根こぎはそれゆえ、血によって伝播される遺伝的身体性に根づくことへの要請と同時に、出発点での限界の不在によってまさに可能となる拡張への動機を生み出すことになる。

『全体主義の起源』第一部で、アーレントが近代反ユダヤ主義の人種差別的な性質についてほとんど言及していないことは驚きを引き起こすかもしれない。人種差別主義ならびに、それがブーランヴィリエ、次にゴビノーから生まれ、頽廃せるダーウィン主義と結合するに至るまでの過程についての分析は、帝国主義の分析という文脈のうちに見出される。この点を深く究めることはせずとも、次のことを示唆することはできる。すなわち、以上のことは、こうした型のイデオロギー形成がいかに多様な出自を有し、次いでひとところに集積した諸観念のガラクタの山であるかをまたしても示しているのである。たとえユダヤ人たちがある時期から《黒人》にならう人種と考えられうるようになったとしても、人種差別主義の起源はユダヤ人について提起された問題から最初に到来したのではない。さらに、たとえ一九世紀フランスの反ユダヤ主義に——たとえばドリュモンのように——多くの人種差別的要素があるとしても、アーレントの分析は彼女の目に本質的な性質と見えるものを特別扱いする。その性質とは、国民‐国家のナショナリズムとこの反ユダヤ主義との繋がりである。彼女によれば、ヨーロッパ大陸の帝国主義という枠組みのなかでのみ、全体主義以前の政治的反ユダヤ主義——すなわち反ユダヤ主義を政治の武器として用いること——は全体主義的反ユダヤ主義に転換し、この転換によって、汎ゲルマン主義と汎スラヴ主義は「ナチズムの方向へとさらなる一歩を」踏み出すことになったのだ。

彼ら〔汎ゲルマン主義者や汎スラヴ主義者〕はすでにユダヤ教を人種的組織の現存する唯一のモデルとして考えていた。なぜなら、ユダヤ人はヨーロッパのなかで国も国家もなく生き残ったことで有名な唯一の民族であるからだ。彼らは『シオン賢者の議定書』に深く影響されていた。なぜなら、彼らは自分たちが人種的政治の善き原理と考えていたものを模倣したかったからである。彼らが本質的に〔単に扇動されてということではなく〕反ユダヤ的になっていくのは、自分たちが人種的優位性を要請することと、ユダヤ人が選民であることを要請することとのあいだに生じた対立のせいなのだ。(8)

このような状況のなかで、反ユダヤ主義は根なしの住人を統合し運動に導くための代替不能な要素となる。国家を攻撃するために、汎ゲルマン主義は政治的反ユダヤ主義から、ユダヤ人たちの隠れた能力というお題目を採り入れた。しかし、反ユダヤ主義が獲得した住人を統合し運動させる能力は新たなもので、オーストリア‐ハンガリー帝国におけるユダヤ人の状況のなにがしかの現実とはもはや何の関係もない。根こぎという社会的状況とドレフュス事件中に過渡的に現れた政治的反ユダヤ主義とのありうべき連結はここで、相対的な永続性を備えた形成物として結晶化するのだ。そうした固定化は、国民‐国家とその安定化機能が欠如しているだけよりいっそう力強いものとなる。全体主義以前の政治的・社会的反ユダヤ主義を理解するために、アーレントは国民‐国家によって解放されたユダヤ人の現実的状況を長いあいだ研究していたが、ここでは彼女はこの種のいかなる分析にも打ち込まずに、全体主義以前の反ユダヤ主義と全体主義的反ユダヤ主義の相違を解明している。反ユダヤ主義が全体主義的なものとなるのは、それがユダヤ人問題をすべての問題の中心に据えて、現実全体に意味を与えようと熱望するときである。こうした熱望こそがこの反ユダヤ主義に、どんな現実をも根底的に撤去する幻想的な、さらには幻覚的な次元を与えるのだ。

　しかしながら、アーレントは汎ゲルマン主義の数々の運動の反ユダヤ主義に関して、ユダヤ人のある種の現実を考慮に入れているかに見えるふたつの特徴に言及している。汎ゲルマン主義運動が国境と国家を軽視することは、「国家も可視的制度もない民族の申し分のないモデル」たるユダヤ人の現実の離散という特徴を模倣している。また、自分たちは神に選ばれたという汎ゲルマン主義運動の主張も、ユダヤ人を担い手とする選びの概念と対抗するものとして表明される。彼女はこう書いている。「ヴォルテールからルナンやテーヌに至るまで次の点を肯定してきた〈教養ある〉言説には一片の真理が含まれている。すなわち、神によるユダヤ人の選びという概念、彼らにおける宗教と民族性との同一化、歴史のなかに位置を占めると共に神と特権的な関係をもちたいという彼らの要請は、西洋文明のうちに、一方では未曾有な狂信の要素（自分は、そして自分だけが真理を保有していると断言するキリスト教によってそれは継承された）を、他方では、人種的倒錯に危険なまでに近しい高慢の要素を導き入れた、というのだ」。実際、アーレントは次に、これは選びというユダヤの神話からその本質的要素を一掃するに応じて投影される幻影であることを示している。その本質的要素とは、ユダヤ民族の選びはユダヤ教の信仰にとって、ユダヤ民族の神的起源も、他の民族に対するその優位性も決して意味したことはなかったということである。なぜなら、ユダヤ人の根本的信条は人類に共通のひとつの起源に関する信条で、この起源との関係では個人も民族も平等なのだ。汎ゲルマン主義の反ユダヤ主義の観点から見ると、ユダヤ人は、彼らとのライヴァル関係の想像的維持がまさに帝国の住人の国民的定着の欠如を忘れさせる限りで、主要なイデオロギー的標的である。ユダヤ人は強奪者である。ユダヤ人を排除することで、アーリア人はたとえどこにいようとも、自分たちの優位性を最後にはこの世界に到来させるだろう。アーリア人はこの使命に責任を負うてはいない。この使命は神的なものである。あたかも神が「民族間の狭量な小賢しい対立」(9)に引きずり込まれたかのように。

全体主義以前の反ユダヤ主義が国民‐国家の枠組みにおいて発展するのに対して、全体主義的反ユダヤ主義の方はむしろオーストリア‐ハンガリー帝国のように国民‐国家が欠けているところで生じるのだが、しかし、もしそうならドイツはどうなるのだろうか。いかにしてこの種の反ユダヤ主義は、多数の民族によって構築されざるまさにその国において際立って辛辣なものとなったのだろうか。ここでの決定的な要素は、市民の共同体として考えられた国民を土台としたフランス的な国民‐国家がそのままの形でドイツで創設されることはありえないということだ。こうした問いについては、アーレントはローザ・ルクセンブルクと意見の一致を見ていたと想定することができる。ローザ・ルクセンブルクにとって、ビスマルク体制の起源は、マルクスによって主張された「大ドイツ共和国」を求めて戦った一八四八年の「ドイツ革命の敗北」であった。そうした理想が破棄された原因は、「ドイツのブルジョワジーの、みずからの理想に対する裏切り」[10]にあった。類似した発想はハインリヒ・ブリュヒャーにも見られるが、彼は、ドイツのブルジョワジーにおける勇気の欠如を改めて採り上げて、国民‐国家はドイツでは、その安定を軍隊によってしか引き出せない限りで、つねに曖昧な構造物であったということを示そうとしたのだ。[11]フィヒテを筆頭に[12]、市民たちの共同体という観念を改めて採り上げたドイツ語のテクストがひとつならず見出される限りで、ドイツ流の部族的ナショナリズムとフランス流の政治的ナショナリズムを対立させるのは間違いなくあまりにも単純にすぎるけれども、ここで重要なのは、ドイツではこれらの観念が挫折した歴史の運動によって担われたということであり、むしろ部族的趨勢こそがこの運動に勝利したということである。

　このように、アーレントによれば、ドイツのナショナリズムはナポレオンの征服への反動として現れたのだが、「人民《プープル》〔民族〕を国民のレベルにまで引き上げる」ことには決して成功しなかった。ドイツ国民は自然な組織とみなされ、共通の「部族的起源を国民的アイデンティティの本質的条件として」立てている。ドイツの国民的感情は依然として反動的なもので、「真正なる国民的高揚」の産物ではない。そうした高揚の範例は依然として「フランスの国民的アイデンティティの栄光に満ちた権能」[13]であり、それはみずからの革命的起源から、「自分の意志で参加できる連合」という概念、すなわち政治的責任という概念を銘記している。反対にドイツにおいては、「自分自身の運命を決定する主権を有しているとの意識ではなく、逃れることのできない共同体に巻き込まれたという感情こそが」[14]人民〔民族〕を国民にしたのである。ドイツ統合の支持者たちは、そのような部族的起源の名において活動していたのである。

汎ゲルマン主義運動のイデオロギー的反ユダヤ主義と、ナチスの場合における厳密な意味での全体主義とのあいだに、いまひとつの根こぎの経験を差し挟まなければならないのだが、しかしながら、これはもはやオーストリア＝ハンガリー帝国の住人たちの領土的・政治的根こぎの経験ではない。それは大衆《マス》の出現という、近代社会それ自体に固有の新たな現象である。ここでは、人間は世界のなかで土台を奪われ、自分たち自身のなかに閉じ込められている。大衆としての人間の根こぎとは、「世界のなかに、他者たちによって認められ保証される場をもた」ないということだ。中央ヨーロッパで領土的に根こぎにされた人々に、部族制は人格的アイデンティティを与えた。このアイデンティティは彼らの優位性を確証したが、それは単に彼らがドイツ人やスロヴァキア人として——ユダヤ人ではなく——生まれたからであった。同様に、下層民〔モッブ〕の人間——ドレフュス事件に特有の——は、「共有された具体的現実の世界から排除され、寄る辺ない状態に置かれ、みずからの優位性の理由を自分自身のうちに見出さなければならない(15)」。しかしながら、下層民の人間と、全体主義運動によって政治的に表現される大衆の人間とを区別するのは、大衆の人間は単に根こぎにされているだけではなく、自分自身の目から見て役立たずでもあるということだ。「役立たずであるということ、これが意味するのは世界へのいかなる帰属も有さないということである」。人間たちが自分たちの有用性の感情、自分は何かのためにここにいるのだという感情を失うとき、彼らは、アーレントが関心と呼ぶもの、つまり「人間のあいだに存在する何かによって世界に繋がれている」という事実を失ってしまう。ある意味で、人間はたとえ根こぎにされていても、自分たちの部族の他の成員が生きているところではどこでも我が家にいると感じたり、あるいは、下層民の人間が帝国主義的冒険のうちに捌け口を見つけ、それによって結局は、自国から遠く離れて、フランス人やイギリス人として、それ以外の何者でもないものとしてアイデンティティを確立することができるとすれば(16)、彼らは役立たずであることや無関心から逃れているのである。逆に、大衆の人間——その典型は三〇年代の失業者である――は利害関心を失った人間であり、犠牲にされてもよいという気持ちになっている。そうした人間は、社会的かつ政治的構造の崩壊によって生み出された。ある階級に帰属しているからといって、もはや生まれによる身元確認が得られるわけではないし、政治的生活はもはや不信感の対象ですらなく、無関心の対象なのである。下層民の人間をすでに特徴づけていたもの――自分自身のなかに閉じ込められていること――はそれだけによりいっそう強固なものとなる。「ゲルマン人種の血まみれのキマイラ」はドイツ国民の外部拡大ではなく、ドイツ国民の崩壊である。[17] アーリア性による答えは、その個人が誰であるかという問いと同時に、彼が何であるかという問いの余地をふさいで撤廃してしまう。ナチスの反ユダヤ主義は――逆に――社会的アイデンティティの袋小路から帰結したユダヤ人問題の変容を改めて利用する。ユダヤ性が、「ユダヤ人一般」――何のためにいるかとは無関係に各人のうちに存する自然な特徴――に類似しないよう促される各ユダヤ人にとって個人的な問題と化したのと同様に、ユダヤ性は「自分たちはユダヤ人ではないということを証明しなければならない」[18] あらゆる「市民」にとっての問題とも化したのだ。そこにはおそらく、反ユダヤ主義に関するナチスの発明の重要な側面のひとつが見出される。すなわち、ユダヤ人問題を非ユダヤ人たちの内的アイデンティティの試金石たらしめることに成功したのである。

イデオロギー的な、次いで全体主義的な反ユダヤ主義の支配力の起源に存する経験はこのように根こぎであるが、これは世界におけるユダヤ人の現実ともはや何ら関係はない。アーレントにおいては、彷徨や根こぎのいかなる神話も存在しない。根こぎが大衆《マス》の現象になるとき、伝統的な社会的指標――階級の指標となる政治的かつ領土的枠組み――がすべて崩壊したとき、根こぎは極端に危険な現象となる。まさにそのとき、大衆は共通の敵に対する憎悪によって一体化されて、全体主義的組織化の餌食となりうるのだ。

2節　国民‐国家の分解。「少数派の最たるもの」ユダヤ人

数々の平和条約が、オーストリア‐ハンガリー帝国を構成していた諸民族に国民的権利を与えようとして、この帝国を解体し、複数の国民‐国家にそれを組織し直したとき、言い換えるなら、国民‐国家が遂にヨーロッパにおける一般的な政治形態になったとき、国民‐国家はその構造的限界を明らかにすることになるだろう。国民《ナシオン》〔国民＝民族〕という概念が同意の観念を前提していることに鑑みて、アーレントは同意の観念が幾つかの経験的条件に依存していることを示したが、その第一は住人の同質性である。国民‐国家は「住人――それ自体で同質な――が自発的にみずからの政府に同意することにもとづいている」[19]のだ。同質であるとは、唯一の国民性しかなく、いかなる集団も他の国民性、つまり他の言語や他の歴史を要請しないということを意味している。エルネスト・ルナンが指摘したように、「忘却は、そしてまた、私は歴史の過失とさえ言いたいところだが、これらは国民を創り出すのに必要不可欠な要因なのである」[20]。数々の国民的神話――そのために国家は中心的役割を果たす――が設置されることで、忘却は生み出され、入念に保たれる。言い換えれば、同質性とは、もしそれがなければ国民の特徴である自発的な同意が生じなくなるような暗黙の前提である。この前提は、中央ヨーロッパではそのどこにおいても所与となることがなく、それゆえ、ヴェルサイユ条約が生み出した複数の国家の不安定さを説明している。最初からヴェルサイユ条約は住人を国家人民と少数派に分断したのだが、少数派の数は人口の四〇パーセントにまで及び、その権利は国家の法ではなく国際組織によって保障されたのだった。少数派が国家に対して忠誠を誓うことは最初から非常に疑わしいことだったのだ。こうした状況にあって、「同じ国民的起源を

もつ人々だけが、法的制度によって完全に保護されるという恩恵に与ることができたのである」。言い換えれば、同質性は国民‐国家にとってのいまひとつの大原則、すなわち法を前にした市民たちの平等という大原則を保障する暗黙の前提なのである。(21)

しかしながら、少数派は依然として何らかの政体に属し続けており、この政体のおかげで、「居住権や働く権利のような、より基本的な別の権利は無傷でいられたのである」(22)。とはいえ、何百もの難民にとっては事情は同じではなかった。彼らは国籍を奪われ——無国籍者となった——、一九一四—一九一八年の戦争後の新たな領土分割と政治的大混乱によって追放されたのである。難民のなかにはかつてのロシア人、アルメニア人、ハンガリー人、スペイン共和派の人々、そしてドイツ人たちがいたが、その多数はユダヤ人であった。少数派の問題が国民‐国家の暗黙の経験主義——住人の同質性——を露呈させるとしても、難民たちの運命はまず諸国民‐国家のシステムの崩壊を前提としており、それは結果としてこの種の政治組織の最も脆い点への疑問を提起させることになる。国民‐国家は普遍的人類の名の下、権利の平等に基礎づけられた国家であるという宣言への疑問を。ここでの試金石は、国民‐国家のそれ固有の市民——別の国籍〔国民性〕を有していても——への関係ではなく、国民‐国家のパスポートなき外国人への関係である。

ここでの新しさは国籍の剝奪という現象それ自体でもなければ、住人の強制的な移住でもない。新しさは一方では国籍の剝奪が大量剝奪の特徴を帯びていたということにあり、他方では、そのようにして追放された住人が、彼らに新たな身分規定を付与することのできない国々へと流入していったことにある。「前例のないこと、それは居住地の喪失ではなく、ひとつも居住地を見出すことができないということだった」(23)とアーレントは書いている。人間の共同体からの組織的追放は歴史上初めて「諸国民の家族」からの追放を意味していた。それにしても、今後難民がもはや世界のなかでいかなる保障された場所も見つけられないなどということにどうしてなったのか。こうした場合に国家が用いる伝統的な手法は外国人を帰化させるか、あるいはまた、生まれた国へ送還することである。ところが、これらふたつの手法は実行するのが不可能だと判明した。ここでの決定的な要因は単に司法に関わることではなく、無国籍性は、無国籍者が大群となったときから、国民‐国家に対して難題を突きつける。本国送還はどうかというと、これもまた不可能であった。なぜなら、難民を放逐した国民‐国家はまさに彼らをもはやその在外自国民だとは考えなかったからである。諸国民‐国家のシステムの崩壊こそがここで問われているのだ。国の指導者が大挙して自分たちの同国人を排除しながら、しかも他のどんな国も彼らに法的な身分規定を再び与える態勢にないのを十分に分かっているときに、国際秩序は侵犯される。なぜなら、彼ら指導者は意図的に他の国々を非合法的状況に置いたのだから。

国民‐国家の法制をその国家の国籍保有者に制限することは同時に植民地支配の企てをも制限し、諸法への同意の原理を保護するのだが、このように、外国人がもはや国境の外にいるのではなく、大挙して内部に、外国の侵略軍としてではなく、悲惨な難民の一群として流入するとき、同じ制限は反対の帰結へと導いた。こうした人々に直面して、国民‐国家はみずからの原理と矛盾する形でしか振る舞えなかった。言い換えれば、国民‐国家は――悪意によってではなく、構造的な無能力のせいで――「国家政府からの保護を失った者たちに法を授けることができなかったのである」[24]。それゆえ、難民は文字通り法‐の‐外にいたのである。こういう次第であるから、たとえ国民‐国家が人権の尊重に明白にもとづいている唯一の国家であるとしても、国民‐国家には、己が原理のうちに基本的な国際的権利、つまり避難の権利を改めて書き込むことはできないということが判明する。中世の権利によって認知されたこの権利によれば、領土内にいる者はその領土に属する者であるのだが。

そうした無能力の実際的結果の第一は、難民はいかなる法的身分も有さないので法‐の‐外にいるということである。法‐の‐外は自由裁量の統治を開始する。すなわち、行為者たちの善意や悪意にだけ依存するような統治を。自由裁量にはふたつの顔がある。慈悲と警察である。一方で、難民の保護は国際的慈善団体の厚情に依っているが、これらの団体はその活動の停止を決めることもできる。他方、国家のなかで唯一難民を引き受けることができる審級は法ではなく警察であり、国民‐国家は警察の手にその「問題を委ねたのである」。こうして国民‐国家のまさに只中で発展するのは、みずからの創設原理と矛盾するある種の行為なのだ。難民に関しては、警察が「政府と諸省庁から独立した統治審級」(25)と化した。住人の少数派についてもは、ほとんど自由裁量的な権利が、国家における暴力の保有者たちに付与された。もっと言えば、国民‐国家はそれ自体、スペイン戦争の難民を「受け容れる」ために強制収容所を置くことに積極的であったのだ(フランスでは、たとえばギュルスやアルジュレスなど)。ペタン以前から、フランス政府は戦争が宣言されると、こうした収容所を、敵国にとっての在外自国民を容疑者として収容するために用いていた。かくして、一九三九年の九月にコロンブに収容され、次にブロワに移されたハインリヒ・ブリュヒャーに続いて、アーレントも一九四〇年にギュルスに送られることになった。R・バーンスタインが記したように、人間的人格の譲渡不能な諸権利の重要性を強調する啓蒙の遺産や古典的自由主義に対するアーレントの批判の源がこうした経験にあることはまったく疑いない(26)。これらの収容所の実在が提起する問題は直接的に、そこで収容者がいかなる仕方で扱われたかについての問題というわけではない。強制収容所のなかには、難民に食事や寝床や医療看護を保証し、彼らを人間性をもって扱いえたところもあった。問題はアーレントによると、「彼らの生の延長が法律ではなく慈悲のおかげであるということだ。

なぜなら、収容者たちに食事を与えるよう諸国民に強いるいかなる法も存在しないからだ[27]」。国民‐国家の崩壊が意味しているのは、市民たちが制度を奪われるということではなく、領土に住人が集められ、その結果、集められた住人に向けられる行為が法の尊重によってではなく役人や慈善団体の自由裁量によって導かれるということだ。このとき以降、たとえこれらの団体が住人に食事と住まいを確保させるとしても、彼ら人民はもはや保護されてはいないのである。

ユダヤ人は、少数派と難民という二重の歴史の中心に位置することになった。つまり、諸国民がひとつの家族になることを夢見た近代の東西ヨーロッパの歴史の中心に。諸国民‐国家のシステムは、間ヨーロッパ的な要素としてのユダヤ人集団に場所を空けることができたのだが、このシステムの崩壊はユダヤ人を全ヨーロッパのパーリアにしてしまった。彼らの追放が一挙大量であったという特徴ゆえに、ユダヤ人たちの個人としての解放という問題系は踏み越えることのできない限界に達してしまう。アーレントが一九四〇年にエリック・コーン＝ベンディットに宛てて書いた長文の手紙にある通り。

> 一九世紀にも［……］、フランス革命によって導かれた人民が新たに編成され、彼らが国民として成長していくなかで、依然として同化の機会がありました。しかし、今日この過程は潰えてしまいました。もはやそれが生じることはありえません。それは逆向きの過程に取って代わられたのです。すなわち、ますます巨大化する人間の大群を排除し、彼らをパーリアにまで貶めるという過程です[28]。

アーレントがユダヤ人の悲劇を扱うそのやり方はつねに同じ手続きに属している。一方では、いかにしてユダヤ人の運命がより一般的な運動のなかで捉えられたのかを把握しなければならず――この意味では、こうした背景と関係づけるのでなければ彼らの歴史を理解することはできない――、他方では、いかにしてこの一般的な運動の内部で彼らがいわば「最前線に」立つことになったのかを把握しなければならなかったのだ。ヨーロッパ史の袋小路は、他のいかなる住人とも異なる者として彼らを脆弱化した。苦悩の真只中で、アーレントは、「悪魔が権力を掌握して以来［……］、ユダヤ人の運命はその旅がどこに向かうのかをますます明白に示した」(29)と書いていた。言い換えれば――そして逆の意味では――、ユダヤ人の運命は全体を啓示するものであり、だからこそそこの運命をその特殊性において理解し、それが何を啓示しているのかを知ることが必要不可欠となる。「ユダヤ人問題は、ヨーロッパの政治と疎遠なもの、それと無関係なものであるどころか、ヨーロッパにおいて未解決なままの国民関連の諸問題すべての象徴となった」(30)。

中央ヨーロッパという文脈では、ユダヤ人は並の少数派ではなかった。少数派の状況とはつねに、どこかで少数派である者たちがいつも他所では多数派であるというものだった。それとは逆に、ユダヤ人は「至る所で少数派であり、どこにおいても多数派ではなかった」(31)のであり、そこから彼らの「少数派の最たるもの」という性質が生じた。言い換えれば、彼らは「自分たちの利益が国際的な保護によってしか守られない」(32)唯一の少数派であったのだ。したがって、少数派をめぐる会議と同様、少数派をめぐる条約の失敗は、数々の新たな国民‐国家のうちでユダヤ人の状況をよりいっそう悪化させることに繋がったのである（ポーランド、ハンガリー、チェコスロヴァキア、ユーゴスラヴィアなど）。少数派をめぐる会議のさなか、少数派たちは自分たちの国民性が多数派を成すような国家と連帯し、少数派としての自分たちの地位に応じては自己決定しない傾向にあった。そのような状況において、ユダヤ人だけは支えがなかった。

しかし、ナチスによって発令された国籍剥奪という措置と共に最も危険なことが生じた。国家‐なき者たちの大部分がユダヤ人で、彼らは自分がなしたことではなく（スペイン戦争への参戦、さらには白ロシアとの連帯）、自分の存在ゆえに、すなわちユダヤ人であるがゆえに追放された。このことは、無国籍者という問題について発表した初期のテクスト群のひとつでアーレントが次のように書いた通りである。「われわれがここアメリカで待ち受けなければならない多くの人々は、言葉の古くて神聖な意味〔たとえば新教徒の亡命者〕で難民ではない。それは、個人としてではなくある民族に帰属しているからという理由で迫害された人々である。誰も宗派や政治的信条について彼らを尋問したりはしなかった」[33]。それゆえ、『全体主義の起源』の最終稿で、アーレントがスペイン共和派と白ロシア人と迫害されたユダヤ人の運命を一括して把握していたとしても、彼女は（M・カノヴァンの解釈とはちがって）ユダヤ人の特異性をより包括的な知覚へと乗り超えたりはしない。数々の大きな人間集団を彼らがなしたことではなくその存在ゆえに追放することができたということ、この点を意識化するだけで、混同を犯すことなく、それ以外の人間集団の身分規定を把握することができたのだ。大量のスペイン難民のなかに含まれた個人はみな、スペイン戦争の戦士であったか否かとは無関係に、この集団への帰属という観点から考察される傾向にあった。

それゆえ、『全体主義の起源』の第一章「反ユダヤ主義について」が、人間であるがゆえに、その名の下、諸権利の平等をユダヤ人たちに保証したユダヤ人解放と共に始まるのに対して、第二章「帝国主義」はユダヤ人のヨーロッパからの追放で終わるのだが、当時彼らの運命が結びつけられていた諸国民‐国家の実在もこの過程を阻むことはできなかった。同化の結果、市民たるユダヤ人と東方ユダヤ人（ナチズムを逃れたドイツのユダヤ人は、定期的に避難所を求めてドイツに流入してきたポーランドやロシアのユダヤ人のように、再び無国籍者の状況に陥った）[34]とのあいだに生じた区別がこれほどの重要性を獲得したことはなかった。啓蒙の感性にとって「人類のモデル」を表象していたユダヤ人は、人間たちに起こりえる最悪の状況のなか、ジェノサイドの縁に見出されることになった。「ひとりの人間以外の何ものでもない者の抽象的な裸性[35]」として。

3節「人権の複雑さ」

啓蒙から出発して、われわれは『全体主義の起源』の第二章を閉じる「人権の複雑さ」についての問いへと戻ってくる。次のような問いである。もはや市民ではない人間、あらゆる政治的身分を失った人間はまさに「人間以外の何ものでもない」のではないだろうか。また、そうした人間は「人間の譲渡できない固有の権利に内属する結果に応じて、これらの一般的な権利の宣言によって予測された明確な状況に陥ら」ねばならないのではないだろうか。国民‐国家の基礎たる人間がそのとき現実のうちに出現するのではないだろうか。ところが、「それとは反対のことが生じる[36]」とアーレントは書く。いかなる国民‐国家も国家‐なき者たちに、人間としての彼らの基本的権利の尊重を保障することはできない。国家‐なき者たちを前にして、国民‐国家は法治国家というその特徴に背くことによってしか振る舞うことができず、かくして自己崩壊していくのである。

この章は、ユダヤ人解放に結びついた二系列の曖昧さをひとつに集約している。政治的反ユダヤ主義は国民‐国家の曖昧さにもとづいて作動したが、国民‐国家は住人の同質性を前提し、ユダヤ人を個人として解放しながらも、国民の社会的構造には統合されざる集団としてそれを維持した。ユダヤ人の何らかの現実――集団としての彼らの実存――は国民‐国家のなかでは政治的な、つまり象徴的身分を受け取ることはなかった。社会的反ユダヤ主義は――再びトクヴィルの表現を用いれば――、政治的平等の目に見える徴しを求める民主主義的社会の傾向にもとづいて作動したのだが、このことは、人間のあいだの平等に自然的なものとの符丁を貼る一方で、これらの「自然的」差異の説明不能性をより強めただけだった。これらふたつの側面は人権の複雑さについての分析にうちに再び見出される。この分析が問いただすのは第一に人間と市民との分離で、この審問は、人間――原則として個人――は現実にはひとつの国民の成員としかみなされえないという巧みなごまかしが明るみに出されたあとでなされる。第二に問いただされるのは人間本性という想念であり、権利の平等は人間本性の属性であるとの観念である。

国民‐国家において、市民は法の前で平等であるが、法それ自体が神の権威から正当性を引き出すことはもはやない。国民‐国家の到来は世俗化、つまり神学と政治の分離の過程と結びついている。それによって、今後は何が法に根拠を与えるのかという問題が新たに提起される。この種の問題を強調しながらも、アーレントはいかなる形而上学的な根拠づけへの回帰も推奨することはない。「神の形而上学的場所は空虚なままである」[37]。問題はむしろ、その場所が空虚になるや否や、神の代替者たちがそこに殺到して、崩れた根拠の旧びた属性を再び持ち出してくることである。それゆえ、根拠への問いに人権宣言は、アーレントによると、「今後はもはや神の掟や歴史的慣用ではなく《人間》が法の源泉となる」[38]と答えた。アーレントにとっては、そのような到来の政治的諸帰結を評価することが重要だった。《人間》は一切の後見から解放されて、啓蒙についてのカントの表現にしたがえば、今や成熟の時を迎え、神に代わって根拠となっている。現代の数々の出来事の試練に耐えながら、至高者たる人間のこの形象によって引き起こされた数々の新たな適用範囲を出現させねばならない。

ところが、「法の源泉」としての《人間》という形象は著しく逆説的である。一方では、《人間》が根拠であるなら、《人間》はみずからが前提する政治的領域に対して外的かつ先行的に存在することしかできない。そこから、人権の譲渡不可能性という性質が現れ、あらゆる法がそこから生じるとされる。しかし他方では、個人としての人間自身は支配者の政治モデルにもとづいて考えられ、主権者たる個人というこの形象は主権者たる民族とまったく同等である。「人間は法に関して唯一の主権者として現れたが、それは政府に関して民族が唯一の主権者であると宣言されたのと同様であった」。言い換えれば、人間が現実に法の源泉となるのは、政治的な意味で民族の一員、つまり主権者としてのみである。いかなる場合にも、人間はみずからの外なる根拠の外在性に達することはできないのだ。最初の結果は次のようなものとなる。なにがしかの自然状態ではなく法だけが「人間の自然で時効なき権利の維持」（第二項）を保証できる限りで、法はその錬成に――主権の成員として――参与した者たちだけしか保護しないのだ。ここには最初のごまかしがある。「人間が解放され、自分よりも大きく包括的な何らかの秩序に準拠することなく自己自身のうちに己が尊厳を宿した完全に自律した存在として現れるや否や［……］、人間はただちに消失し、民族の成員のひとりとなるのである」。言い換えれば、人権が個人に保証されるのは、彼らがすでに政治的共同体という意味での民族の成員、つまり市民である限りにおいてのみなのである。

この第一のごまかしに第二のごまかしが続く。「あらゆる主権の原理が国民のうちにある」（第三項）なら、主権の成員つまり市民はそれゆえ国籍保有者でもあることになる。「人権をめぐる問いはすべて、国民的解放をめぐる問いとただちに分かちがたく結びつけられ(39)」、人民の主権は国民主権と同一視されてしまう。それゆえ、政治的共同体の市民であることは直接的にはその「一国民」であることを意味するのだ。国民‐国家が暗黙のうちに秘めているのは、国民‐国家は人間一般――どこ出身の者であろうとも――に対して法令を発布するのでは決してなく、一般意志を錬成することに参加したと認められる唯一の者たる国籍保有者にだけ発布するということである。このごまかしは、歴史によって伝えられた条件を基礎として国民‐国家が創始されたところでは、すなわち、民族〔人民〕‐国家‐領土の三幅対のあるところでは不可視のものに留まる。しかし、このごまかしは、諸国民の家族から追放された無国籍者の人間がこの領土に大量に現れたとき明らかになる。この追放は、一切の政治的共同体からの追放に匹敵するものだった。それゆえ、政治的共同体がただちに国民の共同体である限りで、人権は、諸個人が国民であるという条件においてのみ彼らに保証されるのだ。

この分析から帰結するのは、市民権と国籍を失うことで、無国籍者は人間としての権利を失ったということである。しかし、このような命題はなおも問いただされねばならない。なぜなら、無国籍者が真に失ったものが、「人権」という語によって正しく捉えられているかどうかは定かではないからだ。実際、人権宣言を発した一八世紀のカテゴリーにおいては、人権は譲渡不可能で聖なるものであって、このことは人権が個人の生来の属性であり、個人のうちに人権が必然的に留まることを意味している。人間と共に、自然が法を基礎づけるとみなされているのだ。それゆえ、理論的には本質的なものは何も失われたはずがない。これらの人間は人間のままで、そのような者として彼ら自身は権利主体ではないのだろうか。

しかるに、人間が剝き出しにされ、本性にまで――純粋な所与にまで――還元される場合、その人間が法の撤廃の産物である限りで、彼は法の根拠たりえない。アーレントは、歴史や数々の文化から独立したひとつの人間本性、「個人の発展法則と同じ法則にしたがい、そこから、いくつかの権利と法が生まれてくるような」人間本性への信仰にもとづく手続きを忌避する。自然とその法は――どんな政治的制度にも先立って――、固定点の代わりをして神的超越の不動性に取って代わることはできない。無国籍者とは社会から除外された人間であり、自分と同じように社会から追放された他の大勢のひとたちのなかで見失われた人間である。彼は権利も市民権もなく、もはや残っているのは自身の人格だけ、つまり、それ以外のもの全部をひとたび除去したときの彼自身だけなのだ。ところが、共通の本性は最後に現れることなく、姿を消してしまう。曝露されるのはむしろ最も特異なもので、総じてそれは私的なものにおいてしか与えられず、それは「われわれの不動でかつ唯一の本性によって厳密に与えられ［……］形成されたものも仄暗い背景」なのである。ここで課せられるのは、平等という普遍的法ではなく、「普遍的な差異ならびに差異化の法」である。無国籍者はその唯一のアイデンティティとして個人的特異性しかもたない。だからこそ、無国籍者は同類（semblable）の形象ではなく異者（différent）の形象であり、「異他的な者」（étranger）全般であり、市民たちは無国籍者といかなる共同性も分かち合うことがないのだ。無国籍者は、自己差異化するいかなる可能性もなく、異なっていることに還元される。こうした状況と、迫害されたユダヤ人への同情心に燃えた一八世紀のユダヤ人の友人たちの状況――それにもとづいて、ユダヤ人に人権を与えたいとの要求が上がった――との隔たりがどれほどのものであるかが分かる。実際、たとえ彼らが軽蔑されていたとしても、彼らを再教育しようと欲し続けるとしても、ユダヤ人は住居と職業と制度をもった民族として姿を現していた。そのようなネットワークを通してのみ、解放論者たちはユダヤ人を同類とみなすことができたのだが、その一方で彼らはユダヤ人を人類の普遍的モデルたらしめようと努めた。それに対して、根こぎにされ、悲惨な放浪民に還元された無国籍者はもはや哀れみではなく恐怖を喚起することになる。「〈異他的な者〉は差異それ自体のゆえに、その個性ゆえに恐るべき象徴である。それが示している領域では、人間は変革することも行動することもできず、結局は破壊することへの顕著な傾向をもつ」。難民を同類として扱うよう万人に促す人間の普遍的アイデンティティを表象するどころか、難民、「己がアイデンティティと特殊性を得させる職業も市民権も意見も行動も欠いた人間存在一般(40)」は盲目的な憎悪、不信感、差別を引き起こす。

人間と市民の区別は、無国籍者が失ってしまった権利を理解させることはない。この権利をアーレントは諸権利をもつための権利と名づけているが、この権利は、人間が人類に単に帰属しているだけでは人間に与えられず、市民としての身分規定によってのみ人間に与えられる。市民と同様に人間であるとはいえ、難民は市民と同等ではないのだ。たとえ市民が難民を人間的に遇したとしても、「まさに人間以外の何ものでもない人間は、他者たちに彼を同類として扱うことを可能ならしめる性質を失ってしまったように思われる」(41)。A・M・ロヴィエロの解釈によれば、市民であるとは「単に行動や発言の」権利を有することではなく、「意義ある行動や発言の」権利を有することを意味している。この権利は、「彼の発言や行動と無関係にというわけでなく、その発言や行動で、つまりみずからの存在に責任をとる形で彼が明らかにするもので」判断される権利なのだ。諸権利をもつ権利とは政治への権利以外の何ものでもない。

たとえばクロード・ルフォール(42)は、民主主義社会において、いかにして権利の次元が権利の司法的客体化には還元不能な、社会の象徴的次元そのもの、その解読格子と化したのかを見事に示した。かくして人間の《諸権利》への準拠は、権利が愚弄された場合には異議申し立ての無際限な空間を、新たな権利を認めるためにつねに開始される闘争を創設する(43)。ただしアーレントは、権利を求める闘争に加わるための前提的要件を明るみに出している。権利を有するためにはなにがしかの政体の市民でなければならないという前提的要件を。なぜなら、民主主義社会において闘争している者たちはみずからの意見を強調するからであり、また、彼らの市民としての身分規定によってこそ、この者はその意見を斟酌される——彼を抑圧するためにせよ、彼の自己表現を阻止するためにせよ——からだ。きわめて多くの司法的変更がひとつの権利の認知を求める闘争から生じるのではなかろうか。逆に、権利‐なき者たちもたしかに意見をもちそれを表現することができるが、「彼らが考えうることにはいかなる重要性もなく」、「誰もそうした意見を抑圧しようと気を揉むこともなく」、彼らは余計者なのだ。「彼らが失うもの、それは自由への権利ではなく、行動する権利である。思うままに思考する権利ではなく、意見を表明する権利なのだ」[44]。一八世紀のカテゴリーによっては、無国籍者という現象において何が問われているのかを把握することはできないのだが、それは、政治の基盤である限りでの国民‐国家はこの点で、世界の至る所で何百万もの人間と関わった――そして今でも関わっている――ある経験に直面して、その象徴的欠損を顕わにすることにもなるからである。

われわれはここで、もっと恐ろしい展開の敷居に立っている。なぜなら、何百万もの人間の法的人格のこのような撤廃ならびに、彼らを新たに組み入れることができないという国民‐国家の無能力は、強制収容と絶滅の全体主義的過程の決定的な条件であることが明らかになったからであり、それは「全体主義支配に通じる道の最初の必要不可欠な一歩」だったのだ。いずれにせよ、政治への権利や諸権利をもつ権利を超えたもの、すなわち生への権利を審問できるのは、全体主義的ならざる世界ではない。「[無国籍者たちの]生への権利が脅かされるのは、比較的長い過程の最後の段階にすぎない。もっぱら彼らが余り者である限りで、彼らの生は危険にさらされるおそれがあるのだ」[45]。無国籍者たちの流入によって起こった国民‐国家の動揺と、彼らの生への権利の問題視とに挟まれて、一方では全体主義のシステムそれ自体の設置が、他方では全体的支配の数々の実験室の装置が必要となる。全体主義の企図は人間の政治的条件を撤廃し、行動と発言の体制としてのあらゆる政治的共同体を破壊することである。収容所とは、人間的なものそれ自体の破壊が試される実験室なのだ。だからこそ、大量の無国籍者たちは、全体的支配の数々の実験室がやがてその破壊に躍起になるだろうもの、すなわち人間の特異性と自発性を剝き出しにするのだが、その限りで彼らは、全体主義支配に向かって協同する諸要素のうちのひとつである。収容強制所と絶滅収容所は政治の真理ではなく、それを超えたものであり、政治が破壊されたときに可能となるものなのだ。数々の民主主義社会の袋小路を明らかにしたからといって、アーレントはあらゆる体制の形式を同一視しようとは決してしない。全体主義と民主主義的諸国家との還元不可能な差異は――われわれが見たように――、全体主義は収容所の実在に基礎づけられているということであり、これは、たとえ収容所を配置したときでさえも国民‐国家にはあてはまらない。

結局、アーレントの人権に対する批判はハイデガーの反‐ヒューマニズムから着想を得ており、われわれに「主体性の帝国主義に抗して、ヒューマニズムと人権に抗して(46)」思考させることを促していると考えることができるだろうか。言い換えれば、アーレントは啓蒙の遺産である普遍的人類という概念を忌避するのだろうか。

神の代わりに人間を根拠の場所に置いたことの諸帰結を探求することで、アーレントが人権を批判しているということが本当だとしても、彼女は『実存の哲学』のなかで同様の批判をハイデガーに向けているという点を示すことができる。このテクストのなかで、アーレントはハイデガーの方法を、人間を「まさにかつて伝統的存在論において神が占めていた位置に」置く試みとみなしている。ハイデガーにとって、人間は一種の「至高存在」(*summum ens*)になっている。つまり、唯一で比類ない個体とみなされた至高存在であり、この存在においては、本質(それが何であるか)と実存(それが誰であるか)とが一致している(47)。同じテクストのなかで、アーレントはまた、現存在を人間の名で呼ぶことを断固として拒絶することで、自分以外の他者たちに対する個人の責任という観念をすべて思考不能なものにしてしまったとして、ハイデガーを非難してもいた。ハイデガーの現存在の特徴は、「その絶対的な自己中心主義、同類たち全員と根本的に切り離されている」ということである。逆に、現存在を「人間」と名づけることで保証されるのは、現存在がそれ固有の本質を把持するとき、現存在は自己自身以上のもの、すなわち人類という観念に含意された同類たちとの絆を把持しているということだ。そのような運動は、定言命法というカントの理論の中核に位置している。すなわち、私自身の行為の格率について考えてみるとき、私にできるのは、私個人の行為が問題であるとはいえ、人類全体への準拠と出会うことだけである。カントはここでフランス革命の「哲学者」として、つまり市民という概念を再発見した「哲学者」として指し示される。同様に、「フランス革命と人権宣言以来、人間性が各個人において冒瀆されたり高揚させられたりするということが、人間概念の構成要素の一部を成すようになった」。こうした普遍性を欠いた、孤立せる《自己《ソワ》》は外的にのみ、機械的あるいは自然主義的な和解という間接的な方法によってのみ、他者たちとの絆を見出すことができる。同定不能で、あらゆる所与を超え、そして「現象学的に証明可能ならざる」普遍的な人類という概念を拒絶するがゆえに、ハイデガーはこの概念に換えて「事後的に」民族と大地の神話を用いることになる。こうした逸脱を避けるために、「人間という概念には、人間がその同類たちと大地に住んでいること(48)〔が含まれて〕」いなければならない。

しかしながら、まだひとつの困難が残っている。一九五四年のテクストで、アーレントはハイデガーに関して同じ問題を再び採り上げたが、その仕方はまったく異なっていた。

その初期の著作でハイデガーは意図的に「人間」という語を避けているが、最後の数々の論文では好んで「死すべきもの」(mortels) という語を取り入れている。ここで重要なのは、死ぬということの強調ではなく、複数形が用いられているということだ。しかしながら、ハイデガーはこの点について自分の立場が含むところを決して明らかにしなかったので、こうした複数形の使用にあまりに多くの意義を与えたとしても、それは思い上がりということになるだろう(49)。

一九四六年には彼女はハイデガーを「人間」という語を避けているとして非難していたが、ここでは同じ理由で彼を賞賛している。ふたつのテクストのあいだで、アーレントが人権宣言の哲学的背景をより仔細に研究したということ、加えてハイデガーが『ヒューマニズムについての書簡』(*Lettre sur l'humanisme*)を出版したということを考慮するとしても、この移動はやはりフェリーとルノーの批判を確証することにならないのだろうか。実際、一九四六年から一九五四年にかけて、アーレントはひとつの疑いを深めていた。「われわれの哲学的伝統においては何かがおかしい。それが何かは私には分かりません。ただ、それは人間の複数性ならびに、哲学は特に単数形の人間を相手にするという事実と関わっているように思われるのです[50]」。別の手紙において、彼女はフォーゲリンに宛てて次のように書いている。すなわち、自分はもはや一九四六年のように、「《人間なるもの》を各々の人間のうちで考えることを要求したカント的ヒューマニズの理想」で十分であるとは考えない、なぜなら、そのように表明された理性的な自律の理想は依然として人間をその孤立において捉え続けるからである[51]。「人間はその同類たちと大地に住まう」ということとの導入、それは人間の概念のうちに複数性を導入することである。しかし、ここにいう複数性はそれが人間の複数性と言われる場合には人類の概念を変更するのみならず、さらに、概念である限りでは人類の概念を廃棄する。『人間の条件』において、アーレントは人間という概念をすべて斥けた。人間という概念に準拠するのは結局のところ、人間たちが「無限に再生産可能な反復」であるようなモデルを構築し、「何らかの対象の本質や本性と同じような予見可能な本性や本質」を人間に付与することに帰着してしまう。だからこそ、人類の複数性とは何よりも、「単数の人間ではなく複数の人間たちが大地に生き、そして世界に住んでいるという事実[52]」なのである。さらに、この事実はひとつの条件である。すなわち、各人の行為に対する制限であり、同時に行為の可能性の条件でもある。複数性がなければ行為はないのだ。アーレントがこの事実をひとつの条件として位置づけているということ、それは、複数性が経験的に直接確認できるものではないということを示しているが、そうした条件がひとつの事実であるということ、それは、複数性が超越論的なものではないということを示すと共に、その脆さを強調している。なぜなら、事実〔作られたもの〕である限りで、複数性は破壊されうるからだ。

人間の複数性という観念は、普遍的人類という観念を補塡しつつも、自由なヒューマニズムのふたつの不十分さを乗り超えることを可能ならしめる。一方で、それは人間を個人と同定することを免れている。人間を単数の《人間》ではなく人間の複数性として思考することはその場合、人類という概念そのものに付随するものとして、人間の権能に内在する限界を思い描くことを可能にする。かかる限界は主権者たる人間という表象によって無視されてきたのだが、それを思い描いたからといって、神による創造という観念の内なる根拠に舞い戻ることはない。E・フェーゲリンに宛ててアーレントは次のように書いた。「人間の権能は人間が自分で自分を創造したのではないという事実によって制限されていますが、複数の人間たちの権能は、その本性によってよりもむしろ、複数性という事実によって、私の同類たちの事実的現存によって制限されているのです」[53]。こうして、『政治への関心』におけるハイデガーについての判断をより深く理解できるようになる。アーレントは彼女なりに人間を「死すべきもの」として指示することを選ぶのではなく、――ハイデガー自身の意図とは無関係に――「人間」という言葉を用いることへの自分自身の躊躇いは、人間は複数形でしか実在しないのに、人間という語が単数的で個人主義的な性質をもつことに由来すると指摘しているのだ。

そこから、アーレントの考察を受け容れることで、われわれは人間と市民の諸権利の宣言の最良の部分を救い出し、ルフォールそのひとがこの宣言のテクストについて行った読解へと戻っていくことができる。そこで彼が示したのは、「自分の私的世界を各々独立して支配する小さな主君」たる諸個人の権利として、人間の諸権利を表象するのとは別に、思考と意見の自由なコミュニケーションに関する一一条の本質的な権利が肯定されるということであって、この権利とは「自己自身から抜け出し、言葉や文章や思考によって他者たちと結びつく」人間の最も貴重な権利のひとつであり、単数の人間ではなく、複数の人間たち、人間の複数性、ルフォールの語彙で言えば「形象なき」、「決定不可能な[54]」根拠を前提とした権利である。人間の複数性という観念だけが、視覚化し具現化しようとするあらゆる試みを阻止する。なぜなら、この観念は確認できるものでも証明可能なものでもないからだ。ロベルト・エスポジトの表現を改めて使うなら、それは「表象不可能」な観念なのである。

しかしながら、われわれは、先ほど複数性の廃棄に関するいくつもの型を区別したのと同様に、ふたつの複数性の界域を区別することができる[55]。最も直接的なものは、諸々の個人性の純粋な多様性、複数性という事実、「各人の各人に対する絶対的多様性」、自然と呼ばれうる事実的所与としての多様性なのだ。他方の界域は、この絶対的多様性を政治によって組織することであって、政治は平等を導き入れ、さらには各人に――いかに他と異なっていようとも――他者と同等の者として現出する可能性を与える。「政治は絶対的に相異なる諸存在をただちに組織するが、その際、彼らの相対的な平等性は考慮しても、彼らの相対的な多様性は無視する。政治は絶対的な多様性を気にかけないのだ[56]」。無国籍者は、その現出の諸条件は抹消させつつも、各人の唯一的特異性、純粋な多様性を現出させるのだが、このことは無国籍者から一切の意味を奪い去ってしまう。全体的支配の実験室は、制定されたいかなる平等によっても統合されないこの特異な諸個人の多様性、人間性と共に与えられるこの複数性を集約して、それを破壊しようとするのである。

自然的平等の観念の欠陥とは、平等は所与で、権利と法はそれにもとづくことができるとわれわれに思い込ませることである。さらに、平等を自然なものとして表象することには、平等を経験的に証明し確認しようとする抑えきれない運動が付随している。これは失望しかもたらさない運動である。なぜなら、階級社会において所与であるのは階級の不平等であって平等ではなく、多‐民族社会において所与であるのは諸集団の差異だからである。これに対して、私的領域において所与であるのは各人の唯一で不変の特異性である。もう一度繰り返しておくと、かかる所与、己がアイデンティティの各人による認知こそアーレントの目には本質的なものなのである。われわれは本書の第Ⅰ部全体を通じて、ラーエル・ファルンハーゲンにそのような認知が欠如していたことを、アーレントがいかに分析したかを示した。ただし、われわれはまた、所与がアイデンティティを付与するとしても、それでは特異性の現出には十分ではないということをも看取した。さらに言うなら、所与の引き受けは、「お前は何か」という問いに答えることを可能にしはするが、「お前は誰か」という問いに答えることは可能にしないのである。この後者の問いに各人が答えることができるのは、そのひとが、各個人の唯一性と同時にその社会的アイデンティティによって構成されたものとして、この所与を捉え直す可能性を有している場合のみであって、この運動をA・M・ロヴィエロは「各々の個人的捉え直しの脱多様化された差異」[57]と呼んでいる。このような脱‐多様化の一般的条件は公共空間や世界の実存であり、友愛、つまり対話の関係はその最初の現れのひとつであって、そこでは、ある特異な個人に固有の要素が他の個人に対して現出することができる。

　だからこそ、所与の差異化を確認することは、平等の企図を失墜させるどころか、反対にその正当性を覚知させるのだ。「人間性は自然に従属することにあるのではない。そうではなく、――改めてこの引用をもう一度用いるなら――人間の「自然・本性」が「人間的なもの」であるのは、それがとりわけ自然的ならざる何かになる可能性、つまり人間になる可能性を人間に対して開く限りにおいてである」[58]。この点で、平等は最も人間的なものであるからこそ、それは自然なものではないのだ。

Ⅳ　パーリア、成り上がり者、そして政治。いかにして没世界主義から脱するか

ユダヤ人解放についての初期の著述においてすでにアーレントはあるひとつの問いに直面していたが、この問いは『全体主義の起源』から『エルサレムのアイヒマン』に至るまで彼女につきまとうことになる。すなわち、抑圧された者たちが彼らに固有の歴史に参与することをいかに考えるのか。可視性も政治的表象も剝奪され、——さらに——自分たちを世界から排除しようという悪意に満ちた諸力に直面した集団の人々に責任が戻されるとき、その責任とは何なのか。

この問いはそれがまずユダヤ人の敵にキャッチされたがゆえにより危険なものとなった。その結果、反ユダヤ主義的イデオロギーの圧する雰囲気のなかでは、どちらかというとひとは守りの姿勢をとる傾向があり、この姿勢は弁明に転じることとしかできなかった。こうした防御法のひとつはよく知られている、それはスケープゴートという防御法で、犠牲者の立場をはっきりと支持する限りで、それはきわめて執拗な思考の習慣である。犠牲者という観念と連結されたものとして、まず存在するのは、他者たちによって課せられる人間たちの苦しみという観念である。そうした状況では、行為は一方的なものとなる。つまり、虐待者が行為し、犠牲者はそれを被るということだ。あらゆる活動は虐待者の側にあり、それゆえこの範例的瞬間において、犠牲者は何もせず被害を被る。言い換えれば、犠牲者は無罪なのである。それゆえユダヤ人は歴史の迫害者のスケープゴートになったと言えるかもしれない。「罰を逃れるために人々がそのあらゆる罪を背負わせた無罪の犠牲者」(1)に。歴史へのこのようなアプローチは、前世紀の初期のユダヤ人歴史家たちによって内面化されたのだった。実際、彼らにとってユダヤ人は自分固有の政治史を有してはおらず、敵対的で時には粗暴な環境の恒常的に無罪の犠牲者であった。他のすべての国民とは反対に、ユダヤ人は歴史を作る者ではなくそれを被る者であったのだ。彼らは永続的に同一であるような一種の善性を維持しており、数々の迫害とポグロムに関する単調な記事だけがそれを掻き乱すのである。(2)

まったく別の思考方法は、知らないうちに迫害者たちを利すること、すなわち、犠牲者たちをしてみずからの運命に責任ある者たらしめることに帰着するだろう。あたかも次のように言うことで難題から解放されるかのように。「彼らには当然の報いだ」、と。

実際そこには、思考によるアプリオリな脅しと罪のなすりつけが存在するのだが、それに対してアーレントは絶えず抵抗する。それから逃れるためには、もはや歴史の筆記という観点からではなく、つねに前提とする行為の概念の観点から、つまり政治の観点から再び歴史の問いに立ち戻らねばならない。アーレントはスケープゴートの理論に向けて二重の批判を放つ。一方で、この理論は歴史性を二者対決の図式、虐待者と犠牲者の対面＝対決へと還元している。他方で、一見すると犠牲者の側に立ちながら、この理論は犠牲者を、加害者の側からその行為の対象としかみなさず、犠牲者を何らかの仕方で人類から排除することに帰着してしまう。無罪という観念は語源的には非‐知に送り返されるが、それはまた純粋さや善性という観念に結びつけられもする。ところが、アーレントによれば、無罪であることは善なる者であることではない。それは何もしなかった者ということである。無罪であるということはひとつの性質ではない。それは非‐行動という欠性を示す名称なのだ。歴史的調査に専心するときに発見されるのは、歴史は対面＝対決ではなく、「多様な集団」によって作られるということであって、これらの集団のなかには、迫害を被る集団も見出されるが、この集団は生きて活動する人々――無罪ならざる人々――の集団で、数々の矛盾と確執に貫かれており、迫害という観点だけではこのことを看取することはできない。歴史からいかなる人間集団も排除しないことは、「世界の不正と残酷さの犠牲者」と化した集団も「共同責任者たることをやめない」[3]との考えを前提としている。このことは、犠牲者の被った苦しみが、彼らのなしたことの直接的帰結であるということを意味してはいない。それではまたしても二者対決の図式で推論することになってしまう。いかなる状況も単純な因果性の直接的な結果ではないのだ。人々は、「行動する者は自分のなすことを決してよく分かっていないということ、彼は自分が望みもせず予想さえしていなかった結果に対して〈罪がある〉ということ、これらの結果がどれほど予期せぬものであれ、どれほど悲惨なものであれ、彼はがみずからの行為を撤回できないということ、彼が始動させる過程は唯一の行為や出来事において曖昧さなく汲み尽くされることは決してないということ、行為の意味そのものは行為者には決して明かされず、後ろを見やり、自分は行動しない歴史家にとってだけ明かされるということをつねに知っていた」[4]のだ。それゆえ、共同責任なるものを思考するためには、対面＝対決ではなく世界を、つまり多様な要素が複雑に絡み合った錯綜を再構成しなければならない。そうした手続きは、今後この研究を導いていく区別、すなわち、犠牲者は犠牲者のままで犠牲者こそが残酷さを被っているということから何も取り去ることはない。こうした方向づけは、反ユダヤ主義の分析においてアーレントが採ったものである。ヨーロッパの諸社会において、ユダヤ人の位置は他の社会階級に対して、国家に対していかなるものであったかということを理解することだけでなく、歴史の構成要素として、ユダヤ人たちの応答、彼らの態度決定、自分たちの状況について実際に彼らが行った解釈を復元することも必要不可欠だったのだ。

パーリアと成り上がり者という観念にもとづいて論を運ぶその仕方ゆえにアーレントは、啓蒙に由来する歴史の表象――そこでは非抑圧者たちがみずからに固有の歴史に参入することはなかった――を棄却することができたのと同様に、ユダヤ人の歴史を決定的に過去へと追放してしまったヘルダー――その直接の後継者はヘーゲルということになる――流の前進的歴史をも棄却することができた(5)。アーレントは、パーリア民族としてのユダヤ民族についてのマックス・ウェーバーの分析からふたつの特徴を採り上げる。(1)世界の出来事に対するユダヤ民族の非常に古くからの隔たりと「ユダヤ人が歴史上ずっと世界に投げかけた疎遠な視線(6)」。(2)存続はそれ自体ユダヤ人によって求められたのであって、単に迫害の結果ではなかったという考え。このような態度にとって本質的な要因のひとつは、ユダヤ人が意図的に政治的行為から離れたところに身を置いていたということであった。ウェーバーと同様に、アーレントは「あらゆる政治的行為を避けよう」というユダヤ人の意志――それは受動性と同じものではない――があったと考える。したがって、ユダヤ人の歴史全体が迫害という観点からのみ読まれてはならないとしても、迫害を考慮しないことはもちろん不可能であり、ユダヤ民族に対する迫害の主な結果はアーレントが没世界主義《アコスミスム》と呼ぶものであった。没世界主義は、道徳的で人間的な確たる偉大さを具えた苦しみへの応答のひとつの様相であるが、それは政治への接近にとっての主要な障害のひとつを構築している。没世界主義が、世界の諸事件から後退りしてみずから責任をとろうとしない態度、すなわち政治的行為に躊躇いを見せる態度である限りでそうなのだ。

しかしながら、ウェーバーにとって、パーリア民族というカテゴリーが古代ギリシア・ローマ、そして部分的には中世におけるユダヤ人の社会的地位を特徴づける理念型であるのに対して、アーレントの考察は主に解放後の近代ユダヤ人の条件に関するものだ。パーリアという語彙のアーレントにおける維持は、解放によって無数の障害が撤廃されたにもかかわらず、パーリアというユダヤ人の条件がそれでもなお近代社会の新たな語群のなかで継続されていることを示している。それに、パーリアというこのカテゴリーがアーレントにおいては大抵成り上がり者というカテゴリーと対立して機能しているという事実は、もうひとつの源泉――ベルナール・ラザール――の重要性をわれわれに示しているのだが、ラザールの思想を彼女が発見したのはパリでの亡命期、つまりドレフュス事件の分析のために彼女が資料蒐集していた時期であった。アーレントにおいて、パーリアと成り上がり者は単に一九世紀社会におけるユダヤ人の客観的な位置を示しているだけでなく、この位置から考え出された態度、状況に対する応答の様相、つまり応答責任をも示している。この主題についてのアーレントの一般的命題は、解放にもかかわらずユダヤ人たちは没世界主義の位置を保つというものだ。しかし、彼女が没世界主義を強調するのは、何人かのユダヤ人が当の没世界主義を乗り超える方法を――この一般的な態度から――創出することになるそのやり方、一方では文学によって、他方では政治によって世界に回帰するその方法を明確化するためでしかない。己が民族の没世界主義を乗り超えるためのこうした努力を象徴する名前は、ハイネ、カフカ、そしてベルナール・ラザールである。

7章　パーリアと成り上がり者(1)

――圧制の体系

ラザールと同様ウェーバーにおいても、元々はヒンドゥー教カースト体系の不可触民の地位を意味していたパーリアというカテゴリーをユダヤ民族に転移することは自明の事態ではない。ウェーバーに関しては、多くの批判者が実際、パーリアの地位とユダヤ人の地位の違いはその歴史の最初の数世紀においてさえも実に大きいのでこの併行性は不適切であると考えた。しかしながら、パーリアというカテゴリーを用いながらもウェーバーもラザールもこれらふたつの状況の同一性を示唆しようと望んでいたのではなかった。それに、このカテゴリーは必ずしもヒンドゥー教のパーリアの状況を前もって分析することから生じたものではない。一九世紀には、このカテゴリーは比喩的に、つまり科学的というよりも文学的、政治的に用いられていた(2)。パーリアというカテゴリーはただちに現実の直接的に描写するものではないのだ。それはむしろ浮遊するカテゴリーであり、実に多様な状況を示すのだが、そのなかのひとつがユダヤ人たちの状況で、それは一九世紀の被抑圧者たちの意識のなかに散乱しながら漂っていた。ウェーバーとラザールは互いに意識することは決してなかったとはいえ、それぞれがこのカテゴリーを自家薬籠中のものとし、一方はそれを科学的カテゴリーたらしめ、他方はそれを政治的カテゴリーたらしめようと努めた。

アーレントはというと、このカテゴリーを多義的に用いて、それに四つの作用点を割り当てる。このカテゴリーはまず第一に解放前のユダヤ人の伝統的状況を示す。その状況下では、彼らは異邦の居留者であり、市民権は剝奪されていた。こうした状況は一九世紀においてもプロイセン以東で生活していたユダヤ人のものであったが、彼らの多くがポグロムと貧窮に圧迫されて、安楽と自由を約束してくれるかに見える国々に移住したいと望んでいた。しかし――これが第二の作用点であるが――、解放によってもこうした状況は撤廃されなかった。なぜなら、一九世紀社会はアンシャン・レジームの足枷から自由になった経済活動の展開をユダヤ人たちに許容しはしたが、すでに見たように、ユダヤ人たちはブルジョワジーにも労働者階級にも真に統合されてはいなかったからだ。社会的に言うと、ユダヤ人たちはアーレントの表現にある通り「空虚のなかに位置づけられ」、つねに例外的な集団を形成しながらも、制度的な身分規定は宗教を除いて剝奪されていた。この意味で、彼らは依然として「社会的パーリア」であった。第三に、「パーリア」は、自分のものである領野に関して明断であるがゆえに本来的な実存の主体的選択を示しているのだが、この選択はもうひとつの選択、つまり成り上がり者たることとの選択と対立している。つねに成り上がろうと報われない努力を続けたその人生の最後に、ラーエル・ファルンファーゲンが手にするに至ったのはまさにこうした地位である。そのような同一化は、ユダヤ人の文学者や芸術家によって創造されたひとつの文学的形象を生むことになるのだが、この形象は「近代人にとって極度に重要な新たな人間の観念」の主たる特徴を展開している。けれども、この同一化はそれ自体でひとつの政治的態度を生むものではない。パーリアというカテゴリーがひとつの政治的態度を示すのは――そしてこれが第四の作用点であるが――、パーリアが「意識的パーリア」になるときだけである。「意識的パーリア」とは、ベルナール・ラザールだけが「ユダヤ民族の政治的実存の根本的状況から」[3]練成することのできた、新たな政治的カテゴリーである。

このようにパーリアという語彙は、解放以後のユダヤ人の状況に適用されて、ひとつの社会的状況、同一化を促すひとつの詩的・理想的な形象、ひとつの政治的カテゴリーを交互に示すことになる。アーレント自身の観点から見ると、当然のことながら意外に思われるだろう。ほとんどつねに彼女は、社会的なものと政治的なものとのあまりにも截然たる区別ゆえに非難されているのではないか。いずれにしても、パーリアというカテゴリーが社会的領域と芸術的領域と政治的領域に現前することはむしろ、このカテゴリーが蝶番たる観念として機能していることを示している。パーリアという態度はただちに積極的な意義を授けられているのではない。パーリアの状況がまず生み出すのは没世界主義であって政治的責任ではないのだ。第一段階として、パーリアというカテゴリーがある態度変更の土台となるのはそれが詩的形象として練り上げられるときのみである。そのとき、パーリアであるという特異な経験は普遍的形象に転じて、ユダヤ人の世界と非 - ユダヤ人の世界とを実際に関係づけることになる。第二段階として、パーリアというカテゴリーは政治的カテゴリーとして、みずからの基盤である社会状況を忌避し、世界のなかに正義への普遍的要求を導き入れるようとする——そして更にこのカテゴリーは政治的組織化をめぐる数々の新たな提言において表現されることになる。パーリアという状況の政治的変貌は、一方ではパーリアの自発的姿勢に対する批判、他方ではその周囲の社会に対する批判という二重の批判を前提としている。

1節　社会的パーリアと成り上がり者の無思慮な無責任さ

アーレントが一九四一年から一九四五年にかけて出版したテクストを読めば、彼女の思想とベルナール・ラザールの思想との親近性に驚かされるだろう。たとえば、一九四二年四月七日にシオニズム・イデオロギーを批判するために開催された「若きユダヤ人グループ」（*Jungjüdische Gruppe*）の会議を紹介しながら、アーレントは次のような一般的方針をはっきりと採択しているのだが、その方針によれば、「抑圧された民族はすべからく〈二重に抑圧〉（ラザール）されている。すなわち、外部の敵と自分たちのなかの特権層によって抑圧されているのであり、この特権層は何を犠牲にしてもみずからの特権を守ろうとする者たちなのである」(4)。ラザールから、アーレントは一方で、ヘルツルも共有した考えを継承しているが、ラザールによれば、ユダヤ人は解放後でさえも依然としてパーリアのままなのである(5)。アーレントは他方で、パーリアと成り上がり者、浮浪者（*Schnorrer*）と博愛主義者の共犯関係に対する非難を継承している。

ラザールにおいて、パーリアというカテゴリーは、敵対的な周囲のせいで孤立した民族の状況をまず示している。一三世紀から解放に至るまで、西洋のユダヤ人はこうした状況にあった。ルーマニア、ロシア、ペルシア、モロッコのユダヤ人たちは一九世紀になってもなおこうした状況を経験していた。彼らは、解放前の西洋ユダヤ人の状況の「生きた証」(6)である。そのような状況はまず社会的なものであり、孤立、閉じ込め、強制的統合によって特徴づけられる。ラザールによれば、ユダヤ人が「パーリア、孤立した者、閉じ込められた者」になるのは一六世紀からでしかなく、このとき最初のゲットーが作られたのだった。「世界が自由に目覚めていた(7)」ときに、ユダヤ人は「ゲットーに入らなければならなかった」のである。この社会的状況に対応する政治的状況とは、諸個人が権利を奪われているということだ。パーリアたるユダヤ人はこう語るだろう、「私の状況は忌まわしい。義務はあるのに権利はないのだ(8)」と。パーリアであるとは単に悲惨であるというだけでなく、不公平きわまる法、特例に服従しなければならないということでもある。ラザールにとってと同様、アーレントにおいても、ここでは法への関係こそがパーリアの地位を定義している。解放前は「ユダヤ人はパーリアであった。彼らは政治的に権利を有していなかった」と彼女は書いている。この点において、「ドイツ系ユダヤ人は一八六九年までパーリアであった[9]」のだ。

しかしラザールによれば、解放はパーリアの状況を消失させたわけではない。解放はそうした状況を新たな条件下で継続させたのだ。しかしながら、ユダヤ人は「解放されていようとそうでなかろうと[10]」依然としてパーリアであるとラザールが断言するとき、彼は解放がもたらした数々の変化を考慮していないわけではない。解放はゲットーの時代に終止符を打ち、法的な迫害と教会の横暴からユダヤ人を救ったのであるから[11]。「九一年の青天の霹靂」以降、「ユダヤ人は祖国をもつことができた。彼はもはや孤立した者、つまりパーリアではない[12]」。ユダヤ人はもはや「隔離された地区」に住むわけでもないし、「ロシアにおけるように特別領土」に閉じ込められるわけでもない。しかしながら、解放は偏見を終わらせるには無力だった。解放によって救出されたにもかかわらず、「精神的ゲットー」が再構成される。これは「敵対的な雰囲気、不信感や隠れた憎悪や無意識的たるがゆえによりいっそう強固な偏見の雰囲気」によって生み出されたゲットー、いかなる象徴的枠組みによっても政治的枠組みによっても支えられない限りで、「反抗や亡命によって逃れることのできるゲットーとは別の意味で恐ろしいゲットーなのである[13]」。アーレントの言い回しのなかでは、もはやいかなるパーリアも法的には存在しないという事実は、ユダヤ人はもはや政治的パーリアではないが、「いかなる階級［……］にも属さず、そしていかなる社会階層においても予定されなかった限りで」なおも「社会的パーリア」であることを意味している。この特異な隔離は、われわれが見たように、もはや目に見える身分規定を有さないユダヤ人の社会集団に反して直接的に実行されたわけではなく、ユダヤ人が非 - ユダヤ人サークルに入っていこうとするに応じてそのひとりひとりに関わってくるのだった。ユダヤ人をこのようにひとりひとり締め出すことが、「この民族全体の政治的地位を映し出していたのだ」[14]。これが意味しているのは、たとえ政治的に諸個人がもはやパーリアでないとしても――彼らはすでに権利の平等は獲得したのだから――、社会において彼らが個人として味わっていた外在性は、諸個人のではなく、一九世紀ヨーロッパ社会におけるユダヤ民族の政治的地位のイメージであったということだ。それゆえユダヤ人たちの条件は、諸個人の政治状況と民族の政治状況とのずれによって特徴づけられる。さらに、諸個人の政治状況――彼らに与えられた市民権――は民族の政治状況を表す真実に通じるものではない。だから、市民の権利を授与するだけでは、パーリアという社会的状況の終焉をある民族に保証するには十分ではないのである。それだけではない。法的な地位だけを斟酌すること、「自分たちの安全の永遠に揺るぎなき根拠たる法的平等［……］への［フランスのユダヤ人たちの］ほとんどフェティシズム的な執着」は、ベルナール・ラザールがドレフュス事件のときに非難した態度の源泉に他ならず、この非難をアーレントは彼女なりに採り上げ直している。フランスのユダヤ人たちが見たくなかったもの、それは、彼らのなかに――大富豪においてさえ――「人権を有さず、祖国もなき古のパーリアのごとき何か」が残っているということである。哀れなドレフュスをめぐる訴訟のうちには、司法上の単なる錯誤を超えるものがあった。告発されたのはユダヤ人であり、個人を通して現れたのは民族の規定であった。成り上がり者たちの富にもかかわらずつねに抑圧され、政治的身分規定をもたない民族の[15]。

しかし、あらゆる社会状況と同様に、パーリアの状況は諸個人における一義的な振る舞いを定めるものではない。同じ状況に対して、個人それぞれでつねに幾つもの答え方がある。アーレントによれば、解放されたユダヤ人は各世代ごとに、ふたつの態度のあいだの選択として自分たちに突きつけられるディレンマに直面することになった。あるとき各人は、パーリアであり続け社会の外部に留まるのか、それとも、品位を損なう条件と引き換えに社会に順応する成り上がり者になるかを決めなければならなかった。後者の選択はみずからの起源を隠蔽するというよりもむしろ、「みずからの起源の秘密によってみずからの民族の秘密を漏洩する」[16]ことである。

こうしたふたつの態度の対立はあまりにも重々しくあまりにも単純ではないだろうか。単純にすぎるディレンマを起点として図式化することで、同化に対するユダヤ人たちの応答の多様性を還元してしまう危険はないのだろうか。まず最初に確認しておくが、アーレントは、中流のユダヤ人はこれほどはっきりと選択を実行することが決してできなかったと明示している。そうしたユダヤ人は「成り上がり者でも反逆者でも[17]」なかったのだ。大部分のユダヤ人は、同化の命令に含意されていたユダヤ性の放棄を決心することができなかったが、社会のなかで場所を占めたいとの欲望を断念することもできなかった。パーリアと成り上がり者は類型もしくは抽象的構築として捉えられるべきであり、それは、行動のなかにあって個人の性格に起因するものだけでなく、ある規則性を備えた集団の状況に対する応答の様相を明示するものをも解明することを許容する。ラーエル・ファルンハーゲンの特異な経験は、普遍的価値を有した実存の様相を現出させることができたのだが、アーレントはここで、このファルンハーゲンの伝記と連続した仕事をしている。誰も完全に有徳的であったり悪徳的であったりすることは決してないのだから、これらの抽象的構築はかくして、いささか道徳論を思わせる仕方で、「徳」と「悪徳」を解き放つことができる。さらに、何らかの状況を起点として発展した数々の実存は、ある実存的形式によって特徴づけられると同時に、他者との関係および分かち合いをつねに約束するような若干の道徳的あるいは人間的性質によっても特徴づけられる。

しかしながら、アーレントによればラザールは、「現代の最も新しい現象」を目撃することができるほど長く生きたわけではなかった。この現象とはユダヤ民族自身が法の外に置かれることであって、これによってあらゆる成り上がり者は再びパーリアに、つまりもはや社会的パーリアではなく「政治的」パーリアに身を落とすことになった。「政治的パーリア」とは「二〇世紀の中心的形象のひとつ」であり、パーリアは「あらゆる法の外にある」。ここでもまた、パーリアの地位は法との関係で定義されている。とはいえ、中世に回帰することが問題ではない。解放以前、ユダヤ人にとって権利を有さないことは、——アーレントが『全体主義の起源』で説明した通り——国家‐なき者たちがあらゆる権利を、つまり「諸権利をもつ権利」を剝奪されていたのに対して、自分たちの権利が不平等なものであるということを意味していた。この状況が表しているのは、「ヨーロッパにおけるユダヤ教の政治的根拠」が消滅してしまい、それと共に、成り上がり者とパーリアの生によって表象される個人的選択の意味も消滅してしまったということだ。「ユダヤ人の社会的パーリアと成り上がりはいずれも政治的には法の外に位置し、世界から排除されている[18]」。ナチの迫害の時代には、どんなユダヤ人も社会のなかに自分の場所を占めようとは期待できず、そうであればあるほど、社会の欄外に逃げ道を見つけることもできなくなった。アーレントによれば、そこから、ヨーロッパにおけるナチズム台頭期のユダヤ人の政治的応答という単に問題とはいえないような特徴が生じる。なぜなら、アーレントの目にはそうした応答は隠された世界の条件に依然としてもとづき続けていたからだ。

ただ、今しばらくは成り上がり者という類型に立ち戻ることにしよう。ラザールによれば、解放はユダヤ人たちを新たな分割によって別け隔てた。解放は、「大抵は成り上がり者として振る舞う」「解放されたユダヤ人」と、ルーマニアやロシアで出会われるような解放されざるユダヤ人、「パーリアたるユダヤ人」を対立させる[19]。成り上がり者は解放によって生まれたユダヤ人の新たな形象であり、その特徴は表面的には経済的野心であるが、根本的なところではみずからの起源を否定すること、解放されざるパーリアとしてのユダヤ人と直面することで想起される同一化を前にして後退りすることなのである。

最初に表面的な部分を考えよう。アンシャン・レジームの制度が撤廃されたことで開かれた新たな経済的可能性は、ユダヤ人のうちで前例のないエネルギーの奔出を引き起こした。「彼らをキリスト教社会から切り離していた財政上の障壁が壊され、彼らはその人権を行使することを許された。ユダヤ人にとっての黄金時代が存在したのであり、そこでは、彼らのすべての夢、すべての野心、すべての欲望が飛躍したのだった」。成り上がり者を描写しながら、ラザールは明らかに、資本主義者たちに対するその憎悪と、左派の、更にはドリュモンそのひとの反ユダヤ主義の最もありふれた主題とを、ユダヤ人ブルジョワジーへと転移させている。たとえばコルネリウス・エルツ――彼はレーナック男爵と同時にパナマ・スキャンダルに巻き込まれた――は「コスモポリタン、放浪者の典型」であり、決して「祖国をもたなかった」、「ひとつの情熱、つまり富への情熱しかもつことが決してなかったようである」。しかし、ラザールの分析はこうした常套句には還元されない。なぜなら、エルツは「みずからの人種《ラース》に属している」とラザールは書いているからだ。さらに彼は次のことを書き加えている。「何世紀にもわたる屈辱によって作られた人種《ラース》」、と。エルツは、「子供のように華々しさに夢中なユダヤ人で、鼻にペン軸をかけ口元に指輪をつける野蛮人に似ている」(20)。人間が期待されていたところに、野蛮人が現れたのだ。真の隠れた影響力を成すどころか、成り上がり者たちはその無思慮によって罪を犯す。彼らの誤りはとりわけ無責任さ、自分たちの行動の帰結についての意識の欠如であって、反ユダヤ主義者はそれをユダヤ人種の隔世遺伝の証拠と解釈している。成り上がり者たちが推し量ることのない帰結とは彼の可視性、他者たちに彼が見させるものであり、反ユダヤ的混成の過程を助長するところのものである。「成り上がり者が解放された日から、つまり彼の行動を制限する足枷が外れたとき、ユダヤ人は表舞台に姿を現すようになる。彼はみずからを誇示するほどにその姿を見せるのである」。このような可視性は、富に対する貪欲さを有しているはずの人間一般の可視性ではなく、依然としてユダヤ人の可視性である。アーレントもまた、ユダヤ人銀行家たちの可視性を起点として部分を全体とみなす反ユダヤ主義の象徴的類推の恐るべき力を認識していた。そのような偏見に抗して、そして何よりも左派の反ユダヤ主義に向けて、ラザールは最初はいまひとつの現実を示そうと努めた。つまり、「大部分のユダヤ人、全体のほぼ八分の七が極貧である」という現実を。ユダヤ人が解放されていない国々だけでなく、西洋諸国においてもそうなのだ。ロンドンのイーストエンドでもニューヨークの下町でも。(21) ブルジョワであるドレフュスを擁護する必要性は、換喩的論理に抗して、こうした現実を明白化するだけでは不十分であるということをラザールに教えることになる。なぜなら、ユダヤ人の大部分がプロレタリアートであったとすれば、なおのこと、ひとりのブルジョワの運命になど関心を抱かなくてもよいことになりかねないからだ。左翼の重要人物たちのなかにいて、ラザールは理解した。「金融家であり投機家ということで、すべてのユダヤ人が攻撃される［……］。銀行家のユダヤ人だけでなく［……］単にユダヤ人であれば非難されるのだ。ユダヤ人はその人権や市民権が認められなくなる」(22)、と。

ラザールによれば、成り上がり者の経済的野心の特殊性は奥深いところでは、みずからに固有の出生を受け容れないことによって指揮されている。「解放されたユダヤ人はほとんどの場合成り上がり者として振る舞う。彼は己が出自であるみすぼらしい祖先のことを忘れている。各自がみずからに先祖を探そうとあれこれと努力しているのに対して、彼は自分に先祖がいたことを忘れたいと思う。こうした先祖は彼には栄誉となるわけではなく、ほとんど犬と同じように扱われ、［……］まったく美的ではない卑屈さでもってあさましく苦しんでいたのは、一般的に言って哀れな敗残者であったのだ」。しかし、この忘れようとする意志は、「かかる昔の生きた証人」[23]たる「ルーマニアやロシアのユダヤ人の現在の条件」ゆえに、絶えず失敗させられる。このように成り上がり者は内的な緊張のなかで生きており、反ユダヤ主義者によってと同時に、いまだ解放されざるユダヤ人または東欧からのユダヤ人移民の悲惨な実存によって苦痛が不断に蘇るのだった。成り上がり者は、これらのユダヤ人のことを同時代人ではなく、過去の遺物、自分たちの先祖そのもののイメージとして理解していた。成り上がり者が苦しむのは、「自分の起源を思い出させられることであり、[……]ユダヤ人であることを恥ずかしく思い、自分が属する人種から逃れることができず、それをキリスト教の下層民に忘れさせようとして犯す卑劣さなのだ」[24]。各人が自分自身によってしか関心をもたれない、そのような場所へ「到達」したいと思う者は、貪欲で傲慢で隷属的でなければならない。この者は、既存の権力を支持すること以外の可能性をもたないのだが、既存の権力だけが彼を承認して、権力の水準にまで彼を引き上げることができる。成り上がり者が非人間的なのは、自分以外のいかなる人間も彼にとっては重要ではないからだ。彼は自分の生まれた場所から身を引き離すと共に、他の人々と同じように自分はユダヤ人ではないということを示さなければならない。成り上がり者のユダヤ人は内面的に拘束された存在で、絶えず自分の言動に気をつけて自分に期待されていることに応えねばならないのだ。

しかしながらラザールによれば、ユダヤ人の成り上がり者が――自分では知らぬまま――依然としてパーリアであり続けたのは、彼が反ユダヤ主義の攻撃を被ったからだけではない。彼の政治的態度全体が、「古来の迫害」という慣習を、「卑屈さという旧来の伝統」を刻印されたままなのだ。ユダヤ人は我慢し、文句を言わずに服従して、嵐が過ぎるのを待っている。同様に、「富裕なユダヤ人は沈黙し、侮辱や災難をその身に受け」、できるだけ身を小さくし、それによってひとがイスラエルをもはや話題にしなくなることを願うのである。それゆえ、「富裕なユダヤ人が貧しい者も自分自身も守ることがないのは、その臆病さだけのせいではない。それは平穏への欲望のせいであるが、これは、あまりに語られすぎ、攻撃を受けた民族の一部が有する現世的虚無への嗜好なのだ[25]」。解放以後、この遺伝的特性は同化主義と化し――「これらの原理にひとつの理論が付け加えられる」――、宗教による以外には周囲のひとたちから区別されないことをユダヤ人に推奨した。解放それ自体は旧来の枠組みで解釈されている。解放は、「ユダヤ人に当然帰されるもの」、つまり、「彼に認められるもの、彼に相応しいもの[26]」としてではなく、一種の賜物として受け止められた。

2節　浮浪者と博愛主義者

アーレントによれば、ラザールが示したのは、「再びパーリアに身を落とすことを密かにおそれている成り上がり者と結局のところ成り上がり者になることを熱望するパーリアは一体であり、当然のことながら結合していると感じている」ということだった。パーリアが浮浪者――「慈悲深いひとからの少しばかりの施しを食べる」物乞い――となるとき、成り上がり者とパーリアはひとつの体系を成す。アーレントが書くところでは、ラザールはユダヤ人の生の二重の隷属を捉えた「最初のユダヤ人」であった。すなわち、「周囲の世界の敵対的諸力への依存と、〈自分よりも高い地位にある同胞[27]〉への隷属である。

実際、ラザールは、解放によりユダヤ人の共同体が本質的に変化したことを明るみに出した。ゲットーは単に隔離された居留地ではない。周囲の環境は敵意に満ちており、パーリアは「迫害された者であり、受難者」でもあった。それによって、人々は互いに歩み寄ることになった。「この不幸な時代彼らは互いに身を寄せ合い、互いを同胞と感じ、彼らを結びつける絆はよりいっそう強いものとなったのである」(28)。この絆は、「人間の諸徳のなかでも最上のもの」、ラザールが国境を越える「連邦協会」として描いた連帯のネットワークを展開するところの「親密で深い」友愛《フラテルニテ》を生み出すことになるだろう(29)。解放と共に、旧来の連帯は徐々に消えていき、〔ユダヤ人〕ブルジョワジーはその民族から分離して数々の特権を手にするようになった。だからといって、ブルジョワジーは貧しいユダヤ人との絆をなくしたということではない。ただ、そこにあるのはもはや連帯ではなく博愛である。「パリ、ベルリン、ロンドンの富裕なユダヤ人は、ガリシアやロシアやモロッコのユダヤ人を救出することに同意するが、友愛の手を自民族の誰かに差し出すことはない。彼はほとんどつねに、自分はユダヤ人ではなく貧しき者を助けているのだと強調する。慈悲《シャリテ》が友愛に取って代わるのだ」。言い換えれば、パーリア／成り上がり者という新たな区別が不快な社会的関係をユダヤ人のあいだに導き入れたのである。旧来の友愛は、互いに同類であると考える人々を結びつけていた。それ以後は、成り上がり者はふたつの同一化のあいだで引き裂かれる。一方では、成り上がり者は、自分をブルジョワジーの同類と思い込み、価値観と生活様式をブルジョワジーと分かち合う。他方では、成り上がり者は疚しい意識に、文無しの亡命者の現前に取り憑かれていて、これらの亡命者は彼に、彼が忘れたがっている祖先のことを思い出させる。ブルジョワジーへ同一化しようとする力によって、成り上がり者はユダヤ人を、「〔自分自身の〕卑劣さによって生み出された災いに責任のある」(30)疎遠な者にしてしまうのだ。成り上がりの疚しい意識は彼を促して、他のユダヤ人たちを助けさせるが、その際、他のユダヤ人たちは同志としてではなく貧しい者として助けられるのであって、彼らに対する階級の距離は保たれたままなのだ。

宮廷ユダヤ人は貧しいユダヤ人のあいだで暮らすことも、貧しいユダヤ人のように暮らすこともなく、貧しいユダヤ人に対してまさしく独裁者として振る舞っていたが、そうした宮廷ユダヤ人もまた「成り上がり者」として指し示されうる存在だった。しかしながら、アーレントによれば、彼らは「不幸で悲惨なパーリアとしての己が暗い過去を誇りにした。なぜなら、彼らの例外的な栄光はこうした過去があるがゆえにより燦然と輝くからで、［それゆえ］彼らはこの貧しさや悲惨さや軽蔑の背景を大事にしようと配慮したのだった」[31]。逆に、解放の状況において、銀行家が宮廷ユダヤ人の跡を継いだとき、ユダヤ人社会の組織は金持ちの権力にもとづいた「金権的な」組織になった。とはいえ、解放が旧来のユダヤ人共同体の自治すべてを国家に譲渡した限りで、金持ちの権力は直接的な政治権力にはならない。それは搾取する権力でもない――銀行家はユダヤ人の労働を搾取することから自分の富を得るのではないのだ。それは慈善に、つまり博愛に由来する権力である。それが恐るべき権力であるのは、この権力が贈与にもとづいているからで、かかる贈与が贈与する者に対する感謝の念と賞賛の気持ちを引き起こすのである。贈与とは支配なのである。

反ユダヤ主義者たちがロスチャイルド家の人間なら誰にでも行商人の匂いをなおも嗅ぎつけていたとき、その一方で、百年以上も前から行商人は各々未来のロスチャイルド家の人間であると感じていたということは忘れてはならない[32]。

博愛は、貧しき者に対する影響とその統制を可能にし、同様にあらゆる反乱をその萌芽のうちに揉み消すことができる限りで、「ユダヤ民族の政治組織の形式」である。アーレントと同様にラザールの目に、最も嘆かわしく映ったのは、パーリアがそうした態度に反抗するどころか、反対にそれを支持したということである。ユダヤ民族は「そのなかの富者から施しを受ける貧しく迫害された民族である」[33]。古来の抑圧は社会的条件を均した。迫害によってもたらされた旧来の友愛に見合うものは画一化であり、数々の社会的対立がはっきり現出することの困難であって、共同体は分割された複数の集団として存在することができなかった。そのような画一化は、ユダヤ人が自分たち自身について抱くヴィジョン——共通の敵に立ち向かうとき、ひとは一体化し同志となる——のうちにと同時に、さながら鏡に映し出されるように、外部がユダヤ人たちについて抱く知覚のうちにも現前している。「マルクスも含めて、すべての者たちの大きな間違いは、ユダヤ人の異質性、複数の階級への彼らの分割は最近のもので、それ以前に彼らは同質的集団を形成していたと信じたことである」とラザールは書いている。「外からの抑圧が過ぎ去ると」、富裕で教養ある階級への敬意は遺伝的に維持された。更に悪いことに、貧しき者は金持ちに「能天気な賞賛の念」を抱いていた。まるで栄誉——ユダヤ系新聞で大きく採り上げられた——が自分にも及ぶかのように[34]。パーリアと成り上がり者は共謀者であり、ひとつの体系を成している。パーリアは、ユダヤ民族の内部にあって、成り上がり者の第一の支持者なのである。

パーリアの地位はそれ自体では革命的ではないし批判的でさえないとするラザールの分析をアーレントは改めて採り上げる。博愛主義者を理想にしながら、パーリアは政治的責任をも成り上がり者に委譲する。つまり、成り上がり者こそが、とりわけ反ユダヤ主義に抗して行動する責務を担うのだ[35]。責任のこのような委譲はいかなる民主主義的手続きをもってしても正当化されえないものだが、こうした委譲を受けた「有力者たちはユダヤ民族を政治から疎外させるためにありとあらゆる努力をした」[36]。さらに、成り上がり者たちの行為は、彼らの理想たる社会的模範となることを回避不能な課題として課せられていた。「金融商取引という非現実」のうちで生きつつも、成り上がり者たちは、フランス革命以降のヨーロッパ史の一般的な運動、市民からブルジョワへの変化を引き起こしたこの運動にはしたがっている。だからこそ、たとえ彼らが内面的には「権利の平等を個人の特権と引き換えにした」との疾しい意識に苛まされていたとしても、彼らはブルジョワたち全員と同様まずは自分の事業に専念するのである。この点において、彼らの態度は一九世紀末ならびに二〇世紀初頭のブルジョワジーの一般的態度によって下支えされている。「権力は、その前では数々の政府も身を屈しなければならない経済的潜勢力になった」。ただし、ユダヤ人のブルジョワジーが求めているのは権力ではなく、何よりも身の安全、とりわけ自分の子供たちにとっての安全であった。安全は、「子々孫々の安楽」を保証するはずの富の蓄積によって表象される。一九一四年の大戦以前のヨーロッパでのユダヤ人の明白な経済的成功は、彼らに自分たちは「安全の黄金時代」にいると感じさせ、それによって、反ユダヤ主義的運動の台頭——特にオーストリアやドイツでの——を彼らに過小評価させ、この台頭は中世の名残とみなされた。[37] アーレントはこれらの態度の全体を「日和見主義的政治」と呼んだが、これは歴史意識を欠いた政治の謂で、即効的なお気楽さに日ごと導かれていく政治である。そうしたお気楽さを与えるのは、社会であり進歩の哲学であって、この進歩の哲学は、時代が発する数々の悲観主義的な徴候を、ひいては、たとえ金持ちであっても「社会的にはユダヤ人はパーリアであったしこれからもパーリアであり続けるだろう[38]」という事実を忘れるよう強いている。

8章　没世界主義と友愛(1)

たとえ日和見主義が成り上がり者たちの政治の特徴であるとしても、救済はパーリアの地位――過去何千年にもわたる迫害の遺産であるが、ユダヤ人に対する周囲の者たちの敵意が続く限りつねに現代性を帯びている――に由来する諸価値の回復から直接的に到来するわけではない。なぜなら、ラザール自身によれば、友愛にはつねに代償がつきものであるからだ。ユダヤ人は単に画一化への圧力を被っているだけではなく、こうした圧力は、自分自身で自由に生存することができないゆえに、他者が自分にもたらす憎悪のうちにアイデンティティを見出そうという試みを生み出しもするのだ。それは「何世紀にもわたって隷属してきた民族を脅かす危険、すなわち、排他的であるという危険、［……］憎悪されているという歓び(2)」である。パーリアたちの態度を名づけようとして、アーレントもまた友愛という言葉を再び採り上げる。ラザールと同様に、彼女の分析も分裂したものとなるだろう。つまり、彼女はパーリアに政治的重大さとその不十分さを同時に認めることになるだろう。なぜなら、そうした態度は世界との否定的というよりはむしろ剝奪的な関係――没世界主義――にもとづいていて、政治的なものに対する後退の態度、つまり没政治的な態度を定めるものなのだ。

一九五九年にハンブルクでレッシング賞が授与されたときに述べた演説において、アーレントははっきりとユダヤ民族に関して没世界主義（acosmisme）という言葉を用いた。そうした賞を受けるにあたって、彼女はドイツ人たちに向けて、二六年前にドイツを追われたあとに当のドイツの都市から栄誉を授かったユダヤ女としての自分についてと共に、同じ時期、ドイツにおけるユダヤ人解放の失敗を考察しつつ自分が研究していたレッシングについても話さねばならなかった。レッシングと自分自身の歴史へのこの二重の回帰は、当時の自分――迫害から逃避したユダヤ人――とそのときの自分の関心との接合を実現する機会を彼女に与えた。彼女の関心とは、革命の問題であり、不幸な者たちの運動であり、フランス革命中の憐憫の情（pitié）についての分析であった。それゆえわれわれは自身の話題にとって格別に重要な「一連の思考」(3)を目の前にしていることになる。われわれ自身の話題とは没世界主義という概念であって、それは、ユダヤ民族をも含む「迫害された民族や奴隷に貶められた集団」の態度を特徴づけると共に、諸経験を一望のもとに収めることを可能にしてくれる。もっとも、これらの経験のあいだの類縁性は自明の事態ではないのだが。迫害もしくは悲惨は、アーレントによれば、人間同士の接近を生み出すのだが、この接近は、それが人間同士をある程度隔てる空間、すなわち世界を廃棄する限りで没世界主義である。こうした没世界主義は、同情＝共苦《コンパシオン》にもとづき友愛として現出する「特殊な型の人間性」の発展を引き起こす。こうした現象に言及しながら、アーレントは、ルソーがその最初の理論家であった「近代的な感覚の仕方」「革命的な人道主義」に立ち戻っている。そこでは、人間性は「被迫害者、被搾取者、屈辱を受ける者」に対してなされた不正を起点として思い描かれており、彼らのことを一八世紀は不幸な者と呼び、一九世紀は悲惨な者たち（*misérables*）と呼んだのだった(4)」。

しかし、ユダヤ人の経験と一九世紀の悲惨な者どもの経験とを近づけることに問題があるとはいえ、さらに問題なのは、アーレントが没世界主義という言葉を全体主義的恐怖に関しても用いているという事実である。この恐怖は人間同士の空間すべてを破壊し、人間を互いに押し潰してしまう。人道主義、友愛、つまり愛が、全体主義的恐怖への服従、すなわち世界の破壊と同じ結果に至ると結論しなければならないとは奇妙なことではないか。

1節　脱連結の没世界主義／融合の没世界主義

没世界主義が実際に意味しているのは、文字通りに世界の不在である。われわれが見てきたように、アーレントによれば、人間が切り離される（「一者」ではない）と同時に結びついている（孤立していない）ときに、人間同士の世界は存在する。この限りで、ふたつの没世界主義、二種類の世界の剝奪を考える必要がある。一方は、人間は切り離されており結びつくことはないと考えるもの。われわれはこの最初の没世界主義を、脱連結の没世界主義と呼ぼう。他方は、人間は結びついており（十分に）切り離されることはないと考える場合である。われわれはこの第二の没世界主義を融合の没世界主義と呼ぼう。

脱連結の没世界主義は、人間をアトム化した近代世界を特徴づけるものである。アーレントはこの過程を世界からの疎外（*world alienation, Weltentfremdung*）と名づける。人間は世界に対して異質なものとされ（人間はこの世界に属するものでもないし、この世界に向かうものでもない）、自分自身のうちに遺棄されるが、しかし、世界それ自体とは別の滞在地をもはやもつことはない。世界からの疎外は世界のなかでの疎外なのだ。この点でアーレントに着想を与えた著者はマックス・ウェーバーである。彼は、宗教改革の世俗‐内部の禁欲主義によって引き起こされたこの新たな態度と、人間のエネルギーを経済活動の方へと解放することとのあいだに関係を確立した。(5) アーレントは次のように書いている。「資本主義の起源に関するマックス・ウェーバーの発見の偉大さとは、厳密に世俗的なものでしかない巨大な活動が、現世にいささかの憂慮も喜びもおぼえずとも可能であるのを示したことだ。反対に、この活動の深い動機は自分自身の自我への気遣いと配慮である」。人間の脱連結や自己への引き籠りはそれだけによりいっそう、とりわけ労働の産業的組織化によって、数々の人間的活動の相互依存性の客観的機構の設置を促進する。世俗化や来世への信仰の喪失を起点として世界に対する人間たちの新たな関心が湧き起こったこととして近代性を特徴づける通念に抗して、アーレントは反対に「近代人たちは世界のなかに遺棄されたのではなかった。彼らは自分自身へと遺棄されたのだ」[6]と考える。彼らの気遣いは世界への気遣いではなく、みずからの自我への気遣いである。世界もしくは人間的諸存在との関係で生きられた経験はいずれも、何よりもまず人間とその自我とのあいだで生起するのだ。

『人間の条件』のなかのこの章は『全体主義的システム』の最終章と直接的な関係がある。そこにおいて、アーレントは全体主義を中世的野蛮さへの回帰としてでなく、近代という時代それ自体の可能性として理解しようと努めている。世界からの疎外が「非 - 全体主義的世界のなかで人間たちをして全体主義的支配を被る準備をさせたのである」。全体主義は二〇世紀における大衆の出現と結びついており、そうした大衆の経験は悲痛さであり「世界に絶対的に帰属していないという経験」であり、「他者に認知されたり保証されたりする世界のなかでの居場所の不在」としての根こぎである。「人間同士を衝突させることで、人間のあいだのどんな空間をも」破壊するこの悲痛さは、まるで砂嵐が荒れ狂うかのように、全体主義の数々の運動が作動させるに至った「砂漠」なのである[7]。絶対的孤立（砂の一粒一粒は互いに他から切り離されている）は、全体主義の恐怖という「鉄のサークル」による人間的繫がりの凝固を可能にするのだが、この恐怖はというと、人間たちの孤立を増大させ、犯罪によって培われるひとつの容赦ない運動を人間たちのすべての絆の代わりに立てることで、近代性につきものの数々の困難をさらに悪化させてしまう。近代の到来から全体主義の恐怖へもこれに似た導線がある。すなわち、人間同士の分離は人間相互の関係を損ない、彼らを孤立させ、諸個人間の遊びのない関係ならざる繋がりを可能にするのだが、それは、彼らを際限ない運動に引きずり込むことで固定してしまうことのできる拘束なのである。

　パーリア的諸民族の没世界主義はこれと同じ次元にはない。それはむしろ別の形式の没世界主義に属するのであり、それによれば、人間は（十分に）切り離されることなく結びつけられている。それゆえ、アーレントにおける没世界主義という概念の道筋を再構成してみると、彼女の仕事のなかで最初にこの概念が登場したとき問題になっていたのはユダヤ教ではなくキリスト教であったということを確認せざるをえない。『アウグスティヌスにおける愛の概念』において、アーレントは、世界への愛に関するアウグスティヌスの記述の深さと同時に、人間を世界から引き離そうとするキリスト教の努力を分析していた。彼女の考察のこの時期には、ユダヤ的経験は、典型的にキリスト教的な態度である没世界主義を媒介するものではまだなかった。さらに、このテクストにおけるアーレントの数々の註に着目するなら、彼女がそこで言及している世界へ愛着の唯一の立場とはユダヤ人たちのものだと指摘することができるが、世界への愛着と、世界からの離脱を想定した倫理的要請とのディレンマを世界のなかで解消できると強弁しているとして、キリスト教徒はユダヤ人を非難しているのだ。[8] アーレントは『人間の条件』第二章でキリスト教の没世界主義の問題を再び採り上げている。キリスト教の没世界主義の源は世界を断罪することにある。宇宙・世界＝コスモスという旧来の観念と手を切った以上、永続的なものはもはや世界ではなく、各自の魂であり、その結果、何かを救わねばならないとして、その何かは世界ではなく――それはあらかじめ失敗を運命づけられた試みである――、その魂である。したがって、キリスト教は「世界の代わりとなるほどに強い人間同士の繋がりを見つける」努力をしなければならなかった。アウグスティヌスは、「キリスト教的友愛」だけでなく「人間のすべての関係をも慈愛に」基礎づけることを提案したが、彼はこの試みを論証した最初の哲学者であった。慈愛が没世界的（*worldlessness*）な愛の繋がりであるだけではなく、アーレントによれば、愛に関する人間の経験は一般的に「単に没政治的であるだけでなく反政治的」でもあるのだ。没政治的なものが没世界的であるのに対して、反政治的なものは世界を破壊するという点で、没政治的なものは反政治的なものから区別される。慈愛が人間同士の繋がりであるのは、その没世界主義がここでは彼らの繋がりの解消と同義ではないからだ。ただ、人間同士のどんな繋がりもがひとつの世界を構築するわけではない。それゆえ、愛は世界を破壊できると言うことは、人間の繋がりの不足ではなく、反対にその過剰を示すことなのである。情念である限りで、愛は「われわれを他者に近づけたり遠ざけたりする〈二者の‐あいだ〉を破壊するのだ」。これはまさに融合の没世界主義であって、脱連結の没世界主義ではない。世俗＝世界的な繋がりとしての人間の繋がりは同一化の繋がりではなく、この繋がりは同時に、諸個人が切り離されたり結びつけられたりすることを想定しており、――われわれがすでに見たように――そうした関係は言語によってのみ真に実現される。逆に、愛の関係――原始キリスト教の共同体で実現されたような愛の関係――は、「すべての成員が兄弟のようで」、家族をモデルとする「集団」しか生むことができなかった。世界の断罪に立脚した愛と友愛の繋がりは、隠されたものへの偏愛、公的領域から遠く離れた「人間の人間に対する関係の領域」で、多数性でなく二人性のなかで、「そこで現れるすべてのものが万人によって見られ聞かれうる」ような公共空間の構築の対蹠点で営まれる生活への偏愛である。アーレントがよく引用するテルトゥリアヌスが述べたように、「公共的な事柄以上にわれわれにとって疎遠なものは何もない」(9)のである。

人間の同情心を掻き立てる近接性に由来する友愛、現れの空間の不在は、パーリア的諸民族の経験に固有な特徴でもある。それゆえ、アーレントの歩みは次のようなものだったと想定することができる。すなわち、彼女はキリスト教を知ることで、愛に関する人間的経験——この経験はそれ自体では宗教的経験ではない——にもとづいた人間同士の繋がりの概念を、更にそこから、融合の没世界主義という図式を引き出すことができたのだ。この図式こそが、迫害された一民族の成員同士の関係の分析へとやがて移されることになるのだが、それは、苦しみの経験の共有がひとつの民族のうちに、愛が生み出す関係に近い関係を生み出す限りにおいてである。それゆえ、迫害に対する応答としてユダヤ人たちによって展開された諸特徴はここでは、特殊ユダヤ的な語彙によっては言明されていない。アーレントは、ユダヤの伝統的思考が迫害を解釈した仕方に拘泥することなく、ユダヤ人たちが発した幾つかの答えのなかに、別の諸民族や集団に共通の特徴を認めようと考えた。パーリアという概念に関しても同じ指摘をすることができるだろうが、これはユダヤ的概念ではなく、ユダヤ人の経験とその他の諸経験との繋がりをただちに打ち立てるものなのだ[10]。

ここでひとつ反論が上がるだろう。すなわち、なぜこうした経験を、キリスト教的図式から借用した語彙で語らなければならないのか。アーレントがユダヤ教の伝統よりキリスト教的伝統の方を比べようもないほどよく知っていたことはまったく疑いない。それなら、知らないうちに彼女はユダヤ的経験をキリスト教化しているのだろうか。アーレントはかかる転移をいかに実行しえるのか、それを理解するためには、彼女とキリスト教との関係の本性を明示しなければならない。

アーレントをこうした側面〔キリスト教〕に引き寄せようとする者たちに対して、彼女は絶えずこう繰り返してきた。「私は隠れ洗礼派でも隠れキリスト教徒でもありません。私はユダヤ人に生まれ、宗教に関しては、いかなるカトリック教会にも、いかなるシナゴーグにも、いかなる宗派にも属していません」[11]。キリスト教の思考がアーレントの考察を豊かにしたとして、それは彼女がソクラテスに対して採った身振りに似た身振りにもとづいている。彼女はソクラテスの教えをプラトンによる解釈‐再我有化からつねに救おうとするのと同様に、ナザレのイエスの言葉を、キリスト教の真の創始者たるパウロによる解釈‐再我有化から救おうと欲している。ローマの崩壊後、「イエスの生、生誕と死」が、ローマの代わりに、創設的出来事として制定された。それゆえ、カトリック教会はローマ帝国の政治と精神の相続者と化したのだ[12]。この意味では、アーレントにとってイエスはキリスト教徒ではない。一九四二年に、彼女はイエスをユダヤ教徒とみなしたいと欲していた。ユダヤ教徒とキリスト教徒との議論に関するジャック・マリタンの書物の書評のなかで、アーレントは、マリタンがそれによってユダヤ教徒とキリスト教徒との関係を特徴づけようと望んだ「市民的友情」なる語彙に賛辞を呈したとはいえ、彼がイスラエルの選びとユダヤ民族を同一化していることには異議を唱えていた。彼女自身、六一三の掟をもたず、救世主の到来のために祈らないユダヤ人たち――「この民族の多数派」――のなかにいながら、彼女はナザレのイエスについて特異な解釈を提案した。つまり、彼女はイエスをユダヤ人たらしめ、彼のおかげで、ユダヤ世界とギリシア世界、ユダヤ教徒とキリスト教徒との関係が樹立されたと解釈したのである。

キリスト教徒が聖油を塗られし主〔キリスト〕と呼ぶところのナザレのイエスがユダヤ人であったという事実は、キリスト教徒と同様にわれわれにとっても、われわれがギリシア、ユダヤ、キリスト教の文化世界に属していることの象徴となっている。キリスト教神学のなかにイスラエルがいかなる場所を占めるかはどうでもよい。この点について意見をもつのはユダヤ人たちの責務ではない[13]。

『人間の条件』のなかにも立場の反響が認められるだろう。たとえイエスがキリスト教徒でなくても、彼の説教——特に赦しに関するもの——の「起源は、イスラエルの公的権威に立ち向かう傾向にあった弟子たちの実に強固な小共同体の生のうちにある」[14]。イエスという形象はユダヤ人反逆者という形象とそう離れているわけではないのだ。ハインリヒ・ブリュヒャーがイエスについて記しているように、イエスを神の子ではなくひとりの人間とみなし、それを元来の文脈に差し戻さねばならない。つまり、イエスは「ユダヤ人のラビ」[15]であった。もっと言えば、彼は最初の意識的パーリアなのである。

2節 パーリア民族の没世界主義
——苦しみと友愛

二〇世紀のユダヤ女としてみずから迫害を体験したゆえに、アーレントは、いかなる点において人道主義が現実の経験にもとづいているかを見定めることができた。さらに、政治的パーリアとして構成されたひとつの民族全体を法の外に置くことは前例のないことであったとはいえ、また、パーリアと成り上がり者のあいだの選択ももはや緊急課題ではなかったとはいえ——というのも成り上がり者はみな再びパーリアに身を落としたのだから——、ある程度まで、つまりパーリアが絶滅の過程に絡め取られなかった限りで、すなわち、逃げる機会のなかったユダヤ人を襲った絶対的恐怖の明確な意識を逃亡者がもっていなかった限りで、この状況は一九世紀の社会的パーリアの没世界主義と連続した没世界主義において体験されえたと言うことができる。たとえばガウスとの対談で、アーレントは、自身の母が実践していた「一切の社会的絆の外に身を置きうる」仕方ならびに偏見のまったき不在を、きわめて美しいこととみなして、郷愁をもってそれに言及している。亡命生活は困難であった。ひとは貧しく、追いつめられ、逃げなければならかったが、アーレントは「私たちは若かったですし、なにがしかの喜びをうまく見つけることもできさえしたのです[16]」と付け加えている。犠牲者と虐待者を対立させる二者対決の構図を避けることで、没世界主義という概念は、犠牲者を自分の受動的な対象としか考えない虐殺者の観点から視線を逸らさせて、犠牲者が迫害されているときに彼らのうちに起こることへとわれわれの目を向けさせる。没世界主義は、人間同士のある種の関係と同時に、彼らの側からの応答の積極的な様態、つまりパーリアの友愛を指し示している。

非‐社会的なパーリア諸集団がそれでも反‐社会を、連帯と相互扶助のもうひとつのネットワークを構築するということは分かったが、では、そうしたネットワークが世界を構築しないということは何を意味するのか。これらのネットワークは人間のあいだにないのだろうか、人間同士の繋がりを打ち立てないのだろうか。さらに、いかにしてアーレントは、パーリアの実存が非常に困難なものであるにもかかわらず「特権的なもの[17]」でありうると考えることができるのだろうか。

たとえばユダヤ民族に関して、アーレントは「ユダヤ的世界」が存在するということをよく分かっていた。迫害にもかかわらず、そのような世界が何世紀にもわたって持続したからこそ、イスラエル国家が建国されたのである[18]。しかしながら、人類は唯一の世界ではなく、多くの世界によって構築されている。同様に、いかなる世界も、それが他の諸世界とのあいだで維持する関係によってみずから影響を受けるのでなければ発展することはできない。ある民族がパーリアの位置に置かれることは、この民族の世界からの後退が自由な決定に由来するものではないということを意味している。世界との関係は徹底的に希薄化され制限されるのだが、このことは、その民族の内的諸関係に影響を及ぼさないわけにはいかない。このような隔離に、つねに空間の圧縮であるような迫害が付け加わるなら、「われわれが世界と呼んだ空間（もちろんそれは迫害以前にも彼らのあいだに実在し、彼らを互いにある距離を介して維持していた）[19]」が消えることもあるかもしれない。アーレントによれば、「ヨーロッパのユダヤ人の運命」に固有で、解放以後も存続することになるこの種の現象を強調するためにこそ、マックス・ウェーバーの表現は改めて採り上げられるべきなのだが、彼にとっては、この運命は「単に抑圧された民族の運命ではなく、同じくパーリア民族の運命でもあった[20]」のだ。

ただし、ひとつの民族の隔離にはつねにそれ固有の世界の内的萎縮が伴うとする展望は逆転されなければならない。非‐ユダヤ的世界――他の世界との同盟を拒否するあらゆる世界と同様に――は、ユダヤ的世界と決定的に自分を切り離す場合には無傷ではすまない。「ひとつの民族のうちに、それを起点として万人が一緒に住む同じひとつの世界を考えることのできる視点が数多くあればあるほど、この国民はより偉大で開かれたものになる」のだが、それと同様に、「お互いにしかじかの関係をもつ民族がこの世界により多く存在すればするほど、それらのあいだでの世界の創出は弥増《いや》し、この世界はより大きく豊かなものとなっていく」。それゆえ、ひとつの民族を隔離することは世界それ自体の萎縮でもあるのだ。

ひとつの民族、ひとつの都市、ひとつの人間集団は、他の誰もそれを直接的には再現できない、世界内でのそれ固有の特殊な地位にもとづいて、それのみが現実化しうるひとつの世界観を呈示する。それが破壊される（*vernichtet*）ということは、単にひとつの民族や都市や幾人かの人間が破壊されることではなく、共通世界の一部が破壊されることだ。世界はこの側面の下に現れていたのだが、それが破壊されたのだから、もはや世界がこの側面の下に現れることは決してありえないだろう。したがって、無化はここでは単に世界の消失のひとつの形式と同じではなく、同じくこの無化を遂行した者にも関わる。[21]

このテクストはローマの政治についての考察への導入となるものだが、この問題は、政治的パーリアへのユダヤ人の還元に後続する、ナチによるユダヤ人絶滅の企てにも関わると考えざるをえない。つまり、ドイツとポーランド――これらの地に何世紀も前から居住してきたユダヤ人世界を「最終解決」によって実際に消失させるに至ったヨーロッパの国々――は、取り返しのつかない衰退を被ったのだ。

しかしながら、今はパーリア諸民族の没世界主義に立ち戻るのがよいだろう。パーリアと被迫害者の生存にもとづいて、いかなる人間の性質が展開するのだろうか。パーリアと被迫害者が分かちもつのは何だろうか、いかにして彼らはそれを分かちもつのだろうか。

社会の働きから離れたところに身を置く者は、成り上がり者と違って、この社会に自分を受け容れさせるために多大なエネルギーを費やす必要はないし、サロンで流行している常套句を自分のものたらしめる必要もない。ラーエル・ファルンハーゲンのように、「草木、子供、愛、音楽、天候、あらゆる本物の現実」といった単純な事柄に対して〔社会に対してよりも〕より親しみをおぼえていると主張することで、パーリアはみずからの立場を表現する。これは自然的なものを人工的なものよりも価値あるものとみなすある種の愚かさと映るかもしれないが、むしろ批判装置なのだ。実際、ラーエルは、自然は万人にとって同一であるという事実を強調しているが、このことは結果的に、位階ならびに自分に相応しい地位を占めるためのあらゆる努力の正体を暴くことになる。つまり、それらは「まったく何ものでもない」[22]のだ。あるいはまた、「不平等を生み出し、永続化する人間的諸制度は疑いなく滑稽なものと化す」[23]。ひとかどの人間であることを自慢していたが今や「まったく何ものでもない」者は実のところ、愚弄され笑いの種になる。パーリアには、周縁で生きることに直接由来する陽気さや無礼さがある。総じて自分に対する侮蔑の原因となる地位を笑い飛ばすこうした能力は、解放の始まりを表している。パーリアは役割を逆転させるのだ。つまり、軽蔑されるのは自分ではなく、自分こそが軽蔑する者なのである。

しかし、笑いと陽気さはよりいかめしい態度と共存している。成り上がり者が、多数派の社会的関係のうちに地位を占めるために我が物とした利己主義とは対照的に、パーリア同士の関係は相互が無関心ならざることによって特徴づけられる。すなわち、「善意、偏見のなさ、そして不正への敏感さ[24]」によって。同じ抑圧に苦しむ者たちのあいだで関係が紡がれていく。助け合い、支え合い、温かく付き合うのだ[25]。世界のなかに認知された場をもつ権利を有さない人間によって共有されたこの温かみは、表には出ずほとんど秘密のものであり続ける。『ラーエル・ファルンハーゲン』以来、アーレントはそうした温かみを、つねに行き過ぎに陥る寸前の状態の近しさとして描き出した。ラーエルのうちには、「感謝の念」、「過剰な愛情」、「[人間存在を]愛へと束縛する[……]ための[……]空しい試み」があり、あるいはまた、「感受性」が、「距離を保つことができないという語源的意味での[……]同情《コンパシオン》＝共苦」がある。こうした近しさと過剰を同時に喚起するのは苦しみである。ラーエル自身が書いているように、「私が過度に感謝の念をもっているのは、私が過度に不幸であったからです」。ラーエルが感じた不幸——ユダヤ女に生まれたという恥——は、彼女の民族に対する迫害の過去を引き延ばすことになる。それゆえ、「数々の特権、生まれに関する思い上がり、身分への驕りにもとづく社会」の価値がパーリアにとって少しでも滑稽なものに映ったときから、パーリアは本能的に「人間の顔を具えたすべての存在に固有の尊厳」を発見するのである。問題は、こうした発見がまず「病的なほど大げさに」なされるということであり、また、距離の不在ゆえに、認知されるや否やこの顔《ヴィザージュ》が愛と感傷の過剰な充溢のなかに消え去るとの危険を冒すことになるのだ。他なるものであり続けるためには、顔は、たとえ愛されているとしても、幾ばくかの距離を保ったままでいなければならない。いずれにしても、同情＝共苦は根絶される必要はなく、「人間の顔を具えたすべての存在」にとっての平等の要請ならびに尊厳の原理として、賢明で普遍的なものたらしめられねばならない。同情＝共苦は「自然のなかで理性の道徳的構築の全体に通じる予備段階」なのである。社会的位階に対する嘲弄的無礼さのおかげで発見された人間の尊厳への要請の担い手として、パーリアは「追い詰められた動物」という役割から解放される。例外的で周縁的な立場に身を置くとはいえ、特権者ではなくパーリアこそが「本来的に人間的であるもの、固有の本性に則した人間性、人間を普遍的に高貴にするものを与えるものを［……］代表するのである」[26]。

しかしながら、これらの長所にはその反面がないわけではない。なぜなら、それらはみずからの民族や階級の長所とは別の長所に対する無関心を示すこともありうるからだ。この無関心とは言い換えるなら、世界に対する責任から逃れるやり方を示すのであり、それこそアーレントがパーリア民族の「特権」と呼ぶものなのである。被抑圧者の温かみ、近接性は、「自分たちと対立することのありえないひとたちとしか関係をもちたくない」[27]との欲望、迫害や抑圧の原因となった条件を修正しようとすることなく反‐社会を育てたいとの欲望を掻き立てる。アーレントは、「ドイツ社会においてドイツ社会民主党によって占められた〈パーリアの地位〉」に関して同じ図式を再び採り上げる。革命的社会主義者でありながらも、「この〈国家のなかの国家〉の内部で実に快適に生きることはある程度は可能であって、かかる〈国家のなかの国家〉は広義の社会との一切の軋轢を回避することで［……］各自に〈一緒であること（*togetherness*）の感情〉をもたらす」[28]のだ。総じて没世界主義は、みずからの集団内部での衝突であろうと、外的世界に対する衝突であろうと、いずれの衝突に対しても逃走の戦略を採る方向へとつねに帰着する。

ユダヤ人たちにおいて、そのような没世界主義は、ユダヤ的ならざる世界を理解したり識別したりすることの困難という形をまとい、ユダヤ的ならざる世界はつねに「これはわれわれユダヤ人にとって良いもの」かどうかという視点から解釈される。「人間たちのあいだには数々の差異が存在する」こと、それはラーエルが実に長いあいだ知らないでいたことではないだろうか。すなわち、内的には友愛、外的にはすべてを一括するヴィジョンのせいで、世界はふたつの集団に分けられる。ユダヤ人と反ユダヤ主義者とに。ユダヤ人たちはみずからの友と敵を見分けるのに苦労する。ここでもまたパーリアと成り上がり者は合流する。パーリアにとって、世界の人々全体が敵であり、われわれだけが万人に対しているのだ。あるいはまた、ラーエルのように、パーリアが成り上がり者になろうと欲するなら、彼は「空虚な一般性という形式のもとですべてに手を伸ばす努力をするが、彼はまたすべてから排除されてもいるから」、パーリアは貪欲さを示し、最後には「どんなものでもそれでよしと満足する」ことになる。その点でラーエルは「優美さを欠き」、「傘もたずに嵐に打たれているかのようにすべてが自分に降りかかるようにし、選択の余地をもたない。没世界主義とは、「われわれがそのおかげで［世界と］応対するところのあらゆる器官の恐るべき衰退」である。ラーエルに明らかに欠けていた器官のひとつが「美と趣味の感覚」であるが、それによる識別がなければわれわれは世界のなかで方向をとることができない[29]。一方、成り上がり者に関しては、彼らはユダヤ人に似ていないということを栄誉に思うユダヤ人であり、「反ユダヤ主義者が、あなたたちはわれわれの反ユダヤ主義には含まれない、あなたたちは例外的なユダヤ人であると断言するとき、褒められている[30]」と感じる。しかし、自民族の敵の個人的な友が敵であることをどうやって理解すればよいのか。私の友たちの敵は、たとえ彼が私の友だと自称したとしても、つねに私の敵なのである……。

「暗い時代」に、つまり世界が非人間性に呑み込まれた時代に、人間性は不幸な者たちのうちに、パーリアたちのうちに避難したように見える。何よりもパーリアたちのあいだでは、人間性は友愛・兄弟性、すなわち同じ父祖をもつ大家族である。加えて、これらの集団には属さないが「あるがままの世界を恥じる[31]」者たちは、苦しみつつ、ひしと身を寄せ合うひとたちを、人間性と真の共同体との具現化そのものとみなすようつねに促されている。その結果、万人において同一な人間本性と人為的な社会を対立させる人道主義的言説の多様な形をまとった事例が帰結する。一九世紀になって、こうした言説は、幾つかの集団を「社会ならざるものの諸層」として排除した社会それ自体によって信憑性を付与されたのだが、これらの集団はというと、「当時社会からすでに消え去っていた人間性のなにがしかの特徴」を展開すると共に、有産者であるとはいえ、ブルジョワ的生き方や「サロンの腐敗や欺瞞」にルソーのように反抗する階級出身の個人たちの避難所を代表しうるものだった。そこから、「プロレタリアや労働者に対する、更に細くは［……］社会が完全には統合しきれなかった集団」――プルーストにおけるユダヤ人、同性愛者――への現実離れした賛美が生じた[32]。同情《コンパシオン》＝共苦から生まれる人道主義は、一八世紀にユダヤ人の友たちによって展開された問題系の中心に位置していた。その力は、ユダヤ人のために権利の無条件の平等を要求することに存しており、その曖昧さは解放論者をしてユダヤ人を人類のモデルに仕立て上げるよう導いたのである。

しかしながら、世界がパーリアのあいだで創設されうるのは、愛という唯一の絆からでないのと同様に、同情＝共苦や苦しみの共有からでもない。なぜなら、厳密に言えば、苦しみとは分割＝共有されないからだ。苦しみとは孤立であり、自己自身の身体のうちへの各人の幽閉である。苦しみと貧困の共通点、それは、これらが「人間たちを自分の身体という絶対的秩序に、すなわち必要性という絶対的権威の下に」位置づけるということだ。悲惨なひと、被抑圧者とは、他者たちが暴力的に純粋な身体という位置へと縛りつけた人間のことである。ひとりの人間を、自己の身体の欲求だけに、あるいはまた、苦しみにおいて経験される身体への根づきだけに還元することは、それがいかなる還元であれ脱人間化である。なぜなら、人間性とはまさに身体の機能を言葉や意義のネットワークに再び組み入れることに存しているからだ。迫害や貧困は、このような一定の再挿入をもはや実現できず、他者たちを前にして自分を差異化することがもはやできない状態へと人間たちを陥れる。この意味で、苦しみとは最も私的なものである。アーレントによれば、苦しみとは「それに公的な外見をあてがうために変容しようとしても変容することのできない唯一の経験(33)」なのである。

相互の助け合い、苦しみや窮乏を軽減してやりたいとの気遣いが苦しみを人間的なものにするということはまったく疑いない。苦しみが引き起こす同情＝共苦《コンパシオン》は根源的な感情であり、「意志が介入することなく、苦しみを見てあらゆる人間が普通に感じとる［……］自然な情動である(34)」。同情＝共苦、「観客としての動物と苦しむ動物との内密な同一化(35)」は、自我の平静や自足のうちに他者の苦しみが刻まれ、侵入してくることなのだ。観客としての動物と苦しむ動物の距離は還元できないにもかかわらず、同情＝共苦の直接的な性質――それゆえに他者の苦しみは「あたかも感染するかのように私を打つことになる」――は距離を無効ならしめる。これは愛の場合と同様である。一方で、私は苦しむ他者にいわば侵食されるが、他方で、この情念が私のなかに引き起こす応答は他者に向かう運動であり、それによって私は他者の苦しみを和らげようと試みるだろう。この限りで、同情＝共苦はつねにひととひとのあいだの空間で展開され、特殊な個人しか対象としない。「唯一無二の人格が苦しんでいるところのものを超える」ことができないものとして、同情＝共苦は「苦しむひとそれ自身にもっぱら向けられる、それも強烈に向けられる」。同情＝共苦に特有な距離の撤廃は同情＝共苦を無言のものたらしめる、いや、より正確に言うなら、同情＝

共苦の言語は「言葉よりもむしろ身体による身振りや表現[36]」のうちに存しているのだ。苦しむ〈他者〉と――その苦しみに関してわれわれの関係が創設される限り――、私は話さず、議論もしない。私は彼に助けの手を差し出し、あるいはまた、慰めの言葉を惜しみなくかけるのである。

問題を成すのは、同情=共苦《コンパシオン》それ自体でも、それが引き起こす数々の身振りでもなく、同情=共苦ないし苦しみを起点として創設される多様な一般化である。なかでも問題なのは、直接的に苦しみを味わわない者たち、パーリア民族の一員ならざる者たちが友愛としての人間性にもとづいて発する人道主義的な言説、不幸な者たちのために同情=共苦を一般化しようとするこの種の言説である。一方では、同情=共苦的な身振りと言葉は各々のひとに区別なく向けられる。どんな苦しみも耐えがたいもので、誰もが苦しみを軽くしてもらうことができるのでなければならない。救われるひとは、彼が個人としてそうである者として関心を抱かせるのではなく、苦しむ存在である限りで関心を抱かせる。だからこそ、救いの身振りそのものは目に見えないものであり続けねばならないし、公開性に相応しいものでもないのだが、それはまさに、汝の右手は汝の左手がなすことを知らないという福音の音信であった。「善意があるのは、それを発揮している者も含めて、誰もそれに気づかないときだけだ。自分が善行をなしているのを目にする者は善き者ではなくなる[37]」。同様の仕方で、苦しみや貧窮が目に見えるもの、つまり公開的なものになるとき、「多様性（*manyness*）は唯一性（*oneness*）の外見を（引き受け[38]）」、苦しむ人間は自分自身および他者たちに対して「一者」としてしか現れることができなくなる。同情=共苦や愛は本性からしてただひとりの人格に向けられるので、同情=共苦がこの唯一性を対象とするとき、多様性は唯一性としてしか把握されえなくなる。まさにこの意味において、友愛の没世界主義が存在するのだ。それはまた、アーレントのゲルショム・ショーレム宛の手紙からよく引用される、ユダヤ民族への愛についての一節から引き出されることでもある。「私は人生のなかでいかなる国民もいかなる共同体も〈愛さなかった〉し、――ドイツ国民もフランス国民もアメリカ国民も労働者階級も、そうしたもののどれも〈愛さなかった〉。私は〈もっぱら〉私の友だけを愛しているのであり、私が経験しかつ信じているただひとつの愛は個人たちへの愛なのです[39]」。

3節　ユダヤ的過敏さとユダヤ人たちの友

ユダヤ人がユダヤ的ならざる世界を理解することの困難には、非ユダヤ人、さらにはユダヤ人の友においてさえも、それと対称的な困難が対応している。人間たちが共に寄進者と受領者の関係に入ると、平等が彼らのあいだで成立することは難しくなる。アーレントはこの問題を、一九四一年一〇月に彼女が『構築《アウフバウ》』に書いた最初の論文のなかで提起している。それはジュール・ロマンへの公開状であった[40]。ジュール・ロマンは、彼が議長を務めたロンドンでの直前のペン・クラブ会議で、ドイツに対して論戦を仕掛けないことを非難され、その原因は彼の平和主義にあるとされた。何人かの会員は彼を解任し、代わりにH・G・ウェルズを議長に選出することを要求した。『構築』のコラムでフェルディナント・ブリュックナーはジュール・ロマンを擁護したが、そのやり方に不満をもっていたロマンは公開状を同紙に掲載させ、そのなかで、自分に対するユダヤ人作家たちの忘恩に不満を述べたのだ。彼は一九三八年――H・G・ウエルズに反対して――、ペン・クラブが反ユダヤ主義に反対する決議文の起草を擁護したことがあった。ジュール・ロマンは書いている。

いったいどうしてこんなことが起こるのだ。何人かのドイツ系亡命ユダヤ人が私に突きつけた非難を耳にした者のなかに［……］、「これは卑劣だ！　あなたがたは何と、プラハやその他の場所でユダヤ人たちを擁護し、フランスではオーストリアとドイツのユダヤ人にできるだけ多くのヴィザを取得させた人物を攻撃しているのですよ……」と立ち上がって叫ぶ者が誰ひとり、ドイツのユダヤ人にもヨーロッパのユダヤ人にもいないとは。このような怠慢の名は忘恩であり、このような沈黙の名は臆病である。(41)

アーレントの答えは痛烈である。彼女は、自分に感謝しろというジュール・ロマンの主張そのものを問題視する。このような主張は彼の以前の立場に暗い影を投げかけるというのだ。これらの立場は、しかじかの人物を厚遇する作家の身振りと同様に、諸国民の政治生活をだめにする不正な政治として反ユダヤ主義を糾弾する無条件な性格を伴う判断にそれらが由来するときにしか価値をもたないのだ。この方向で関与《アンガジェ》していく者の尊厳が守られるのは、そのひとがみずからの関与《アンガジュマン》から何も個人的には期待しない限りにおいて、とりわけ彼が犠牲者の側からの感謝をまったく期待しない限りにおいてのみである。犠牲者を慮っての関与が、犠牲者の自由を犠牲にしてなされてはならないのだ。ユダヤ人たちは、救いの手を差し伸べる擁護者〔ジュール・ロマン〕の利害のために判断の自由を譲渡せず、依存によって自分が縛られているとは感じず、庇護者の遣り口との齟齬を明かしたのであって、このとき「全世界のパーリア」は、アーレントにとって、ジュール・ロマンが仄めかしていたのとは違って臆病を証示したのではなく、勇気を証示したのだった。アーレントにとって、「ユダヤ人たちの支持者であり恩人である」J・ロマンの反応は「絶望させるもの」であった。というのも、この反応はユダヤ人の政治状況の複雑さを強調するものだからだ。

われわれには本当に、われわれを苦しめる敵か懇切な友かの二者択一以外の選択肢はないのだろうか。われわれはまさにヒトラーが最初に宣戦布告したヨーロッパの民族であったということを、同情も歪曲もなく理解してくれる真の同盟者はどこにもいないだろうか。この戦争においては、ジュール・ロマンが帰属している民族の自由と名誉と同じように、われわれの自由と名誉も危険にさらされているということ、擁護者の側からの感謝せよという傲慢な主張ならびに懇切な身振りは、反ユダヤ主義者たちの公然たる敵意と同じくらい深くわれわれを傷つけるということを理解してくれる真の理解者は。(42)

ユダヤ人たちは友よりも同盟者を必要としている。友情がここでは慈善と感謝の関係に陥りかねないとしても、友情よりも同盟の方がより直接的な政治の観念であるとしても、同盟は、それがパートナー間の平等を想定する限り、政治的友情を表すのに相応しい語彙であろう。

同じ時期——同じ新聞紙上で——、アーレントはまた別の論争に身を投じた。(43) エミール・ルートヴィヒは、スイス市民になったドイツ系ユダヤ人で、とりわけムッソリーニの伝記作家として有名であるが、彼は第二次世界大戦中に合衆国へ移住した移民のなかで最も評判の高い発言者のひとりであった。一九四二年七月、彼は合衆国で一連の会議を開き、そこでドイツに対するいつもの自説を繰り返し唱えているが、それによると、ヒトラーは偶然の産物ではなく、典型的にドイツ的な現象なのだった。戦争が終われば、勝利した連合国はドイツを非武装化し、外国出身の専門家——たとえばルートヴィヒのような——に助けを求めることで、とりわけ青年教育の監督をしなければならなくなるだろう。一九四二年七月一七日、パウル・ティリッヒ——一九三三年に合衆国へ移住したプロテスタント哲学者——は『構築《アウフバウ》』に論文を掲載、そこで彼は、ユダヤ人の友として、ヒトラーはドイツそのものであったと断言するような考え方をしないようユダヤ人に警告を発した。そうした考え方は、結局のところドイツ人に対して反ユダヤ主義的プロパガンダを突きつけることになるというのだ。ルートヴィヒの演説のひとつひとつの言葉が、ヒトラーに抗議したことで亡命し、「ドイツ民族の魂と未来」のために戦い続けていたドイツ人たちを中傷するものであった。(44)

ティリッヒの論文はドイツ系亡命ユダヤ人についての論争を惹起し、『構築』は、ティリッヒに反対の立場――ハインツ・ポル――と賛成の立場――ハンナ・アーレント――を同じ号に掲載した。彼女によれば、ルートヴィヒは、前々から偉人崇拝に染まりやすく、ナチズムが反ユダヤ主義でなかったらそれに屈していたであろうユダヤ人の類型を代表していた。ムッソリーニに熱狂しながら、ルートヴィヒはその「偉人」賛美と勝者の神格化とを合衆国や大英帝国に転移したのである。彼が望んでいること、それは、「自分の生きている国が世界的出来事の指導者である」ということなのだ。ルートヴィヒは以前はみずからのユダヤ人アイデンティティを引き受けることは決してなかったが、今日では彼はそこに、ドイツに生まれたことを正当化し、そうすることで、この生まれを巧みに利用し、ドイツ問題の専門家として、勝者に奉仕せんとするための方便を見つけている。アーレントが書いているように、「われらが作家〔ルートヴィヒ〕は、未来の勝者と共に、道徳の教授としてブランデンブルク門を通ってベルリン入城する心積もりがある」のだ。その一方で、アーレントはまた、ティリッヒがユダヤ人に対して批判的態度をとったことを賞賛してもいるのだが、この批判的態度はユダヤ人に対するティリッヒの友情の最も美しい証左である。なぜなら、「抑圧された民族の友であることは実に困難である」からだ。ただし、ユダヤ人を盲目的に理想化したり――彼らをたとえば人類の範例たらしめたりする場合だけは別だが。抑圧された民族の友は、「どの奴隷も所有者になることを夢見る傾向があるということ、そしてまた、被抑圧者の集団――

その苦しみは自由という大義をかくも痛切に訴えている——は、他ならぬ自由の大義を難儀しつつ徐々に学ぶにすぎないということ」をただちに発見するだろう。だからクレマンソーは、抑圧者の残酷さと彼らの非情さに反対しつつも、「被抑圧者の卑怯な心」にも立ち向かわなければならなかったのだ。ユダヤ人の真の友は、擁護者をもってみずから任じ、ユダヤ人もユダヤ人問題も存在しないと説明する者ではなく、必要とあらばユダヤ民族と思い切って衝突し、彼らが内面的な解放を実現する手助けをする者なのだ。[45]

迫害されるということ、それは何もしなかったのに追い回されることだ。それゆえ亡命ユダヤ人の状況とは、アーレントがティリッヒに宛てて書いたように、昨日はフランコに融資しナチスと関わっていたが、明日は自分たちは難民であると説明するような人々がその内部に存在する、そんな状況だった。「最悪のことは、それが本当であるということだ」とアーレントは書いている。迫害は、民族の成員たちの様々な意見や行動とは無関係な一様性においてこの民族全体を統合する。したがって、ユダヤ民族の友とは、ユダヤ人たちがみずからの内部分裂を再び生じさせるための手助けをする者、迫害者に対しては断固たる態度をとりつつも、ユダヤ人を対等の存在として、すなわち多様な人間たちとして遇する者のことで、彼はこれらの者たちのあいだに一致もあれば不一致もあることを認知している。

しかし、ティリッヒ事件はそこで完全に終わったわけではない。それはアーレントからティリッヒへの手紙によってさらに引き伸ばされたのだが、この手紙は公刊されることがなかった。当時のティリッヒの秘書でアーレントの友人であったヒルデ・フレンケルが彼女に打ち明けたところでは、ポルの論文が出たあとでティリッヒは、「ユダヤ人の敏感さに〔自分は〕苛立ちをおぼえ始めた」と明言したというのだ。[46] ところが、アーレントはそのような言葉を承服しない。彼女はこの敏感さを正当なものとして要求するためにティリッヒに宛てて書いたのだが、その彼女は敏感さに不信感としての意味を与え、近年の経験によってそれは正当化されると考えた。アーレントによると、ユダヤ人の敏感さは行き過ぎであるどころか、ユダヤ人の不信感が十分でないこともしばしばだったのだ。彼女は次のように手紙を締め括っている。

親愛なるティリッヒ様。あなたは社会から排除されたパーリアとして生きられたことが一度もございません。私のような意識的パーリア（*gelernten*）が、われわれの虚弱な神経について少々弁解をするのをあなたはお許しになるのでしょうか。この虚弱な神経こそわれわれに、あまりにも長いあいだ、幻覚を見ていると信じさせ、真の敵の脇を通り過ぎさせてきたのでした。(47)

アーレントのこのような反応は、ユダヤ人によって選ばれた幾つかの立場に対して彼女がよく批判的な態度をとることの背景を垣間見させてくれる。彼女がユダヤ人たちを批判するとき、彼女は自分自身をもその対象としている。なぜなら、彼女自身、自分がユダヤ人たちにそれと距離をとってもらいたいものを感じとっているからだ。(48)〔批判されるのが〕ユダヤ人たちであって、特殊に彼女ではないとすれば、あたかも自分だけは共通の運命から抜け出し、他の者より思慮深い者であるかのようになってしまうだろう。彼女が書いたなかでも最も辛辣で最も絶望的なテクストでさえ、『われら難民たち』と題されていることはとても重要である。幾人かのひとが彼女に与えようとした評判に反して、彼女の立場は、過越祭のハガダーに出てくる背徳者、「あなたがたにとっていったいこの儀式はどんな意味をもつというのか」と尋ねる背徳者のそれでは決してない。自分にとってではなく、あなたがたにとってと問うのは、彼がユダヤ民族から追放されているからだ。アーレントの求める立場は、内部から、しかも根本的にユダヤ人の伝統と慣習を批判できる立場なのである。こうした批判を断行するために援用することのできる唯一の正当な根拠は、民族それ自身のためになされる関与《アンガジュマン》〔約束〕である。

ユダヤ民族を、その多大なる困窮の時代たる今日、批判するためには、正当な根拠を有さなければならない。この正当な根拠を手にするためには、民族の敵と同じ食事を決して口にしなかったというだけでは不十分である。かかる正当性は、この民族の未来のために情熱的に関与することにのみ由来しうるもので、この関与は諸個人の魂ひとつひとつの救済以上のことを含意している。ユダヤ人愛国者による自民族批判は、ユダヤ民族を闘争へとよりよく準備させることを目的としている。そうした叛逆が損害を与えるなどということは決してありえないのである(49)。

アーレント自身の分析からどんな論拠を引き出すことができるとしても、まさにこのような立場こそ、パーリア民族が自身の内部で受け容れることに難儀したところの立場である。友愛を発揮することはこうした困難と無縁ではない。友愛が人間の顔の唯一性を当然のものとして認めるとしても、友愛は兄弟のあいだの相違に十全にその場所を与えていないように思える。兄弟――アベルとカイン――の相違についての範型が、いずれからの捧げ物を神は価値あるものとみなすのかを知ろうとして起こった兄弟殺しの対立であるというのは意義深いことではないのだろうか。兄弟のあいだには、遺産相続をめぐる争いが必然的に存在するのではないのだろうか。道徳的性質――友愛としての人間性――は、二者間の対決関係の空間で展開される個人的な性質である。しかるに、政治は根底的に多数性と、世界と関わる。政治に関して道徳的性質だけを持ち出すことの正当性を疑問に付しながらも、アーレントは道徳的価値を転倒しようとはしない。「暗い時代」にあって、人間性はつねにパーリアたちの許に避難するからだ。むしろ彼女がわれわれに示しているのは、これらの道徳的性質が政治的領域に直接的に入り込んでくることはありえないということだ。そんなことをするなら、これらの性質は情念や民衆扇動と化したり、マキアヴェッリが示したように、自分とは正反対のものと化したりする危険を冒すことになるだろう。政治的行動は、ひとりの《他者》についてのではなく、人間の多様性、世界についての感覚《センス》を要請するのだが、それは唯一の道徳感覚《サンス・モラル》には還元不能なものなのだ。

9章　没世界主義を超えること

——文学、政治

明らかに、アーレントは数々の袋小路を出現させることで時間を費やしている。もしそこで立ち止まるなら、アーレントはその気質からして根本的に悲観主義者もしくは過度の批判者であって、誰も彼女の目に慈悲を見出すことはないと思うかもしれない。しかし実際には、彼女がわれわれをこうした袋小路に陥れたのはひとえに、それらが決して絶対的なものではなく、われわれにとっては最も期待薄のところにこそ出口への道が存在したことをよりはっきりと知らしめるためだったのである。なぜなら、アーレントはこれらの道を、伝統に忠実であり続けるユダヤ人たち、ヨーロッパ東部で生きるパーリアたちの惨めな大衆に属するユダヤ人のうちに発見したのではなく——またその方向でこれらの道を探したのでもなく——、幾人かのユダヤ知識人——作家、ジャーナリスト、芸術家、科学者、教授、役人——のうちにそれらを発見したからで、彼らはというと、解放の純粋な申し子であり、パーリアでも成り上がり者でもなく、「博愛主義者になるには貧しすぎ、乞食になるには裕福すぎる」(1)のだった。たしかに、これは少数派の現象であるし、しかも、彼らの多くは、大学で職を得るためにはキリスト教への改宗が条件となっていたドイツやオーストリア゠ハンガリー帝国に属していた。——これはフランスの場合と異なる事例であった。彼らは総じて、子供を大学にやることのできた同化ユダヤ人の裕福な家に生まれたので、ユダヤ教による教育を経由することなく直接的に西洋の知に触れた。文化人として、彼らは《啓蒙》が期待した「新たな人類の見本」を具現し、その理想、つまり「キリスト教もユダヤ教もない国」への願いを代理表象していた。彼らが親の世代と結ぶ関係は特に複雑なものだった。なぜなら、まさに実業家たるこうした親たちこそ、彼らを駆り立てて知的職業に就かせ、そうすることで、「古来のあるユダヤ的信仰」を世俗化された形式で永続化させたからだが、「この信仰によれば、学ぶ者たち――トーラーやタルムードを――は民族のなかの真のエリートであり、お金を稼いだり、お金を稼ぐ目的のために働くような凡庸な仕事にかかずらってはならない」。しかし、彼らの専門的職業は親のそれと違ってユダヤ的環境に依存するわけではなく、その限りで、これらの個人は、反ユダヤ主義が蔓延していた社会と直接的に立ち向かわざるをえなかった。この運動は反作用的に、彼らの出身たるブルジョワ化したユダヤ人社会に対する反抗を引き起こした。一九世紀初頭、このユダヤ人社会で最も裕福な代表者は政府に融資していたが、世紀の転換期になると、彼らは――その息子たちによれば――反ユダヤ主義に対する耐えがたい盲目のなかで生きることになった。言い換えれば、「〈新たな人類の見本〉は彼らが少しでも誇りをもっているなら、その全員が反抗者となった(2)」のである。それゆえ、民族の多数派の生の条件に埋没している者が現実を最もよく理解できるというわけでは必ずしもない。反対に、そのような理解は、「すでにひび割れたマストの天辺に立つ」ヴァルター・ベンヤミンのように例外的な状況を生き、しかも、みずからの立場がまさに「認識の機会」を含む限りで、そのような状況を一般性や何々主義といったもので糊塗するつもりのない人間から得られるのだ。それゆえ、ここでは知識人――たとえユダヤ人であれ――の本質なるものに訴えねばならないわけではない。たとえば今日でもユダヤの知識人が依然としてそのような革新能力を有している、とはまったく言われていないのだから。ユダヤ人問題がこうした形式で存在するのは、一八七〇年や一八八〇年のドイツ語圏の中央ヨーロッパにおいてだけであり、それは「ヨーロッパのユダヤ人を襲った大破局に呑み込まれてしまった」のである。(3)

解放のこれら申し子たちの反抗——「新たな人類の見本」の予期せぬ具現——はきわめてしばしば、普遍的なものへの愛によって、ユダヤ人問題の特殊性の否定によって姿を現した。彼らはユダヤ人問題を人類一般の解放に従属させたのだが、それは今や神による選びという概念から分離されたメシア的希望の遺産であった。(4) しかし、若干の事例においては、このような逃避が生じることはなかったし、反抗が新たな形象——パーリア——を生成させることになった。ユダヤ的環境と同時に非ユダヤ的環境からも隔てられた状況の困難、その剣が峰に位置する形象を。パーリアというこの形象を核として組織される数々の表象は、社会学的あるいは歴史学的分析の道具ではなく、実存的で道徳的な価値を有する隠喩であり、さらには概念形成でさえあるのだが、作家たちはそれぞれそこからひとつの固有の解釈を引き出している。ハイネにおいてそれはシュレミール、「夢の世界の主」であり、チャップリンにおいては容疑者であり、カフカにおいては善意の人間である。これら三つの事例において、没世界主義からの脱出、世界への帰還は、芸術的創造性という事実そのもののうちに刻印されている。ベルナール・ラザールだけが、ユダヤ人に対して作り上げられた状況からひとつの政治的形象、つまり「意識的パーリア」を練り上げた。しかし、われわれがのちに見るように、政治的であるとはいえ、こうした形象もまたやはり実存的諸性質を有している。パーリアという形象によって可能となる運動は二重である。パーリアという形象のおかげで、一方ではハイネ、カフカ、ラザールはみずからのユダヤ人起源に立ち戻るが、他方では、こうした身振りそれ自体によって、彼らは普遍的な意味をもつ人類の新たな錬成を後世に遺贈した。この点において、パーリアという形象はただユダヤ人にとってだけの指標ではなく、それは同時に、分かちがたい仕方で、「近代の人間にとって極度に意味深い新たな人間の観念」(5)を指し示しているのだ。近代のユダヤ人の経験から形成されながらも、また、この特異性を否定することもなく、パーリアという形象は近代世界における個体性のあり方に光を投げかけるのである。

アーレントの野心は、ユダヤ的次元と普遍的次元というふたつの次元が一緒に肯定されることである。ところが、彼女の読者のなかでその心積もりのできた者は稀であった。たとえばトーマス・マンは、『パーリアとしてのユダヤ人——隠された伝統』を読んだあとに、アーレントに宛てて次のように書いた。「しかし、結局のところ、かくも多様な特徴をもつ悲劇や悲喜劇はもっと大きく芸術家の問題という一般的な枠組みに属するのではないでしょうか(6)」。これは、『ラーエル・ファルンハーゲン』に関するヤスパースの反応に近い反応である。彼女の思考のユダヤ的土台はそこから普遍的な意味が生じるところの偶然事でしかない、というのだ。このような錬成をユダヤ的と形容することは、その射程を狭めることになってしまう。事態は公式のユダヤ教にとってもやはり単純ではない。このユダヤ教に対して、幾人かの作家は、彼らが正統派ユダヤ教と対立することになったにせよ、解放の諸条件に結びついた数々の理由から、ユダヤ教に背を向けたにせよ、その苦悶を嗅ぎつけていた。このテーマについては、アーレントとブルーメンフェルト——断固たる反‐同化主義者たち——のあいだのやりとりがある。解放からヒトラーに至るドイツ・ユダヤ人たちの歴史を講じてほしいとレオ・ベック学院から懇請されたブルーメンフェルトは、学院の全体的方針についての違和をアーレントに知らせている。「ヘルマン・コーエンやローゼンツヴァイクが神のように崇められています。よく知られているように、ハイネとマルクスは洗礼を授かったので、その結果としてユダヤ人の歴史を考慮する際に斟酌されることもありません」。ブルーメンフェルトによれば、マルクスとラッサールは「ユダヤ教科学（*Wissenschaft vom Judentum*）にと同様にユダヤ人の歴史に」属しているのだ。こうした判断に関して、アーレントはブルーメンフェルトに宛てて次のように書いている。「私はあなたのうちに、私がほとんど同じ語彙で言い表してきたことをはっきりと見つけていつも驚かされます……。自分に賛同するひとがいるのを知ることは実に励みになります。何年もの歳月と別離を超えて(7)」。

1節　隠された伝統の逆説
――個体性の伝統

近代世界におけるユダヤ文化の問題へのアーレントの貢献は、数々の伝統に関する彼女の分析の展望のうちに位置づけ直されねばならない。伝統とはまずもって、ひとつの世代から別の世代への過去の伝達である。たとえ過去が権威となり現在を支配するとしても。各世代に、伝統は導きの糸を提供する――「各世代を、過去のあらかじめ決定された様相へと［繋げる］鎖」を提供するのだが――過去のこの様相のおかげで、人間は未来へと自分を方向づけることもできる。一方では、ひとつの伝統は連続性の、記憶の本質的な担保であり、それは「選び、名づけ、［……］伝え、保存し、［……］宝の在り処とそれがどれほどの価値なのかを示す」。しかし、他方では、記憶は決して総体的なものではない。なぜなら、伝統はそのつどすでに、伝えられるに値すると判断されるものを選択してきたし、また、それは時系列的のみならず、体系的でもある整序を遂行するからだ。「伝統は肯定的なものと否定的なものを、正統的なものと異端的なものを、重要なものと、重要でなく単に興味深いだけの数多の意見と所与に縛られたものとを分離する」[8]。この限りで、伝統は記憶であると同じく忘却である。それは伝達するに値すると判断されるものの選択体系なのだが、未曾有のもの、新たなものはすべて、その意味が伝統的な体系に統合されえない場合、すべて忘れ去られる危険がある。人間たちの記憶に残るのは、言語を見つけだすことができたものだけなのである。

それゆえ、解放の状況において、文化的ユダヤ人を《啓蒙》へと惹きつけた熱狂の結果、「多くのひとがただちに、そして全面的にみずからのユダヤ教を捨て去ることになる〔……〕。世俗化や現世的な数々の研究はもっぱら非ユダヤ的文化と同一視されることになる」[9]。ユダヤ的伝統の喪失によって冒される危険は、過去の諸世代の経験が伝達される枠組みが失われることであり、つまりは忘却の危険ということである[10]。しかし、アーレントの興味を惹くのは別の危険である。すなわち、解放を起点として可能となった新たな経験を忘却することであり、これらの経験は、ユダヤの伝統も非ユダヤ世界もユダヤ的経験として受け容れることのできなかったものである。しかしながら、彼女自身事後的に再構成したひとつの伝承のなかにハイネ、ベルナール・ラザール、チャップリン、カフカの名前を集めることで、アーレントは、あらかじめ決定された枠組みに組み込まれないものを隠蔽しつつ、伝達されるに相応しいと判断されるものを選択すること、それを代償として、各世代を過去の予定された相貌に結びつける新たな連鎖が、連続性と記憶の担保として創設されたと言いたいのだろうか。『アントン・ライザー』〔モーリッツの長編心理小説、一七八五―一七九〇年〕が『ヴィルヘルム・マイスター』を圧倒的な模範とする教養小説を発明したのと少しばかり似ているが、ハイネを出発点として、パーリアたちの詩的伝統が構築されるのが見られたのだろうか。

実際、隠された伝統は、逆説的で非伝統的な意味においてのみ、伝統と名づけられうる。ひとつの伝統は一般にひとつの共同体と、当の伝統を伝達する役目を担った諸制度とを前提している。しかるに、「隠された伝統」が出現する諸条件は、何らかの制度的自律を享受し、かくしてその宗教的環境の永続性を制御していたような伝統的ユダヤ人共同体の伝統ではない。というのも、そうした共同体は幾ばくかの制度的な自治を享受し、それゆえにみずからの宗教の秩序を永続させる支配力を有するからだ。解放はこの構造を壊し、と同時にラビの権威が精神や風習に及ぼす影響力を緩和し、[11] ユダヤ人が「個人として」ひとりずつ同化していくのを促した。ユダヤ人問題は以前には決してそうはならなかったもの、個人的問題となったのだ。だからこそ、同じ状況が維持されている限りは、ユダヤ人の諸個人はひとりずつそれぞれが同じ袋小路に直面したのである。パーリアという形象を発明した者たちは、こうした袋小路が単に実存的なものではなく、それらがユダヤ人としての自分たちの諸条件に結びついているということも理解する者であった。「一世紀以上ものあいだ、同じ諸条件が維持されたり、強化されたりしたが［……］それに対して人々は、絶えず拡大していくとはいえ根底的には同じ考え方をもって応じたのである」[12]。そうした考え方に到達するために、彼らは示し合わせる必要などなかった。彼らはそれぞれがそれぞれの立場から、こう言ってよければそれぞれの心の奥底からそこに至ったということだ。だからこそ、パーリアの伝統は、意識的に維持されたいかなる連続性も形成しないような諸個体性の伝統である。[13] これら個人の類縁性は、各自が自分自身で錬成した共通の応答様式の類縁性である。関係づけを実行したり、家族的絆を結び直したりする類縁性は、アーレント自身が出現させた、個人的見地のあいだの親縁性と別のものではないのだが、言葉の通常の意味での伝統がそうできたのとは違って、そこではいかなる個人も他の個人にとっての準拠となることはなかったのである。

隠された伝統という概念を鍛え上げるに際して、アーレントは、「正統ユダヤ教の公式の伝統と平行して進展する伝統[14]」たるカバラ〔伝統〕に準拠している。しかるに、こうした言葉遊びは、正統ユダヤ教がユダヤ教のすべてではないことを示すためのものでしかない。なぜなら、アーレントが「隠された伝統」ということで理解しているのは、ユダヤ教異端の伝統には統合不能なものだからだ。一方では、カバラは正統派と同じ資格で、聖書のテクスト解釈の可能的なひとつの様態であり続ける。他方では、隠された伝統が、自分自身への回帰——そこで彼らはユダヤ民族に課せられた状況を発見する——という間接的方法によってみずからの状況を理解するに至る諸個体性の伝統である限り、隠された伝統はユダヤ神秘主義の構造それ自体と疎遠である。ユダヤ神秘主義は——ショーレムの書物の書評でアーレントが断言しているように——神秘的経験を自伝的形式の下に伝えたことは決してないし、いかなる人間的内面性の概念も生み出しはしなかったのだから。その場合、隠された伝統は、個人的内面性の次元をユダヤ教そのもののなかに取り入れた異端のなかの異端と考えられるべきものとなろうが、この異端のなかの異端は、ユダヤ教の伝統ではなくキリスト教の伝統にもとづいて練成された語彙に則してこの取り入れを行った。アウグスティヌスの表現にしたがって言うなら、私は私自身にとって問いとなったのだ (*quaestio mihi factus sum*)。

それに、カバラはわれわれにとって、「隠された伝統」という表現のなかの「隠された」という言葉に意味を与えるための助けにもまったくならない。パーリアとしてのユダヤ人の形象がまとった幾つかの意味を一九四五年にアーレントが再発見したとき、彼女は自分が再構成した伝統はもはや現代性をまったくもたないこと、しかしながら、まさにそれゆえにこそこの伝統を救うことが緊急事態であることを感じた。というのも、忘却を促す幾つもの要因がこの伝統を隠そうと脅かしていたからである。ここでのアーレントの着想はベンヤミン的である。隠された伝統の諸形象は過去に属しており、これらの形象そのものが銘記されるのは、「認知されるちょうどその瞬間にそれらが放つ微光、それも二度と見ることのできない微光のイメージ(15)」としてでしかない。それゆえ、過去のこうしたイメージは危険な状態にあり、危険な状態にあることを一度もやめたことがないのだ。

忘却の最初の要因は、隠された伝統それ自体が出現したことと同時に生じた。われわれにとって今や過去であるものの時代それ自体のうちで、ベンヤミンによれば、伝統を占領しようとする「順応主義」はすでに作動していた(16)。アーレントにとって、「パーリアという形象がそれにもとづいて練成された根拠」は「薄弱なもの」で、だからこそ、この根拠がまだ効力あるものであったあいだも、パーリアというこの形象は隠されたままだった。ユダヤ人の公式の歴史は、イディッシュ語やヘブライ語で書く作家だけをその伝統のうちに留め置くので、ユダヤ民族は自民族の詩人たちが、「もはや作家たちはヘブライ語で表現することがない」という理由で、自分たちから奪われているのに抗議することとさえなかった。それゆえ、「その才能が自民族の枠を［超越し］、ヨーロッパの諸勢力の大きな作用と絡み合った」人間たちは、ヨーロッパ文化によってすぐさま掠め取られたのだが、だからといってヨーロッパ文化がユダヤ人に対して恩義を感じるわけではなかった(17)。それにもかかわらず、パーリアの生の諸条件が維持されていた限りで、これらの条件は「自由と人間性の意識」を保っていたこのような考え方の拡大に土台を提供した。ユダヤ民族を政治的パーリアの状態に貶めることで、ナチズムは「ヨーロッパのユダヤ教の政治的根拠(18)」を、ひいては、パーリアと成り上がり者のあいだでの個人的選択の有効性そのものを踏みにじったのだ。

忘却のいまひとつの要因は、ベンヤミンが勝ち誇ったファシズムと呼ぶものである。この敵は、生者たちのみならず死者たちをも脅かす歴史的必然性の名の下に勝利を得ようとしている最中で、死者たちも「安全ではなくなるだろう(19)」。しかしながら、いったんヒトラーから解放されたとはいえ、ドイツは、それにもかかわらず記憶に好都合な状況を提示することはなかった。ゲルトルート・ヤスパースとの書簡によって、アーレントはユダヤ人問題に関して、どれほど異常な沈黙の重荷がこの国に圧し掛かったかを理解した[20]。一九四五年にはすでに、ヤスパースは、ドルフ・シュテルンベルガーに指揮されていた月刊誌『変化』（*Der Wandlung*）に寄稿するよう勧めていた。アメリカ人とヨーロッパ人——そのなかでもドイツ人——を結びつけていたものについてであれ、今日のアメリカ哲学についてであれ、それについて書くようヤスパースはアーレントに示唆した[21]。アーレントはこの申し出に強く心を動かされたが、ヤスパースに次のように書いたとき、彼を驚かせたのは間違いない。

でも誤解しないでいただけると思いますが、ドイツの雑誌に寄稿するのは私にとってたやすいことではありません。［……］ユダヤ人を再びドイツ人とか何々国人とか認めてくれるからといって、それだけで私たちは誰ひとり帰還できないでしょう（そして書くということは、帰還することのひとつの形式なのです）。私たちはユダヤ人として歓迎されるのでなければ、帰還できません。ですから私は、ユダヤ女としてユダヤ人問題の何らかの相貌について書けるのなら、喜んで書きましょう[22]。

「隠れた伝統」は、戦後ドイツでアーレントが公刊した最初の書物に収められているが、これは『変化』にすでに発表された論考を集めた論集で、巻頭にはカール・ヤスパースへの献辞が記されていた[23]。それゆえ、隠れた伝統の救済は、戦争直後のドイツの実に特殊な忘却とも関わるものだったのだ。

それだけではない。イスラエル国家の創設を、忘却の更にもうひとつ別の要因とみなすこともできる。イスラエルの国家の創設後、アーレントは、これ以後もはや政治問題はユダヤ人たちにとって以前と同様の仕方では提起されないこと、ユダヤ人はディアスポラを続けるかまさにイスラエルで生きるかであることを認識した。彼女がこの主題に言及するのは、クルト・ブルーメンフェルトに宛てた一九五七年の手紙においてであるが、彼はアーレントに宛てた前便で、マルティン・ブーバーとレオ・ベックが自分に回想録を書くよう強く促していることを知らせた。しかし、ブルーメンフェルトは躊躇い、そうした想起がありうべき読者にもはやいかなる反響ももたらさないのではないかと危惧した。[24] アーレントは反対にブルーメンフェルトに証言するよう促す。

何よりも、あなたの回想録を書いてください。読者たちの反応を気にかけないでください。あなたは蕩尽された世界の歴史をそこで詳述してください。まさにそれゆえに、あなたの回想録を書かねばならないのです。この種の企ては、未来に投げ出された海の壜のごときものです。なぜなら、今日、さしあたりシオニズム運動は死んでいるからです。それが弱体化したのは、一方ではそれが勝利したためであり（その目的は国家の創設だったのですから）、他方ではヒトラー以後ユダヤ人問題が根底的に変質してしまったからです。もはやヨーロッパのユダヤ性は存在しませんし、おそらく今後も決して存在することはないでしょう。[25]

これらすべての忘却の要因に抗して、「蕩尽された世界」を証明しなければならない。隠された伝統は、漁師が海のなかに埋没した真珠を見つけるように、救済されなければならないのだ。[26] ただし、ひとたび見つけられて並べられた真珠がひとつの首飾りを形作ることはない。諸世代間の連続性を保存する伝統の環のように、それらがすでに結びつけられているわけではないのである。真珠はひとつひとつ発見され、各々の特異性を保持する。とはいえ、それらを並べて陳列する者たちは、ハイネ、カフカ、チャップリン、そしてラザールの作品の中心において、それらの類似性が姿を現し、ある共通の布置——「近代の人間性にとって極度に重要な人間の新たな観念[27]」と名づけられうるような——が顕わになってくるのを目にするだろう。

2節　パーリアの形象
――文学と世界への接近。「夢の世界の支配者」（ハイネ）と「善意の人間」（カフカ）

アーレントによる数多の錬成の母型は、『ラーエル・ファルンハーゲン』のうちに見出される。いかなる先行的伝統――ユダヤ的伝統にせよ西洋的伝統にせよ――も予見できず統合もできなかった何か新奇なものが出現した束の間の時代についてのこの分析のうちに。言い換えれば、このような人生の空間で生じたものは、忘却のうちに沈んでいく危険があったのだ。ラーエルの経験を救い出したもの――われわれはすでにそれを見たが――とは、ゲーテとの出会いであり、説話への、詩的想起への接近であったのだが、かかる想起は、確立された伝統と反対に、あたかも言葉がつねに初めて響くかのように、新奇なものを受け容れて、それを一般的な真理に変えることを可能にしてくれる。しかし詩の道において、ゲーテに同一化することにラーエルは失敗した。そのため説話と出自の引き受けとは長いあいだ分裂したままだった。一世紀ものちに、この導きの糸をもとにラーエルの伝記を書くことで、両者のあいだに繋がりをつけたのがまさしくアーレントである。とはいえ、ラーエルはその人生の晩年に、ゲーテのおかげで、そしてゲーテに抗して、自身の誕生というありのままの事実をユダヤ人の歴史と結び直すことができた。そのとき彼女は自分のことを「エジプトとパレスチナから逃れて来た難民」と定義するのだが――この言葉をもってアーレントはラーエルの伝記を書き始めている。部分的にはラーエルはこの失敗を意識していた。なぜなら、彼女は自分自身では言えなかったことを他者に語らせたからだ。それゆえ、アーレントの書物は、「そうしたことすべてを語るのはあなたです」[28]というラーエルのハイネに宛てた言葉で締め括られている。ただしハイネはラーエルの真理を継承するだけでは満足せず、この真理を自身の詩において具現化した。すなわち、詩の創造性には、「パーリアの非実存と非現実性を、芸術世界の真に活動的な原理へと」[29]変える能力があった。言い換えれば、文学と詩――単に政治だけでなく――は、世界へ接近する道、没世界主義からの脱出路を作り上げることができたのだ。このような命題を理解するために、まずいかなる点で芸術的創造性はそうした効力をもつのか、アーレントはいかに芸術作品全般を考えていたのかを考えてみなければならない。

芸術に関するアーレントの考察はつねに世界についての考察である。「芸術作品は触知可能なすべての対象のなかでも最も強く世界と関わるものである」と彼女は書いている。芸術作品はふたつの意味で世界に属している。まずはそのギリシア的意味においてで、芸術作品は、反復し破壊的な効果をもつ自然過程とは反対に人間的技巧が持続するのと同じように、それが持続する限りで世界に属している。芸術作品は諸世代の往還を凌ぐ展望において作られ、使用品の機能性を免れ、消費による破壊から守られている。しかし芸術作品は、その仕様が人間的なもので、それらが人間たちに向けられている限りで、第二の意味で世界に属している。「死すべき存在の手によって完遂された不死のもの」たる芸術作品は、現出するためだけに作られるにすぎない。すなわち、「光り輝くことで見られ、歌うことで聴かれ、読もうと望む者に話しかける」[30]ために作られるのだ。芸術作品は必要と機能を超えながら、世界を超え出ることは決してない。

こうした全般的なアプローチの内部で、芸術がそれに形式を与えるところの素材――石、色彩、音、言葉――にしたがって、数々の芸術を区別しなければならない。これらの素材は、「事物化」や客観性の多様な水準を諸作品に授ける。この見通しのなかでは、詩は「このうえもなく小さく」、最も人間的な芸術である。作成され書かれることで、それによって作者から独立した客観性に至りつつも、詩は言語に働きかけ、その結果、「作者の最終的な産物は彼に霊感を与えた者の思考に最も近い状態であり続ける」。アーレントにとって、詩的芸術は、駄弁による希薄化とは反対に「凝縮」[31]の芸術であり、それは言葉を極限まで濃縮させ、そうすることで、理性的連鎖を一般的に逃れるものを言明するのだ。詩は最も特異なものに最も近しいのだが、それを最も共通なもの、つまり言語で言明する。それゆえ、詩は二重の意味で作用する。それは共通のものを特異なものへと引き寄せ、特異なものが共通なもののなかに侵入することを可能にするのだ。しかしながら、詩に固有の客観性は書かれたというその性質に由来するのではない。アーレントによれば、詩とはまず何よりも声に出して言われるために作られるのであって、詩の本来の現場は吟遊詩人の歌であり、聴衆はこれを聴いてから心のなかに留めるのである。詩の客観性とは記憶されうるものというその特徴なのだ。詩とは記憶の芸術であり、その点において詩はすべての芸術のなかで最も人間的である。[32]『人間の条件』におけるこれらの命題は、自分の暗記しているドイツ詩に関してアーレントがガウスに打ち明けた事柄と直接的に共鳴している。これらの詩は、自分を追放した世界の頑強な遺産であるが、彼女はこれを亡命の際にも携えていた。ひとりのドイツ系ユダヤ人がまだ生きていて数々の詩を暗記している限り、ゲルマン世界からユダヤ人を決定的に排除しようとするナチの意志は頓挫する。それゆえ、詩は完全に世界と言語の関係に入るのであって、大地との関係に入るのではない。[33]生き延びて書き続ける者たちのなかには、ヘルマン・ブロッホがいた。彼は『ウェルギリウスの死』の作者であり、アーレントはこれを読むようにと友人すべてに勧めた。なぜなら、彼の詩作品は、彼女の目には「カフカが死んで以来、ドイツ語のなかで最大のもの」と映ったからだ。ブロッホの価値は、厳密な意味でのその詩的天才にだけあるのではない。一九四五年に、アーレントはその主題について次のように書いた。「この本は、ドイツ語の生き生きとした発展可能性と言語としての崇高さの信頼を与えてくれます。ブロッホはユダヤ人です――カフカと同じように、プルーストと同じように。西洋近代の大いなる生産的発展から、私たちを叩き出すことはもはやできないのです――殺害によっても、相変わらず大量に吐き出される安っぽいジャーナリズムによってすらも(34)」。

詩的創造性のおかげで、パーリアは世界を再統合し、没世界主義から脱出する。しかし、パーリアは成り上がり者ではないし、世界をありのままに受け容れることもない。みずからの出生地を認めたいと欲するパーリアの世界への回帰は、批判的な回帰である。しかしながら、批判的姿勢にも様々ある。ハイネの姿勢はアイロニーの形式――のちに多くのひとはこれを軽薄さと解釈するだろう――、つまり現世的実存の純粋な喜びや夢の世界に見出された避難所の形式を採るだろう。カフカの姿勢はそれとは別の、より論争的でより攻撃的な様式を採るだろう。カフカが避難所とは何であるかということを知らない者の典型である限りで、カフカの姿勢はよりいっそう危険にさらされることになる。彼において、夢はほとんど悪夢なのだ。

アーレントによれば、ハイネは幼年期に、ナポレオンの征服後にユダヤ人の解放をもたらした価値観に熱狂し、レッシングの遺産ならびにプロイセンでの最初の解放運動への待望を受け容れたのだが、「この待望の言うところでは、ユダヤ人はいったん解放されると［……］より自由で、あらゆる偏見から解き放たれた人間、要するにもっと人間らしくなるだろう」。しかし、弁護士という職業――彼はその職に一度も就かなかったけれど――に辿り着くために自分を「ヨーロッパ社会への入場券」たる改宗へと至らせた複雑な個人的道のりの果てにあっても、ハイネは解放への期待を捨てず、詩によって自民族への回帰の道を見つけた。アーレントは『ヘブライの旋律』(*Mélodies hébraïques*) を分析しながら、いかにしてハイネがそれ以後は、自分の起源を否認するのを条件に、ヨーロッパ社会のなかに入るのを拒絶するようになるかを示している。こうした否認は、社会的位階のなかである地位を占めようと欲してこの位階を受け容れる成り上がり者に固有である。それゆえ、成り上がり者は絶えず悲惨な父祖と慣習から距離をとり威信のある系統図を作って、大物のなかで地位を確保する権利を正当化しなければならなかった。アーレントによれば、これに反して、ハイネは「自分がパーリアにしてシュレミール民族に帰属していること」を認める。しかし、解放による自由の約束にずっと固執していたので、ハイネは――アーレントが集めた他のパーリアたちと同じように――こうした帰属に対して常軌を逸した位置に立つことになる。すなわち、彼は「ユダヤ的な環境と同様に非ユダヤ的な環境に」二重に反対するのだが、これは文学や詩の創造によるのでなければ言明するのが特に困難な立場なのだ。この二重の距離が伝達可能になるのは、それが、みずからを語るための言葉を、もはやユダヤ人の言葉のうちにではなく、解放のヨーロッパの諸言語のうちに見つけえた場合をおいて他にはない。その点で、詩人たちと作家たちはユダヤ民族に「西欧民族のなかで古くからの市民権(35)」を返すことに貢献したのだ。

概して、ハイネの詩は幾つかの大衆的な表現形式――ユダヤ的であるとまったく同様にドイツ的な――を採り上げ直す。つまり、伝説集と譚詩《バラード》である。シラーもそれを行ったし、ブレヒトはその名人となるだろう。アーレントによれば、これを選ぶことで、すでにハイネは「晦渋と忘却を余儀なくされた人物」への転落を方向づけられていた。なぜなら、譚詩とはつねに、そこにおいてこれらの人物が「自分に固有の歴史を保存し、自分に固有の詩の不朽性を創造しようと試みる(36)」ところの芸術形式であったからだ。一九世紀初頭にはいずれにしても、同化したこのユダヤ人が貶められ迫害されたユダヤ民族に、その伝説と祝祭に向かう動きのなかには何か独自のものがあった。ハイネは、ユダヤ人のあいだで物語られているような伝説をそのままの形で再び採り上げるだけでは満足せず、最も大きく矛盾する諸要素をひとつの独自の形式のなかで連合させうる、そのような詩的言語に固有の凝縮力によって、新たな布置を構成するのだ。こうした手続きはイロニーという効果を生み出し、そのおかげでハイネは、ドイツ人の精神世界のなかに、パーリアたちの陽気さや無礼さを導き入れた。世界に対するこのイロニー的観点はすべての位階を愚弄するもので、すでにラーエル・ファルンハーゲンの観点であったのだが、それはまた——われわれがすでに見たように——「無数のイディッシュ語やヘブライ語の表現」をドイツ語へと統合するものでもある[37]。

ブルーメンフェルトはハイネの天才を、ドイツ語との倦むことなき闘いとして、自分以前にはこの言語のなかに実在しなかった何かを表現するための途方もない努力として特徴づけているのだが、アーレントはまたしてもブルーメンフェルトに大きく近づいている。そこで表現されるもの——ブルーメンフェルトはそれを「解放以後の」ユダヤ人 - であることと呼んでいる——は、ある内容でもなく、ひとつの国民的特徴でさえなく、ある仕方、ある存在様式、ある音調である。ブルーメンフェルトが書いているように、「ハイネのどの詩句にも、彼の散文のどの文にも、内容がどうであれ、ユダヤ人が姿を見せている。ユダヤ的価値に賛成して書くにせよ反対して書くにせよ」。しかし、ハイネに「同一化[38]」したと打ち明けるブルーメンフェルトにとっては、ハイネは主観的価値をも有していた。そうしたことをアーレントもブルーメンフェルトと共有し、そうすることで、ハイネの無礼さならびに、頽廃した社会に順応することへの彼の拒絶を部分的に自分のものにすることを望んだ。彼女はブルーメンフェルトに宛てて書いている。「親愛なるひと、少なくともわれわれだけは、これらの紳士 - 淑女をすべて笑い飛ばし、神がわれわれに供してくれるものすべてを楽しむ栄誉あるパーリアであり続けるよう努めましょう。これまでと同様に(39)」。

カフカの仕事のうちに、アーレントは没世界主義を避ける二重の様態を見つけ出した。一方でカフカは主人公Kにある形姿を与えているが、Kは、決してそのような者として名づけられることはないとはいえ、「ユダヤ人の生に典型的に固有な状況や苦境に巻き込まれるという事実ゆえに(40)」ユダヤ人でしかありえない。他方でカフカは、錯綜した苦境の頂点で、その想像力と思考の力だけによって、近代世界の構造と近代世界を脅かす危機を顕わにしている。カフカの数々の小説は現実の純化されたモデルである。これらのモデルを構築するために、彼は偽りの外見でしかない仮象から背を向けなければならない。ベンヤミンとは違って、カフカは新たな時間の予言者でありつつも、その敷居に立っているとの感情をもたなかった。新たな時間とは「現下の世界の図面(41)」であって、カフカはそれを素描し、その容赦ない機構を復元するのだ。カフカと世界との関わりの強烈な困難と、決してそれを隠そうとしない意志は、ハイネのように夢の世界へと逃れることを彼に許さなかった。カフカの主人公たちは「断固として攻撃的な(42)」関係を世界と結ぶのだが、この関係は彼らにとってある現実を発見するための土台であって、彼らがわれわれにこの世界の恐怖を感じとらせるのは、世界から脱出するよう鼓舞するためではなく、真に人間的であることが可能な世界への欲望をわれわれのうちで維持させるためである。

Kの立場はパーリア――社会から除外された――の立場ではあるが、彼は解放の約束、つまり権利の平等への要求を真剣に捉えていて、最初は――解放の言説そのものに即して――この約束を同化せよとの命令と同一視している。識別不能な者と化すことで、すなわち他のユダヤ人たちとの絆を断つことで、ユダヤ人は人間存在としてのみずからの権利を要求するのだ。カフカはこのように、現実に由来する諸成分が浄化された形で見出されるような実験的なモデルを構築している。「集団をなすためにユダヤ人が集結することに拘泥しなければ[43]」ユダヤ人の同化はきわめて容易になるとの考えを文字通りに受け止めよう、とカフカは言っているように思える。この限りで、Kはユダヤ人としては名づけられない。Kは抽象的な主人公であり、同化を求めるユダヤ人から追放されている。他のどんな人間も至ることのできないこうした抽象性によって、Kは特異なアイデンティティを得る。彼は普遍的諸原理を決して放棄しない唯一の人間であって、それに即して彼は特権をではなく権利を要請しなければならない。「私は城が私に授けようとしている贈り物が欲しいのではなく、自分の正当な権利が欲しいのだ[44]」。アーレントによれば、こうした立場は「正しいものを正しいと呼び、不正なるものを不正と呼び」つつも、決して標準的な人権を、高みの権力によって授けられたものとはみなさない決意に帰着する。しかしながら、そのような普遍性によって村人たちとの絆を確立できたとはいえ、Kが最終的に理解するのは、自分がこうした権利を求めれば求めるほど、それをしているのが自分だけである限り、その分よりいっそう村人たちと区別されるということである。「Kが彼らにとって外国人であるのは、彼が外国人として人権を剝奪されているからではなく、彼がやって来てそうした権利を要求するからなのだ[45]」。Kは村のなかで最も抑圧された者——女中、バルナバ家——の周りで同盟者を絶えず見つけようとするが、つねに彼に抗して自閉していく社会を分裂させるには決して至らない。マックス・ブロートのあとがきによれば、このカフカの未完の小説で、Kは疲弊して死んでしまったとなっているが、アーレントによれば、このことは「彼が完成させようと努めたものが、孤立した個人の力を超えていた[46]」ことを意味している。それでもなおカフカは、Kの戦いは無駄になることはなかったと仄めかしている。なぜならその記憶はKそのひとよりも永く生きて、幾人かの住民の心に残り続けたからだ。分裂ではなく裂け目、ひとりの人間の人生の記憶が残しうる裂け目なのである。

それゆえ、カフカの世界は依然として解放の約束の世界であり、善意の人間はあらゆる障害にもかかわらずそこに身を置き、いまここでこの約束を実現しようとする。しかし、善意の人間という形象は、この人間が政治的意味においてではなく孤立した個人として解放の約束を採り上げ直す限りで、ある直接的な限界に出会うことになる。ところで、この解放という企図は誰であれ個人の力を超えたものである。それこそが同化に全般的に伴う袋小路であった。ユダヤ人は各々、歴史的かつ政治的本性の問いを自分で解決しなければならないのだ。ありふれた解釈とは反対に、『城』を読むアーレントの視点は、無国籍者の体験をもとに、人権の逆説を批判するものではない。ギュンター・アンダースが記したように、カフカは――たしかに――ナチズムによってドイツから追放された者たちにとって多大な重要性を獲得したが、その理由は彼が直接的に無国籍者を書いたからではない。「いまだ共同体に属さない『城』のKとは対照的に、亡命者はこの共同体から〈今やすでに排除されている〉のである」[47]。それゆえ、三〇年代の無国籍者たちにとって、『城』を読むことは、自分たちが当時生きつつあった状況によりもむしろ、そこへと自分たちを導いた袋小路に光を投げかけるものだった。いずれにしても、アーレントのカフカについてのテクストには、ユダヤ民族が他の諸民族に類似した民族になることを要求する同化の要請、それを真剣に考慮する政治運動としてのシオニズムへの言及がある。『隠された伝統』においてアーレントは少しばかりカフカのシオニズムへの賛同をこじつけているが、他方で彼女は――現実により忠実に――、シオニズムにもコミュニズムにも完全に与することの決してできなかったベンヤミンとの近さをのちに強調することになる[48]。

カフカの描くパーリア的形象の力は、ある社会の非人間性を暴くようなひとつの展望をこの社会に与えることにある。カフカは、数々の人間の生を粉砕する歯車装置の呵責なき性質を詳細に描いている。非人間的なのは、社会の法がその成員の目に、変更不能な運命の法と映ることである。カフカの主人公はこうした悪循環に打ちのめされるけれども、カフカ自身が教示したかったのは運命の力ではなく、反対に、犠牲者が自然な連鎖と考えるものにみずから服従するような世界の恐怖と不正であった。世界を脅かすものはまさに、必然的過程への法の退化であり、また、人間たちがある秩序に別の秩序の要請を対置しなくなるときから、人間たちの行動のみならず、彼らの欲望がこの秩序に服従することである。そのようにアーレントは『審判』の最後の章におけるヨーゼフ・K神父の言葉を解釈する。法の入り口の門番の行動に関する解説がどんなものであれ、彼は人間の裁きを逃れる。門番を疑うことは〈法〉そのものを疑うことである。しかし、疑わないことは真実とみなすことを意味してはいない。「彼が言うことをすべて本当だと信じざるをえないわけではない。それが必然的であると考えるだけで十分なのだ[49]」。したがって、どのような前提が採られようと、しかもそれが本当であれ偽であれ、重要なのは自然な連鎖の真理としての価値ではなく、もっぱらその論理性である。そのモデルはアーレントによる全体主義的な法——自然法や歴史の法——の分析のうちに現存している。合法性と正義の距離をなくし、当の法を完遂するための道具の地位にまで貶められた人間の行為と意志から解放される法の分析のうちに[50]。

そうした論理に、善意の人間は何を対置しうるのか。それ自体が人間の理解を超えたものたる〈法〉を守るとされる者たちの言葉についての自分の意見がどのようなものであれ、やがて歯車装置に絡め取られる善意の人間は。アーレントは書いている。「ヨーゼフ・Kは「必然性の名において殺され、必然性の名に、罪の意識によって生まれる混乱のなかで服従したのだ[51]」。善意の人間はみずからの刑の執行を妨げうるような何ものも対置できない。彼が対置できるのは取るに足りないものだけで、それは彼を救いはしないが、他人たちがその思い出を集めてくれるという条件で彼の死後も生き延びる。ただし、『審判』の謎に満ちた終末が示している通り、そうしたことはいかなる場合でも確実性になることはない。「〈犬のようだ！〉、と彼は言った。恥辱だけが生き残るように思えた」[52]。この恥辱はラーエル・ファルンハーゲンの恥辱と同じものではない。ユダヤ人に生まれたという恥はカフカには関係がないのだ。アーレントが提起する解釈は特に興味深い。なぜなら、この解釈は、「恥辱だけが生き残るように思えた」という恥辱の表明そのものと同時に、自分の考えを述べる証人の呼び出しをも斟酌しているからだ。かくして、有罪性は乗り超えられていると想定できる。ヨーゼフ・Kは何か悪いことをしたということで罪の意識を感じているのではなく、アーレントにしたがえば、不正な世界のなかで従順な犠牲者として振る舞ったということを恥ずかしく思っているからだ。言い換えれば、彼に固有の恥辱は「これが世界の秩序であるという恥辱」[53]と化すのだ。不正な世界に呑み込まれるパーリアが感じる当の世界に対する恥辱は、他者がそれを受け容れる限りで、彼の最後の抵抗であり、没世界主義からの脱出なのである。

3節　意識的パーリア、新たな政治的カテゴリー（ベルナール・ラザール）

隠された伝統の只中にあってベルナール・ラザールには二重の特異性がある。一方では、彼は「ユダヤ民族の政治的実存の根本的状況から、新たな政治カテゴリーを練り上げようと試み」た唯一の人物である。他方では、ユダヤ民族全体が「政治的に法の外にあり世界から追放されて」いたとき、パーリアの生はあらゆる意味を失うけれども、アーレントは意識的パーリア[54]という人物形象をかかる意味の喪失に含めることはしない。なぜなら、意識的パーリアは個人の形象でありつつも、ひとつの政治的カテゴリーであって、世界のなかで言葉と行為の様相で、より特殊には文学によって他者たちと向き合うよう個人を導くからだ。

意識的パーリアがその名の下に介入するところの原理とは自由、権利、正義である。[55] 言い換えれば、意識的パーリアは自分なりに解放に伴う諸価値を改めて考え直すのだ。しかし、解放が陥った袋小路について実行された批判を考慮して、意識的パーリアが政治的対立のうちに導入するのは、解放がつねに完全に解消しようとしていた概念すなわちユダヤ民族という概念である。

ベルナール・ラザールの形象が特異であるのは、彼がドイツ語圏に属していないからでもある。しかしながら知識人として、彼の身分規定はその同時代人たちの状況とは際立った対比を成していた。一九世紀末のユダヤの偉大な知識人の大部分――リュシアン・エール、エミール・デュルケーム、マルセル・モース、アンリ・ベルクソン――は教授か公務員であったが、文筆を生業としていたラザールの状況は中央ヨーロッパの知識人の状況に近かった。しかし、フランス人であったために、彼は中央ヨーロッパの知識人たちとも異なっていた。なぜなら、彼はフランス革命に結びついた解放の政治的伝統と直接的に接触していたからだ。

シュレミールもしくは善意の人間として、意識的パーリアは近代ユダヤ人にとっては同一化のひとつの形象である。もっとも、ラザールにおいてのみ、パーリアという語はそれ自体として現れることになる。最初期のテクスト以来パーリアは彼の語彙のうちに含まれていたのだが、それがラザールにとって個人的同一化の形象になるのは、ドレフュスは無罪であったと断言するだけでなく、ドレフュスにおいて攻撃されていたのはユダヤ人であったとも主張するパンフレットが出版された日からでしかない。[56] この出版は、「アナーキストの高尚な人生(*high life anarchiste*)の選り抜きの代表者であると同時に主君ロスチャイルド家への最も忠実な信者のひとりでもあった者[57]」に憎悪を抱ける報道機関の反対キャンペーンの餌食となった。この時期を回想しながら、ラザールはあとになって次のように書いた。「私は憎悪や侮蔑についても非難についても何も言わない。この日以来私に対して門戸を閉ざした報道機関についても何も言わない。一夜にして、私はパーリアになった。はるか昔からの遺伝によって、私はこうした状態に至る準備が整っていたのだ[58]」。「私はパーリアである」と言う者が意識的パーリアなのである。

このような発言は解放を前提としている。なぜなら、彼の言葉遣いは、パーリアという語彙とは無縁なユダヤ的伝統の言葉遣いではないからだ。ただし、それは別の意味でも解放を前提としている。ラザールは、「義務だけを有し、権利を所有していなかった」東ヨーロッパのユダヤ人が、解放された諸国家に向けて発しうるような言説を思い描いていたのだ。

> あなたがたの解放は私に何を与えてくれるだろうか。解放は自分を洗練することを許容するような社会的諸条件のうちに私を置いてくれるだろう。解放のおかげで、私はものを感じとる新たな能力を、次いで、耐えるべきより大きな困難を得るだろう。解放は私のなかでより大きな感性を発達させるが、と同時に、この感性を傷つける諸事象を抹消させることはなかった。解放の悲惨にしばしば疲弊させられた悲惨な者から、解放は、突き刺さるあらゆる刺激を二倍も強く感じとるような敏感な人物を作り上げるだろうが、その結果、この人物の生存は千倍も耐えがたいものになるだろう。時に無意識的なパーリアから解放は意識的パーリアを作り出すだろう[59]。

一方で、このテクストは、ユダヤ人の状況を何も変えなかったかに見える解放を責めているように響く。解放は「感性を傷つける諸事象」を抹消させることはしなかったし、反ユダヤ主義は相も変わらず幅を利かせていた。しかし他方で、解放はユダヤ人の個体化の様相そのもののなかに、ある予期せぬ変化を生み出した。ラザールはしばしば、パーリアの疲弊させられた意識、政治面でのパーリアの諦めの態度、パーリアにおける「市民としての教育」の欠如――アーレントの言葉を使うなら没世界主義となるだろう――を告発している。それによってパーリアは自分よりも権力のある者の庇護を求めるようになり、行動から遠ざかっていくからだ[60]。だから、「フランスのフランス人よりもはるかに熱狂的に愛国主義的な［……］フランス系ユダヤ人[61]」が、各自に当然割り当てられるべき権利とこれらの権利が承認されている国家とを混同することで、解放に感謝するのとはちがって、そのように感謝するべき賜物として解放が解釈されない場合、解放は教育的役割を獲得するのだが、それは、啓蒙によって最初から予見されていた意味においてではなく、解放がパーリアの感性を変化させ、洗練させ、苦しみへの性向からそれを解放するという意味において教育的なのである。言い換えれば、アーレントが没世界主義と関連づけた「あらゆる器官の恐るべき麻痺」が和らいでいく。意識的となることで、パーリアは反抗を開始することができるのだ。

ところで、みずからの反抗を下支えしうる象徴的支柱を意識的パーリアに獲得させるのは、他ならぬ解放そのものである。こうした予想外の発展が可能になるのは、解放の現実――ラザールとアーレントはその曖昧さを分析した――によってではなく、人権の言語をみずからの言語とし、正義についてのひとつの考え方を「法の前の平等[62]」として称揚するような解放に伴う数々の約束によってなのである。

ラザールによれば、こうした原理の適用は、訴訟があるひとに対して起こされたとき、「良心と理性への呼びかけ[63]」が生じうるために「起訴と弁護が公的に生起する」ことを要請している。告発ないし起訴の機構を分解することで、ラザールはドレフュスが非公開で裁かれたために、いかにして公然と自己弁護する基礎的な権利が彼から奪われたかを顕わにした。こうした訴訟は、フランス革命によって撤廃されたとみなされているある種の正義を復活させる。つまり宗教裁判〔異端審問〕の正義を。しかし、この機構を分析しながら、ラザールは、単純な司法上の間違い以上のものがあるということ、その権利が愚弄されているのは個人一般ではなくひとりのユダヤ人であるということ、そしてそれこそがこの事件の核心であり、その近代的特徴であるということ、これらの点を理解した。なぜなら、宗教裁判所とは逆に、予審はいずれにしても公開的なものであるからだ。ただ、公開的ということの意味はここでは、正義〔司法〕に相応しいはずのものという意味とは別であるが。裁判官は新聞と通じ合い、そのことで、世論のうちにユダヤ人に対する偏見が巻き起こったのだ。こうした偏見はラザールにとって単なる中世の名残ではない。そのような名残であれば、民主主義の進展によって必ずや呑み込まれるだろうが、この偏見が表象しているのは近代の真の社会的力であり、その潜勢力はフランス社会におけるユダヤ人たちの現実的状況がいかなるものかを示している。つまり、彼らは依然としてパーリアであったということだ。問いをこの領域にまで持ち来たったとき、ラザールは——まずはドレフュス家のなかに、次いでユダヤ人共同体のなかに——躊躇いと出会ったのだが、それに比べると、自分に真実そのものと見えるものを大声で叫ぶのは彼だけであるかに見えるのだった。

　いったい、みずからユダヤ人自身としてドレフュスを弁護して、告発の土台にあった反ユダヤ主義的陰謀を強調することの何がかくも厄介なのだろうか。アーレントによれば、この領野においてのみ問いは真に政治的なものとなる。ただし、解放が否定した現実、すなわち「ユダヤ人はヨーロッパの抑圧された民族のうちのひとつであった[64]」という現実をこの問いが承認する限りにおいてそうなるにすぎない。言い換えれば、正義と権利に関する共和国の原理にもとづきつつ、ラザールは——そしてアーレントによればクレマンソーも——ユダヤ人解放における言われざることを明らかにするに至る。つまり、ユダヤ人たちはずっと抑圧された民族であったということを。

権利を求める戦いと、宗教の信奉者ではなく民族の成員としてユダヤ人に帰属したいとの要請とを結びつけながら、ラザールは解放の論理を真剣に捉え、それを限界にまで至らせる。一方で、権利について公言された平等と排除という社会的現実とのギャップを意識することは、意識的パーリアという政治的カテゴリーを構築する際に中心的な役割を果たす。ここでは権利は、クロード・ルフォールが認識した意味で理解される。つまり、肯定的な制度としてではなく、行動原理として。彼が諸権利の意識からは切り離されるのは、愚弄された権利を尊重するべく要求する戦いにおいてよりもむしろ、新たな権利を認めさせようとする戦いのなかでのことだった。その限り、まさにこうした力学がラザールをして、反ユダヤ主義者たちに抗してユダヤ人である権利を要請するよう導いたのだ。「私は個人として自分が有する特権を守らなければならない。私はユダヤ人であり、ユダヤ人として生まれてきた。名を変えたいと思わないし、教会にも寺院にもモスクにも参加したいとは思わない。私にはずっとこのままでいる権利があるし、この権利を維持するだろう」。こうした権利への要請は、ラザールにとっては、画一化されざる数々の個人や集団を集結させる多様化された社会の観念と結びついている。「時として解放されたかに思える精神にも、為政者の国家主義的な古来の偏見は及んでいた。為政者たちの夢は、子供の玩具である鉛の兵隊たちと同様に相似た諸存在を臣下としてもつことである。どんな独創性、どんな特殊性も為政者たちにとっておぞましいものなのだ。なにがしかのナショナリズムの名において、彼らはあらゆる差異を放逐し、武力によって精神と意識を統一しようとするのだ(65)」。然るべき変更を施すなら、この多様性は、『貧しきヨブの寝藁』冒頭の寓話が示しているように。ユダヤ民族の内部でも必要とされている。「ユダヤ人に死を」という叫びが外で響くなか、セデル〔過越祭の式典〕は台座の周りに、貧しき者、老人、プロレタリアート、様々な祭儀に忠実な一家の長を集めて対面させ、各人がユダヤ教についての異なる考えを展開したのである(66)。

しかし、ラザールは解放について、もうひとつ言われざることを示して見せる。つまり、解放から結果として生じたユダヤ人共同体の内的構造は、民族としてのユダヤ人の抑圧に似たところがあるというのだ。だからこそ、反ユダヤ主義に抗する闘いはラザールにおいてはパーリア／成り上がり者というシステムに抗する闘いと決して切り離されないのである。彼にとってまず必要だったのは、彼自身にも奥深く染み込んだユダヤ人／イスラエル人という対立と距離をとることだった。だから彼は、パリにいた「外国の同宗者たち」に接近したのだが、彼らはロシアやルーマニアや〔ポーランドの〕ガリシア出身で、ユダヤナショナリズムに感化された若者たちだった。[67] 成り上がり者に対しては、彼は絶えず、時として激越な言葉で彼らの棄教と評判を傷つける行為を非難する。しかし、パーリアの側に対しては、彼はたしかにパーリアに歩み寄ってはいるが、それとて文句の余地のない受諾に相当するものではなかった。彼は、パーリアを排除せる社会の支柱である慈善家からのおこぼれにありつく浮浪者ないし乞食（*Schnorrer*）へとパーリアが堕落することを拒絶し、加えて、シュレミールの態度、つまり詩的幻想ならびに、自然と芸術のなかに見出された逃げ場との至高の自由をも拒絶するのだ。[68] ラザールの手続きは、抑圧の最も有害な結果のひとつである平等化に反対することにある。ユダヤ民族は、分裂し、内部闘争に引き裂かれた民族としてつねに考えられねばならない。アーレントもユダヤ民族を別の仕方で思い描いてはいなかった。ラザールはつねに二重の態度をとるだろう。ひとつは、たとえどのユダヤ人が──ドレフュスであれ「ポナの物乞いヒルスナー」[69]であれ──嫌疑にかけられていても、反ユダヤ主義に抵抗する戦いを必要とすること、もうひとつは、ユダヤ人の成り上がり者を非難すること、つまり、どんな代償を払ってでもユダヤ人を統一せんとするシレーンたちの歌に決して屈服しないこと。

ラザールにおいては、ユダヤ人である権利を支えているのは、自由を求める存在としての人間という観念であり、これは近代における政治の再発見の中核に位置する観念である。そこから、パーリアは抑圧を、人間としての自分には相応しくないと考えるよう仕向けられる。パーリアのこれ以外の数々の練成——特に善意の人間——にとってと同様、意識的パーリアの立場は道徳的驚きに由来する。その反乱の根源には、社会秩序全般だけでなく、それと相関的に、解放後に再構築されたユダヤ共同体の構造に対しても同意する犠牲者として振る舞わざるをえないという恥辱がある。

ユダヤ人［……］はパーリアである［……］。それゆえ、パーリアとしてユダヤ人は、自分自身に対する義務として自分を守らなければならない。なぜなら、人間は抑圧に対して抵抗し［……］、存在する自由、自分自身として存在する自由を保護する術を知らなければならないからだ(70)。

アーレントによれば、このような立場は、パーリアはもはや犠牲者ではなく、みずからに対する抑圧に責任のある被抑圧民であるとの肯定に帰着する。とはいえ、責任があるのは、パーリアが抑圧に協力したからではなく、抑圧が機能するために、世界の秩序が抑圧にもとづくために自分自身の同意が必要であるのを、それゆえこの抑圧と自分が無縁ではないのをパーリアが理解しているからである。ラザールは、解放に抗してユダヤ民族の現実を再び示して見せたが、あくまで解放の航跡のなかでそうしたのだった。なぜなら、ナショナリズムへのユダヤ人の賛同は、自由の名において、解放の否認よりもむしろ解放の達成の名においてなされたからだ。ラザールによれば、ユダヤ人たちにとって真の自由は、ひとつの民族であるという自由、「他の民族と同様に改めて生き直す」自由のうちにしか存しえないからだ。ここで、人間の自由のために存在することは、多元的な人間性という観念と連動しており、この観念は、ラザールが

「互いに繋がりながら自律的で自由なもの」であることを願い――アーレントであれば分離され結び直されたと言うであろう人間集団の多様性によって構成されている。これらの集団のなかに、ユダヤ民族はその場をあますところなく占める。しかし、ひとつの民族として改めて生き直すことは、他のどの民族にとってもそうであるようにユダヤ人にとっても、「自由な共同性」として生き直すこと以外の意味をもちえず、この共同性のなかではもはや階級的抑圧も生じることがないのである。(71)

4節　近代世界におけるパーリアの遺産
――ニヒリズムへの反抗と思考することの義務

「夢の世界の主」「善意の人間」「意識的パーリア」は、世界に対して問題を含んだ関係を共有している。誰も自分がどの世界に属しているかを一方的に言うことはできないだろう。彼は出生地――それは憎悪されていないときには価値を失う――と目的地――これは人類を代表するものとして自己申告する――とのあいだに身を置く。多数派の世界を目的地としているので、「意識的パーリア」たちはもはや己が出自であるこの民族に組み込まれることはない。棄却された民族から生まれた彼らは、自分たちが目指す世界のなかで完全に認知されることはない。そうした状況に向かうために、彼らはもはやみずからの民族の伝統をもつことはない。まずもって彼らが有しているもの、それは道徳的驚き、「矜持」、真実性への意志、嘘や否認への嫌悪である。世界のなかでそのような驚きを維持するために、彼らはただ解放の約束しかもたない。解放の約束とはすなわち、人間の顔をもつ者すべてが尊敬されるような人間性の観念であろう。こうした展望の下、「意識的パーリア」たちは、出発点となる彼らの実存的不確実性の頂点に身を置くのだが、彼らはそうした実存の不確実性を否定しようとは決してせず、逆にこの不確実性が、自分たちの出自となる世界ならびに――何よりも――彼らの目的地となる世界に対する批判的な場所を彼らに与えるのである。

アーレントによれば、このような経験の重要性は、それが近代世界の特徴となるであろうものの中心に入り込んでいくということだ。その特徴とはすなわち、伝統の崩壊ならびにそこへ回帰することの不可能性である。それゆえ、特にドイツ語圏の諸国で「ユダヤ人問題」と呼ぶのが相応しいものを体験した諸個人は、他の問題に先立って、のちにヨーロッパ全体の問題となるであろうひとつの問題と直面したのである。アーレントが書くように、「ユダヤ人問題の解決不可能性は、この世代に属する者たちにとって、単に彼らがドイツ語を話して書くという事実にあるのではなかった［……］。もっと大切なのは、彼らがユダヤ教に回帰することを望まず、またそうできなかったということだが、その理由は、彼らが進歩を、それゆえユダヤ人憎悪が自動的に消滅することを信じたからではないし、彼らがあまりにも「同化し」、始原的ユダヤ教からあまりに「遠い」ところにいたからでもなく、あらゆる伝統と文化が彼らにとって同様に問題をはらんだものとなったからなのだ」。「ドイツやヨーロッパの文化のなかにも、ユダヤ文化のなかにも、回帰の道はなかった(72)」と言ってもよい。こうした診断と同様に、これらの人々が作り出した脱出路にもまた、パーリアにとってだけでなく近代の人類にとってもひとつの意味を獲得した。

アーレントの目には、カフカこそ、諸世代の連続性を保証するような伝統の断絶が世界に及ぼす脅威を最も仔細に表現したと映った。この点についてカフカはこう書いている。

彼がなすことはすべて異常なまでに新しく思われ、この信じられないほど多くの新しさを前にすると、このことは異常な、ほとんど耐えられないほどの衒学趣味、ありうべきいかなる歴史的次元もなき衒学趣味に帰属しているように彼には思える。諸世代の連鎖はそれで爆発し、初めて世界の音楽——少なくとも微かに聞き分けることのできるもの——はそれによって根底から砕け散ってしまう。時に、傲慢さゆえに彼は自分よりも世界の方をより恐れている[73]。

伝統が崩壊するとき、すべては新しくなるが、何も意味を見出すことはできず、そのことが新しさと「諸世代の連鎖」——世界——を同時に危機にさらすことになるのだ。

アーレントが終始一貫して指摘しているように、西洋の伝統における断絶は第一次世界大戦と共に生じたのだが、これは近代という時代と「第一次世界大戦が引き金を引いた一連の大破局から生まれた[74]」二〇世紀世界を区切る時期であった。この時代は三つの「失われた世代」の経験を作り上げた。ただ、これらの世代は、様々な資格でとはいえ、第二次世界大戦のあいだにはただひとつの集団しか構成することはなかった。三つの世代のうちの第一の世代は、一九〇〇年頃に生まれたひとたちであり、彼らにとって決定的な経験は塹壕と戦場の恐怖であった。その一〇年後に生まれたのが第二の世代であり、彼らは大量失業、インフレーション、革命的喧騒によって不安定化した世界に生きていた——これがアーレントの世代である。第三の世代としては、一九二〇年頃に生まれた者たちがおり、彼らはスペイン戦争、モスクワ裁判、ナチの強制収容所によって世界へと参入した世代であった。

かつてないほどの虐殺の規模にまで達した第一次世界大戦、その大虐殺以来現れた世界はもはや——全ヨーロッパ、特にドイツでは——避難所、つまり安全を提供することがなかった。政治的観点から見ると国民‐国家は凋落し、社会的観点から見ると階級社会は大衆社会へと変貌し、精神的観点から見ると、諸価値はその効力を失った。[75] 伝統の崩壊が「すでに実現された事実、政治的現実、後戻りできない点」であったということを認識しなければならない。第一次世界大戦の虐殺は、この一九一四年の戦争以前にブルジョワジーが口にした伝統主義的言説が真実であることを示すものとして現れた。彼らにとっては、体面や文化の俗物根性というらわべだけの美徳だけが大切であった。かかる社会は少なからざる同時代人に嫌悪感を引き起こしたが、この嫌悪感は、これらの似非価値を破壊し、それらの賛美者たちの蒙を啓こうとする意志が伴っていた。それゆえ、戦争は、大破局《カタストロフ》として懸念されるどころか、彼らのうちに熱狂を、そしてまた、最後には文化の皮相さを一掃するであろう出来事への希望を喚起した。戦争は償いとなり浄化となるだろう。長いあいだ少数の人々に関わる事柄でしかなかったニヒリズムが、第一次世界大戦後、大衆現象となったのだ。[76] 伝統との断絶は非人間性を、つまり「生き物たちの生物学的サイクル」を剥き出しにした。「世界はそれが創造された日と同じくらい無垢で新鮮なものとなった」とアーレントは書いている。けれども、こうした幼児のごとき新鮮さは「恐るべきもの」だった。そのような無垢のなかで触れることができたのは、ある場合には、栄光に満ちアイロニックで無頓着で、「ブレヒト初期の主人公たちの恐ろしく無垢な」生命力——あたかもブレヒトがハイネ描くシュレミールの生きる歓びを苦々しい仕方で見つけ出したかのように——であり、またあるときには、「社会の人道主義的で自由な欺瞞[77]」を暴くことのできる暴力、力能、残酷さの称揚でありえた。

彼らの位置する地平がいかに多様であろうとも、『過去と未来のあいだで』に集められた男女が共有していたのは、一世または二世としてこの時代を生きたということ、全員が伝統のこの崩壊を体感したということ、このような時期に潜在していた何らかの可能性に光をあてることでニヒリズムの危険に——多少なりとも成功裏に——全員が抵抗したということである。第一次世界大戦の未曾有さを特に意識していたローザ・ルクセンブルクにとっては共和主義の価値、アイザック・ディーネセンにとっては物語の機能、W・ベンヤミンにとっては過去との新たな関係、ハイデガーにとっては「過去の言いなりになることなく、現在を省察するような伝統の聴取」、それがこの可能性である。別の暗い時代を生きた唯一の人物たるレッシングに関しては、彼はアーレントの友人以外の誰でもなく、一九〇六年生まれの彼女はこの友人と共に、「あなたは誰ですか。ひとりのユダヤ女です」という言葉をもってその著作の冒頭でみずからを曝露したのだと考えるべきだろう。そのアーレントの考えるところでは、伝統の喪失のなかに沈んでいきかねないものを忘却から救い出す仕方のひとつは、諸個人の人生を物語ること以外ではなく、これらの人生だけが、「不確かで、頼りなげで、儚いものである」[78]とはいえ、「何らかの閃き」をもたらすことができるのである。

アーレントが物語に与えた大きな価値——われわれはまたしても『ラーエル・ファルンハーゲン』へ連れ戻される——が意味をもつのは、未曾有の経験を忘却の脅威にさらす伝統との断絶とそれが関係する場合だけである。忘却の脅威に直面して、われわれに残されているのは、最も単純で、最も平凡な言語学的振る舞いである。なぜなら、起こったことを物語るのはすべての話す存在に可能なことだからだ。「われわれは詩人でも歴史家でもないが、自分自身の人生の経験を起点として、ここで何が生じるのかを知ることができる。なぜなら、われわれもまた、自分自身の人生の意味深い出来事を自分自身や他者たちに物語ることで、それらを想起する必要があるからだ」。だからといって、ついに到達された直接性のなかで、事象そのものがおのずと正体を現すわけではない。物語はつねに出来事に比して第二の振る舞いである。語ることは何よりもまず、生き残り、思い出すことを前提としている。物語で賭けられているのは知ではなく技芸、物語る仕方であって、それに意味の湧出は依存している。意味と言ったが、この意味は決定的なものではなく暫定的なものである。というのも、つねに繰り返してこれら同じ出来事を物語り、それによって、それらに別の意味を与えることもできるからだ。「語る芸術は、意味を定義するという過ちを犯すことなく、意味を明らかにする」。物語は生じたことの伝達を許容する。このことは特に、未曾有のものを伝えうるいかなる伝統も存在しないときにより顕著になる。語りは生じたことを、世界の事物としての位格に至らせて、そこから更に「恒久性と持続(79)」に至らせる。語りはわれわれよりも生き長らえるだろう。世代間の繋がりとしての世界は、かつては伝統によって保証され、伝統の断絶によって危殆に瀕したのだが、かかる世界は語りのおかげでおそらく部分的には救われるだろう。

カフカは次のように書いていた。「おしなべてどんな人生も――彼の人生もその他の者たちの人生も――そのひとを苦しめる苦しい波動であり、この波動はしばしば長きにわたって停止するが、その根底では動くことをやめず、このことが彼を苦しめる。なぜなら、この波動は思考せよという連続的な責務を伴っているからだ(80)」。数々のアイデンティティが構築されるための支えが欠けているところ、いかなる避難所も決して可能ではないところでは、思考することは新たな重要性を帯びる。それゆえアーレントによれば、カフカの登場人物たちは、どんな心理的性質も奪われ、どんな特性も欠いたまま、「一見したところ他の誰もが気にかけないもの、つまり熟考すること(81)」にこだわり続けるのである。こうした展望においては、アーレントが好むカフカの隠喩(82)は更に別の次元を有する。伝統の崩壊は、伝統がその縫合を機能としたもの、すなわち時間の不連続性を認知する可能性をもたらすのだ。その点において、伝統の危機の瞬間――幾人かの解放されたユダヤ人はそれと真正面からぶつかった――は、特権的な瞬間でもあった。なぜなら――そこに留まることを受け容れる限りで――これらの瞬間は、生誕、われわれ各人のうちで根底的に新しいもの、すなわち思考の条件そのものにおける再湧出の機会であるからだ。カフカの隠喩のなかにはなおも形而上学的錯覚が現存していて、それよると、世界を手放し、世界を外から判断するような場所に到達することが可能なのだが、こうしてかかる錯覚を矯正することで、アーレントはまさにカフカの着想を改めて見出すことになる。みずからの想像的思考の力によってのみ、小説のなかで世界から遠ざかるどころか、逆に、世界の隠れた構造を曝露することで、世界を再び見出すこと、それがカフカの着想なのだ。カフカの思考は世界了解の最たるものであり、それゆえ世界との和解であり、没世界主義からの脱出なのである。

伝統の崩壊によって特徴づけられ、全般化された没世界主義によって脅かされた世界において、カフカが自分に固有なものとして感じたもの——思考せよという連続的責務——は普遍的な緊急課題となる。

伝統の糸が最終的に断絶するとき、過去と現在の裂け目は思考という唯一の活動に特有の条件であることをやめ、また、思考を自身にとって本質的な事柄とした少数の者にのみ取り置かれた経験であることをやめた。その裂け目は具体的な現実となり、万人にとっての問題となったのだ。つまり、過去と現在の裂け目は、政治的なものに属するひとつの事実なのである。(83)

V

抑圧された者と犠牲者の責任

反ユダヤ主義とナチによる迫害は、まだ解放されたユダヤ人が存在していたパーリアの社会状況を根本から一変し、彼らを民族としてすべての政治的枠組みから追放し、いかなる国も保護できない難民の一群に変えてしまった。この限りでは、いかなる個人的解決ももはや適切なものではなかった。「天も地も、もはや殺人に対する防衛策を講じてくれない［……］、われわれはかつて自由に歩き回っていた通りや広場から追い払われてしまうのだ」。もはや個人の逃げ道はなかった。ジェノサイドか、「別の民族たちとの共同で生きること」(1)かの二者択一だった。アーレントによれば、ユダヤ民族は、その途方もない脆弱さ、その絶対的無力状態ゆえに野蛮の言うがままになるのだが、こうした脆弱さや無力状態は何よりもまず彼らが政治組織を有していないことに由来していた。自分たちを犠牲者とする攻撃に対抗するにしても、ユダヤ人には国家も軍隊も他の国にとっては当たり前の政治もなかった。無国籍者であるがゆえに、彼らは難民になることが最も多く、非ユダヤ人権威者たちや慈善的組織の善意に依存していた。ナチの襲撃によって解体された国民‐国家の市民であった彼らは、対独協力諸国家によって殺されかねない状態にあった。しかしながら、まさに個人の逃げ道がもはやない限りで、アーレントは、ユダヤ人たちが政治的責任を負うかどうかという問題は死活問題であると考えるに至った。ユダヤ人の政治と取り組んでいた時期——この時期彼女はシオニズムに批判的なテクストを書くと同様に、ユダヤ人軍隊の設立を促進しようとしていた——に彼女がなした発言はすべて、ラザールの着想にとても似た着想に沿うものだった。だからこそ、意識的パーリアの形象は、ヨーロッパのユダヤ教の政治的基盤が失われたときに意味を喪失した数々の形象のなかで、アーレントが言及することのない唯一の形象なのである。

以下が中心的な問題だった。すなわち、いかなる条件でユダヤ人の政治は可能となるのか。いかなる条件でユダヤ人は政治的責任を引き受けるのか。ユダヤ人の政治ということで、アーレントはいかなる国家的実体のことも考えていない。「ここで問われているのはユダヤ人問題でも〈ユダヤ的人間〉の定義でもない。それは〈ユダヤ人の政治の主体〉［……］つまり現実に現存するユダヤ民族——その敵が全滅させたいと願うこの民族なのだ」(2)。ユダヤ人はここで、政治の行為者〔演技者〕を指し示していてその内容を指し示しているのではない。したがって、いかにしてユダヤ人の政治的行為への接近が生じうるのかを理解することは、政治的行為全般の本性を考慮することを前提としている。反対に、ナチズム期のユダヤ民族の著しく悲劇的で特異な状況を起点として、政治的なものに接近することは、そのときまで気づかれなかった全般的な政治問題への通路を開く。

それがどれほど悲劇的であろうとも一切の現在は、それがなければいかなる政治も構想不可能であるような可能事の次元を隠し持っていると考えることで、アーレントは戦中、パレスチナのユダヤ人や主にアメリカでナチズムを逃れることができたすべての亡命者から成るユダヤ人の軍隊を創るために闘った。これと同じ諸前提に立って、彼女は手厳しい批判をシオニスト政治へと差し向けた。しかし、絶滅という歯車装置に、可能事の領野全体を廃棄しようとする状況に捕らえられたヨーロッパのユダヤ人はどうなっていたのだろうか。いかなる点でユダヤ人はナチズムによって不能状態に貶められたのか、また同様に、いかなる点で、ユダヤ人の抵抗の記憶が永続化された際の仕方は問題を含むものとなったのか、これが理解されるのはただ事後的にでしかない。因みに、ユダヤ人のこの抵抗はユダヤ民族全体の行動と対立したものとみなされた。ユダヤ民族に最も頻繁に貼付されるイメージは屠場に送られる羊のイメージであったからだ。だから、アイヒマン裁判に関する書物のなかで、アーレントはユダヤ人評議会が《最終解決》に「協力」したことに数頁を割き、この箇所はあれほどの論争を引き起こしたのだが、まるでアーレントが、ユダヤ人は抵抗しなかったとして非難しているかのように、多くの批評家たちは彼女の立場を理解した。逆にアーレントは、自分はそのようなことを主張したことはないとつねに否定し続けた。それどころか、彼女の目には、ユダヤ人評議会の態度は責任という問題を実際に提起したと映っていたのだ。しかし、根底的な不能という状況はユダヤ人評議会の成員たちが共有するものでもあったので――ナチスにとってはこの成員たちは絶滅計画の歯車でしかなく、すべてのユダヤ人と同じ運命に委ねられていた――、彼らの責任は政治的なものではありえず道徳的なものとなった。ナチスが特にポーランドやロシアのゲットーのなかに恐怖によって設定した死の条件、つまり住居、仕事、食物に関わる一切の可能性の漸次的狭隘化は、レジスタンスが不可能ではないとしても少なくとも困難なものとなり、その結果として、われわれにその記憶を伝える物語によって当のレジスタンスが一種の奇蹟のように見えることになる、その類のものであった。しかしながら、それは、ユダヤ人の指導者がなしたこと――特に様々な名簿を作成したり、ユダヤ人を待ち受けていた「行き先」について知るところを漏洩しなかったりしたこと――はすべて他に仕様がなかったという意味なのだろうか。いずれにせよ、なしうることとなさないでいられることとの境界にあって、主導権を握ったのではないかとの疑いが依然としてありえたかどうかを把持すること、言い換えるなら、責任――たとえ道徳的なものであれ――の痕跡を再び見出そうとすること、それは自分自身に剣を突きつけたとして犠牲者を非難することではなく、逆に、犠牲者を人間性のうちに維持しておくことであり、極限に至っても応答しうる者として犠牲者を考えることなのだ。

10章　「われわれが求めるのは慈愛ではなく正義である」(1)

政治活動への接近という、アーレントによればユダヤ人にとっての死活問題であった問題が提起されたとき、世界全体は根底的に反政治的な力によって脅かされており、それを容易にしたのは、道徳的諸原理に対するほとんど全般的な無頓着だった。道徳的諸原理はそうなると空虚な抽象とみなされるようになり、この空虚な抽象は、政治に関わると目される唯一の現実、すなわち力の諸関係と対立関係に置かれる。このような合意は最終的には、力は権利〔法律〕を凌駕するということ、諸原理に則して進むと主張するどんな行為も役に立たないと肯定することになる。その結果として、現実《レール》は即座に一目瞭然たるものとして、成就された事実として、あるいはまた、「権力を有する者たちによって、この者たちだけによって実現されるもの(2)」として定義された。現実が成就されたものでしかないなら、歴史それ自体は勝利者の観点からしか見られなくなる。アーレント——彼女はここで明らかにベンヤミンにしたがっている——によれば、歴史の最も完全に成就されたイメージは「SA隊〔ナチス突撃隊〕の隊列のイメージである。この隊列は上部の指令によって行進させられるが、隊列が行進を減速することはない。各々は隣人の死体を踏み超えていく心積もりができているのだ」。歴史についてのこのような考えに鏡のように対応するのは、被抑圧者の無垢という表象である。あたかもそれは、被抑圧者自身が自分たちに襲いかかった隔離を内面化したかのように、また、ただ権力者だけが行動し、このロードローラに対しては誰もが抵抗することがなかったかのように。「歴史を作るのではなく、歴史を単に被るだけの民族には、自分たちは意味のない強大で非人間的な出来事すべての犠牲者であるとみなし、傍観的態度をとり、一度も起こったことのない奇蹟を待ち望む傾向があった」(3)。現実へのそうした接近に対応するのが「政治」であり、リアルポリティックスであり、リアルポリティックスは、権力の作用を既得のものとみなし、あるがままのこの作用のうちに組み込まれようとする。リアルポリティックスによって持ち出された正当化は、最小悪の政治であることである。より大きな悪への恐怖から現在の悪が受け容れられる。それは結局、悪に抵抗することなくそれを受け容れることに帰着する。リアルポリティックス――その範例《パラディグム》はミュンヘン会談でのチェンバレンの態度である――は、ある民族が介入しないよう留意しながら、その民族の政治的命運を握る指導者たちによって導かれた「高度な」政治なのである。

　政治的責任をめぐる問いが意味をもつのは、一方で、政治は容赦なき力の作用ではないと想定する場合で、さもなければ、そうした諸力が自分に有利に働くかに見える錯覚のなかで、それらの作用に適応することが必要となるだろう。その一方で、政治的責任が意味をもつためには、いかなる状況も――抑圧の状況さえも――あらゆる可能事を撤廃するような状況ではないと想定する場合である。一切の現在を引き裂く断層を認知することは政治科学の問題ではない。そうした認知が生じうるためには、「あらゆる政治の根本的概念たる自由と正義(4)」が保持されねばならなかった。しかしながら、正義が道徳的原理でもあるのに対して、自由は純粋に政治的な原理である。自由を下支えする経験は決して私的なものではありえないのだ。それゆえ、正義と自由は時として互いに緊張関係に入ることがある。少々分かりづらい言い回しだが、アーレントはこうした相違を次のように表現している。

自由は人間の条件の精髄であり、正義は人間の社会的条件の精髄である。別の言い方をすれば、自由は個人の本質であり、正義は共同体における人間の本質である。(5)

1節　リアルポリティックスの拒絶
――政治における原理の役割

アーレントによれば、リアルポリティックスは、最も強烈に感じとられるものの最も近くにいながらも、「現実《レール》に対して盲目」(6)であるに応じて、政治である限りで無効化される。政治とは根本的に責任であり、現在からの呼びかけへの応答なのだが、この呼びかけは、「諸情勢の示す機会」(7)を捉えうるということを前提としている。政治を下支えしうるのは歴史についてのマキアヴェッリ的な考え方だけであって、この考え方によると、そのつど現在は全面的に確定されておらず、ある機会を――たとえ極小のものであれ――つねに開いたままにするのだが、この機会は主導権をとるという条件でしか把持されえない。とはいえ、そこに必然性がないわけではない。どんな状況も結果であり、あらかじめ決定された傾向によって推進される。政治的行為はつねにひとつの環境、すなわち、ほとんど自動的な結合に向かう諸力の網の目において完遂される。しかし、状況がこうした決定のうちに全面的に存していない場合にのみ、現在はありうるだろう。「直接的現在という事柄」、それは必然性ではなく可能性である。更に、可能性、言い換えるなら現実は「われわれの目にいつも留《と》まるわけではない」(8)。この点において、リアルポリティックスはリアル〔現実《レール》〕を取り違えている。リアルポリティックスは過去をリアル〔現実〕と考え、行動にとって唯一意味あるリアル〔現実〕、すなわち可能的なものを取り逃がしてしまうのだ。

もし上記の機会が捉えられないなら、諸民族は「必然性の奴隷」となる。それゆえ、被抑圧者の責任という観念は非常に根本的なものである。この観念だけが、勝者の側から見られた歴史を阻止することができるのだ。被抑圧者の責任は未来に関与している。今日必然性を妨げることで、現在からの呼びかけに応答しようと努めながら、被抑圧者は来たるべき世界を保存する。しかし、被抑圧者の責任は過去の表象にも関与する。歴史的無垢なるものは存在せず、被抑圧者たちは今日の世界に対して共同の責任がある。今日の世界を否定することは、彼らを人類の歴史から追放することに帰着する(9)。犠牲者の無垢という観念ならびに、必然性の全能という観念に信憑性を与えることは結局のところ、人間を非人間化することになる。アーレントは、ユダヤ民族のためのその政治的アンガジュマンの只中から、行動の理論を練り上げた。行動を思考することは、例外状況の経験から生まれたこのうえもなく緊急の務めであったが、そこでもなお、ベンヤミンが指摘していたように、「被抑圧者の伝統は、われわれが生きている〈例外状況〉は規範であったということをわれわれに教えてくれる(10)」。

諸原理が有効ではなく役に立たないと非難する者たちは、諸原理がつねに侵犯されているという事実を引き合いに出す。つまり、これらの原理の定式化は抽象的かつ一般的で、いかなる特殊な状況にも適してはいないのだ。このような立場は、道徳——崇高ではあるが適用不能な大原理の領野——と政治——現実と力関係の領野——とのあいだのまさに周知の対立に基礎を置いている。ところが、アーレントによれば、これは、政治と道徳を区別するもの、ひいては両者の相関関係を思い描くための善きやり方ではない。両者の差異のうちのひとつは、政治的行動と公共性のあいだの内在的な繋がりである。「政治においては、政治が道徳と区別される限りで、すべては公共的行動に懸かっている(11)」。この差異は本質的である。なぜなら——われわれが見た通り——、啓蒙にかまけるのでなければ、道徳的行動は、政治的行動とは逆に、証人を必要としないからだ。ふたつの界域のあいだを結ぶ通路が考えられるとしたら、それは行動そのものではなくその原理と関わる。この意味で、道徳の何かが政治のうちに移行しうるのとまったく同様に、道徳のなかには何か政治的なものが存在する。このような問いについて、アーレントはふたりの著者に則してみずからの方向を定めることになる。カントとモンテスキューである。

カントは悪い人間を、自分だけを例外にする者、普遍的形式で行動の格率を言明しえない者として定義した。この定義の政治的特徴は——行動それ自体が公共的なものになる必要はなくても——逆に原理の方は公共的になりうるのでなければならないことに存している。だからこそ、カントによる公的権利の定式——「他者たちの権利と関わる一切の行動、あるいはまた、その格率が公共性と両立しない一切の行動は権利に属してはいない」——と定言命法の定式——「あなたの行為の格率が普遍的法則へと昇格されうるように行動しなさい」——とのあいだには同型性がある。行動が道徳的なものであれ政治的なものであれ、原理の公共性が言わんとしているのは、実際に私が行った行動へと私を押しやった数々の理由について、他者たちはいつもその釈明を求めうる立場にいるということだ。このように、責任は二重の資格での応答である。責任は現在からの呼びかけに応じることができるのに加えて、同国人——フランス語に対応物のない *fellowmen*〔仲間〕という英語が見事に表現しているように——の問題にも応じることができるのだ。各自は自分がなしたことを、すべての他者に対して、万人が承認している原理に応じて説明する準備ができていなければならない(12)。

カントを起点として道徳的諸原理の公共的性質を確立することができるとすれば、モンテスキューを起点として、政治的諸原理の道徳的起源を、数々の風習において生まれてくるそれらの原理の腐植土を顕わにすることができる。「原理」ということで、モンテスキューは、ある一定の社会のなかで統治される者と同様に統治する者をも行動させる情念、更には「人間集団が分かちもつ根本的な確信」と解している。誰かを行動に至らせるものは彼の行為の源泉である。ここで、諸原理は抽象的な指令ではなく、それらの一般性は諸原理を下支えする情念と不可分なのだ。たとえば、「君主制における名誉、共和制における美徳、専制政治における恐怖」がこれらの原理として挙げられる。モンテスキューによって引き出されたこれらの原理にアーレントは、ホメーロス的世界の栄光、古代アテネの自由のみならず、正義と平等をも付け加える。もっともその場合、正義と自由は、「人間の顔をもつすべての者たちの本来的な尊厳への確信と解さねば(13)」ならない。これらの根本的な確信は、この語の心理学的意味で動機《モビル》として解釈されてはならず、「どんな政治的生もが導かれ、判断される基準」として解釈されなければならない。ところが、モンテスキューは、諸原理は私的生活のなかでの人間たちの行動を調整すると断言しており、それゆえ、政治的領域にとって外的な領域、つまり「非公共的」領域から、「行為と運動の源泉」が生じるのである。このことが何を意味しているかというと、それはアーレントによれば、これらの源泉が人間的実存の「根本的な諸経験」に対応しているということであり、個々の政体はこれらの経験のいずれかを特に強調するのだ。したがって、非公共的な領域から公共的な領域への移行が存在しているのであり、このことは、ある一定の社会では諸原理が万人によって承認されるという事実を説明してくれる。もっと正確に言えば、諸原理は万人によって承認されるうるという事実を。なぜなら、道徳的諸原理と政治的諸原理は、ありのままの人間たちに対しては決して言明されたことがなく、諸法のうちにつねに翻訳されるという共通点を有してもいるからで、これらの法は「社会的諸関係と政治的諸制度の形で諸法を表明する数々の命令と禁止の身体(14)」として具現される。だからこそ、諸原理はつねに明文化の対象とならねばならない。明文化――モンテスキューが示したように――は、様々な統治構造のあいだの時に対応を、時に偏差を顕わにすることができるだろう。

ある種の原理——たとえば「忠誠、名誉、徳、信仰」[15]のような——が道徳と政治というふたつの領野に現存しうる限りで、道徳から政治への可能的な移行が存在する。それゆえ、ひとつの道徳的原理は行動の原理となりうるのだが、——カントが示したように——道徳的原理がより公共性を帯びれば帯びるほどこのことはより顕著になる。こうした可能的な移行は、道徳と政治というふたつの領域の差異を廃棄しないし、それらの領域のあいだの永続的な衝突とずれについて予断することもない。個人である限りでの人間にとって正しきことの基準は、市民にとって正しきこととは異なるかもしれないのだ。徳の高い人間が必ず善き市民になるわけではない。アーレントが書く通り、「政治的には、悪に抵抗しないことは悪を犯すのと少なくとも同じくらい不当なことである。しかし、悪に抵抗することで、われわれは悪を犯さざるをえないのだ」[16]。それどころか逆に、アーレントは、政治の領域でしか意味のない原理を私的生活に適用しようとする意志に何度も反旗を翻したのだった。

諸原理の重要性は、政治がこれらの原理を放棄したり、それに反対したりする——このことは必ずしも諸原理を廃棄するわけではない——ときに生起することで著しく照らし出されるのではなく、政治が諸原理を破壊するときに、つまり、諸原理が一切の妥当性を失うときにこのように照らし出されるのであって、このことは行動の能力としての政治を廃棄することに帰着する。それこそが全体主義の意図だった。すなわち、政治的生存を可能にすると共に、行動と運動の源泉が拠って来たる非公共的な領域に宿っているような根本的諸経験の断固たる破壊（あるいはまた、すでに進行中の破壊を徹底化すること）である。こうした破壊の名は——われわれが見た通り——悲嘆に暮れさせることと根こぎである。その結果として、合法性と正義との乖離が廃棄されてしまう。全体主義は人間と法を同一視する、言い換えるなら、それは

「《歴史》や《自然》の法を、個人の行為にとっての善悪の規範に翻訳することなく完成する」[17]のだ。等質的全体として捉えられた人間性は法を実現するための資材、つまり法の産物となる。全体主義的法は完成するために人間たちの行為を必要とせず、諸個人を抹消しながら前進する。それは運動の法であって、人間の諸活動がそこで場所を得るような安定した枠組みではないのだ。それ固有の方法は、法に現実性を与えることを使命としたテロルである。それゆえ、モンテスキューがすでに認めていたように、政治の崩壊は道徳性をも脅かす。国民が最終的に公共的な政治活動を実行しえなくなるほどに、政治の営みが衰退するとしても、社会の数々の風習と伝統はしばらくは存続する。しかし、伝統はそれ自体では不十分である。社会がもはやその市民たちによって保証されないとき、道徳性それ自体が、ひいては、将来の政治を再建する可能性すべてが破壊されうるものとなる。

だからこそアーレントは、全体主義の到来から諸原理の無効性を結論づけるどころか、逆に次のことを肯定している。すなわち、事実性が犯罪性と同一のものに化したそのとき、この事実性を貫き可能なものに通じることができる唯一の方法、つまり唯一の頼みの綱は「妥協なき道徳性」であり、これが政治におけるドン・キホーテ的な態度を決定づけるのだ。

現代のような時代には、ある国では、政治はすでに長いあいだ、散発的な罪の状態を超過し、犯罪の状態と新たな関係を結んでいるのだが、今や、妥協なき道徳性は以前その機能であったものを突如として変えてしまった［……］。この道徳性は、真実としての現実――それは狂わされた状況、つまり犯罪によって生み出されたが束の間の事実的状況に対立している――が知覚され、数々の企画の対象となるような唯一の道となる。[18]

2節　正義による慈愛の緩和
――『革命について』におけるユダヤ的正義感から憐憫の批判へ

この点を決して詳述しなかったとはいえ、アーレントは、正義とはユダヤ的情念の最たるものであると考えていた。彼女によれば、正義‐自由という結合はまさに政治におけるアテネとエルサレムの真の出会いである。

最も固有で、最も古きものたる自分たちの歴史をもとにして、ユダヤ人は正義の観念と直接的な関係を有している。まさしく、ユダヤ人がいなければ、正義の観念はおそらく人類にとって知られないままであっただろう――ギリシア人がいなければ政治の自由という概念が知られないままであっただろうように。(19)

ギリシアのポリスを熱烈に賛美する者の口から出たものとしては奇妙な言い方である。この言い方は、アテネの民主主義における裁判所の重要性や、アリストテレスと同様にプラトンにとっても正義の問題が中心的な性質を有していたことを無視している。この点についてわれわれが呈示できる最初の解釈は、アーレント自身による正義への接近に関わっていて、この接近は大抵はギリシア的ではなくユダヤ的な問題系において実行される。かかる接近について、われわれはふたつの指標を与えることができる。ひとつは、正義の観念はユダヤ人が明るみに出したもうひとつの想念と切り離すことができないということ。それは「人類という観念」であり、その前提にあるのは、「人間の顔を有するすべての者本来の、そして無条件な平等」[20]なのだが、これはギリシア人たちが本当に知らなかった想念である。他方の指標は、アーレントがきわめてしばしば正義の想念を慈愛の想念との関係で練り上げているという事実によって構成される。このような型の問題系はユダヤ人の伝統に固有である。とはいえ、この伝統はキリスト教によって、たとえばマルブランシュにおいて再び採り上げられたのであって、アーレントはマルブランシュの「慈愛を実行するより前に、つねに正義をなさねばならない」[21]という言葉を引用している。

正義が共同体で生活している人間同士の関係を何よりも規制する原理であるということ、これは何を意味するのか。アーレントの語彙では、共同体での生活は次のような社会的領域に対応している。すなわち、そこでは人間はまず自由であるのではなく、糧を得るために仕事をしなければならないという必要性に縛られており、各人はそこで自分固有の関心を追い求め、公共的善を気遣うことなき同一の力に捕らわれた他者たちと出会う。しかし、正義が社会領域を規制する原理であるなら、このことは、社会それ自体は万人の万人に対する戦いの場ではないということを意味している。というよりもむしろ、正義がこのような利害衝突の場であるとしても、正義はまたかかる衝突の全能を制限せよとの道徳的要請によっても賦活されている。正義は、人間同士の直接的関係から生じるふたつの力、すなわち慈愛と利害をめぐる闘争の作用を緩和することになるのだ[22]。

上記のような表現を明確化するために、ヘルマン・コーエンが「ツェデカ」〔義〕――憐憫と正義を同時に意味する語――に加えた解説を参照することができるが、この観念は慈愛の観念と相関関係と緊張関係を結んでいる。相関関係が存在するのは、慈愛と正義が根本的経験から、つまり社会的苦痛や悲惨さ、「人間的悲嘆を主たる代表者」から生まれる限りにおいてである。この経験は何よりまず憐憫もしくは「相互性の世界の他者による創始」を、「人間にとっての愛の本来的形式」を引き起こすのだが、この場合の人間とは、どんな反省にも先立って、他なる人間の感性に触れる現存としての人間である。アーレントの語彙では、表象や可視性を免れる二者関係が語られることになろう。ところが、まさにユダヤの伝統においては——そしてそこには正義と慈愛のありうべき緊張が存しているのだが——、自発的な慈愛では十分ではないのだ。それは正義の次元にまで高められねばならず、正義は苦しむ他者による自己の不法侵入を緩和し、抑止することになる。コーエンが書いたように、正義は「慈善において弱められたりはせず、この社会的徳を介して、正義は普遍化して憐憫の最たるものと化そうとする」。正義の重視は、万人を考慮せよとの要請に応じて、慈愛の二者関係を再解釈する。しかし、正義を特徴づけている普遍化は抽象的な普遍化ではない。ユダヤの伝統における正義の原理は、再分配の制度的実践のうちに具現されており、この実践は不平等を緩和し、財産を制限し、奴隷の利益を考慮して血塗られた復讐に反対する。正義とは予言者の決め言葉の呪文で、彼らは「貧者の権利のために(23)」、愛や憐憫よりもむしろこの語を唱えるのである。

『革命について』のアーレントによって展開された、フランス革命における憐憫の役割についての批判は、正義の観念を慈愛の問題系に改めて導入することで、それをよりよく理解することができる(24)。彼女にとっては、「正常に組織されたどの人間」によっても感じとられたる情動、同情《コンパシオン》＝共苦をもひとまとめにして非難することが問題なのではない。反対に、そうした情動がなければ恐るべき結果がもたらされることになる。そこでアーレントは、自分の「活動」の結果について必然的に情報を得ていたアイヒマンが、どうして良心の呵責とまではいかなくても、少なくとも自分の仕事の正当性に対する疑念に襲われなかったのかを問うている。言葉を換えれば、アイヒマンがわれわれを直面させている謎は、彼のなかで良心がいかにして消滅したのか、もっと正確に言えば、「普通の人間が肉体的苦痛を前にして感じるまったく動物的な憐憫《ピチエ》」がいかにして消滅したのかという問いである。アイヒマンは憐憫を感じなかった。彼は「自分が原因となった苦しみを想像することがなかった」。憐憫のこの廃棄は、道徳的意識としての意識＝良心だけでなく、現実についての意識としての意識もが真に廃棄されることだ。このような廃棄は、「他者の言葉、他者の現前、それゆえ現実そのものに対抗する極度に有効な防衛機構(25)」の設置を許容する。コーエンと同様に、アーレントにとっても、憐憫とは——むしろここでは同情＝共苦と言うべきだろうが——相互性の世界が他者によって創始されることなのである。

もっとも、問題を引き起こすのは同情＝共苦ではなく、冗舌で浮薄なものと化した「倒錯せる同情＝共苦」としての憐憫である(26)。憐憫は同情＝共苦の限界を炸裂させる。かつては同情＝共苦は〈他者〉に向けての自我の移送であったのに対して、同情＝共苦は今や「思いやりある熱意」であり、「弱き人間たち」もしくは「貧者たちの広大無辺な階級」「へとわれわれを惹きつける有無を言わせぬ跳躍」である。この場合、憐憫は特殊な苦痛を対象としてはおらず、一般性を、すなわち貧者や悲惨な者たちを対象とする。こうした動きのなかで、人間の特異性は斟酌されることなく、反対に廃棄されてしまう。この苦痛の大海を前にしては、何ものも比較に耐えるものはない。諸法は取るに足りないものと映り、政治的行為者＝演技者、この広大無辺な苦痛に呑み込まれた心はいかなる特異性も認識できなくなる。一方では、政治的行為者＝演技者は苦しむひとたちのなかでもはや誰も見分けることがなかった。弱き人間たちに心を奪われることは彼らを脱個性化し、まとめて「ひとつの集合体、つねに不幸な人々、苦しむ集団等々」にしてしまう。他方では、彼はもはや自分の仲間のなかで誰も見分けることがなかった。「いかなる特殊な尊重、友愛を伴ういかなる尊重も埋もれてしまう」のだ。同情＝共苦が他者への感性であったのに対して、思いやりある熱意に鼓舞された革命家は「奇妙にも現実全般と特殊な諸個人の現実に無感覚になり、原理のためにこうした現実を犠牲にしたことに対して彼らはいかなる悔恨も感じとることがない」。要するに、他者たち(*autres*)へ向かう運動へと移調した《他者》(*Autrui*)へ向かう運動ほど危険なものはないのだ。そのような運動は純粋な残酷性へと絶えず逆転しかねず、かかる残酷性は、大多数の人間の広大無辺な苦痛に接して自分を培い、生身にメスを入れ、緊迫性に追い立てられながら、国民の堕落の源とみなされた成員を抹消するのである。緊迫性の名の下で、「政治に固有の説得と取引の際限なき手順が、宮殿で眠っている者とパリの橋の下で横になっている者への同じ規則の適用と同様、取るに足りないものとして現れる」[27]。

説得と取引の空間としての政治の可能性が堅持されるためには、パリの橋の下で寝ている者の悲惨さが、宮殿で眠っている者を判断する唯一の観点になってはならない。たとえ後者がある悪事に対して有責とされたとしても、このことに変わりはない。富める者に特権を与え、貧しき者を打ちひしぐ「正義」が不当なものであるのとまったく同様に。同情＝共苦にもとづく唯一正当な普遍化は、正義の徴しの下でしか到来しえない。アーレントが書いたように、「万人にとっての正義を確立することなく」[28]不幸な者を幸福ならしめようと欲した限りで、同情＝共苦は近代の数々の革命に実に大きな災いをもたらしたのである。

いかなる点で、アーレントはユダヤ人の政治に関与していた数年のあいだに初めてこの種の問題に直面したと言えるだろうか。亡命者の悲惨な群れは、抗しがたい人間的意志に衝き動かされた超自然的な存在に変貌したいとの誘惑に一度でもかられたことがあったのだろうか。亡命者たちの集塊は、革命における不幸な者たちや、全体主義の運動が組織した集団とは反対の性質を有している。亡命者たちの群れは決して抗しがたい力として構成されたことはなく、逆に彼らは極端に脆弱であって、これは強制収容と大量虐殺の前提条件である。それゆえ、亡命者を人間たちの集塊として構成することがこれらふたつの状況の共通点なのだ。集塊という観念と一対になっているのは複数性の廃絶であり、人間の画一化である。これら亡命者たちのなかで、慈愛が前景を占め、慈愛はユダヤ民族の運命のなかで特に卓越したものとなった。われわれが見た通り、他のどんな者より以上に亡命者は慈愛に頼っている。せいぜい慈善組織によって引き受けられるだけの集塊のなかの苦痛は匿名のものでしかなく、亡命者は権利なき存在となり、人々の善意に頼らねばならなくなる。そのような状況において、ユダヤ民族の伝統的な金権政治システムは「至る所で頓挫した」。今度は億万長者が怯える番となったのだ。「われらがロスチャイルド家が行商人になったり物乞いになったりする可能性は、われらが行商人がロスチャイルド家の一員になる可能性よりも高いのである」[29]。そして、民族全体が浮浪者、乞食（*shnorrer*）になったのだ。この段階において、つまり、強制収容の歯車が起動する前に、あるいはまた、アメリカのような自由な国に避難地を見つける機会に恵まれた者たちのために、アーレントは、とにもかくにも政治が可能となるように闘ったのだが、政治を可能にする諸条件のひとつは、慈愛によって創始された依存関係を改めて問題視することであって、それというのも、慈愛は人間が生き延びるのに必要であるにせよ、もはや彼らに生き延びることしか保証できないからなのだ。ベルナール・ラザールのように、「一般的な正義のために、しかしまた特殊なユダヤ民族のためにも」[30]闘わねばならないのである。

3節　ギリシアの政治的平等と自由、近代的平等と正義

このように、政治的行為への接近は、ユダヤ人にとって自分たちの伝統や、それを基礎づける正義への要請の放棄を意味してはいない。しかし、政治においては、正義だけでは十分でなく、つねに自由と噛み

合わねばならない。ところで、アーレントはつねにこう主張したのだが、自由とはギリシアに由来する概念で、政治的平等あるいは法的平等・対等制《イソノミア》の概念と不可分である。平等が政治と一体であるとして、それは、行動が言葉を伴う場合にのみこの行動は政治的なものであるからだ。

> イソノミアは万人が法の前で平等であることを意味するのでも、法が万人にとって同じものであることを意味するのでもなく、それは単に万人が政治活動への同じ要請を有していることを意味している。政治活動はポリスにおいて、何よりも互いが‐互いに‐語ることにおいて成立するのだから[31]。

イソノミアは「イシュゴリア」（発言の平等）である。人間が平等であるのは、彼らが語る存在であるからで、言語は共有されたものであり、それは人間たちのあいだにありながら誰にも属していないのである。この限りで、平等はポリスにとって「自由の本質そのもの」であって、それは人間同士のある型の関係を巻き込むひとつの生の様式――活動的生活（*vita activa*）――を意味していたのだが、この関係においては、誰も命令しないし、また、われわれが満足させねばならない身体的諸欲求によってまず顕わになる自然な必要性によっても、他者によっても、誰も命令されない。

アーレントによれば、近代革命の意味は自由の経験としての政治を身をもって再発見することなのだが、そのような再発見の本質は、しかしながら、古代の状況を端的に復元することにあるのではない。というのも古代においては、自由／不自由の対立が自由人と奴隷のあいだの実際的な区別を覆い隠していたからだ。数々の近代革命は、何人かの人々が政府に参画する可能性としてではなく、万人が参画する可能性として政治を再発見した。様々な政治的問いは「根本的に新しい相貌[32]」をもって取り消し不能な仕方で呈示されることになる。政治の平等はもはや正義の観念と離れて呈示されることはないのだが、正義の観念は、ギリシア人が知らなかった普遍的人類という観念をその基礎としていた。アーレントが書いているように、

フランス革命が成功したにせよしなかったにせよ、これは貧者を暗がりから、つまり不可視の状態から解放した。それ以来、つねに取り消し不能なことと映ったのは、自由に身を捧げた人々が事物の状態と和解できないということで、事物の状態においては、欲求からの自由、自由を目指すところの自由が少数派の特権でしかなかった。(33)

近代の政治的平等とは、他者たちのなかで差異化することへの権利であり、以後、この権利は諸権利をもつことへの人間の根本的権利として理解されることになる。このようなアプローチは、道徳的起源をもつと共に政治的含意を有したある原理の政治化に起因するとの仮説を立てることができるが、そうした原理とは普遍的人類の観念にもとづいた正義であって、かかる観念は、ギリシア人たちにとっては自明であったこと、すなわち、奴隷たち——ひいては労働者、次いで女性——が公共空間に参加しないことを言語道断な事態として暴いた。だからこそ、古代人たちを参照することには限界があり、この限界はこのように近代性の使命を指し示している。どうすれば、万人が実際に公的問題に参加しながらも、自由の廃棄——アーレントなら称揚するであろう似非選良にとっての自由の廃棄ではなく、万人にとっての自由の廃棄——がそうした参画の代償とならずに済むだろうか。このような挑戦が顕わにするのはギリシア的経験の不十分さであって、それは諸差異の平等化に伴う試練を、似通った社会経験の持ち主たる人間たちにのみ限定したのである。万人が公的問題に参画すべきだとの要請はこれ以後、アゴラが受け容れていた経験

よりも無限に多様で不揃いな無数の経験に直面し、これを平等化しなければならなくなる。

　しかしながら、普遍的人類の観念が、公的空間に参画する権利を万人に拡大したとしても、正義よりもむしろ自由との特権的関係を維持する政治的平等の本性が無効となることはない(34)。正義が不平等——社会的利害をめぐる闘争に由来するにせよ、慈善的関係によって創始される依存に由来するにせよ——を緩和するのに対して、また、社会的身分の如何にかかわらず万人が公的空間に参画するのを正義が正当化するのに対して、各自に与えられた差異化の可能性としての自由は、万人のアイデンティティを流動化し、共通の利害に関する多様な意見をもとに、確執の空間を改めて繰り広げる。正義とは違って、自由は、自由がひとつの事実として知られた「領野」、つまり自由がそこに現れるところの経験が「政治的領域」である限りで、政治的原理の最たるものである。この限りで、自由は、「正義、能力、あるいは平等」など政治的領域における他の諸現象に対して優位を占めている。自由は政治の存在理由なのだ。「自由であることと行動することとは一体を成している」。しかも、この行為は正義がつねに公的に、他者と共に実行されるのを要求する。それゆえ、政治的自由の観念はそれ自体のなかに、現実に行為する人間の多様性を含んでいるのだ。したがって、『全体主義の本性』におけるアーレントのいささか奇異な表現——「自由は個人の本質である」——は、公共空間で現実に活動する多様性のなかでの《誰》に与えられた特異化の可能性だけを示しうるのだ。一切の原理と同じように、自由はひとつの源泉を有している。政治的であろうとなかろうと「あらゆる人間の活動を賦活し鼓舞する」能力、つまり、必然的過程の避けがたい連鎖を予言不能な仕方で打ち砕くような開始する能力がこの源泉である。自由とは、総じて隠れたままのこうした源泉が公共的に現実化することなのである(35)。

　それゆえ、正義が慈愛と友愛を抑制しつつ人間の連帯として実現されるとしても、自由だけが差異化の真の原理であって、それは、迫害によってそれまで世界から削除されていた諸民族や、同じひとつの社会の内部で共通の抑圧を被る諸集団にとって格別に重要な原理である。言葉を換えれば、彼らに提起される問題は、自分たちの只中に世界を創設することであって、これが公的空間を展開するための条件なのだ。共通の状況――抑圧――によって結ばれたこれらの人間は、互いの不一致が生じながらも集団の統一性が脅かされないような仕方で互いに現れうるのでなければならない。こうした状況において、パーリアたちの実存は、苦しみしか分かち合うことがない限り、完全に人間的なものではない。パーリアたちにとっても、彼らが人間である限り、いまひとつの型の分かち合い、すなわち歓びの分かち合いに至るのが相応しいのであって、アーレントによれば、これは「苦しみを分かち合うことよりも優れている。饒舌なのは苦しみではなく歓びであり、人間の真の対話は、前者が、他者と他者の語ることとがもたらす歓びに貫かれているという点で、単なる議論とは異なる」。政治的可視性へのこのような接近において、《誰》として出現する可能性が各人に与えられるのだが、かかる接近はパーリアたる諸民族を、内部分裂を引き受ける試練と直面させるのであり、しかも、真の公共空間がこれらの民族において創設された以上、このような分裂は出現しないわけにはいかないのだ。しかし、こうした試練において、つまり「一緒に‐話す」ことの経験たる自由の経験において、侮辱された者たちと傷つけられた者たちの人間性はもはや感じられることはない。アーレントによれば、それは自由を得た代償である。「可視性の諸条件のなかで、彼らの人間性は［幻想］として消え去ってしまう［……］。それは、ほんのわずかでも解放のあとまで生き延びることはなかったのだ」[36]。

そこから、われわれはアバンスールによって提案された「自由の経験」[37]という想念を再び採り上げることができる。そしてその際、これらの経験が特異性と普遍性という二重の次元を有することに重きを置きたい。一方では、各々の自由の経験は特異で、ひとつの民族が政治的領域に達するための一般的なモデルなど存在しない。「政治は、多数の地域に属する人々や数多くの過去の相続者たちと関わっている」[38]。しかし他方では、責任ある市民たちの共同体として一民族を構成することが政治的であるのは、この構成が公共的な場合だけ、つまりこの民族の活動が白日の下、公然と展開される場合だけである。行為者＝演技者たちは互いに目に見えるだけではなく、彼らが形成する共同体は彼らの経験を受け容れて判断することのできる観客たちに送り返されもするのだ。芸術作品の創造の場合と同様に、「各々の行為者＝演技者と創造者のなかで批判家と観客が眠っている」。この限りで、経験はつねに特異なものに留まるのだが、他者たちに向けて表現する能力がこの経験を普遍化する（universaliser）――あるいはカント的 *allgemein* にアーレントが充てた訳語を再び用いるなら[39]――この経験を一般化する（généraliser）のだ。ただしそれは、他者たちがこの経験をひとつの普遍的カテゴリーに包摂するからではなく、他者たちが互いの人間的経験の記憶、その比較、その関係づけの仕事に従事するからである。翻って、政治が存在するのは、行為者＝演技者の行為がこの権力やこの不正と彼らとのあいだに維持される関係を超え出ていて、これらの行為を裁き、それに意味を付与することのできる別の審級にとって範例的であること、それを当の行為者＝演技者たちが意識している場合に限られる。この審級は、近代世界のなかではもはや神ではなく、世界観察者（*Weltbeobachter*）――このうえもなく多様な諸経験を相互に疎通させ、相互に翻訳させることのできる世界市民にして観察者――である。

こうした方向において、ユダヤ人の政治に関して――特にシオニズムに関して――次のような問いが提起されるだろう。すなわち、ユダヤ民族の自由の経験とは何であったのか。これは同時に次のことを意味する。すなわち、いかにして民族の只中で公共空間が創立したのか、そして、どの程度、その行為者＝演技者たちは世界市民へと向かう一般性の次元と関わっていた——そして今でも関わっている——のか。自由の経験が生起したとして、これらの経験はいかなる「あこがれの共感」——カントの語彙を再び採り上げるなら——を惹起したのか。しかしまた、いかにしてユダヤ人の政治は、古代からのユダヤの伝統が人類に伝えてきた正義の要請を引き受けることとなったのか。ユダヤ人の政治において、あらゆる政治の根本的なふたつの原理、つまり自由と正義はどのように接合するのか。

11章　シオニズムあるいは国民解放運動の曖昧さ

中東の政治に身を投じた同時代人に思考のきっかけを与えるどころか、アーレントの諸論考――なかでも『シオニズム再考』(*Zionism reconsidered*)――はほとんど満場一致で拒絶された。そのひどい評判にもかかわらず彼女と行動を共にすることを受け容れた唯一の人物はユダ・L・マグネスで、彼自身「シオンの異分子」[(1)]であった。彼女の議論を拒絶する際に用いられた語彙は、アイヒマン裁判についての彼女の報告書を迎えることになる語彙をすでに前もって示している。それゆえ、一九六一年のユダヤ人陣営でのアーレントの人物像――彼女がもはやユダヤ人の政治について書かなくなって以来潜伏期に入っていた――はその書物〔『エルサレムのアイヒマン』〕に先んじていたのであり、あとはそれが再び湧出するだけでよかったのだ。拒絶の第一の様相には、アーレントの反シオニズム的動機についての心理学的思弁が伴っている。だから、長いあいだ躊躇ったあとで、アーレントは『シオニズム再考』を一通の手紙と共にブルーメンフェルトに送り、その手紙で彼女は彼に怒らないよう嘆願し、みずからの主張に対する「現実的な批評」を求めたのだ。心理的な議論になることを見越して、彼女は友達に、自分はこのテクストを進んで書いたわけではなく、「パレスチナに対する心からの苦しみ」[(2)]に締めつけられる思いだったと注意を促した。ところが、ブルーメンフェルトはすでにこのテクストの存在を知っており、マルティン・ローゼンブリュートに自分の反応を伝えていた。アーレントがこの手紙の内容を知っていたかどうかは分からないが、ブルーメンフェルトの反応に対する彼女の危惧は至極当然なことだった。ブルーメンフェルトは一度として論議を検討することなく、ただハンナの性格に怒りを表すだけだった。つまり、彼女は「まったくもって無関心で、冷酷で、いささかも権利がないのに傲慢な態度をとっている」というのだ。ブルーメンフェルトが書くところでは、この論文は「著しく精神病理学的な側面」を、同化しようする彼女の強い意志以外には比べるもののないユダヤ人憎悪を顕わにしている。まったく明らかにハンナは反シオニズム陣営に与したのだし、いずれにせよブルーメンフェルトは彼女のシオニズムを決して信じなかったのだが、最後にはこの由々しき展開に責任を感じることになる。この点に関して自分は彼女の助言者だったのだから(3)、と。アーレントに対する拒絶の第二の源泉は——アイヒマン事件のあいだ数え切れないほど繰り返されることになるように——、アーレントの「口調」が好まれないことである(4)。それゆえ、ショーレムもまた『シオニズム再考』を読んだあとアーレントに長い手紙を書いた。彼はこの書物を、反シオニズムの新たなお手本——それも、ガルート〔追放〕の、「誰だか分からないアメリカ人の」ナショナリズムの冗漫な浅薄が混ざった共産主義的着想にもとづく——と考えた。アーレントはこの手紙に答えたが、それによって状況が改善されることはなかった。なぜなら、お互いのあいだで意見が一致していると想像していた主題をめぐる長々としたコメントを締め括ろうとして、ショーレムは最後には次のように書いているからだ。「あなたの反ユダヤ主義的演出のなかで私を傷つけるのは、討議の俎上に乗せることのできるその内容以上に、議論の口調なのです(5)」。

アーレントはつねに「内部の異分子(6)」と考えられ、その手加減のなさはまさにユダヤ民族の大義に対する並々ならぬ関心を示していたのだが、その彼女がほとんどの場合シオニズムの敵対陣営へと棄却されるなどということがどうして起こったのか。われわれがあとで見るように、アーレント自身、シオニズム運動のなかでますます顕著に展開されていくのを彼女が目にした態度の犠牲となっている。すなわち、シオニズムに対して「公正に反対する」ことなどできないという態度であり、彼女の分析によればこれは〔ユダヤ人の〕国民的解放を脅かす悪しきひずみのひとつであった。彼女の口調に対する数々の攻撃に関しては、それらの攻撃は彼女が女性として公的場面に介入していることと関係があるとの仮説を立てることができる。レイモン・アロンは、サルトルの著述での口調を一度でも批判したことがあるだろうか。これは人間に対する攻撃というより以上に、[7]むしろ女性に対する攻撃であって、あたかもアーレントが女性に一般的に求められる行儀の良い態度を超えてしまったかのようなのだ。このような女性は耳を傾けられる代わりに、何よりもヒステリックで口うるさい女として扱われてしまうのである。

しかしながら、アーレントはある点については決して変わることはなかった。すなわち、ユダヤ人たちを抑圧された民族として考えたことがシオニズムの力だったのだ。サバタイ主義の不幸なエピソード――アーレントはショーレムを読むことでサバタイ主義を知った――を脇に置けば、シオニズムはユダヤ人問題を私的で社会的な位格から公共的で政治的な位格へと移行させる最初の試みであった。同化主義に対するシオニズムの優位は、それが「政治的語彙でユダヤ人たちの再統合を要求した」ということだ。シオニズムには「まったく革命的な〔……〕驚くべき新しさ」の要素も含まれていた。それはすなわち、行動したい、「ユダヤ人問題に関して何かをなしたい」との欲望である。一九四二年、アーレントはまだシオニズム組織をユダヤ民族の真に唯一の政治組織とみなし、[8]シオニズムを国民的解放運動とみなしていた。この限りで、ユダヤ民族の身分規定が抑圧された民族という規定であり、彼らの解放が緊急課題であるとして、その場合、彼らの行動はふたつの基準に応じて判断されなければならない。ひとつは、シオニズムの政治的理想は「自由と正義以外の名をもつことはありえない」ということ。他方では、シオニズムの「政治組織の形態が民主的なものでしかありえない」ということ。(9) いずれにせよ、まさにこれらの規範を尺度として、アーレントは、シオニズムの論理だけではなく、この運動の指導者たちの政策——とりわけアラブ問題に関する政策——を判断しているのである。

1節 ユダヤ民族、抑圧された民族、没世界主義からの出口としてのシオニズム

——他の諸民族のなかでひとつの民族でいること

アーレントは——すでにわれわれが見たように——、自治主義的あるいはシオニズム的なユダヤナショナリズムに批判的価値を認めていた。ユダヤ人を国民《ナシヨン》と考えることで、ユダヤナショナリズムは彼らに民族としての地位を取り戻させ、解放が、ユダヤ人問題を諸個人の統合という角度からのみ考えることで否定したものを再び出現させた。しかしながら、解放へのこうした批判の突出は、ヘルツルと同様ドゥブノフにおいても、民族を実体化する傾向、永続的に他の諸民族とは異なる非歴史的原理によってユダヤ人を統合しようとする傾向によって相殺される。アーレントの語彙によれば、政治的意味だけがユダヤ民族に、実体化の罠にはまらずに、ある地位を取り戻させることができたのである。

アーレントによれば、民族《プープル》という語はふたつの意味で理解される。まず民族は、住民、一定の領域に集められた人間集団であり、言語、文化などと同様に社会的かつ経済的関係によっても同定される。この語意は国籍という概念において想定されている。アーレントは明言しているが、「集団への帰属はただ

ちに自然的事実の所与である。あなたはつねにその生まれによってなにがしかの集団に属することになる」。しかし、アーレントによれば、民族をこの種の現実だけから定義することに満足するなら、「ドイツのイデオロギーと歴史的考察」[10]に特有の有機的な考え方に行き着くことになる。だからこそ、この最初の意味における民族への帰属から、別の型の帰属を区別しなければならないのだが、後者の帰属は、「つねに世界への関係の只中で組織され、［そして］完成される」ことを要請している。この帰属は利益を中核として、つまり「そのように組織された者たちに共通のもの」[11]を中核として構築される。こうした方向で、民族は国民の「現実の政治的身体」となるが、その概念は住民も社会もカバーすることはない。この意味で民族に帰属することは、政治権力に参与することを意味するのだ[12]。これはもはやひとつの所与ではない。民族は必然的に存在しているのではない。民族は、それを通過することで住民がその直接性を放棄し、自分自身から自分を分割し、言い換えるなら、まさに民族として自分を表象することになる、そのような構築の瞬間をつねに想定している。別の言葉を用いるなら、政治的意味で民族を構成することはつねに、数々の住民と社会の所与を超えて獲得されねばならないのだ。民族は人間たちが互いに言葉や行為によって対置する――ここでアーレントはそれを「みずからを組織する」と名づけている――ような現れの領野に先立って実在することはなく――それは脱同一《アイデンティフィケーション》化を、つまり各人がその場所から引き離されることを含意しているのだが、――それが生じうるのは、民族の舞台が社会関係や支配全般の関係の領域とは別物である場合だけである。民族が実存するに至ることは、政治的活動のなかで、政治的活動によってこの民族固有の制度と不可分なものとなる。そこから、民族の不確定な性質が、「社会的現存在」やそれに先在するであろう「社会学的現実」との不一致が生じる[13]。

近代性においては、権力はみずからの正当性を民族の同意からしか引き出せない。逆に、民族の同意にもとづかない権力は非合法的な権力である。このような状況の名が抑圧なのだ。ここで民族は「政府に参加しない者たち」、つまりは「政治権力を奪われた者たち」を指し示しており、排除は終止することを、合法性は獲得されることを要請している。生存するための闘いがこのようなものとしての民族を真に創設するのだ。だからこそ、近代の数々の革命とは民族それ自身の構成の契機なのである。「民族は数々の大革命のなかで真に代理表象されるために闘った」。各市民が政治的諸権力を、「見てもらい聞いてもらう権利[14]」を、公的事象に参画する権利を行使できるために闘ったのだ。民族はみずからの表象の外、その制度の外では無に等しいが、その際、表象や制度に帰着することも決してない。なぜなら、民族は制度それ自身の正当性の根拠でもあるからだ。

住民が民族として構成されたとき、住民は自分自身とこうして分割されるのだが、かかる分割は諸個人をも貫く。アーレントが一九四二年にすでに表明したように、「どんな政治も抽象化〔捨象〕から始まる。政治は公的な事柄に関わり、人間たちに自分の心配事や私的利害など意に介さないよう要請する」[15]。民族の成員として、各自は市民である。これはすなわち、各人が（たとえばある階級の成員として）様々な利害関心を有しているとしても、各人はまた「公的な事柄の処理についての意見」をもっていて、彼は他人たちの意見と対立させながら自分の意見を価値あらしめるようと執着するということだ。市民とは、自己自身と近親者だけを考慮するのではなく、自分の視点とは異なり、更にはそれと対立するような数々の視点、政治的係争の形で表象される数々の視点が現存しているような世界をも考慮する、そうした行動と思考の能力を展開できる者の謂である。政治の舞台が制定されることは、利害関心の領域、つまり人間たちの「あいだ」（entre）が制定されることなのだが、この「あいだ」は対立と衝突の領域である限り、人間たちにとって共通でありつつも彼らを統合することはない[16]。

このような考え方に抗して経験的な観察に訴え、言葉の平等は決して現実のものではなく、どんな会議のなかでも誰かが他の者よりも多く言葉を発し、不平等がつねに再生産されるではないかと言われるだろうか。たしかに、演説の快楽は平等に分かち合われているのではないし、一方が話しているあいだ他方は黙っているし、政治集団のなかではしばしば一部の人々が他より多くの責任を負う。しかし、アーレントと共に、ふたつ――少なくとも――の政治的な「有責性」があると考えることができる。一方は、民族ではなく群集《フール》に語りかける選良と自分をみなす扇動家の有責性。扇動家と群集を結びつける繋がりは、「一匹の犬とこの犬によってまとめられる羊の群れ」[17]との繋がりである。アリストテレスによれば、政治的生の様式は人間を政治的生き物として他と識別するものなのだが、それに対して、扇動家による衆愚政治は人類を畜群的状態へと追いやることになる。いまひとつの有責性は、「民族の一員」以上の者であることを欲せず、単純かつ情熱的な仕方で理性的言説を展開する諸個人――ブルーメンフェルトのような――の有責性[18]。民族の一員であることと普通市民であることとは、公的な事柄に参画する度合いが前者においてより激しいという点でのみ区別される。「有責」であるという個人の位格は、市民たち各々がみずから民族の運命に対して有責であるという事実を決して廃棄することはない。クレマンソーの定式にしたがうなら、「各自の問題は万人の問題なのである」[19]。「民族の一員」――*einer aus dem Volke*――、それは今世紀の初めに、文化的シオニズムの創始者であったアハド・ハ＝アームがみずからに与えた名である〔アハド・ハ＝アームがその名に他ならない〕。それゆえ、ユダヤ人の最近の政治的伝統のうちには、ギリシア市民のひとつの型があることになる。「民族の一員」、「ひとりのユダヤ女」、アーレントはつねに自分自身をこう呈示していなかっただろうか。

アーレントは、われわれが指摘したばかりのふたつの意味で「ユダヤ民族」と言う言葉を用いている。

彼女が、私はユダヤ民族の娘ですと明言するとき、ここにいう民族は所与としての民族である。もっとも、ユダヤ人たちに関しては、そのような発言は直接的に問題をはらむものとなる。なぜなら、この所与は最も明白ならざるもののひとつだからだ。総じて、ユダヤ民族のアイデンティティは散逸ゆえにつねに問題をはらんでいた。だからこそ、シナイで神の法の束縛を受け容れた民族としてのユダヤ民族という考えは、根本的アイデンティティの一要因であったのだ。民俗的《エトゥニック》ならざるアイデンティティとして——ユダヤ民族ほど民俗的に多様な民族はいない——、この根本的アイデンティティは、ある書物で述べられた《法》によって規制される生活を営む者たちを結びつけるのだ。何世紀ものあいだ、《法》はこの民族の政治空間としての価値をもってきた[20]。生き延びようとする情熱に鼓舞され、それ自身永遠なるものとみなされたこの民族の。「アム・イスラエル・ハイ」——ユダヤ民族よ永遠に[21]。ところが——われわれが見たように——、解放は多くの目印を掻き乱してしまった。ユダヤの諸個人はもはやみずからをユダヤ民族の成員ではなく、イスラエル信仰やモーセ信仰をもったフランス市民やドイツ市民であると考えるのだ。アーレントは書いている。みなが——シオニストでさえ——「ある日みずからのユダヤ民族への帰属に関してカフカが言ったことを口にすることができただろう。すなわち、〈私の民族、ただし私がその一員であると仮定すれば〉、と[22]」。この意味でアーレントは、たとえばヘルツルの時代のウィーンでは、「〈ユダヤ民族〉——イディッシュ語を話し、民族芸能を生み出すユダヤ民族であった意味で——は単に存在することもなかった[23]」と書くことができるのだが、それに対して、ショアーまでロシアの居住区やポーランド領ではユダヤ民族は生きていたのである。では、反ユダヤ主義がユダヤ人にその民族を思い出させる限り、ユダヤ民族は反ユダヤ主義が存続する限りでしか存在しないと言われるだろうか。たしかにアーレントは、ユダヤ女として身を守らなければならないという自分の確信は、ユダヤ女という名で攻撃された場合には妥当な反応である、とつねに明言していた。このように事態を描きながらも、彼女は、ユダヤ教の真理は反ユダヤ主義のうちにあるということを示したのではなく、この種の反応は結局のところ〔自分で自分をユダヤ人であると宣言するのだから〕図らずもヒトラーを利することになると考えていたユダヤ人たち——みずからの何人かの友人たち——に反対していた。彼らによると、あたかも反ユダヤ主義は現実のなかで何も指示することのない錯乱状態でしかないかのようなのだ。反ユダヤ主義の脅威を真剣に受け止めること、それはまさに解放や市民権にもかかわらずユダヤ民族が消失しなかったと自覚することだった。だから、同化ユダヤ人にあなたはある民族の成員として脅かされているのだと告げる言葉は、なによりも解放が不透明なものたらしめた当の超国民的現実〔民族〕への通路にまさにこのユダヤ人を導いた。アーレントによれば、ユダヤ民族のふたつの主要な枝——かつては西側への移民がそれらを接触させていた——のあいだの新たな連帯感の基礎を築くことは、シオニズムの数々の大いなる実現のひとつであった。シオニズムは「東側のユダヤ人と同時に西側のユダヤ人にも同じ語彙で自分たちの状況を見ることを教えた」(24)のだ。

しかし、シオニズムの強さ——あるいはまた、アーレントがそれを思い描く際の強さ——は何よりも、シオニズムはユダヤ民族を「抑圧された民族」として考えることにあった。この運動においてのみ、民族という言葉の政治的意味が参照されたのである。それゆえ、アーレントはシオニズムに全面的に同意することはなかったとはいえ、「ユダヤ人として私は具体的きわまりない仕方で何ができるのだろうか」と思案する段になると、シオニズムの只中でのみ行動を企てることができた。シオニズムは「準備が整った唯一の運動(25)」であった。ユダヤ人たちの社会的現実がどのようなものであったとしても、ユダヤ人たちを抑圧された民族として指し示すことは、非権力の構えと、政治的主体としてひとつの民族を創設する権力の形成への要請とを同時に示していた。ユダヤ民族を抑圧された民族として指し示すことはそれ自体で、パーリアとしての身分規定を超えようとする身振りである。なぜなら、そうした身振りはパーリアという状況では諦めるしかなかった要請を示しているからだ。このように、アーレントはピンスカーの「自己解放」のスローガンを、自己組織化への呼びかけとして、つまりユダヤ人のあいだでの発言と行動の制度への呼びかけとして解釈した。そこから、共同体の自分自身との隔たり、所与から政治的なものへの移行が生じることになる。この世界の只中で、ユダヤ人たちは、どう行動すれば適切なのかについてのそれぞれ意見をもち、各自が「自分たちの民族の運命に対して責任がある[26]」と感じる市民として互いに現れる機会をもつだろう。

「国民‐革命家[27]」(*national-revolutionär*) あるいは「根本的民主主義者[28]」についてのこのような考えを起点として、アーレントは自身の行動を、ヘルツルよりはむしろラザールの系譜に連なるシオニズム運動のうちに書き込もうと欲したのだろう。

実際、ヘルツルが多くの同時代人と分かち合っていたのは、「議会の長話」でしかない民主主義への深い不信であった。彼にとって、大衆は国会よりも悪しきものだった。というのも、大衆は「あらゆる信仰に開かれていた」からだ。国民‐国家の設立を請い求めながらも、ヘルツルは、国民についてのフランス的な考え方——民衆主権ならびに市民たちの政治参加の平等性の観念に結びついた考え方——を自身で改めて採り上げることはなかった。ヘルツルにとっては、「政治は上意下達でなされねばならず」、ユダヤ人の闘争は国家建設のための闘争ではあるが、その国家はユダヤ人全員の政治的参画を含意してはいない。平等への要求があるとしても、それは平等ではなく社会的出世への要求である。「ユダヤ人国家においては、誰も隷属させられてはならないだろう。なぜなら、各ユダヤ人は社会階層のなかで高い地位につくことができるだろうし、またそう望むであろうから[29]」。

ラザールはこうした類の展望に心底から反対し、それをシオニズム運動の生まれたばかりの実践の直接的帰結と見ていたがゆえに、行動委員会宛の辞表をヘルツルに送るに至った。ラザールが非難したところでは、行動委員会はあたかも「動物の群れを行進させる」かのように民族を「権威的に」導いたのだが、それは結局、まず「政府」を設立するために民族を創造すること自体を阻害することになったのだ(30)。ラザールにとっては、民族の構築――それに先立つ政府の設置ではなく――が政治の最優先課題でなければならない。「われらが大衆をユダヤ民族に変え」なければならない、すなわち、〔ポーランドの〕ガリシアで、ロシアで、至る所「行動集団(31)」を構築する必要がある、とラザールは言っていた。アーレントと同様、ラザールも民族について政治的な考え方をしていたのだが、その定式は、各自が政治的活動に対して有する平等な権利の承認に他ならない。諸制度、つまり民族《プープル》の形式的組織化はこの権利に応じて設置されねばならない。

「国民的《ナシオナル》」という言葉はここでは逆に政治に先立つ現実を示している。これはひとつの所与なのだが、それは政治的なものへの移行において撤廃されるのではなく、再び採用されることになる。政治的なもののうちでのこの所与の現存は、人類が唯一の民族ではなく、複数の民族によって形成されていて、各々の共同体は風習や慣習や固有の記憶によって特徴づけられていることに由来する。ラザールにとって、普遍的人類の概念を実現しようと望むことは、人間を画一化する、「人間という類を軍事支配する(32)」ことにしか行き着かないのである。様々な集団があるということは、歴史上のある瞬間に、人間が誕生し自分たちを「われわれ」として考えたということを意味しているのだが、この瞬間は闇に包まれており、謎であって、数々の建国伝説によって説明される。人類を複数の集団に分割することは行為の条件である。誰も人間一般として行為する者はおらず、つねに一定の集団の成員として行為する(33)。しかし、国籍に即して名づけられた人間集団が民族へと構成されるとき、その理想が依然として自由である限り、この民族はそれ固有の所与の優位性を確証するのではなく、この所与を「諸国民の家族」としての人類のなかに導き入れることで、それを鋳直すのである。政治的意味である民族を構成することは、それに固有の実存を要求することであると同時に、他の民族との繋がりを表象することでもあって、この繋がりは従属や抑圧の繋がりではありえず、ただ平等の繋がりなのである。国民的なものが民族を規定し、それに名を与えて他の民族から区別するとして、そのようなものとしての民族の構成は、国民的なものを国際的な空間に導き入れ、当の民族を今度は諸民族のなかの《ひとつ》に仕立て上げるだろう。それゆえ、こうした民族にとっては己が同盟国を探すことが重要となるのだが、自身の自由を求めて自分たちも戦っている民族のなかにしか同盟国は見つからないだろう。これはまたしてもラザールの態度であり、彼は「程度の差はあれ反ユダヤ主義的な擁護者を探そうとせず、真の戦友を、同時代のヨーロッパで抑圧されたすべての集団のなかに見出そうと望んだのだ」[34]。そのような立場を述べるために、アーレントは、数え切れないほど解釈されてきたラビ・ヒレルの有名な言葉をみずから解釈する。

ユダヤ人として、われわれはユダヤ民族の自由のために闘うことを欲する。その理由は「私が自分のことを心配しないなら、誰が私を心配してくれるというのか」というものだ。また、ヨーロッパ人として、われわれはヨーロッパ中の自由のために闘うことを欲する。その理由は、「私が自分のことだけを心配するなら、私とはいったい誰なのだ」(ヒレル)ということになるからだ[35]。

こうした方向で、アーレントは彼女なりに、ユダヤ人は他の民族と同様の民族になるべきだというシオニズムの例の要求を再び採り上げる。彼女は何度も、自由とは「正常性の健全な大法則」[36]が新たに課せられるべきであるということだと書いている。他の民族と同様になるというこの考えにはいくつもの意味を与えうる。最も一般的に——不幸にも——受け容れられた意味とは、ユダヤ人が何千年にもわたる無力と手を切り、政治的権利と国家に接近できるなら、彼らは迷うことなく、他の諸民族が用いる暴力的手段を行使すべきであるという点に存している。それに反対して、「ディアスポラのユダヤ人たち」は、政治的なものに接近するために支払う対価はあまりに高くつくと答え、伝統に執着するユダヤ人たちは、選民観念ならびにメシア到来への希望を放棄することはユダヤ教それ自体の消滅を意味すると答える。

アーレントにとって、上記の定式は実際、政治的に言って、ユダヤ人は選民観念を捨てねばならないということを前提としている。それならばアーレントは、あたかも彼女が選民なる想念の伝統的意味にまったく通じていないかのように、「選びとメシア的希望への二重の信仰は、ユダヤ人たちを人類の運命には結びつけないという結果をもったかもしれない[37]」と考えているのだろうか。そうではなく実際は反対なのだ。聖書的選びは他の人類からのユダヤ人の孤立をいかなる場合にも意味していないということを、アーレントは実によく知っていた。

選びへの信仰がメシア的希望と連動している限りで、ユダヤ人は依然として——少なくとも観念的には——人類の運命と繋がっている。ゲットーの壁、《法》の障害、望まれた分離、迫害——これらのうちのいずれも、過去および現在の敬虔なユダヤ人たちが、信仰薄きその仲間たちと共に、観念的にユダヤならざる諸民族と結びつくことを妨げるわけではない[38]。

メシアの観念のうちには、単にユダヤ民族の救済があるだけでなく、人類全体の救済もまた存在する。時間の終末には、ユダヤ民族と他の大地の諸民族との分離も終止するだろう。アーレントが非難するのは、そのようなものとしての選民観念ではない。選民観念から一切の宗教的内容が抜き取られ、つまりはそれがメシア的希望と切り離されたときにも、ユダヤ教を捨てたユダヤ人が選民観念にこだわり続ける場合に当の選民観念が化すところのもの、それを彼女は非難しているのだ。そのとき、選民観念は単なる盲目的愛国主義、人間たちの一般的諸性質を特定の一民族に割り当てること、一民族の成員たちによる当の民族の偶像崇拝へと堕落していく。盲目的愛国主義はユダヤ的概念の似非世俗化から、つまり「宗教的で超越的な宗教カテゴリーの世俗的で内在的な目的と規範への怪しげな変化[39]」から生じる。それはいくつもの形をとりうる。共通意識のなかでは、ユダヤ人は他よりも優秀でより知的であるとか、ユダヤ人たちは世界に著しい数の天才をもたらしたといった考えが抱かれるだろう。一方、盲目的愛国主義が個人的にユダヤ人を侵すとき、それは、「神を信じるには啓蒙されすぎているが、自分身を信じるほどには迷信深い[40]」例外的ユダヤ人を生み出すことになる。最後には人種差別の色合いを帯びることになるこれらふたつの盲目的愛国主義の綜合は、ベンジャミン・ディズレーリによって表されている。アーレントは『反ユダヤ主義について』の一章を割いて彼を論じている。その数年後、彼女は、同じ盲目的愛国主義の偏向が「このイスラエルの政治的指導者」――それはゴルダ・メイアに他ならない――において現れているのを確認した。アイヒマン裁判を傍聴したときにアーレントはメイアと会談したのだが、そのときメイアはアーレントにこう明言した。「私に関しては、社会主義者として、当然のことながら神を信じていません。私が信じるのはユダヤ民族です」。アーレントは次のように註釈している。

私はこうした宣言を非常に問題のあるものと思いました。そう感じたので即座の応答は慎みました。しかし、私はこう答えることができたかもしれない。この民族の偉大さは、この民族が神を信じたその日、それも、神への信頼と愛が神へのおそれよりも強い形で神を信じたその日に到来したのです、と。ところが現在では、この民族はもはや自分たち自身しか信じていないのでしょうか。そこから何か善いことが出てきうるのでしょうか。ああ、この意味で私は「ユダヤ人が好きでない」ですし、彼らを信じていないのです。言うまでもないことですが、どんな論争も議論も超えて私は彼らの民族にただ属しているだけなのです。(41)

選びの概念から盲目的愛国主義への偏向に関するアーレントの判断は、解放時にユダヤ人たちに呈示された、宗教と政治との関係のより一般的な問題の枠組みへと置き直されねばならない。一般的に言って、政治的領野とそれ固有の諸問題の再発見は近代世界にあっては、宗教的伝統の権威の喪失という条件が満たされる場合にのみなされるのだが(42)、たとえそうだとしても、近代におけるユダヤ人の歴史はまた、伝統的権威の喪失はそれだけではかかる再発見の保証ではないこと、あるいはまた、宗教的領野に対する政治的領野の自立はそれ自体では、人々がみずからの政治的使命に向き合うのを可能にするには十分ではないことを示してもいる。そればかりか――ユダヤ人の場合――、ユダヤ人の伝統的枠組みの完全な放棄は、世界のなかでの自分たちの位置を的確に摑み、世界での数々の出来事を解釈することを彼らに可能ならしめるような目印を彼らから奪ってしまった。

神的創始と歴史の究極的完成への信仰を失って、ユダヤ人は生まの事実の砂漠を横切るための指針も失ってしまった。というのも、出来事を解釈する一切の手段を奪われたとき、現実のいかなる意味もそのひとには残されないからだ。

『ユダヤ神秘主義の偉大な諸潮流』というショーレムの書物の最後の章に依拠しながら、アーレントは、自分固有の宗教的枠組みへのユダヤ人の信頼は、「ユダヤ人の最新の大いなる政治活動の挫折」とそれに続く絶望が原因で、解放の時期の直前に崩壊してしまったとの公準を立てている。その直接的な結果は、「ユダヤ人たちの宗教が、もはや彼らに同時代の出来事を見極めてそれに反応するための適切な方途を与えないということだった」(43)。ユダヤ人の政治的なものへの接近という問いはそれゆえ、ユダヤ的伝統の方に没世界主義の全体を、解放の方に没世界主義からの出口を位置づけるような語彙ではいかにしても提起されることはない。とはいえこのことは、アーレントがユダヤ的伝統への回帰——特にそのメシア的側面について——を現代的なものと考えているという意味ではない。伝統の崩壊はここでは現在の政治的使命を認識するのに伝統の枠組みが不十分であることを示しているのだが、かかる崩壊は不可逆である。安息日が瓦解したあとでは、世俗化した、つまり神学の次元から分離されたユダヤ人の政治だけが想定可能なものとなる。

あるユダヤ人が敬虔であろうとなかろうと、このユダヤ人が《法》を遵守していようが《法》の外で生きていようが、今後彼は世俗の出来事を世俗の基盤にもとづいて判断し、世俗の言葉で世俗的決定をなさねばならなくなった(44)。

この限りでは、「シオニズムに対して、それは〈ユダヤ人の盲目的愛国主義〉であろうとの非難よりも無根拠な非難はない」[45]。「他の諸民族と同様」であることに与えられるべき意味は、内容に関わるものではない。これは相手が何であれその何かに類似することでもなければ、自分に固有の歴史――そこには世界のなかで正義を推奨する宗教的伝統が存している――を放棄することでもない。そうではなく、ユダヤ人の例外的な政治的身分を終わらせることが問題である。「他の諸民族と同様」は、「他の諸民族のあいだに」を、つまり他の大地の諸民族と権利と義務において平等であることを意味していたのだ。ユダヤ民族が他の諸民族と同様になっていく必要性を前面に押し出しながら、シオニズムは、それが双数的問題系を複数的問題系に置き換えようと試みるに応じて、パーリアの条件たる没世界主義を超え出るための最も有意義な努力を表している。このような置き換えは依然としてイスラエル国家という概念そのものの中核に留まっていて、この国家は「その定義からして、ユダヤ人を他の諸民族のなかの一民族、他の諸国民のなかの一国民、他の諸国家のなかの一国家ならしめたのだが、今や、ユダヤ教徒とキリスト教徒の世俗的二分法――不幸なことに宗教に根づいた二分法――を排除する複数性に依存している」[46]のだ。

2節　ユダヤ軍、諸民族のあいだでの可視性と平等の獲得パレスチナ中心主義の拒絶

リアルポリティックスの側からの非難は――すでに見たように――行為と政治的原理のあいだの必然的な繋がりを引き合いに出す。しかしながら、リアルポリティックスの名に値する政治的行動によって引き合いに出される諸原理はそれ自体として肯定されるのではなく、「実践的な要請」やスローガンを介して作動させられる。つねに特殊なもの、つまり「状況に応じて」表明されるものとして、これらの要請は、

こうした状況に内在する諸可能性についての解釈をひとつの民族に呈示する。ユダヤ人が「ヨーロッパの一民族を絶滅する試み」に直面したとき、それでもなお、アメリカへ向かった「ヨーロッパの亡命者集団(47)」——アーレントもその一員であった——が擁護することのできた自由と正義の普遍的な原理を行使できる実践的要請とは、ユダヤ人がそれ固有の旗の下で他の被抑圧民族の側に立って軍隊として構成されることへの呼びかけであった。

このような考えは、一時期シオニストたちによって擁護されたけれども、ユダヤ人をイギリス軍に組み入れようとの構想のために、ヴァイツマンによって放棄された。実際、ユダヤ人の一団は一九四四年にイギリス軍のなかに配置された。修正主義者だけが——そしてアーレントも——ユダヤ軍という考えをもち続けた。修正主義者とアーレントとのこうした奇妙な近さにもかかわらず、アーレントがユダヤ軍を正当化する議論は修正主義者の議論とは何の関係もない。アーレントは決して、戦争ならびに暴力それ自体の行使の教育的性格を顕揚しはしなかった。戦争の暴力を引き受けねばならないのは、敵が暴力を行使するときには、みずから武器を取らねばならず、原理的な非暴力は結局悪をこの地上に広めることに帰着するからだ。アーレントにとって、戦争に参加することで賭けられているのは政治的なものであって、まったくもって軍事的なものではない。それはユダヤ人たちが他の諸民族と同様の一民族になることなのだ。世界中の民族が世界大戦に参入する場合、ユダヤ人たちは「イギリスの可視的な同盟者(48)」として戦うべきであって、あたかも自分たちの大義がイギリスの大義であるかのように、個人としてイギリス軍に組み込まれてはならない。可視性という観念はアーレントの一般的な考え方のうちに書き込まれていて、それによれば、民族をそれ自体として構成すること、つまり没世界主義から脱出することは、この民族が今後は他の民族と保つことのできる関係と結びついている。自由な民族とは、みずからに固有の大義によって参入し、かつ他の諸民族と同盟を結ぶ民族のことなのだ。国民的解放のいかなる展望も同盟の問題を免れることはない。ここで、「われわれが欲しているのは正義であって同情＝共苦ではない」との要請が意味を得る。つまり、正義は平等な者として認められることに存しており、いかなる人間も、いかなる民族も人類から、つまり政治的責任から排斥されたままであってはならないということだ。そうしていたなら、ユダヤ人たちはパーリアとしての身分規定を超え出て、民族として構成されることができたであろうし――当時の状況のなかではこのことはヒトラーに対抗する戦いを余儀なくされただろう――、彼らはナチスへの抗戦において他の諸民族との平等を獲得することになったであろうし、そうした者として戦後の交渉およびヨーロッパの政治的再組織化に参加しただろう。解放運動の形式、解放のときに人々のあいだで確立される関係は未来の自由を予描しているのだ。

アーレントがユダヤ軍を実現しようとして議論を展開したこれらのテクストはすべて、いったい誰を受取人としていたのか、と問うことができる。受取人はユダヤ人陣営では、ポーランドのゲットーに捕らえられたり、絶滅の歯車装置に絡め取られたりしたユダヤ人ではありえず、それらをなおも免れて、アメリカやパレスチナに亡命しまだ活動が可能であったユダヤ人に限られるだろう。しかし、アーレントはまた、ユダヤ人との同盟は「ヒトラー的プロパガンダに利することになる」(49)との口実で、ユダヤ人のことを全面的な同盟者、すなわち自分と平等な者とはみなさない友人たちにも語りかけている。アーレントは《連合国》の人々に、反ユダヤ主義はユダヤ人に対する恐るべき武器であるだけではないこと、それはまた「ヨーロッパ世界を解体する誘因となる」ものでもあるということを納得させたがっていた。ナチズム初期の時代、ヨーロッパの諸国民は、ドイツのユダヤ人の運命に依然として無関心のままで、反ユダヤ主義が自分たちをも脅かすものであることを理解していなかった。もっとも、これはヨーロッパの諸民族がユダヤ人のように絶滅を運命づけられていたという意味での脅威ではなく、反ユダヤ主義がヨーロッパ征服を狙うシステムの中心にあった限りでの脅威だったのだが。ユダヤ人は「諸民族にとってのパーリア」[50]であるという事実を認めることなく、アーレントはヨーロッパ諸国民の協同へとユダヤ人を再統合する道を探る。そのために彼女は、ユダヤ人の運命をヨーロッパの他の諸民族の運命から絶対的に分かつものではなく、両者にありうべき共通の運命を強調しなければならなかった。彼女は何か本質的な事柄を予感していたのではないだろうか。なぜなら、連合国が彼らの戦争の目的のなかにユダヤ人の救出を数え入れていなかったことは今日では明白だが、たとえそうだとしても、ユダヤ人を同盟者とみなすよう連合国側に説得できたとすれば、連合国はユダヤ人を救うためにもっと尽力しただろうと考えた点ではアーレントに理があったのではないだろうか。これこそ、戦争の終わりに彼女が確証したことである。が、その頃はユダヤ軍というスローガンはがもはや緊急の課題ではなくなっていた。もし上記の説得が功を奏していたなら、一方では、ユダヤ人非正規兵《パルチザン》はあれほど惨たらしい仕方ではみずからの血を流すことはなかっただろう。というのも、彼らは連合国に、戦中他の諸国にも与えられた最小限の援助を要求することができたであろうから。他方では、ユダヤ民族が軍隊を介して可視性を獲得していたとすれば、そうした可視性は「何年ものあいだユダヤ人絶滅に伴っていた沈黙の共謀を阻止することになっていただろう」[51]。一九六四年、学生との討論に際して彼女はこの点を再び肯定している。

そのとき［……］私はこう考えましたし、今でも同じように考える傾向があります。つまり、当時のような情勢にあっては、ユダヤ人の地位の「正常化」、言い換えるなら、実際に宣戦布告すること、パレスチナのユダヤ人たちと世界中の無国籍のユダヤ人たちによって構成されたユダヤ軍の創設、ユダヤ民族の正規戦闘員としての承認以上に助けとなったものは他になかっただろう、と（正規戦闘員としての地位につきえたユダヤ人が救われたということはよく知られています――もちろん、民間の収容所に入れられていたアメリカのユダヤ人やイギリスのユダヤ人も、敗北したフランス軍隊と同盟関係で結ばれていたあらゆる軍隊のなかのユダヤ人戦争捕虜も救われました――唯一の例外は赤軍でした）。それは空疎な夢だったのでしょうか。パレスチナのユダヤ人機関やイギリスあるいはアメリカのユダヤ人機関で記録資料を調査しない限り――これらの資料はどれも一般に公開されていません――、誰もそうは言えないでしょう。(52)

ただ、ユダヤ軍の創設を要求するアーレントの議論は修正主義者の議論と何ら関係がないのだが、それはまた公認シオニストの議論からも同じように著しく遠く離れていたのであって、ブルーメンフェルト自身、当時何年かにわたって彼なりにかかる議論を展開していた。ブルーメンフェルトにとっては、ユダヤ軍が意味をもつ場合があるとしても、それは、イシューヴ〔パレスチナユダヤ人居住社会〕の成果を守るために、世界中のユダヤ人がパレスチナのユダヤ軍に合流できる場合だけだった。(53)この立場はベン・グリオンのものでもあった。ベン・グリオンにとっては、そのような参入の目的はヨーロッパでのヒトラー抗戦であるよりはむしろイシューヴを強化することだった。その意味で、イギリス軍のなかのユダヤ人部隊は将来の国防軍の萌芽である。〔アーレントと彼らとの〕意見対立の争点は、パレスチナにおけるユダヤ人の現存の正当性ではなく、ユダヤ人世界全体に対してのパレスチナの位置をどう評価するかにあった。シオニストたちにとっては、パレスチナはユダヤ教の中心でなければならない。理由はふたつある。第一は、ユダヤ人は国を構築することで、自信を、つまり同化主義と反ユダヤ主義が押さえつけていた誇りを取り戻すことになるだろうということ。第二は、ハイム・ヴァイツマンが一九三〇年に明言したように、「パレスチナの創設は反ユダヤ主義に対するわれわれの回答である」[54]ということ。

パレスチナ中心主義を問い直すかどうかが、アーレントとシオニズム・イデオロギーとの主な意見対立のうちのひとつである。その結果、シオニストにとっては、パレスチナ中心主義の拒絶は、シオニズムそれ自体の拒絶、つまり反シオニズムに等しくなった。たとえばショーレムはシオニズムを、「パレスチナでの出来事はそれがいかなるものであれ、われわれの世代のユダヤ人の歴史全体のなかで最重要の出来事であるとの考え[55]」によって定義している。ところで、反ユダヤ主義の時代以降、パレスチナにおけるユダヤ人の権利を、彼らの労働、彼らがそこで実現した国の顕著な価値づけを起点として正当化せんとするシオニストたちの論議を改めて採り上げたとき[56]、アーレントはすでにパレスチナ中心主義を批判していた。パレスチナの構築という事実がユダヤ人の政治に必要不可欠な要因であるなら、この構築はユダヤ民族全体に関わる展望のうちに含まれているはずだ。それがなければ、シオニズムは「ディアスポラのユダヤ性にとって最重要の問い」への興味を失いかねないだろう。一九三七年には、ナチズムの勝利とそれが世界にもたらす脅威以外のいかなる問題もなかった。この限りで、パレスチナにだけ顔を向けたユダヤ人政治は不適切であった。シオニズムは「世界規模でのユダヤ人政治」を放棄してしまったのだ。パレスチナ中心主義は、「自立したユダヤ人政治の可能性という危険な幻想」にもとづき、この幻想は、自己‐解放というスローガンの誤った解釈から生じている。つまり自己‐解放とは、アーレントがまだ全体主義という名を与えていなかったものの潜在的台頭が世界全体を脅かしているまさにそのときに、ユダヤ人が自己‐中心化した集団として構成され、世界ともはや関係をもたないことだというのだ[57]。アーレントは、ユダヤ軍に関してこの論議を採り上げ直した。ユダヤ民族がヨーロッパの一民族であり、迫害がヨーロッパの地で起こった限り、パレスチナの防衛は、「ユダヤ民族の自由のための闘い[58]」という一般的枠組みに置き直されねばならない。

パレスチナ中心主義として、シオニズムは二重の孤立のなかで構築される。パレスチナ以外の一切の地でユダヤ人が生きることの可能性そのものについての悲観主義がパレスチナ中心主義に伴う限り、まずはユダヤ民族全体に対する孤立である。ガルート〔追放〕は避けがたい衰退を運命づけられていると考えられているのだ。パレスチナ構築の利害とユダヤ民族全体の利害との、シオニストたちによって宣言された同一性は、ディアスポラに対して深刻な距離をとることにつながる。いずれにせよ衰退を余儀なくされた生〔ディアスポラ〕の運命は、それにいつまでもこだわるに値する代物ではないというのだ。これに対してアーレントは、シオニズムの意識は、ヨーロッパのユダヤ人の身にふりかかる現実に立ち向かうための指導的図式が不十分であったがゆえに、深刻な危機に直面しなければならなかったということを顕わにした。「ヨーロッパの恐るべき大破局に直面して、ガルートのユダヤ人たちの必然的な衰退という昔からの見解を維持し続けねばならないと考えたシオニストはほとんどいなかった」。そうした犠牲を払ってまでパレスチナを構築したいとは思えなかったのである。現実に立ち向かうためには、展望を逆転しなければならなかっただろう。つまり、シオニストたちはユダヤ人の生の全体性をパレスチナとの関連で思い描くのではなく、「ユダヤ民族全体の政治的前衛として自分を構成する」(59)、すなわち、自分たちに応じてユダヤ民族を考えるのではなく、ユダヤ民族に応じて自分たち自身を考察すべきであったのだ。第二の孤立は世界からの孤立である。シオニズムの力が反ユダヤ主義を深刻に受け止める数少ない運動のひとつであったことなら、パレスチナの構築が〔反ユダヤ主義への〕応答であるとする議論は、特にナチズムに直面する場合には維持されないだろう。パレスチナの構築はユダヤ人にとって自己自身の回復であるということ、それはユダヤ人に、何千年にわたる抑圧に抗して自信と誇りを再び与えてくれるということ、それはそれでいいだろう。しかし、それでは十分ではない。自信を深めることによってではなく、「武器を手にすることで」敵と戦うのであって——そこからユダヤ軍が要請されることになる。[60] 更に、こうした考えは近代の反ユダヤ主義の誤った分析から生じたもので、この分析によれば、反ユダヤ主義はナショナリズムの当然の帰結であることになる。つまり、ユダヤ人たちが憎悪されるのは彼らが国家＝国民を創らないからであり、ユダヤ人たちが国家＝国民になるなら、反ユダヤ主義はその根拠を失うだろうというのだ。しかるに、人種差別的反ユダヤ主義についてのアーレントの主張によると、この反ユダヤ主義は逆に国家の枠組みを突き抜けてしまい、その結果として、ユダヤ人が存在するところでは、彼らが国家＝国民を形成していようがいまいが、彼らは脅かされる。一九四二年、ロンメルがパレスチナの戸口に立ったときには、さすがにイシューヴのユダヤ人も他のユダヤ人と同じく自分たちは安全な場所にいないと危惧した。[61] ショーレムはテクストのこの部分に特に挑発的な態度を示し、そこでの議論を歪曲している。「パレスチナの戸口にロンメルが現れたことはパレスチナの構築に関するシオニストたちの命題がいかにばかげたものであったかを示していた、と書いてしまったのだから、あなたは大いに、それも当然にも恨みを買うだろう」、とショーレムは記している。しかし、アーレントにとっては、パレスチナの構築それ自体ではなく、それが反ユダヤ主義に対する応答であるとの考えが問題であったのだ。[62] ロンメル軍の到来はパレスチナ・ユダヤ人絶滅の脅威の未曾有の本性を表していたのだが、この未曾有の本性は、ユダヤ人に国民意識を抱かせるのだから反ユダヤ主義にも善い側面があるとの考えを支持しがたいものならしめた。反ユダヤ主義は今や間歇的に大衆のあいだで生じる憎悪ではない。それは、もはや限定された土地の語彙ではなく「大陸規模で」推論する「政府の計画的な行動」なのだ。反ユダヤ主義の中心には、「どこでユダヤ人が生きていようとユダヤ民族全体[63]」に対する敵意がある。われわれは組織されたジェノサイドの時代にいる。そのような計画からは何ら肯定的なものは出てこない。

これらすべてのテクストのなかでアーレントが提起した問い――つまり、パレスチナの構築は全体主義的の形式の下でユダヤ人を絶滅させようとする反ユダヤ主義に対する応答であるのかとの問い――は、今日トム・セゲフが挙げる問いと非常に近い。彼の書物からは、地上のあらゆるユダヤ人と同様に、パレスチナのユダヤ人も大破局を前にしてまったく無力だったということが判明する。つまり、シオニズムはそれがあるだけ多くユダヤ人を救うことができなかっただけでなく、まだ間に合うときに、ユダヤ人の大部分にヨーロッパを離れるよう説得することにも失敗した。歴史的な隔たりがそれに加えてセゲフにもたらしたのは深い悔恨、罪障性という事実であり、この罪障性は、アイヒマン裁判に至るまで、戦後の数年間、ジェノサイドについての重い沈黙を生み出すほどに、イスラエルの意識を蝕むことになる。[64]

3節 「抑圧された小民族の政治[65]」に対する障壁。ユダ・L・マグネスとの出会い

アーレントがシオニズムに対して述べた批判の大部分は、国民的解放の闘いのなかに参入した被抑圧的集団ないし民族によって担われている数々の政治的曖昧さについてのより一般的な分析の枠組みのうちに置き直されるべきである。政治的なものへの接近は、決して消えることなき障壁と絶えず対決する形で生起する。政治的なものはそれと対立するものによってつねに働きかけられる。だからこそアーレントは、絶えず現実のなかで作動している反政治的な諸力を見定めることを、つねに課題として挙げていたのだ。しかし、彼女にとっては、これらの力によって支配された状況においてつねに政治的なものを指し示して

いる徴しを見張ることもまた重要なのである。ユダヤ人政治へのアーレントの参画は彼女にとってはかけがえのない学校だった。ユダヤ民族にとって賭けられているのは、この民族の内部で新たな政治空間を創設することだった。ユダヤ民族は「被抑圧的小民族」であったという事実と結びつけられたふたつの主要な障害がこの創設の運動を妨害することになった。一方の障害は民族の内部に民主主義が欠損していること、他方の障害は、他の抑圧された諸民族ではなく強国と同盟を結ぶ傾向である。

解放のための闘いは大抵「各人の信念に満ちた献身」に依存している。時に大きな危険が伴う情勢においては、融合への要請が、国民的解放という至上の目的に全面的に向かう闘争集団の各成員に発せられる。だからこそ、アーレントによれば、「被抑圧的小民族の政治」はしばしば「民主主義への軽蔑と独裁的な数々の組織形態の配置[66]」によって特徴づけられる。内部のどんな対立も、集団自体にとって死の脅威として直接的に体験される。民主主義のそのような欠損はシオニズムに固有のものではなく、かかる欠損は、インドの国民運動であれアラブの国民運動であれ、「国家解放のほとんどすべての運動」を特徴づけている[67]。アーレント自身、青年ユダヤ集団（*Jungjüdische Gruppe*）――「シオニズム・イデオロギー批判」――での彼女の発表のひとつに立ち会ったブルーメンフェルトと共にそれを体験したことがあるのだが、彼女はそこで特にパレスチナ中心主義を非難していた。暴力的な反応に駆られたブルーメンフェルトはこの集団を、パレスチナの解体を求めていると言って非難した。ブルーメンフェルトが断言したところでは、そのような立場は議論の余地のあるものではなく、それに抗しては「終生の闘争しか」なかった。それにアーレントはこう答えた。

生死を賭けた闘争は、ユダヤ民族を崩壊させようと望む者に抗してのみありうる。ユダヤ人愛国者のあい

だには、政治的に調整されるべき数々の相違しかありえない。(68)

別言すれば、アーレントはブルーメンフェルトに、死の脅威が実際どこから来ているのかを思い出させたのである。彼女は、本質的に政治的な闘争と、死に至る戦いとを切り離そうと努めているのだが、その際、ギリシア人たちの流れを汲んで、闘争が政治的なものとなる瞬間から、その領域はもはや暴力ではなく発語となると考えていた。意見の対立は相違する意見を排除することではなく、交渉によって、妥協を追求することによって調整されるのだが、妥協はつねに不安定で、つねに交渉し直されるべきものであって、かかる妥協が、政治的場面で絶えず対決し合う運命にある意見の相違を解消するに至ることは決してない。〔意見の相違を解消しようとする〕このような反民主的傾向は、ユダヤ人国家という問いに充てられたシオニズム会議に際して強調されるばかりだった。(69)この会議のなかでは、「分割も縮小もない」パレスチナへの要求について満場一致の採決が求められた。この規律は、ハホメル・ハツァイールやアリアー・ハダッサー(70)のような分派代表団によって受け容れられたが、彼らはこうして反対派として活動停止することに同意した。ところが、アーレントによれば、満場一致を要求することは、「自由で民主的な議論を抑圧する」こと以外の何ものでもなく、「民族の内部で様々な政治的意見が正常に組み立てられること」の不可能性でしかない。政治的合意は相違する意見の対立の結果であり、つねにその対象が限定されていなければならないのに対して、満場一致は「熱狂とヒステリーの表現」である。だから、差異——これは存在し続ける——はもはや議論されなくなり、反対する者たちは最後には物理的に排除される。(71)こうした傾向は、一九四八年五月一五日のイスラエル国家建国の宣言以来増大するばかりであった。

アーレントのこのような判断は、シオニズムの歴史を少しでも知っている者にとって驚くべきものではないだろうか。最初からこの運動は時にきわめて荒々しく対立することになる複数の傾向に分裂していたのだから。それに、ここで問題なのは、シオニズムの運動それ自体ではなく、ユダヤ民族の内部でのシオニズムの位置であり、ひいては、シオニズムそのものの内部にシオニズムが引き起こした数々の帰結であり、これ以後民族のなかで支配的になっていくシオニズムの位置である。これほどまでに、シオニズムはつねに論争を引き起こしやすい位置にあったのだ。異議提起の主たる要素は、革命運動に従事しているユダヤ人の知識人と労働者たちに由来するもので、革命運動の歴史的頽廃は、ヨーロッパにおけるユダヤ人の大惨事とパレスチナで獲得した数々の成功に対応していた。こうした頽廃の帰結は、「ユダヤ人大衆のなかで生きていたインターナショナリズム」一切の消滅であったが、この消滅は国際的連帯に関する苦い絶望と一体化しており、このことがナショナリズムに自由な活動の余地を与えたのだ(72)。それ以後、シオニズムはユダヤ人の世論のなかで満場一致を得ることになるのだが、アーレントの判断によれば、シオニズムと競合する数々の運動が特に国家に関する問いについて張った論陣が放棄される限りで、こうした現象は危惧すべきものだった。少数派が自己検閲し、今やシオニズムそれ自体と同一視されるに至ったユダヤ人機関がユダヤ人政治を全面的に決定するようになった、そのどうしようもない帰結として、イスラエル国家を国民‐国家として創設するかどうかを決める際に、シオニズムに対する「公式の反対派」が形成されることは不可能になってしまった。ここでまたリアルポリティックスの勝利が見てとれる。シオニストたちはシオニストならざる者たちに、自分たちは議論によってではなく「現実それ自体」によって反駁されたのだということをうまく納得させた。それ以後、事実に反対することは不可能になり、現実はつねに、権力の座にある者たちによって実現されるものとなったのだ(73)。

『シオニズム再考』の公刊後、アーレントはヤスパースに宛てて、自分はユダヤ人政治を離れた、というのも「シオニズムの数々の組織と運動の公的世界の只中では、少なくとも当面はもはや有益なことは何もできない[74]」と考えているからだ、と書き送った。しかしながら二年後、一九四八年に彼女が公刊した論文――「ユダヤ人の家郷を救うための時間はまだある」(*To save the jewish homeland, there is still time*)――を読んで、ユダ・L・マグネスが彼女に連絡をとって賞賛の気持ちを表したとき、アーレントは、マグネスやイフードの行動のなかに[75]、シオニズム運動の一般的針路に対する対立軸再構成の可能性を垣間見たかのように、ユダヤ人政治に復帰した。そのときアーレントとマグネスのあいだで、頻繁な往復書簡が交わされ始めたのだが、そのやりとりのなかで、彼らは自分たちの論文の内容やもたらすべき公的な返答について互いに助言し合った。彼らは一緒にイフードを支援するニューヨークのグループを設立しようとの計画を立てたが、アーレントはこのグループを「パレスチナ連邦の友[76]」(Les amis d'une confédération palestinienne)と名づけようと提案した。このグループの使命は、パレスチナ問題に関するJ・L・マグネスの様々な提案を改めて採り上げたテクスト群を公刊することにあったから、それを通じてシオニズムの反対派という立場を表明することができ、ユダヤ人世論――そのなかでは急速に満場一致が進行していた――の目にもこの反対派は公的地位を獲得していった。結局はベン・グリオンを最小悪として支持することになる大半の旧反対派に抗して、アーレントは逆に、イフードが「公式の反対派の限界内で確固たる反対派[77]」を代表するのは本質的であると評価していた。これが彼女の最後の戦いであった。マグネスの死後、アーレントは一九四八年の一一月にユダ・L・マグネス基金の創設に参加したが、この基金は最初の刊行物としてアーレントのテクスト「ユダヤ‐アラブ人相互理解の本質的要素」(*The essentials of jewish-arab understanding*)を予定していた。この計画は、グループの卓越した成員であったアレクサンダー・ダシュキンの辞職を引き起こした。彼が非難していたのはアーレントの「反ナショナリズム的」口調で、逆にイフードはというと、イスラエル政府への建設的な支持を選択しつつ、アラブとユダヤの平和を目指す数々の提案をすでになしていた。そのような立場は実際、イフードに関するアーレントの危惧を裏づけることになった。一九四八年の一〇月にはすでに、彼女はヤスパースに宛てて、マグネスの死後、このグループはナショナリズムの圏内に陥り、こうして一切の影響力を失い、ついには解散するに至りかねないと書き送った(78)。

マグネスとアーレントのあいだにはいくつもの一致点があるのだが、ふたりは実際に意見交換したわけでは必ずしもないように見える。しかし、アーレントと出会うはるか前に書かれたマグネスのあるテクストを読んでみれば、やっぱり彼らは互いをちゃんと理解し合えたのだし、もっと早く出会わなかったのは本当に残念であると言われるだろう。一致点のひとつはまさに被抑圧民族との同盟という問いに関わっている。

アーレントによれば、多くの被抑圧民族と同様に、ユダヤ民族は「小さな」民族である。数においてそうであるし、特に、その国民解放の運動が展開できる潜勢力が小さいという点でもそうであって、それゆえ、この民族は国際舞台を牛耳る比較できないほど大きな列強と必然的に衝突することになる。列強のゲームのなかでは、小さな諸民族は虚弱である。小さな諸民族はその利益を追求するに際して自己を拡大できる立場にはおらず、このことは、これらの民族の生存が長きにわたって自分より強い者の保護に頼っていたということである。それに、これらの民族が抑圧の支配から解放されようとするときにしばしば起こることだが、彼らはこの習慣を保存し、自分より強い者の保護を求め――バルフォア宣言の際にイギリスと手を結んだシオニズムのように――、自分たちを支配する帝国主義のライヴァルたる帝国主義と結託する。その際彼らは、この帝国主義が自分たちの要請を叶えてくれるとの希望を抱くのだが、例を挙げれば、パレスチナでの一九三六年の暴動の時期にドイツやイタリアの帝国主義に身を売ったアラブの国民運動や、日本と接触するぞと言ってイギリスを脅したガンジーそのひとがそうだった。[79] 更にまた——これは中東の特殊性であるが——、アラブの諸民族は汎アラブ主義運動によってみずから帝国主義化するのだが、この運動は「ユダヤ人の国民的家郷への敵意」[80] のうちにのみその統一性を見出す。ユダヤ人たちの場合、そのような態度は「黒幕 (*shtadlonus*) の伝統的方法」を永続化するのだが、その役目は、善行と忠誠なる奉仕と引き換えにその地域の権力者に保護を願い出ることである。[81] ところが、これらの運動がこうして見つけうると信じていた安全は見せかけでしかありえない。帝国主義はその本性からして、各パートの平等を保証する利益共同体を基礎とした同盟者ではありえない。強国の政治はすべからく、自分に固有の利益を考えることだけで動かされている。そうした政治は、「当該地域の外的政治による制御に同意することと同様、国内の政治的諸力に譲歩するつもり」など決してないのだ。小さな民族がその強大な保護者に見出したと信じた安全は必然的に不安定である。なぜなら、保護する強国がかつての同盟関係を破棄するためには、強国の利益が変化するだけで十分だからだ。[82] だからこそ、またしても、被抑圧民族にとっての根本的な問いとは同盟に関するものなのだ。被抑圧民族の唯一自然な同盟相手は他の被抑圧民族である。それゆえ被抑圧民族は、別の被抑圧民族にとっての敵たる政府と同盟関係を締結しないようにしなければならない。というのも、一方では、これらの同盟のなかにはいかなる平等もない。力の関係はあまりにも不平等で、相手が自分たちよりも比較にならないほど強大であるだけによりいっそう脅威を与える。他方では、そうした同盟を結ぶことは、その地域の別の被抑圧民族の目には敵として映ることになるからだ。

更にこの点に関しては、ヘルツルが相当に異論の余地のある形でシオニズムをスタートさせたのだが、アーレントはというとつねにラザールの例にならっていて、そのラザールは行動委員会を辞職した三年後、一九〇二年のシオニズム会議がスルタン・アブドゥル・ハミドへ公式の敬意を捧げ、ユダヤ人のパレスチナ定住による利益をスルタンに納得させるためにヘルツルがスルタンとの交渉に着手したのを知って憤慨した。ところが、このスルタンはなかでもアルメニア人の前例なき大虐殺に責任を負っていて、トルコ帝国は権利を剝奪された諸民族を統治していたのだ。[83] 近年でもなお、ラザールとヘルツルの対立は、理想主義と政治との対立として呈示され、「文学的理想主義者」[84] の烙印を〔ラザールに〕押すところのヘルツル自身の観点が採用される。ところが、そうした思考様式の逆転へとアーレントはわれわれを誘うのであり、現実主義をヘルツルの側にではなくラザールの側に設定するのだ。なぜなら、権力を握る者への奉仕を申し出ることで、ヘルツルは、政治において唯一重要な現実に、つまり民族という現実に盲目であるからだ。アーレントはこう書いている。「現実主義的な唯一の政治は、パレスチナでのユダヤ人の地域的立場を強固にし、われわれの隣人との真の共感を保証してくれるであろう地中海沿岸の他の諸民族との同盟を結ぶ政治のうちに存している」[85]、と。

ヘルツル以後、「諸民族ではなく諸政府と交渉する」[86] 道が開かれた。まさにこの道はバルフォア宣言に際して是非とも必要となったのだが、シオニズム運動は全体として、まるでそれがユダヤ民族への贖いの始まりであったかのようにこの宣言を受け容れていた。ところが、マグネスはこうした主題に関しては最少数派で、彼にはバルフォア宣言を嬉しく思う特別ないかなる理由もないが、不安材料には事欠かなかった。しかも、彼の懸念の源泉は何らかの理想主義ではなく、中東の現実分析であって、それは帝国主義的勢力が発した数々の約束に対する極度の不信感にもとづいている。贖いについて語る代わりに、第一次世界大戦直後の「世界の現状」——経済的帝国主義の支配、中央ヨーロッパと東ヨーロッパのユダヤ人たちの脆弱な条件、東方ムスリム世界が抱える恐るべき諸問題——を観察する方が価値がある、とマグネスは考えている。アラブ人と同様にユダヤ人になされた約束にもかかわらず、分割シテ統治セヨという帝国主義のスローガンによってイギリス人はどうやらアラブ人とユダヤ人とを相争わせることとなったと、一九二〇年に断言するのは理想主義だったのだろうか。マグネスによれば、いかなる贖いも、強国の善意にユダヤ人たちを依存させる政治的えこひいきから出てくることはありえない。周知のように、強国は自身の利益の追求によってのみ導かれているのだ。

権力者のお気に入りになることは利点であるとあなたは考えています。銃剣はあなたの側にあります[……]。パレスチナのユダヤ人の政治的平等という贈り物よりもむしろこうした優越の贈り物は怨恨と次に起こる衝突との萌芽を含んでいます。残念ながら、あらゆる政府の役割は、ある階級にその仕事には相応しからざる特権を与えることです。バルフォア宣言によって、ユダヤ人はパレスチナにおけるこの特権的階級となり、英国政治の優遇を享受する者となりました。表面的には、そのことでユダヤ人はパレスチナ支配レースでのよいスタートを切ったように見えるかもしれません。しかし深い部分では、それによってユダヤ人たちは彼らの隣人ならびに世界中の自由主義の力からの憎悪と警戒心の的となることになったのです。

マグネスにとっては、帝国主義から授けられたバルフォア宣言が、パレスチナにユダヤ人が現存することに正当性を与えるのではない。そのような正当性にしがみつくことは、必然的にその地域の他の諸民族への敵意の雰囲気を生み出すことになる。マグネスによれば、パレスチナでのユダヤ人たちの業績だけが、正当性のひとつの源泉であり、アラブ人たちとのありうべきひとつの合流点を形成しているのであって、アラブ人たちにも同じ可能性が認められなければならない。言葉を換えれば、世界の他のどの地域でもなくパレスチナを選択することに意味を付与する「歴史的」次元があるとしても、パレスチナがそれだけでユダヤ人の現存に正当性を与えるわけではない。注目すべきことに、ラビ・マグネスは、神がアブラハムと交した約束によって、この現存を正当化することを拒否している。宗教的次元はある意味を付与しはするが、この意味がそれだけで正当性となるわけではない。正当性は、他者によっても承認されうるような原理からしか生じえない。アブラハムになされた約束にもとづいてユダヤ人の現前の正当性を認めることは、アラブ人にとって、自分たちの強制退去もしくは劣位の維持しか意味しないのだ。逆に、「力によってではなく、労働（*labor*）、つまり頭脳と肉体の仕事（*work*）によって、彼らの歴史的な地をみずからの国にする」(87)というユダヤ人たちに認められた権利は、同様にアラブ人にも、そして何よりもアラブ人によって認められねばならない。アーレントにとってもまた、「何らかの根本的な要請」に賛同することが必要である。そうした要請のなかには、パレスチナにおけるユダヤ民族の権利というものが含まれており、これは「どんな人間もがその労働の成果にもとづいて所有する権利と同一視される」。どんな人間もが――そのひとがユダヤ人であろうとアラブ人であろうと。そうした原理の承認は別のふたつの正当化を斥ける。つまり、「過去それ自体が権利を与えるということ、あるいはまた、国を金で買うことができる、つまり寛大にも君主たちは誰かに国を売ることができるということ(88)」、を。

4節　アラブ人に対する最小限の不正義という議論に抗して
——J・L・マグネス、『ユダヤ民族の意識』。ショアー以後のすべてか無という誘惑

二〇世紀、正義をめぐる問いは二重の様態でユダヤ人に呈示された。ユダヤ人たちに対して、極端な不正義が犯された。ユダヤ人たちは、彼らを地上から消滅させることを目指した未曾有の大虐殺の犠牲者となったのだ。同時に、不正義とは彼らが犠牲になった不正義だけではなく、彼らが犯すことのできた不正義でもある。他民族はもはや迫害者ではなく、ユダヤ人が引き起こした過ちを被りうる者だった。シオニズムに伴う数々の大きな困難のひとつ——ユダヤ民族を襲った大惨事はこれを深刻にするばかりだ——は、ふたつの立場のこうした錯綜のうちに存していて、その結果、自分がヨーロッパで犠牲者となった重大な不正義から数々の帰結を引き出すことで、ユダヤ人は、アラブ人に対する正義によって方向づけられる政治を遂行することをもはやしないという傾向を有した。歴史から学ぶべき教訓は、政治はこれ以後、ナチスによって六百万回も愚弄された正義の観念を考慮することなく、現実に即して進まねばならないということだった。ユダヤ人国家という観念が必要になればなるほど、イスラエル人は軍事的平面においてより強固に自己肯定し、全世界のユダヤ人は正義について語られるのを次第に耳にしなくなる。アーレントはというと、イスラエルの軍事的勝利を喜ぶのではなく、次のような不安を感じた。

二千年間、正義をみずからの精神的かつ共同体的生存の試金石としてきた民族は、あたかもそれが必然的

に失敗に関する議論であるかのように、この本性に関する一切の議論に断固として敵対するようになった。[89]

アラブ人たちに対する正義への気遣いの放棄はふたつの形式を採ることができた。第一の形式は根底的なもので、ジャボチンスキーによって定式化されたが、彼にとっては、ユダヤ人とアラブ人のあいだには、力によってしか解決されない「悲劇的な対立」があったのだ。[90]そのような立場が最も現実主義的なものとみなされる。一九二九年と一九三六年にアラブ人がユダヤ人に対して起こした暴動は、彼らと理解し合うことが不可能となるような基本原理を立てるよう促した。そのとき、辿るべき政治は成就された事実の政治でしかありえなかった。成就された事実の本性に関して、ジャボチンスキーは当時、アラブ人に対して鉄の壁を築くべきであり、ユダヤは戦場と流血によってでしか蘇らないと露骨に断言していたのだが、この発言ゆえに彼はどちらかというと孤立していた。逆に、シオニズムの指導者たちは、成就された事実なるものは、パレスチナでアラブ人が多数派であるという人口統計的関係を逆転するために、移住によって生じうると考える点で一致していた。正義への気遣いが放棄されることの第二の形式は――何よりも――ナフム・ゴールドマンによって支持されたものだが、彼が引き合いに出すのは「より高度な正義であって、それには、数々の局所的で小さな不正義が対応することが許容されている」[91]。この場合、正義の観念はある変容を被る。それはもはやひとつの全体であるような観念ではなく、程度に応じて変調可能なもの、つまり相対的なものとなったのだ。それゆえ、何世紀も迫害されてきたユダヤ人は、アラブ人と異なり、パレスチナ以外の地をもつことはないだろう。彼らのこの地への要請は優先されるべきだろう。アラブ人はいつも他所に逃げ場を見つけることができたのだから。アラブ人たちの運命は、ユダヤ人によって援用された高度な正義を認める義務を課せられるにせよ、彼ら自身が亡命しなければならなくなるにせよ、遺憾なもの、更には不当なものであるけれど、彼らが被った不正義はいずれにせよ、ユダヤ人に対してなされた不正義よりも小さいというのだ。

ポール・メンデス゠フロールが適切に示したように、シオニズムのアラブ問題への関係は何度も分析されたが、単にシオニストがアラブ人のパレスチナへの現存を気遣っていたか否かを知ることには留まらない。ヘルツルの定式――「土地なき民族のための民族なき土地」――がきわめて頻繁にシオニストの無意識の範例として引用されるとはいえ、アラブ人と理解し合いたいとの道徳的配慮ならびにそうした欲望を明示した実に多くのテクスト――特にベン・グリオンのもの――が存在してもいる。問題はむしろ、「アラブ問題の道徳的側面に付与するのが相応しい政治的重要性」[92]をシオニストがどう評価していたかである。つねにこの意味においてアーレントは上記の問いに取り組んだ。彼女は倫理の次元と政治の次元を分けようとする傾向に絶えず抗い、その際、倫理――特に正義の原理――はわれわれを現実から遠ざけるのではなく、現実をわれわれに知らしめるためのかけがえのない指針であることを示した。アラブ問題に関しては、正義への一徹な気遣いによって導かれた政治だけが次の事実を認識できるのである。すなわち、「この状況全体における永続的な唯一の現実は、アラブ人がパレスチナに現前すること［である］。これはいかなる決定も変更するが［でき］ない現実――おそらくは、それ固有の荒々しい力をもって適用される全体主義国家の決定は別であろうが[93]」。この限りで――ユダヤ人とアラブ人のあいだのしばしば流血を伴った抗争の不測の事態がいかなるものであれ、一九四八年以降のイスラエル国家の軍事的勝利がいかなるものであれ――、アラブ人と理解し合わねばならないとの考えに則して進む政治以外に、長期展望の政治は存在しない。一九四八年一一月のニューヨークで述べられた講演でアーレントが明言したように、軍事的成功とイスラエル国家の実存という成就した事実にもかかわらず、アラブ人との協定なしには世界のこの地域ではいかなる平和も持続することはなく、「力はユダヤ人の唯一の論拠となり、アラブ人はこれをつねに認めようとしなかった[94]」のである。

万難を排して絶えず正義の原理に留まろうとする者たちは、たしかに道徳的には公明正大な人物として、しかし理想主義者で、政治の何たるかを知らない人物としてかつて紹介され——今もなおそのような人物として紹介されている。言葉を換えれば、アーレントが書いているように、個人に与えられた「〈理想主義者〉とか〈予言者〉といった特殊な賞賛」には、「そのひとを役に立たない者とみなすことで［……］その信用を失わせる[95]」以外の目的などないのである。しかし、彼女にとっては逆に、正義に対する一徹な執着こそ、マグネスの政治的重要性を成していたのである。彼女はマグネスのことを、「典型的アメリカ人の良識、公明正大さと、正義に関するユダヤ人の真正な、ほとんど宗教的なパトス[96]」とを連合させた例外的な人物として描写していた。そして、正義のこの意味はアーレントにとって政治から切り離されることかくも少ないがゆえに、アーレントはマグネスに次のように書くことができたのである。

> どうしても申し上げておきたいのですが、今年あなたと知り合いになることができたという私にとっての特別の恩恵に私は限りなく感謝しております。今世紀の政治はほとんど絶望的な事柄でしかありません。私はいつもそれから全速力で逃れたいとの誘惑に駆られていました。あなたというお手本のおかげで、私は絶望しなくなりましたし、これから何年も絶望するのを堪えることができる。このことを知っていていただければと思うのです[97]。

マグネスは、アーレントの政治生活のなかで例外的な場を占めていた。彼のおかげで、彼女は初めて、自らの声を届かせる機会を与えてくれる支えを手に入れた。マグネスとの連帯のおかげで、アーレントは何カ月かのあいだ、「しっかり聞きたいと願うひとたちのサークルを広げる手伝いをすることができた」[98]。一度、おそらくは一度だけ、アーレントは「内部異分子」としての自分の声を聞かせることができたのだが、それが彼女に可能だったのは、ひとえにマグネスというもうひとりの異分子と一緒に行動していたからだった。なぜなら、マグネスは、何人かの人々から反シオニズムの廉で中傷され非難されさえしたとはいえ、シオニズム運動への全面的関与ゆえに、ユダヤ人のなかでつねに権威を有していたからだ。アーレントが書いているように、「マグネスの抗議は他ならぬシオニスト陣営から出たもので、その価値はかかる起源のうちに存している。彼はまずは道徳的な理由から声をあげたのだが、彼の権威はというと、マグネスがエルサレムの市民であったこと、シオニストたちの運命は彼自身の運命でもあったこと、彼が語りうることはすべてこの運命以外の動機には帰しえないこと、そこに由来する」[99]。ここにアーレントとマグネスの大きな相違がある。彼女は決してユダヤ人のなかで権威をもつことはなかった。彼女はつねに、ユダヤ民族の運命への気遣いとは別の動機で話をしているのではないかとの嫌疑をかけられていた。

マルティン・ブーバーのように、マグネスは「アラブ問題の重要性は単に実際的なものではなく」、それはまた「われらがユダヤ教の試金石にして試薬」でもあると考えていた。反ユダヤ主義者たちはつねに、世界の諸事象の傍観者として距離をとる限りでしか、ユダヤ人は道徳的価値に執着しないとしてユダヤ人を糾弾していた。このことは引き続き、これらの道徳的価値そのものを誹謗することを可能にした。これらの価値が権力を有さない者によってしか擁護されなかったのは証明済みだし、このことは、権力の行使は正義と相容れないということを示していた。ところが、マグネスによれば、それこそまさにかかる非難の虚偽性を証明する瞬間であった[100]。アラブ人に対するその振る舞いによって、ユダヤ人はある時代における道徳的価値の永続性に責任を負うのだが、——アーレントが書いているように——その時代においては、「われわれがともすれば甘受してしまいがちな数々の小さな不正義が、唯一の組織化された不正義、地上に降り立った悪魔の支配による不正義へと転じてしまった」。「使い古され、時代遅れのものとなった［……］ヘーゲルの弁証法」が示唆しているのとは反対に、小さな不正義は決して正義を生み出すことはできず、別の数々の小さな不正義に付け加わることで、世界全体の暗鬱化に与る。(101) ユダヤ人たちが被った不正義を拠り所としつつ、重大な不正義と比べるとつねに些細なものに映る不正義を犯そうとするのではなく、それどころか逆に、不正義を被った者たちが正義の要求にこだわることが世界の未来にとっては根本的である。だからこそ、アーレントによれば、この種の言語を発し続ける何人かのユダヤ人の声は、「常住し、彼らなくしては世界が粉砕されてしまうような三六人の未知なる義人(102)」の立場に立つものだったのだ。

〔正義という〕原理をめぐる問いに対してどのような位置を採るかに応じて、二種類の政治的なものが浮かび上がってくる。これらの原理を相対化する者たちは、現実は力の関係からのみ作られているということを自明の理とみなして、かかる相対化を行う。現実は力の関係からのみ作られるのだから、これらの者たちは、妥協を経由することなく支配的な地位を獲得しようとする頑固一徹な政治に関与することになる。逆に、正義の原理になおも意味があると思う者たちは、彼らもおそらくは力の諸関係という現実を認めはするけれども、それがすべての現実であるとは考えず、妥協の政治へと傾いていく。妥協点を探ることは、一方では、他者は理解し合えない敵対者としてアプリオリに考えられはしないということ、他方では、自分の行為に対する自分自身の観点も斟酌されるということを前提としている。

アーレントとマグネスが協働するようになった時、アラブ人との関係について、ユダヤ人にとって最も厄介な問いのひとつは移住問題である。これは、ヒトラーの権力掌握ならびに、一九三六―一九三九年のアラブ人暴動に続いて公布された英国の一九三九年白書以来、決定的に重要な問いだった。この問いは、残虐な仕打ちにも生き残った何千ものユダヤ人が難民(*displaced persons*)キャンプに埋もれたままであっただけに、戦後よりいっそう重大な意味を帯びることになった。無制限な移住というスローガンはすでにショアー以前からシオニズムのものであったが、今やそれはユダヤ人たちの全般的同意を得るに至った。深刻な状況から考えて、パレスチナの諸条件の喚起は取るに足りないもの、小さな不正義の最も明白な論拠として現れた。いずれにせよマグネスは、パレスチナには二百万の人々のための場所があると主張したヴァイツマンの宣言にも、それらの人々を呼ぶために百万人のアラブ人を国外へ移動させることを主張するベルル・カッツェネルソンにも同意することを拒絶した。ユダヤ人の苦悶の軽減が他の民族への同じ苦悶の押しつけによってなされるのは許しがたいことだと考えていたので、マグネスは、原則的に無制限な移住ではなく、最初の段階では、〔アラブ人と〕同数までという制限つきの移住を提案した(この時期、パレスチナにはアラブ人が百万人、ユダヤ人は五十万人いた)。移住の速度は、パレスチナにおける経済的な受け容れ能力に則して調整されなければならなかったが、この能力は――ユダヤ人の数々の業績が証明したように――そう思われている以上に大きなものだった。移住をアラブ人の善意に依存させないとするなら、そのために重要なのは、この問題はアラブ人たちのものでもあって単にユダヤ人たちの問題だけではないと考えることであり、そこから、移住の提案に、共同の経済的発展の申し出を付随させる必要性が生じた。いったん同数性が侵されれば、新たな協定が結ばれることになる。マグネスが考えたところでは、アラブ人との合意は、成就された事実の押し付けならびにそれがはらむ戦争の脅威よりもはるかに重要な移住を長期にわたって可能ならしめるだろう。(103)

イスラエル国家の創設後も問題は提起され続けたが、イルグンのテロ活動によってより複雑化し、イルグンはときわめて多数のアラブ人の逃亡と新たな難民を生み出した。すぐさま国連はスウェーデン人の調停者ベルナドッテ伯爵を急いで派遣したが、彼の報告書ではマグネスが発したいくつかの考えが採り上げられていた。この報告書を読んだあと、アーレントはまずベルナドッテの仲裁の精神に敬意を払った。その精神はいかなる陣営にも自分の立場を放棄するよう呼びかけてはいなかったのだ。ベルナドッテはふたつの民族の共通分母の存在を確信していたので、交渉の枠組みを呈示しようと大いに苦闘した。調停者としての自分の役割はそれぞれの陣営に、他の陣営が無視できない仕方で存在しているのを思い起こさせることにあると、彼は考えていた(104)。ベルナドッテは三年間の自由な移住を計画し、その期間の終了後は、移住はふたつの陣営の合意の対象とならねばならないとした。別言するなら、ベルナドッテは移住＝移民を保証し、かつ制限したのである。つまり、彼は難民を受け容れねばならないというユダヤ人の緊急課題に理解を示しつつも、ユダヤ人の移住をアラブ人の善意や悪意にだけ依存させることはなかったのだ。しかしながら、彼はユダヤ人の移住問題をユダヤ人だけの問題と考えることはなかった。アラブ人たちの観点も考慮に入れ、移住は「領土拡張政策の道具」、更には「生活圏獲得政策」として利用されたりはしないということをアラブ人たちに保証しなければならなかった。アーレントはマグネスに次のように書いている。「私は、一種の自発的制限以外に、移住がそのように利用されるのを阻止する他の方法を知りません(105)」。

不幸なことに、これらの提案は、シオニズム運動の指導者たちの支持を得ていた非妥協性と戦うのに十分な支援を得ることはなかった。これらの指導者にとっては、アラブ人との衝突はますます武力によってしか解決されえないものとなっていたのだ。ベルナドッテは一九四八年にユダヤ人過激派によって暗殺された。非妥協性は最後には、ショーレムのような旧ブリット・シャローム・メンバーの支持を得ることになり、そのときショーレムはアーレントにこう書いている。「私の確信では、たとえば分割のような成就された事実を土台にしてアラブ人と議論した方が、その土台がない場合よりもはるかに容易なものとなるのです」。既成事実が、ユダヤ人のパレスチナ現存の基盤となっているのだ。「私には、シオニストたちが同意とやらを得るためになすべきとされていることが分かりません。そんな同意がなくても、われわれの誰もがこの国へやって来ましたし、もし国外にいるなら移住の準備をして待っているでしょうから」[107]。

マグネスにとって、このような立場は、修正主義者の考えが正常なものとみなされていく過程の徴候であった。これらの立場を支える現実のヴィジョンが暴力的対立以外の選択肢をすべて排除してしまう限り、これらの立場は結局のところ絶望の政治へと帰着することになった。アーレントもまた、一九四二年のビルトモアホテルとそれに続く一九四四年のアトランティックシティーでの決議で、こうした傾向が広まっていくのを目の当たりにして嘆いていた。ユダヤ人国家を要求することで、シオニストは、そのような要求がアラブ人たちにとって帯びる意味をもはや考慮しなくなる道に踏み込んでいった。彼らの立場はますます無条件的になる自己肯定によって導かれ、その結果として、相手陣営との徹底的な対立を引き出すだけだった。ビルトモアのプログラムはアラブ人少数派の権利を保障することでまだ彼らに思いを至しているが、それに対して、アトランティックシティーの決議はもはや彼らに言及してさえいない[108]。衝突はそれ以後武力によってしか解決されないとの考えが一般化されていたこと、それこそアーレントによると、デイール・ヤシーンのアラブ人住人に対するイルグンの暴虐やベルナドッテ伯爵の暗殺がわずかな抗議しか引き起こさなかったことの原因だった。暴虐や暗殺といった行為は、最後にはいつも、不正義を避けることのできない政治との遺憾な偏差として相対化されてしまう[109]。だからこそ、マグネスの道徳的な憤り、

「純粋に人道的な理性」の名における抗議は本物の政治的意味を帯びていたのであり、そうした憤りや抗議は、絶望を拒絶し、衝突をテロによって解決しようとする強制条項に屈することを拒絶する政治の表現なのである。

シオニズム政治にアーレントが厳しい批判を突きつけたからといって、彼女はアラブ人の政治を理想化することにはならなかった。逆に彼女は、イスラエル国家創設後、次第に明らかになる「すべてか無か」の政治の発展を恐れていた。アラブ人陣営では、パレスチナでのユダヤ人の現存を、考慮に入れねばならない現実とみなすことへの執拗な拒絶が明らかになっていく。「ユダヤ人の国民的家郷の建設にほとんどその初めから敵対的」であったので、アラブ人たちは、西洋的なものを丸ごと彼らに放棄させる植民地色のロマン主義の名の下、ユダヤ人がパレスチナで実現した成果、とりわけ経済面で実現した成果の価値を認めるのを拒絶する。それゆえ、ユダヤ人の存在はこの国では「幕間の出来事」でしかない。彼らは「侵略者」であり、いつか海へと投げ返されるだろう。そこから、彼らはパレスチナにおけるアラブ人統一国家を求める過激主義者の要求に固執することになる。そこでは、ユダヤ人には少数派の権利しかないとされるだろう。こうした精神状態は、イスラエルの勝利ならびにイスラエルによるアラブ難民問題の処理の仕方の悪影響の下、次第に強まっていくだけだ。それゆえ、一方で多数のアラブ人が外部からのプロパガンダに影響されてイスラエルから逃れるということが起こりうるとして、他方、「プロパガンダの最も強力な論拠はデイール・ヤシーンにおけるシュテルン団の残虐行為が繰り返されるのではないかとのおそれであった。ユダヤ当局はそうした出来事を阻止して責任者を罰することができず、またそう望んでもいないということが明白になった」(110)。これら事実はすべて、アラブ人のなかに、「民族統一主義と憎悪の際限なき持続」(111)を生み出したし――今も生み出し続けている。

他の数々の理由によっても、ユダヤ人は「すべてか無か」の政治にますます足を踏み入れていくことになる。実際、ショアーのトラウマは、特に正義という問題について、すでにかなり悪化していたアラブ人との関係を著しく複雑化することになった。アーレントによれば、正義を援用する一切の議論に対するユダヤ民族の新たな敵意が「アウシュヴィッツから到来した(112)」のだ。アウシュヴィッツの後遺症のひとつは、それをもとにして一般的に政治的諸態度が生み出されるところの感情的枠組みが破裂したことである。正義が、二者関係のなかに第三者への配慮を再導入することで、同情《コンパシオン》＝共苦を緩和することであるとすれば、全体主義的諸体制は苦悶とそれに同情＝共苦で応答しうる者との関係の危険な変更を導いた。アーレントが一九四二年にすでに書いていた通り、「人間の心が苦悶し同情＝共苦する能力を災厄が凌駕しようと脅かすに応じて、心の硬直化はわれわれ全員にとっての脅威となる」。おそらくはそこから、大量虐殺に直面して同情＝共苦することができなくなった心の卒倒から、「自己を守ることもできずに家畜のように死に追いやられた(113)」六百万人のユダヤ人についての強迫的な表象が生じることになる。因みにこの表象は、一〇年ほど前から、記憶と再評価の長期にわたる働きによって修正され始めた。同情＝共苦が正義の方へと超越されえないのは、それが感得されないからだ。押し付けられた苦痛の大きさは甚大であるがゆえに、その苦痛は一切の運動を麻痺させるただ純粋な恐怖だけを引き起こし、「憐憫《ピチエ》と共感のあらゆる感情」を斥けてしまう。「これらの感情のおかげで、被抑圧者を擁護する者たちは過去数世紀のあいだ、特定の大義のために人間たちを動員することができていたのに(114)」、である。

このような心の卒倒は〔絶滅収容所からの〕生還者《レスカペ》たちをも襲い、彼らの政治的態度に間違いなく影響を与えることになる。戦後すぐにアーレントが危惧していた、ユダヤ人同士の深い断絶という危険が、計り知れないほど大きな政治的影響を及ぼすことになった。被られた苦痛より以上に、ユダヤ人の経験とは絶対的な孤独である。「ひとつの家系の生き残り」の孤独。運命的な孤独。「ユダヤ人だけが確実な死を指定されていた」。見捨てられたことによる孤独。つまり、彼らは「国際的な連帯の完全な崩壊[115]」を確認し、それを体験したのだ。生き残りと生還者との断絶を乗り超えるためには、「憐憫や連帯さえも超えた」迎え入れの仕方を、生還者に対して見つけることが最も重要だったろう。このような迎え入れは、彼らが生者の世界に舞い戻る助けとなるために、彼らの各々に発せられる言葉のうちに存していただろう。なにしろ彼らは奇蹟的に死を免れたが、その後も死との恐るべき隣り合わせのなかで生き続けているのだから。彼ら各々に、「われわれは君がまだ生きていてくれて本当に嬉しい。そう、まさに君が[116]」と言わねばならなかっただろう。恐怖を免れた人々から生還者に対してそのような発言が発せられなかったので、生還者たちに押し付けられる表象のうち最も納得のいくものは「ヘルツルの哲学」の確証であって、それによれば、ユダヤ民族は一様に敵意をもった人々に囲まれており、非ユダヤ人はみな互いに同類になっているのだ。こうした経験から、生還者たるユダヤ人には次のような欲望しかなくなる。つまり、「何があろうとも、ただユダヤ人のなかでだけ生きたい[117]」との欲望しか。それがパレスチナに赴く主な理由のひとつであった。世界の人々から迎え入れの言葉が発せられなかったなか、パレスチナという放水路だけが生き残りと生還者との断絶を埋められる言葉をかけることができた。

ゲットーや収容所、不能や遺棄の悪夢を生き延びた者たちは――あたかも地上全体が彼らを餌とする密林になったかのように――もはやひとつの欲望しかもたなかった。もはやユダヤ人でない者を誰ひとりとして見ないような場所に行きたいとの欲望しか。彼らがパレスチナのユダヤ民族という放水路を必要としたのは、自分たちは非合法であろうと合法であろうと何とかしてそこに行くことができるし、自分たちは歓迎されるだろうと彼らに言うためだけだった(118)。

パレスチナに赴きたいというこの欲望と連動して、人間の尊厳をもって死にたいとの意志が顕わになったのだが、この尊厳の徴しは「武器を手に立派に闘うこと」以外ではありえなかった。アーレントは、何を犠牲にしてもこの尊厳を保とうとする欲望が現れたことを、ユダヤ民族にとって何か根本的に新しいこととして書き留めているが、彼女は一方的にそれを喜ぶのではなく、この欲望はパレスチナという文脈では、異教徒の世界は一様に反ユダヤ的であるとの確信に付加されて、またしてもユダヤ人を「政治活動の領域の外部に(119)」締め出す危険があることを確認した。この欲望はアラブ人の数々の要請と対立しながら、すべてか無か、勝利か死かというスローガンを伴うユダヤ人世論の支えにおいて具現化した(120)。アーレントはこれらの命題を、特に「ユダヤ人の家郷を救うためにはまだ時間がある」において展開し、ベン・ヘクトという脚本家の辛辣な反応を引き起こすこととなった。イスラエル軍の勝利という現実を盾に取って、ヘクトは逆に、イスラエル人の振る舞いと精神性が、ワルシャワ・ゲットーのユダヤ人戦士をモデルとしたパルチザンの理想型にもとづいているのを称えた。ワルシャワ・ゲットーの戦士はまったく孤立しており、すべてか無を引き受けることで、全体主義の魔術を打ち砕きうる絶望的なヒロイズムを展開したのである(121)。アーレントによれば、ヘクトのこの論文は、ユダヤ人の支持を得つつあった凝縮《コンダンサシオン》の徴候を示していて、ここにいう凝縮は、トラウマとなった経験を絶対化し——それを否認せんとする意志から——異なった状況にその図式を投影することに存している。ユダヤ民族を襲った災厄の甚大さを考えてみれば、これは完全に納得のできる過程ではあるが、アーレントは自分の仲間に現実を思い出させることをみずからの義務だと考えた。ゲットーの戦士たちのヒロイズムを鼓舞する「すべてか無か」の態度が、ナチスに対する、ユダヤ民族の壊滅を狙う敵に対する唯一可能な政治的回答であったとしても、この回答を、その後ユダヤ人が直面せざるをえなくなる数々の紛争状況すべてに一般化してあてはめるのはまったく不当だし、ましてや、ユダヤ人たちを中東でアラブ人や大英帝国と対立させている抗争にあてはめるなどとは論外である。いかなる平和計画もナチスがいては構想不可能であるが、それに対して、「アラブ人もイギリス人も、それに反対することで、すべてか無かの態度が正当化されうるような敵ではない。われわれはいずれとも共に平和に生きなければならない(122)」とアーレントは書いている。

5節　パレスチナにとっては連邦か国民 - 国家か。J・L・マグネスあるいはアメリカの政治的伝統の無力さ

他の人々に対して犯された不正義の犠牲者としてと同時にその責任者として、ユダヤ人たちは正義への要請と関わっていたのだが、それと同様に、ユダヤ人たちは、帝国主義時代における国民 - 国家の袋小路の最初の犠牲者でありながらも、国民 - 国家の創設のための諸条件がバルカン諸国と同様整っていない文脈のなかで、国民 - 国家という同一の政治形態を再生産しようと努めた。ユダヤ人の政治とシオニズムに関するアーレントのテクストは、政治全体についての彼女の省察、なかでも『全体主義の起源』の最初の二部を導く国民 - 国家批判が練成されたのと同時期に書かれた。それゆえ、依然としてイギリスの支配下にあったユダヤ人入植地に対して提起される最重要な政治的問いは、「ユダヤ人はどんな種類の政体を形成することになるのか(123)」であった。アーレントにとって重要なのは、国家をめぐる問いを提起するのを拒絶することではなく、いかなる種類の国家が建てられるかを知ることである。シオニズムの歴史を見てみ

よう。ヘルツルは国民‐国家――この観念にもとづいてジャボチンスキーはヴァイツマンの実践的シオニズムに反対した――の創設を最初から強調したことになっているが、実を言うとそれは、一九三六年のアラブ人暴動後に大英帝国が一九三七年に派遣したピール委員会（Commission Peel）の作業を踏まえてのことでしかなく、ユダヤ人国家を創設するために戦おうとする決意は、ユダヤ人国家とアラブ人国家へのパレスチナの分割提案を機に、徐々にシオニズムの指導者たち――そのひとりがベン・グリオンである――の支持を得ることとなった。このような歩みの到達点がビルトモアホテルでの会議だった。しかしながら、ヘルツルが国民‐国家を、ヨーロッパ諸国でユダヤ人が遭遇した数々の困難へのありうべき解決策として思い描いたのに対して、一九三七年以来のユダヤ人国家への要請ならびに領土分割案は、ユダヤ人とアラブ人の克服しがたいと判断される対立へのありうべき解決策として現れた。ところが、アーレントにとってはそこに問題があるのだ。つまり、主権を有した国民‐国家は、同じ領土に生きる複数の民族の対立を解決するのに十分な真に政治的な回答なのだろうか。

アーレントによれば、ヴェルサイユ条約以後、中央ヨーロッパで国民‐国家に刻まれた失敗にも比すべき失敗の諸要素すべてがパレスチナでは揃っていた(124)。パレスチナの住人は等質的な住人ではなかった。というのも、パレスチナの住人は同じ領土に現存するふたつの共同体によって構築され、これらふたつの共同体は歴史によっても文化によっても言語によっても著しく区別され、そのいずれも、ルナンの言う国民の構築に不可欠な忘却にさらされてはいないからだ。このような現実に直面してみると、適切な解決策は分割、つまり一方にはユダヤ人、他方にはアラブ人という等質的な住人が生活するふたつの領土に対応するふたつの国民‐国家の構築であるように思えるかもしれない。しかるに、バルカン諸国におけるのと同様、領土／等質的な住人の一致は所与ではなく、それゆえ、かかる一致は意志的行為の対象となる。ユダヤ人の側では、イスラエル国家の創設以前に、人口統計的な関係を逆転させて、移住によって多数派にならねばならなかった。国家建設後は、多数のパレスチナ人の強制退去と、パレスチナ人の難民、つまり国家なき者、諸権利を有する権利を奪われた者への変換によって、イスラエル国家内での多数派／少数派の関係をまんまと覆したのである。この国家に留まる者たちはそのとき少数派としての位置に至ることになるので、彼らの諸権利は守られねばならなかった。かくしてわれわれは、歴史的条件が所与ならざるところでの国民‐国家の創設に伴うふたつの必然的帰結を前にしている。第一に、住人の一部が少数派として構築されること、第二に、人口統計学的な多数派を実質的なものにするために、住人を多少なりとも強制的に移住させること。しかし、アーレントによると、一方では、同一の領土にふたつの民族が現存するという事実に枠組みを与えると主張する多数派／少数派の対立は「定義からして解決不可能」である。なぜなら、そうした対立は多数派による少数派の支配を制度化し、両者の衝突を永続化することにしか成功しないからだ。他方では、分割、すなわちふたつの国民‐国家の構築は最も現実的な解決策に見えるけれども実際は最も危険である。なぜなら、それは戦争にしか行き着くことができないからだ。これはアーレントが一九四四年に予言していたことである。「二五年早くシオニストたちがパレスチナをユダヤ人連邦(Commonwealth juif)にすることに成功したと想定してみよう。その場合、何が起きただろうか。おそらくアラブ人はユダヤ人に反抗することになっただろう。ちょうどチェコスロヴァキアでチェコ人に対してスロヴァキア人が反抗し、ユーゴスラヴィアでクロアチア人がセルビア人に対して反抗したように[125]」。アーレントがヨーロッパの歴史について理解していたことは、戦争を生み出すしかない過程を支持することを彼女に禁じた。パレスチナでの数々の出来事は、主権への要請が陥る袋小路をいわば彼女の目の前に突きつけたのだ。この場合、国民‐国家という図式が放棄された場合にのみ、戦争は不可避のものではなく、それを避けることができたのである。

第二次世界大戦直後、多くのユダヤ人もまた無国籍の難民であったがゆえに状況はより複雑化する。ユダヤ人の無国籍難民の歴史〔物語〕は――何よりも――彼らを保護しようとして失敗したヨーロッパの国民‐国家システムの挫折に結びついていて、そのことがナチスによる絶滅計画を可能にした。無国籍者の苦悶を考察することによって、アーレントは人権と市民権（citoyenneté）との必然的な繋がりを解明するよう導かれた。しかし、市民権が第一義的なものであるとして、その場合、どの程度それが――国民‐国家におけるように――国籍（nationalité）と分かちがたく結びついているのかを知らねばならない。第二次世界大戦後、シオニズムは収容所の生き残りや無国籍者の苦悶を伝えるスポークスマンの役割を務めつつ、ユダヤ人がその国籍にもとづいて市民でいられるようなユダヤ人国家の創設を要求した。しかし、国民‐国家の限界は抗いがたいものである。イスラエルがユダヤ人のために人権を回復させたとしても、それは他の民族への難民問題の転移という代償を払ってのことでしかない。「ユダヤ人問題をこのように解決しても、結局首尾よくいったのは難民の新たなカテゴリー、つまりアラブ人を生み出すことでしかなく、かくして、難民や無権利者の数は七〇万人から八〇万人増加することになった」[126]。それゆえ、ユダヤ人に「諸権利を有する権利」、つまり公民権が保証されることがアーレントの目に本質的なことと見えたとしても、他方で、市民権の獲得はどの程度、国籍という形式において、より正確には市民権と国籍との同一化のなかで――ユダヤ人にとってもどの民族にとっても――必然的になされねばならないかをも知らなければならない。

真に多国籍の住人を考慮に入れることができ、多数派／少数派の対立を超えることができる唯一の政体の型は《連邦》（Fédération）である。国民‐国家とは違って、連邦はひとつの国民のなかで統合されたひとつの民族ではなく、「明らかに識別可能な政治的、国民的その他の構成員」へとまず差異化された民族を前提としている。こうした差異化は、あらかじめ政治的連合として構築された構成員の数の多さとは無関係に実行される。とはいえ、国家構築はこれらの連合の廃絶を前提としてはいない。問題は構成員の編成のされ方をめぐるもので、これらの構成員の各々が独自の個性を保ちながらもみながひとつの政府のなかで互いに結びつき、しかも誰もが他人に対して支配的地位を有さないのだ(127)。連邦への要請はイスラエル国家の創設以後時代遅れとなってしまい、連邦は実現されなかった。けれども、政治的に独立したふたつの実体の実在を前提とした《同盟》(Confédération)を求める戦いを遂行すること、少なくともそれは可能だった。これらふたつの実体は、対外政治を互いに調整する決断を下しているのだが、このことは外交ならびに防衛に関する主権の限界を想定している。そうであるなら、同盟の成員同士での戦争の可能性と、ふたつの小さな国家をみずからの政治の道具として利用するより強大な権力への誘惑は排除されるだろう(128)。

ヨーロッパ・システムが抱える諸困難ならびに近東で遂行すべき任務をめぐる省察のなかで、アーレントにとって決定的だったのは疑いなくアメリカ憲法の発見だった。そこで彼女が出会ったのは、ユダヤ人問題そのものでないにせよ、少なくとも国民問題としてのユダヤ人問題を解決する新たな方法で、それは一九三〇年代のドイツでも、占領前のフランスでも彼女が気づくことのなかった解決策だった。アメリカ合衆国に渡って五年経って、彼女はヤスパースに、「ここには国民‐国家というものはありません」と書き送っている。これが意味していたのは、「政治構造(合衆国)の原理が、住人の人民の等質性ならびに共通の過去の共有という事実から独立しており、またずっとそうであったということ(129)」である。アメリカ社会は「ブラスバンド」で構成されていて、その行進の主要な合流点のひとつは出身国家(アイルランド人、ポーランド人、イタリア人、ユダヤ人など）なのだが、この現実はメルティング・ポット〔坩堝〕のイデオロギーによって覆い隠されている。個人が、自分たちの帰属集団を考慮されることなく把握されるのではなく、各々の集団が「自分のなかに」閉じこもり、他の集団から分離し始めるのだが、このことがある意味では諸個人を庇護するのである。(130) この直接の結果はアーレントがブルーメンフェルトに書いたように、「ここでは［……］同化する必要がありません」(131) ということになる。言葉を換えれば、ユダヤ人であると同時にアメリカ人であることが矛盾することなくまったく可能であるということだ。移住が永続化し、新たにやって来る者たちは最初に言語と出身国家による共同体に再び集まることをやめないが、これは、アメリカ合衆国市民としての彼らの連累を妨げるものではなく、むしろそこに至るための最初の中継地点である。アーレントによれば、社会の只中で異質性が合法化されているということは、国民‐国家という自明の理に慣れたヨーロッパの観察者が最も感受しがたいものなのだ。合衆国において、国籍と市民権──すなわち政体としての国家への参加──とはただちに同じものであるわけではない。アメリカ国民は国家の構築から生まれたのであり、国家がそれを前提としているのではない。アーレントの語彙では、このことは、連合（国家）が、連邦国家によってその権威が廃棄されることのない他の数々の身体とは別に構成されたひとつの身体であることを意味している。

アーレントは『革命について』のなかでアメリカ憲法の分析を深めた。われわれとしては、ここではそこから三つの点だけを銘記したい。第一は、黒人とアメリカインディアンを除いたアメリカ人民の形成に関わっているのだが、彼らは孤立した個人ではなく、アメリカ大陸への上陸以前にすでにそれ自体として構成されていた集団が自発的に移住してきたことから生まれたものであって、その原型はメイフラワー号の協定である。これらの協定は、その成員についていかなる共通の過去も、いかなる等質的な起源も前提としていない。これらの協定は未来に向かうもので、過去とはそこから離脱すべきものなのだ。第二の点は、第一の点から生じる。すなわち、独立宣言以前にも、〔合衆国の〕入植地の居住者たちは、そこで公共的な事象について熟考するためにそれぞれの市役所に集う権利を有した数々の政治的団体へと統合されていた。だからこそ、イギリスとの断絶は、すでに構築された政治集団を非合法化しなかったし、人民《ピープル》を制度なき自然状態に返すこともなく、これらの制度を新たな共和国の合法性の源泉そのものとしたのだ。たとえばアメリカ市民が創られる際にこれを構築するのは、その人物の国籍ではなく、その人物が政治の営みに積極的に参加することであった(132)。アーレントは、国民と国家との特殊アメリカ的な関係を代表するかに見えるあるペンシルヴェニア人の言葉を引用している。「あなたがイングランド人であれドイツ人であれアイルランド人であれ〔……〕、あなたには《イングランド人》としてのすべての自由とこの憲法の自由を享受する権利がある」。アーレントによれば、建国の父たちは「一般意思」としてではなく、むしろ「多数性《マルチチュード》」としての人民を引き合いに出した。人民は合法性の源であるが、それは、組織されないままに国民的虚構のうちで統合された諸個人によって構成されたものではなく、《連合》以前に、《連合》とは独立して構成された集団の多様性としてであって、かかる相違と衝突の場は満場一致の場ではない。しかし——これがわれわれの銘記する第三の点である——、アーレントにとってアメリカ合衆国憲法のなかで最も重要に見えたのは、人民がそこではひとつの主権もしくは一なる国民的意志として、国家が権力の唯一の中枢であるのを想定した、国家の正当性の源泉として構成されてはいないということだ。連邦国家は、「分離し、互いに独立したものとして構成された社会体を廃絶せずに統合すること」をみずからの任務と考えている。それゆえ、「共和国という政体の内部で主権を一様に廃止すること、そしてまた、人間的事象の領域では主権と暴政は同じものであるとの直観」は「政治的領域でのアメリカ人たちの最大の革新[133]」なのである。

しかしながら、ユダヤ人の国民‐国家への要請は、シオニズム運動のなかで満場一致の賛同を必ずしも得てきたわけではない。たとえばイフードはビルトモア・プログラムに抗して二国民国家を要求した。アーレントは、このようなプログラムが「作動している真の要因を考慮に入れている」のを承認しつつも、これらの提案に対して最初はきわめて批判的であり、いつものように控え目にではあるが、こう指摘している。「マグネスのグループの提案は自分で自分の首を絞めるようなものだ。このグループは部分的ながらユダヤ人の大規模農場所有者によって支持されていたのだから……。二国民国家の一部でしかない者として、ユダヤ人たちは――アラブ連邦との関係において――少数派の状況にまたしても置かれるだろう」。しかし逆に、マグネスとの共同作業の時代に書かれた後年の論文では、彼女はマグネスの同じテクストに言及して、地域的連邦という観念を「バルカン化に対する唯一の代替案[134]」として賞賛しているのだ。

実際には、アーレントはマグネスが二国民国家を提案したその時点で彼の立場を称えることもできただろう。なぜなら、彼がこれらの提案を正当化するそのやり方は彼女との真の合致を証示しているからだ。マグネスは、少数派にも平等な政治的権利を保証しようとして失敗したヴェルサイユ条約の挫折から出発している。それゆえ、見出されるべき解決策は、「誰が多数派で誰が少数派であるのかを知るという問題を考慮しないで」見出されるべきである。国家は憲法によって、みずからを構成している各国民に平等の権利を保証しなければならない。さらにまた、二国民国家はふたつの平等な国籍を含んでいるが、ここにいう平等が意味しているのは「政治的諸権利の平等であって、住人の平等ではない[135]」。意味深いことに、アーレントがアメリカ系ユダヤ人の調停者に期待していたのは、近東の出来事を、盲目的愛国心――これは彼らを促して、「パレスチナにとってそれが善いのかそうではないのかを決める偏狭で不十分な基準に則して［……］政治的出来事すべてを判断」させる――から判断してもらうことではなく、「アメリカの最善の政治的伝統に照らして」判断してもらうことだったのだが、マグネスの立場もつねにこの伝統から直接的に着想を得ていた。[136] 一九三〇年以来、彼はユダヤ人とアラブ人の代表による立法議会を設置することを提案していた。[137] そのような議会がこの国でのアラブ人多数派を是認することしかしないとの反論に対して、彼は、人口はどうあれ各国〔州〕からふたりの代表者が議席を占めるアメリカの上院に着想を得つつ、人数の大小にかかわらず共同体を平等なものにしておけるだろうと答えた。[138] まさにそのような伝統から、彼はこう書くことができたのだ。「政治は悪魔の所業ではなく、むしろ政府の土台の保護に関わる行為に与えられた近代的な名前で、かかる土台がなければ、精神的運動それ自体も不可能になってしまう」。ブルックリンのイスラエル寺院の教壇を担当していた若いラビであった彼は、一九〇九年に民主的な共同体組織、ニューヨーク・ケヒラ〔会衆〕を設置しようと試み、これを他の共同体のモデルとして思い描いた。彼は心中では、ユダヤ人は民族自決のための権利を行使できると考えていたのだが、この権利は、集団である限りでのユダヤ人が別の諸集団と結びたいと願う関係についての問いと不可分なものだった。[139] 同じ方針の下、完全にアメリカ人になるために国民的集団が自分たちの伝統と固有の歴史を捨て去ることを強く推奨していたイスラエル・ザングヴィルに反対して、マグネスは自分自身にとって真にアメリカ的なものを思い起こさせた。つまり、アメリカは単に個人が集まってできた共和国ではなく、複数の国籍が集まった共和国であるということだ。移民たちがアメリカ以外の国家への忠誠をすべて放棄しなければならないとしても、彼らはみずからの個性、文化、言語、宗教を捨てるよう要求されているのではない。「アメリカの交響曲は様々な国籍によって書かれなければならず、これらの国籍はその個性的で特徴的な音を維持し、仲間である他の国籍と調和してこの音を奏でる」[140]とマグネスは書いている。パレスチナに関して、マグネスの失敗の理由のひとつはおそらく、ヨーロッパの革命家たちの思考にアメリカ革命の伝統がほとんど影響を与えなかったというアーレントの後年の確認と繋がっている。

一九四八年以降に書かれた一連のテクストのなかで、アーレントはただ、ユダヤ人とアラブ人はそのような提案からまったくかけ離れており、ナショナリズム、更には「ヒステリー」がまさにふたつの民族に及びつつあり、ふたつの民族は「情け容赦ない戦いに足を踏み入れる」準備を整えているということを確認できるだけだった。言い換えれば、「ふたつの民族の頭越しに連邦国家を宣言する」(141)のは不可能であるということだ。そこから、マグネスに――そしてまた近東問題をナショナリズムに依らないで解決しようとする立場の信奉者全員に――非難が向けられることになる。そんな計画をあなたたちと一緒にやっていくアラブ人がどこにいるというのか。では、かかる非難を受けて、話すことを放棄し、満場一致の世論に与するよう決心しなければならないのか。アーレントはそうは考えなかった。しかしながら、彼女はマグネスの死後政治活動を放擲した。だからといって、彼女が直接的な現実に屈したということではない。おそらく彼女には、人間の複数性に向けられた政治という観念を理論的に救い出そうとする試みしかもはや残されていなかったのだろう。そしてこの試みは、全体主義に対してのみならず、国民的解放の数々の運動、まず第一にユダヤ民族の国民的解放の運動を占拠したナショナリズムの威力にも対する唯一可能な抵抗だったのだろう(142)。

12章　ユダヤ人評議会
政治的責任、道徳的責任

マグネスの死後、アーレントはもはや直接的にユダヤ人の政治に介入することもなければ、ユダヤ人問題をそれ自体として主題化することもなかった。『全体主義の起源』には、彼女の亡命生活初期の精髄が詰まっている。同じく『エルサレムのアイヒマン』でも、彼女はそこに戻ることはないだろう。アーレントが明言するように、この書物は「〈ユダヤ人たちについてのひとりのユダヤ女の〉書物でもないし、〈より一般的な問題を例証した〉書物でもない。これは［……］裁判によって提起された問題点に関する諸事実についての報告書である」(1)。

しかしながら、アイヒマン裁判に立ち会おうとの彼女の決心に関して、たしかにユダヤ性はその第一義的な動機ではないとはいえ、そこにユダヤ性が不在であったわけでは決してない。イスラエル人によってアイヒマンが連れ去られ、その裁判が近づいているとの知らせがアーレントの人生の真只中に出現したのだ。このとき、彼女は『革命について』に取り組んでいる最中であったが、その知らせは逃れがたい呼び声のごときものを彼女のうちに生み出した。彼女は自分の計画をすべて変更して、『ニューヨーカー』の特派員としてエルサレムに赴いた。「この裁判に立ち会うことは、自分の過去に起因する責務である」とアーレントは書いている。この責務はそれ自体が複雑なものだ。第一に、アーレントはこの裁判に、全体主義の首謀者のひとりと直接対面できる可能性を期待していた。彼女はドイツを早く去ってしまったため、それができなかったのだ。[2] それまでは、全体主義の現象についての彼女のアプローチは何よりも体系的なもので、彼女の問いはこの未曾有の体制の本性に関わっていた。そうした手法に固有の危険は、システムの働きに各々貢献してきた個人を、恐怖を生み出す機械の単なる歯車としかみなさないことだった。逆に、裁判はつねに、釈明を求められる自由な行為主体を前提とした装置である。このような装置のおかげで、アーレントは全体主義に関与した者の個人的責任をめぐる問題を再考することができた。かくして、道徳的な問い――それはアーレントの省察のなかで新たに浮上した主題ではまったくない――が前景に押し出されてくる。「私は、結局は既知のものたる行為そのものではなく、悪をなした人物に身をさらしたいのです」。[3]

しかしながら、ユダヤ性はこれら理論的な問いのすぐあとに控えている。ユダヤ性は、アーレントがそれに対して責務を感じていた過去を特徴づけるものだ。彼女はこう書いている。「私はこう感じもしました。この裁判がユダヤ人によってなされ、そして私自身ユダヤ人であるがゆえに、絶対にそこにいなければならない、と。この書物は私には事後治療（*cura posterior*）なのです」。[4] もっと精確には、この過去は彼女を「ジャーナリストではなく生き残り」として指し示す。彼女自身この書物のなかでそれを明言しているように。

傍聴席に若者はほとんどおらず、傍聴者は、その他のイスラエル人から成ってはいなかった。もしいたなら、イスラエル人はその他のユダヤ人から区別できただろう。特に多かったのは「生き残り」たちだった。

ある年齢のひとたち、老人たち、私のようにヨーロッパからの移民たちで、彼らは知らねばならないことをすべて暗記しており、教訓を得ようなどとはまったく思っておらず、自分なりの結論を引き出すためにこの裁判を明らかに必要としていなかった。(5)

アーレントが合衆国で築いた経歴、彼女がそこでなした理論的業績は、彼女の根本的実存の構え、ユダヤ女の亡命者という構えを軽減することは決してなく、この構えは、生き残ってしまい、みずからの過去に忠実であり続けてきたとの経験を永久に刻みつけられていた。そのときこの忠実さがまとわざるをえなかった形式は、そのユダヤ性を全世界ニ (*urbi et orbi*) 宣言することではなく、悪の張本人のひとりと直接的対峙を体験しようとするために、この裁判という機会を摑むことだった。

ヤスパースとの往復書簡が明かすところでは、アーレントはこの裁判に立ち会う前に資料を集めていたので、すでにユダヤ人評議会の問題――「いかに途方もない程度でユダヤ人が自分自身の根絶を組織する手助けをしたのか」――と出会っていた。それゆえ彼女は、これが極端に微妙な問いであるのを熟知していたのだが、彼女が予見していた危険な反応はユダヤ人の側にはなかった。反ユダヤ主義の再燃にきっかけを与えるのを避けなければならなかったのだ。(6) 彼女にはこの問題をそれ自体として提起しようとの意図はなかった――この書物はユダヤ人についての書物ではなくアイヒマンについての書物である――が、それが裁判に介入する限りで、やはりその問題を呈示しなければならないと彼女は考えていた。その結果、『エルサレムのアイヒマン』は当人の知らない間に、彼女の経歴のスタートをしるすことになるのだが、このスタートはユダヤ世界における事件と言ってもよく、およそ三年間も続く激しい論争を引き起こしたのだが、その主要な主題のひとつは、著書の約一〇頁にわたって、アーレントが最終解決が実行される際にユダヤ人評議会が果たした役割を非難するそのやり方であった。それを望んだわけではないのだが、アーレントはユダヤ人政治に改めて介入することになる。ただし、個人的にはもう不要であるような仕方で。

論争はユダヤ人評議会にだけ関わるものではなかった。それはこの書物が取り組んだ別のふたつの点に焦点を合わせるだろう。(7) 第一は、アイヒマンの描写。怪物のごとき存在として映るどころか、アーレントはこの人物をむしろ凡庸な個人のように感じた。彼の人生の記録全体が、彼の根本的な関心は反ユダヤ主義的情念を満足させることではなく、自分の経歴にあったことを示している。第二は、当時ベン・グリオンという大物によって牛耳られていたイスラエル国の政治的枠組みのなかで裁判が進行したことへの評価。アーレントによって提起された問題点の各々は、瓜ふたつのものあるいは分身を伴っていた。つまり、ユダヤ人評議会を問題にすることはユダヤ人自身を非難することであり、アイヒマンの描写――のちには悪の凡庸さと言う想念――は、アイヒマンを正当化し、ナチズムの恐怖を過小評価しようとする企図であり、裁判の進行に対する留保は、イスラエル国家に対する敵意の反ユダヤ的表明である、というのだ。(8)

自分に向けられた非難、特にユダヤ人陣営から発せられた非難のいずれにも公式には応答するのを拒否していたとはいえ、アーレントはそれでも、一九六四年のこの書物の第二版に追伸を加え、ユダヤ人評議会ついての論争がこの書物の真の主題を隠してしまっていることに注意を促した。つまり、判断能力、善と悪を区別する能力を失い、国家――その指令は犯罪的なものだ――の意図を実現するような行為をなすところの個人をいかにして裁くのかという主題を。アイヒマン裁判は、最初に全体主義を分析したときには過小評価していた現象を彼女に意識させるに至った。それは、尊敬すべきヨーロッパ社会で、加害者の側でも被害者の側でも道徳が崩壊したことの重大性である。道徳意識の本性をめぐる問いはまた、ユダヤ人評議会についての彼女の判断のうちにも現前している。それこそが第七章の対象であり、そこではユダヤ人評議会の振る舞いが問題視されている。道徳意識の本性をめぐるこの問いにこそ、かくも異議を唱えられたアーレントの判断は結びつけられねばならない。

評議会についての問いもユダヤ人についての問いもそれ自体ではこの書物の主題ではなかったとはいえ、アーレントはそこに、ユダヤ人政治についてかつてのいくつかの展望をおのずと再び見出すことになる。評議会とは無関係に、『エルサレムのアイヒマン』のうちでは、かつての彼女の立場の直の反響が存しているのだ。[9] われわれが見たように、ユダヤ人政治へのアーレントの介入はつねに、政治は現在の呼びかけに対する応答であり、どんな状況もが描き出す「大惨事よりも大きな好機」[10] ないし数々の可能的なものの承認であるとの彼女の確信があった。このことは、幾人かのユダヤ人にとっては現実がなおも可能的なものを隠し持っていることを前提としていた。しかしながら、『全体主義の起源』を執筆したときすでに、また、ユダヤ人の大虐殺——特にガス室——についての物語を調べたあとでは、彼女はこうした状況を「絶対的無罪」と特徴づけた。かかる状況においては、何かをなすことが根本的に不可能であるばかりではなく、無実の者たちの集団内部でのあらゆる差異が廃絶され、その結果、彼らに生じることは、各個人にできたこと、できなかったこととといかなる繋がりもまったく維持できなくなってしまう。アーレントはこの絶対的無罪のなかに、「絶対的有罪」と形容される犯罪者たちの非人間性を鏡のように映し出すところの非人間性を見た。事後的に、世界はこの二重の非人間性を知るようになる。それは、この状況の継承者たち、つまり一方ではドイツ人、他方ではユダヤ人が各自の立場から担わねばならない重荷なのだ。絶対的無罪という非人間性は、『エルサレムのアイヒマン』の第七章を解明するための出発点となるいまひとつの問題点である。より正確に言えば、いつを起点として絶対的無罪について語ることができるのか。われわれの仮説によると、アーレントがユダヤ人の指導者の政治的責任ではなく道徳的責任を明らかにするやり方は、絶対的無罪という重荷を壊し、「何もなしえないときに何が残っているのか」と定式化されうるようなその代替物を最後まで復元するためのいまひとつの試みとして解釈されるべきである。

論争のこの側面に集中しながらも、われわれがなすべきは、アーレントの判断すべてを全力で正当化することではなく、ユダヤ人評議会に関わるこの書物の箇所を支えている数々の問いを再構成することである。重要な点はわれわれには次のことであるように思われる。つまり、アーレントによって提起された数々の問いは、歴史のこの時期から何かを理解しようと努める者にとって妥当なものなのか、そうではないのか。(11)

1節　絶対的有罪性と絶対的無罪の非人間性。ハウスナー検事の「愚かで残酷な」問い。人類の一員であるという恥

アーレントほど、ナチズムの敗北を超えて続く全体主義の結果＝効果に敏感であった者はいない。ユダヤ人とドイツ人に、ナチズムは呪いのように効いてくる重荷を残した。この重荷は、絶対的有罪を絶対的無罪に対立させるぞっとするような鏡であって、このような絶対的有罪と絶対的無罪のいずれも「政治的現実という領域と関係」を有することがない。絶対的有罪と絶対的無罪という概念がアーレントによって錬成されたのは、彼女がまだ――ヤスパースと違って――犯罪という言葉はナチの政治を形容するのに適していないと考えていた頃である。ナチスの不正行為の怪物性は何よりも、彼らが既存の司法的カテゴリーすべてを超え出たため、いかなる罰も適切ではなくなったという点に存している。なぜなら、いかなる

罰も先験的に、罪の法外さにとっては不適切であるからだ。鏡に映されるかのように、犠牲者の無罪は過ちとまったく同様に非人間的なものなのだ。

一般的に言って、人間は、ガス室の前で全員が無罪であるほどには無罪であることは決してないのです（ガス室を前にしては、たとえば憎むべき高利貸は実際、新生児と同じく無罪です。というのも、いかなる犯罪もそのような罰に値するものはありえないからです）。犯罪を超えたところにある過失と、善行や徳を超えたところにある無罪については、人間的にも、政治的にも何もすることはできません。［……］ドイツ人たちは［……］司法体系のなかではもはや適切に罰せられない何十万もの人々を背負っていますが、一方、われわれユダヤ人は何百万もの無罪の者を背負っており、彼らの名の下に、今日のユダヤ人は各々、みずからを人格化された無罪とみなしているのです(12)。

政治的現実に戻るためには、ドイツ人全体とユダヤ人全体のまさに内部での立場の相違を新たに見分けるためには、すなわち人間性に戻るためには、「徳を超えた無罪と悪徳を超えた有罪の」地獄の鏡を壊さねばならないのだが、「そこでは、ユダヤ人はすべて必然的に天使となり、ドイツ人はすべて必然的に悪魔となる(13)」。

全面的有罪とは集団的有罪の謂で、ひとつの民族全体が他の民族全体に対してなす犯罪である。しかし、いったんヒトラーが敗北してみると、そのような概念を採り上げ直したとしても、それはまさにナチズムの邪悪な罠に陥ることになってしまう。というのも、有責性が全体的なものなら、ドイツ人のなかから誰かひとりを犯罪者として切り出すことは不可能になるからだ。全体主義－以後のこの不可能性は、全体主義の連続的結果＝効果でしかない。実際、全体主義の企図とは、人間たちが率先して活動する必要をおぼえることなく、総体的過程の方位を告げる唯一の者の意志に一糸乱れず服従することで動員される、そのような社会を動かすことであるからだ。こうした統合を獲得するための方法のひとつは、「ヒトラーの下で自分の党員証明書を取るか仕事を失うかを選べと命ぜられた市の清掃員」のように、各個人の私的実存が、彼が犯罪の共犯者だったか否かに依存するような組織化された有責性のシステムを設定することである。こうして、犯罪者と非‐犯罪者の境界は消えていく。清掃員の動機は犯罪ではなく、党員証明書を取ることで、彼はそれを望んだわけではないのに共謀者になった。直接手を下した執行者たちに関しては、彼らは自分たちが殺したのだとは意識していなかった。彼らは「仕事」を遂行したのであり、材料を「加工」しなければならなかったが、人間存在を殺したのではないのだ[14]。この計画化された連累は、あとになって真の犯人を指し示すことを不可能にし、世界に対してドイツ人とナチスの違いがないということを証明するのを目的としていた。しかしアーレントは、かくも多くの犯罪者がドイツ連邦で罰せられないままになるとは予測していなかった。一方では、きわめて多くのドイツ人が、多大なパトスを用いて、いかなる点で自分たちが有罪であると感じ、特に何もしていなかったとしても自分たちがドイツ人であることをどれくらい恥じているかを声高に述べた。他方で、本当に何かをした者は完全な魂の平静によって有名になった。彼らの大部分は決して裁かれることがなかった、他の者は軽微な罰を科せられただけであり、更に他の者はアデナウアーの行政機関での重要なポストに依然として座り続けた。アーレントは結局こう考えることになる。組織化された有責性という呪いを打ち破る唯一の方法はまさに、ある一定の諸個人を訴追し処罰する責任を政府が担うことだ、と。「もしドイツ人が〈われわれに責任がある〉と言っていたら、彼らは本当に罪を犯した者たちを見つけて彼らを罰していただろう[15]」。裁判と処罰は罪障性を現実のなかに刻みつけ、万人の関わりが位置づけられるべき真の水準を現れさせる。アイヒマン裁判の折に、アーレントは自身の思考を修正した。「すべての裁判の絶対必要条件とは、犯罪が犯罪のままであるということだ[16]」。

「無罪」ということで、アーレントはひとつの性質ではなく、行動に対するひとつの位置のことを考えている、ということをわれわれは見た。無罪者、それは何もしなかった者であり、生まれてしまったという咎だけを有した者である。「特定の事例ではなく一般的な人々に向けられることで」、絶対的無罪という原理を実現したのはガス室である。そこから、『全体主義の起源』でアーレントによって引用されたダヴィッド・ルーセの次の一節、「私はあなたになぜガス室なのかと問えるだろうか」が帰結する。──「なぜあなたは生まれたのか」──これは──厳密に言えば──ユダヤ人、ジプシー、精神病患者にしかあてはまらない[17]。これらの男性、女性、子供は生誕したというただそれだけの事実によって死へと運命づけられた。それゆえ、彼らの身の上に降りかかることは、彼らがなしたことといかなる関係ももたないのだ。無罪者の最たるもの、それは生者の世界から引き剝がされたユダヤ人とジプシーの子供であり、親が伴っていようといまいと、彼らはアウシュヴィッツで死んでいった。ガス室で命を落とした者はすべてこの状態に、彼らの生の全面的廃棄に戻っていった。最悪の犯罪者でさえ再び新生児と化す。絶対的無罪には前例がない。絶対的無罪は、人間たちのあいだの差異化──ひとりひとり分けた場合に彼らがなしたりなさなかったりすること──をまったき無意味へと還元してしまう。「想像できる限りのいかなる人間の犯罪もそのような罰に釣り合うものではありえなかっただろう[18]」。

　絶対的無罪の前例のなさを考慮することを起点とすることでのみ、屠場へと送られる群れの強迫的なイメージに接近し、それを超える試みを行うことができる。しかし、まず幾つかの図式と袂を分かつ必要がある。最初は殉教者という図式である。犠牲者には、迫害への回答の伝統的様式に訴える可能性がないのだ。アーレントはこう断言している。「殉教者とは選択肢がある者のことを言う。ナチスのシステムが不可能ならしめたのはまさに殉教者なるものである。われらが死者たちの死は単に〈無罪〉であったのだ」[19]。袂を分かつべき他の図式は抑圧と反抗である。

重要だったのは、生誕の偶然によって死を宣告された者が最後の瞬間まで、生誕の偶然によって生きることを強いられた者と同じく従順に、自分たちの役割にしたがいそれを演じたということではない（それは周知の事実で、それを隠したところで何の役にも立たないだろう）。それを超えたところに、無罪と有罪はもはや人間の振る舞いが生み出したものではないとの事実があったのだ。

アーレントが一九四六年以来言明してきた問題系によって、われわれはなぜハウスナー検事がアイヒマン裁判で証人たる生き残りに提起した質問――「なぜあなたがたは〔収容所行きの〕列車に乗ったのですか」「なぜあなたがたは反抗しなかったのですか」[20]――が「愚かで残酷な」ものであったのかを解明できるだろう。

《最終解決》に直面したユダヤ人の振る舞いをめぐる問いに接近するために、アーレントは「ゲットーの心性」といった観念に頼ることを拒絶すると共に、同じくそうした問いをユダヤ人史の没政治的特徴と関係づけることもなかった。アーレントによれば、ユダヤ人たちは、いかなる人間的市民集団をも無能状態に陥れた悪循環の犠牲者であった。ホフストラ大学における討議で自著について説明をしながら、アーレントは聴講者にこう指摘した。「ユダヤ人たちは、いかなる人間的市民集団をも無能状態に陥れた悪循環の犠牲者である」という点を支持するために、自分は、すでに『全体主義の起源』で利用したように、『エルサレムのアイヒマン』でも、ブーヘンヴァルトに関するダヴィッド・ルーセの一節を意図的に引用したのだが、それはまさにユダヤ人がブーヘンヴァルトの収容所には収容されていなかったからである、と。人間が直接的恐怖という条件の下でそこへと貶められる客観的な無能状態という観点から見ると、マネキンのように死へと赴く犠牲者——ブーヘンヴァルトには政治犯が多く収容されていた——の整然たる破壊と、「みずからの意志で死刑場に向けて行進する」[21]ユダヤ人の整然たる破壊とのあいだには相違がない。ゲットーの心性はそのような現象とまったく関係がない。まず問いただされるのは、無罪の状態と繋がっている深甚な傷つきやすさ（vulnérabilité）である。ダッハウとブーヘンヴァルトに関するベッテルハイムの観察記録を再び採り上げ直しながら、アーレントが記したように、「いつも、無罪の者が真っ先に消えていったのだ」。無罪の者は自分の身に降りかかることを解釈するいかなる手立てもない。だから、犯罪者の方がしばしば収容所の生の荒廃的な影響力によりいっそう耐えることができた。「支配集団に対する現実的な反抗」ゆえに収容された者たちに関しては、たとえ収容所で受ける扱いによって彼らが完全な専断にさらされ、そのため、単に生まれたという理由だけでそこにいるのではないことで彼らにもたらされるかもしれない保護が彼らから完全に奪い去られたとしても、彼らの運命は少なくとも最初は、自分たちがなしたことと最小限の関係をもっていた。このような状況でユダヤ人を襲う無気力は、処刑場に到着する直前でさえも、上記のごとき無罪と関係づけることができる。これは「絶対的な無意味さの挑戦に対する物理的で自動的な応答にほぼ等しい[22]」とアーレントは提案している。

このことも思い出しておくべきだが、直接的な恐怖は犠牲者たちに対するウォーミングアップの緩慢な過程によって準備されたのであり、アーレントはこれをすでに戦中のテクストにおいて突き止めていた。

こうしたウォーミングアップの土台は、ナチスがユダヤ人を陥れた不安定な状況で、恐怖《テロル》と希望、「ユダヤ人政治のこれらふたつの公然の敵」のあいだで激しく揺さぶられていたのである。テロルのどんな措置にも偽りの約束がつきもので、彼らはどうしようもなくこの約束にすがっていた。恐怖と希望とのこの交替は、ユダヤ人たちが行為するためのほんの些細な裂け目や可能性も手にすることがないよう阻止することにあった。「怯えにも希望にも慣れているので、われわれは、絶望しながらも、今日への配慮なしに生きている」。どの新たな措置もより小さな悪として現れるので、それは次の措置がなされるまで受け容れられることになる。「われわれユダヤ人は、抵抗しないで非政治的にフランスの監禁収容所に赴くし、ダッハウの方がはるかに悲惨であったと考えて自分を慰める［……］、われわれは相次ぐ危険のなかでより小さな悪に委ねられつつ、大惨事の深淵のなかで死ぬしかないのである」(23)。結局、ユダヤ人の傷つきやすさの本質的な要因はユダヤ人の政治状況であって、その没政治的態度ではないのだ。「ユダヤ民族には領土も政府も軍隊もなく、［……］この民族は連合国に対してみずからを代表する亡命政府ももたなかったのだ」(24)。それゆえ――前章で指摘しておいたように――アーレントは一九六四年にも、この傷つきやすさを打ち消すためには、軍隊を形成してユダヤ民族が連合国によって正規の交戦国として承認されることで「ユダヤ人の地位が正常化すること以上に助けになるものは何もない」ということだった(25)。

それゆえ、検事の質問が「愚かな」ものとなるのは、それが時代の情勢を考慮しないのに応じてであり、「残酷な」ものとなるのは、それが生き残りの悪夢――生き残りにとっては、生き残ったという事実それ自体ですでに罪障性を背負わされている――に、鎖を断ち切る奴隷の理想的イメージ、当時の情勢のなかではまったく場違いなこのイメージに即して振る舞わなかったという罪障性を更に付け加えるに応じてである。

いったん全体主義が打ち倒されてしまえば、単に括弧が再び閉じられただけのように、それを繰り返すことはできない。ナチズムが残した重荷を、つまり絶対的無罪と絶対的有罪を引き受けなければならないのだ。こうした展望のなかで、「人類〔人道〕に対する犯罪」という問いを採り上げ直すことができる。なぜなら、ユダヤ民族がそのような犯罪の犠牲者であるとしても、ユダヤ人が対ナチズムの糾弾行動を立ち上げようとするそのやり方は、当のナチズムによって遺贈された呪いを永続化させかねないからだ。アーレントによれば、糾弾は、有罪の民族に対する無罪の民族として発せられる必要はなく、「地上のあらゆる民族[26]」の名の下で、あるいは人類の尊厳の名の下で発せられるべきなのだ。地上のすべての民族がこのように現前して、ユダヤ人によって起こされた糾弾を支持することで、すでにして絶対的無罪と絶対的有罪の鏡は砕かれる。人類の尊厳という名の下で、人間が他の人間に対してなしうることを非難しなければならず、それはつまり、糾弾されていることの張本人たちも人類に含まれていると考えることである。人間の尊厳――人間である限りで各人に与えられるべき敬意――数え切れないほどたびたび愚弄したのは人間たちであって火星人たちではないのだ。

ドイツ人であることに対して恥ずかしく思うと明言するドイツ人に対して、アーレントは次のように書く。自分はよく「私は人間という種に属していることを恥ずかしいと思っていたと答えたい気持ちに駆られた[27]」、と。それゆえ、今世紀の真只中に生み出された恐怖のあとでは、糾弾を導く情動は、人間が人間に被らせることのできるものを前にした恥となる。しかし、他者たちによってなされた犯罪が私の存在をも傷つけ、私の清廉潔白を損なうためには、共通の人間性といったものが必要となる。ここでわれわれは、ラーエル・ファルンハーゲンにとってパーリアと世界との関係を開き示した恥の最終的変様に触れている。恥とは、証人への呼びかけ、ただ人間の絆だけが成し遂げうる解放への呼びかけを伴った自己への繋縛である。われわれはカフカの『審判』の結末でもそれに出会っていた。世界に対する恥として。ここで、恥は普遍化され、他のすべての人間存在の諸行為に対する恥となるのだが、それは単に自分自身もまた人間存在であるからだ。人間という種に属していることゆえのこの恥は、プリーモ・レヴィが表現していた恥と重なり合う。すなわちそれは、「義人が他者によって犯された過ちを前にして感じとるものであり、この過ちの存在ゆえに、この過ちが実在する諸事象の世界のなかに撤回不能な仕方で導き入れられたがゆえに感じとられる自責の念[28]」なのである。こうした状況において人間性を引き合いに出すことは、絶対的無罪という重荷を、ますます受け容れがたくなるもうひとつの重荷と取り替えることである。なぜなら、それが意味しているのは「責任への義務」であるからだが、二〇世紀に犯された残虐行為によってますます途方もないものと化すこの義務はというと、次のように言い表される。

われわれは人間が犯したすべての罪の責任を自分自身でとらなければならない。民族は他の民族が犯した大罪の責任を負わなければならない。

このような義務は「近代の政治思想すべての前提要件」なのだ。われわれは人類という観念の最初の着想をユダヤ人の先祖に負っているのだが、この責任を引き受けることで、ユダヤ人たちは自分たちに固有の遺産を取り戻したのだが、これに促されて、彼らは「みずからの共同体の罪だけではなく、同様に人間が犯した違反をすべて[29]」背負うことになった。ユダヤ思想にその起源をもちながらも、この遺産が普遍的であるのは、それにもとづくことで、善意のドイツ人たちもまたこの重荷に直面し、共通の人類という観念ならびに他者が犯したあらゆる犯罪への責任という観念へと立ち戻ることができるその限りにおいてである。

しかしながら、共通の人類への準拠はつねに特定の状況を起点として確立されるのだが、重要なのはこの状況を受け容れることであって、直接的にそれを普遍性へと超え出ていくことではない。ユダヤ人あるいはドイツ人はそのつど「ある集団（共同体）への帰属」を指し示していて、「私は確固たる行為をもってそこから離れることはできない」[30]。だからこそ重荷の名はドイツ人にとっては絶対的有罪、ユダヤ人にとっては絶対的無罪となるのだが、それらは互いに繋がりながらも区別された呪いであって、それ自体が互いに区別された解体の様相を呼び求めている。

2節　絶対的無罪はどこで始まるのか

裁判のあいだ、アーレントはジヴィア・リュベトキン・ツッカーマンの気高さと証言にいたく感服していた。この人物は、ワルシャワのゲットー蜂起の指導者のひとりで、彼は「感傷的にもならず、自己への甘えもなく」（*completely free of sentimentality and self indulgence*）〔感傷や自分を甘やかすことから完全に自由に〕語ることができた。アーレントはこう書いている。ツッカーマン夫人の証言から暗に分かることだが、「そのような状況のなかで個々の人間の身に起こりえた最悪のことは〈無罪〉ということであり、今もそうであり続けている」[31]。無罪についての問い――この問いは第七章でユダヤ人評議会に言及される直前に登場していた――はまさにそれゆえ、それを起点としてこの点に関するアーレントの立場に接近することのできる展望のひとつである。それゆえ、どの程度ユダヤ人評議会の成員は絶対的無罪という状況にあったのか、そして、もしそうでないなら他の選択肢はいかなるものであったのかを知らなければならない。

このような問いに対する答えは直接的なものではありえないだろう。なぜなら、ユダヤ人評議会会議について語られるとき正確には何が語られるのかを知らなければならないからだ。特に重要なのは、一般的にも、ナチズムの時期においても、ユダヤ人評議会の成員をユダヤ人指導者全員と同一視しないことである。たとえば『エルサレムのアイヒマン』で、アーレントはユダヤ人指導層の三つの審級を問いただしている。ドイツ国内でのユダヤ人共同体の責任者たち、シオニズム運動の責任者たち、そしてユダヤ人評議会の成員である。論争のなかで、アーレントを批判する者たちはこのように問いただされた三つのものをひとまとめにする傾向があった。数あるなかでも特に、「ドイツ出身のユダヤ人評議会」(*Council of Jews from Germany*)の公式表明を引用してみよう。このテクストはその冒頭で、ユダヤ人指導者たちが自民族の絶滅に加担したと主張したとして、ヒルバーグとアーレントを同時に糾弾している。次いでこのテクストは、ドイツに関して言うなら、〔ユダヤ人指導者と〕ドイツ当局との交渉を「協力」として描写するのは残酷きわまりない不正義であるということを指摘している。ユダヤ人の指導者はユダヤ人の運命を和らげ、職業訓練と移住を容易ならしめるために全力を尽くしたのだから。しかし、戦争勃発後、このシステムは指令の実行を技術的に援助するよう彼らを強制した。このテクストは最後に、「ドイツ・ユダヤ人を代表する団体たる集団である帝国代表団(*Reichsvertretung*)の男女の」勇気を喚起している。その多くは——一九四三年にベルリンで銃殺された人質のように——ナチスの指令を完全には実行しなかった廉で殺された[32]。しかし、アーレントにとってこうした言明は問題を捉え損なっている。「彼らは帝国代表団がしたことを語っていますが、私が非難したのは帝国統合(*Reichsvereinigung*)のことなのです[33]」。言葉を換えれば、ユダヤ人指導者たちの態度に関しては、最終解決の実行のいかなる段階にいるのかを知らなければならない。総じてアーレントは三つの状況を区別している。ドイツのユダヤ人共同体に関しては、彼女は、

〔ナチス〕体制初期のリアルポリティックスについて、それゆえ政治的応答について語っている。ユダヤ人評議会については、「道徳的次元の問い」が問題であって、これを彼女はユダヤ人の特別攻撃隊が処刑場で果たさねばならなかったこと、すなわち「道徳的問題ならざる残虐行為」[34]と区別している。

知られているように、『エルサレムのアイヒマン』のなかでアーレントは、ヨーロッパ・ユダヤ人の破壊の諸段階のラウル・ヒルバーグによる再構成に実質的には依拠しているが、この破壊は、ヒルバーグが「ユダヤ人用の行政的装置」と呼ぶものの発展の背景を成していた。このような図式——犠牲者自身はこのうえもない困難なしにはそれを知覚できない——の事後的再構成は、この図式が前もって決められた計画の結果であることを意味しない。明確な仕方であらかじめ確立された計画という考えに反対するヒルバーグの論拠は、ナチスの官僚的装置——それは六百万人の虐殺の必須条件——を考慮に入れることであって、この機関は、ひとつの中心に服従するピラミッドではなく、多様化し脱中央集権化した「様々な部品の集合体」であり、それゆえユダヤ人の破壊は唯一の部署によってなされた事柄ではなく、様々な程度であらゆる部署がそれに関与した。その結果、どの段階でも、公務員たちは、少しあとでどのような措置がなされるかを必ずしも知ることなく、数々の「案件」を解決することになったのだ。

ヒルバーグによれば、「ふたつの相異なる政治によって特徴づけられる」ふたつの時期を区別しなければならない。

(1)一九三三年から一九四〇年まで、目標はユダヤ人を移住させてドイツを「ユダヤ人なし」(*judenrein*)にすることであった。この時代はそれ自体が三つの局面に分けられ、そのいずれもが行政的部局と警察的部局を動員する。まず誰がユダヤ人であるかを定義しなければならず、次いで、ユダヤ人から生活手段を剝奪するためにユダヤ人の財産を没収しなければならず——このことは彼らを強制的に移住させずにはおかなかった。第三の局面――これは第二の時期の配置を容易にしたのだが――は集中の局面である、すなわち、社会全体からユダヤ人を孤立させ、彼らをますます狭くなるゲットーへと押し込んでいく局面である。これらの措置はまず帝国の領土――併合以後はオーストリアも――で適用され、次に占領下のポーランドへと広がり、そこが破壊機械の実験場となった。この最初の時代は『エルサレムのアイヒマン』の第四章「最初の解決――強制退去」、「第二の解決――集中」と一致する。一九四〇年の夏、アイヒマンはまだ、四百万人のユダヤ人をマダガスカルに移住させることについて思案をめぐらす段階にあった。(35)

(2)一九四一年から一九四五年にかけて問題となるのは、「ユダヤ人問題についての最終解決」、すなわちユダヤ民族の根絶やしである。ソ連邦攻撃の三週間後、おそらく一九四一年七月三一日にヒトラーはある決心をした。この決心を実行に移す数々の悪行の第一のセットは、ドイツ軍の東方進攻に沿った「殺戮の移動作戦」による大虐殺から構成されている。ここで、殺戮者はその犠牲者を追いつめ、その場で殺すのだ。第二のセットは、犠牲者を死刑執行人のところへ追いやることを、すなわち、犠牲者を強制移動させることを要求したのだったが、これはより巨大な組織の介入を必要としていた。一九四一年夏の終わりに、アイヒマンはヘイドリヒから、占領した各々の国で、ユダヤ人を根こぎにし、逮捕し、彼らの財産を押収し、処刑場へと送ることを前提とした全体的な組織計画を起草する役目を与えられた。ヘイドリヒによって一九四二年の一月二〇日に招集されたヴァンセー会議が、次官たち(*Staatssekretäre*)、主要な死刑執行人であるSSの隊長たち(内務省、司法省、外務省等々)と共に、最終解決の実施を決定したのだ。この第二の時期は『エルサレムのアイヒマン』の第六章「最終解決――殺害」と第七章「ポンティウス・ピラトゥスもしくはヴァンセー会議」ならびに、ヨーロッパの様々な国からのユダヤ人の強制収容をめぐるすべての章に対応している。

この過程と併行して、ヒルバーグは、集中の局面以降感じとられるものとなったユダヤ人の諸制度の機能変化を明らかにした。最初彼はドイツにおけるこの変化を研究したが、帝国統合（*Reichsvereinigung*）の創設がポーランドや他の被占領国でのユダヤ人評議会のモデルとして役立つ限りにおいてそうしたのだった。ヒルバーグによれば、ユダヤ人の諸制度は、生活を組織化する機能（シナゴーグ、教育、墓地、病院、慈愛など）を伴ったユダヤ人表象の位格から、破壊の組織化への貢献の度合いをますます高めていく純粋に行政的な機能へと移行していく。こうした移行の本質的な側面は、それがユダヤ人たちには——しばしばユダヤ人評議会の成員にとってさえ——きわめて知覚しがたいということなのだが、それは、指導者たちが大抵は、ユダヤ人共同体のなかで名声と権威を享受していた人物——宗教家であれそうでなかれ——のなかから指名される限り不可避であって、名声と権威のかかる享受ゆえに、これらのユダヤ人は以前の自分たちの生存との連続性をユダヤ人の諸制度に投影することができたのだった[36]。それゆえ、ナチスが権力を奪取したあと、ユダヤ人指導者たちは一九三三年夏の終わりに、ドイツ・ユダヤ人を代表する組織——「ドイツ・ユダヤ人帝国代表団」（*Reichsvertretung der deutschen Juden*）——の創設を決定し、この組織の議長職はレオ・ベックに委ねられた。正統的ユダヤ人の一部、同化主義ユダヤ人たち、修正主義シオニストたちを除いて、この組織にはシオニストも含めて数々の責任者が含まれていて、彼らはみな政治的経験の持ち主だった。この組織の活動の本質は扶助活動と教育活動にあったが、一九三四年——体制がこの組織に「ドイツにおけるユダヤ人帝国代表団」（*Reichsvertretung der Juden in Deutscland*）と名乗るようにと強いてからは、とりわけ移住＝亡命に力を注いだ。一九三八年から一九三九年にかけては重要な分岐点であり、第三の時期の最後の局面であった。「帝国代表団」（*Reichsvertretung*）は「帝国連盟」（*Reichsverband*）になり、次いで「帝国統合」（*Reichsvereinigung*）になったが、その議長は依然としてレオ・ベックだった。ユダヤ教を信仰するひと全員の入会が義務化され、一九三九年七月四日、「帝国統合」はゲシュタポの完全な監督下に置かれた。そこから、出生と死亡を報告し、ゲシュタポに筒抜けの銀行口座を開き、ユダヤ人を特別な住居に集め、移送のための証明書やリストを作成することが、その活動の本質となった。ヒルバーグはポーランドでの同じ変化も書き留めている。「ユダヤ人評議会」(*Judenräte*)はますます、ドイツの指令をユダヤ人住人へと伝えたり、ユダヤ人警察を利用したり、ユダヤ人の財産と仕事と生命をドイツ人に委ねる役目を担うようになった、と。(37) イザイアー・トランクによれば、ユダヤ人評議会がナチスによって設置されたのは、「ゲットーの生を組織し、その構造を強化するための道具としてではなく、むしろ反対の目的のためだった。(38) すなわち、被占領地域でのユダヤ住人の絶滅［……］というナチスの計画の実現を手助けする道具として」設置された。ユダヤ人評議会の他のあらゆる役割――文化的、宗教的、社会的役割など――もこの計画に依存していたのだ。

ヒルバーグによる時期区分を念頭に置くことで、自分に向けられた反論に対するアーレントの立場を理解することが可能となり、そこから更に、ユダヤ人評議会の成員の責任はどの水準において妥当なものなのかという問いに接近することができる。もうひとつの選択肢を設定しておくなら、われわれは依然として、ユダヤ軍とシオニズムに関するアーレントの昔からの問題設定のうちに身を置いているのではないだろうか。リアルポリティックスの批判が問題なのだろうか。もしそうであるなら、ユダヤ人評議会の成員は現在時が彼らにもたらした機会を捉えることができなかったと言わねばならないだろう。たとえばローベルト・ウェルチュ――彼が一九三三年四月一日の『ユダヤ展望』(*Jüdische Rundschau*)で発したスローガン、「黄色い星を着けているのを誇りに思おう！」にアーレントは言及している――は、アーレントの昔の立場の延長線上で『エルサレムのアイヒマン』の命題を復元している。(39) 彼は、「暗にあなたは、リアルポリティックスはユダヤ人殺害へユダヤ人の加担の道を舗装したと主張している」と書いている。これに対してアーレントはこう答えている。「私はリアルポリティックスがユダヤ人殺害への道を舗装したとは考えておりませんし、私の表現がそれを仄めかしているとも思いません。また、ユダヤ人評議会についてもそう思っておりません。そんなことはまったく無意味です」(40)。ヒルバーグの時期区分にしたがって、アーレントはナチ体制の最初期と最終解決の時期との第一の相違を勘案している。

私が提起した問いは、「最終解決」の時期におけるユダヤ人役人の協力（*cooperation*）という問題です［……］。一九三九年まで、いや一九四四年になってさえも、ユダヤ人の役人たちがしたこと、しなかったことは理解可能ですし、許すことのできるものでした。あとになって初めて、事態は大いに問題をはらむものとなったのです(41)。

一九三三年から一九三八年のあいだ、ドイツでのユダヤ人の状況はますます不安定なものとなっていった——ナチス突撃隊の日常的な恐怖にさらされ、ユダヤ人は公務員職と大学から追放され、しかも徐々に司法と医学関連の職業につくことも禁止されていった等々——が、その状況にはまだ何らかの可能性が、特に移住＝亡命が含まれていた。この限りで、シオニストについても、ドイツのユダヤ人共同体の指導者についても、なおも政治的応答を語ることができる。アーレントはこのような政治を、「マキアヴェッリ的な底意なきリアルポリティックス」(42)と名づけているが、この名称はユダヤ人評議会の成員を特徴づけるものではありえない。

一九三八年以前のドイツ・ユダヤ人指導者に対するアーレントの判断は、彼女の昔からの確信の延長線上に位置づけられるのだが、その確信によれば、ユダヤ人は自分の敵と味方を区別するのが最も困難であった。なぜならユダヤ人たちは、反ユダヤ主義は昔からいつも変わることなきイデオロギー的形成物であるとの考えを抱いているからだ。この問題はエルサレムでの裁判に際して再び提起されたのだが、それはこのような考えがベン・グリオンの思考様式ならびに彼が裁判の折に世界の人々に与えたかった教えの中心にあったからだ。ベン・グリオンによると、「ディアスポラのユダヤ人はつねに敵意剝き出しの世界に直面しており[43]」、永遠の反ユダヤ主義がアウシュヴィッツへと導くのだ。しかし、いかにして、永遠の反ユダヤ主義を想定することは、敵と味方を区別することができないという無能力に帰着しうるのか。反対に、そのような方向性はむしろ——特にシオニストたちのうちに——ナチスに対する根本的な不信感を生み出すと予想されただろう。ところが、一九三七年にはすでにアーレントは、ナチの反ユダヤ主義はその本性において伝統的な反ユダヤ教と異なるし、一九三三年に権力に至った者たちはユダヤ人の伝統的な敵とは何の関係もなかったと考えていた。この事実を認めることができた者たち——「ドイツでは自分には未来はないと[……]自覚した若者たち[44]」——は、アーレントと同じくその時期に移住＝亡命した。逆に、ナチズムは永遠の反ユダヤ主義の新たな転身であると考えた場合、なすべきはある馴染み深い勢力の実在を再認することだった。だから、この勢力と折衝することで、少なくとも現状維持を獲得することができたのだ。かかる分析においては、シオニストならざるユダヤ人指導者の立場はシオニストのユダヤ人指導者の立場と合致することになる。たとえば「帝国代表団」の指導者たちは、ナチズムによって設置された新たな枠組みのなかでユダヤ人の生を維持するためには何でもしなければならないと考えた。ドイツのシオニストたちはというと、この機会を、同化主義者たちに反対するユダヤ人意識を強める契機とみなすことができた。

『エルサレムのアイヒマン』のこれらの箇所は多くの反論を引き起こすことになる。その多くは、数多のユダヤ人指導者の誠実さと献身の心を想起させようと欲した。数ある指導者のなかでも特にレオ・ベックのことが話題となったが[45]、彼は一九三九年イギリスで子供たちのグループに同行したあと、仲間を見捨てないためにドイツに帰ってきた。レオ・ベックはテレジン強制収容所に収容され、深夜にタルムードと古代ギリシア演劇とカントについての講演会を主催した。他の指導者たちは、生存のすべての領野でユダヤ人の生を維持し、生命空間を維持するためのあらゆる機会を捉える意志を強調した。レオ・ベックは、軍隊による戦いではなく精神的戦いであるようなこの戦いの象徴だった。それゆえ、ラビ・アルベルト・フリートレンダーによれば、「希望が完全にないことを認めながらも、ばかげたヒロイズムに身をまかせずに勉学と祈りへと向き直る静かな勇気」に敬意を捧げなければならない。「野蛮で決定的な行為は、一世代後であったならユダヤ人の疾しい意識を鎮めてくれただろう。しかし、ユダヤ人の勉学と祈りは彼らに尊厳と力を与えてくれたのだが、それこそが彼らに最も必要なものだった。彼らは力でも権力でもなく、崇高な精神によって生きていたのだ」。一九三三年が絶滅への最初の一歩であったことをわれわれは知らなかった、とフリートレンダーは書いている。当時、このことはわれわれに民族として生存する可能性のように見えたのだった[46]。同様に、「黄色い星を着けていることを誇りに思おう」とのスローガンが勉学と祈りへの回帰という方向には向かわないとしても、それはユダヤ人としての尊厳への呼びかけ、攻撃の内面化に屈するなとの呼びかけたらんとした。この点に関して、ハンス・ヨナスはアーレントにこう指摘した。ひとりのシオニスト〔ローベルト・ウェルチュ〕から出たこのような定式の偉大さは、それがシオニズムのイデオロギーを放棄することで、ユダヤ人との連帯を選び採り、砕かれ裏切られパーリアの状態まで貶められたドイツ・ユダヤ人が、ユダヤ人の運命とその苦しみの永遠性へと回帰するのを助け、ドイツ・

ユダヤ人に記憶と新たな尊厳を与えようとした点にある、と。[47]

アーレントはこの分野では決して答えなかった。しかし当時、「ゲットーへの回帰」というスローガンを問題にしたとき、彼女はすでにそのような方向性に反対していなかっただろうか。ユダヤ人がユダヤ的伝統もしくはその同一性の再確証にもう一度自分を浸すような時代ではもはやなかったので、まずは、誰を相手にしているかを知ることが第一義的な事態であった。当時彼女は、「政治においては、汝の敵を知れは少なくとも汝自身を知れと同じくらい重要である」[48]と書かなかっただろうか。たしかに、同化の袋小路や、ドイツの深い歴史と分かちがたく属しているというドイツ・ユダヤ人の確信についてアーレントが行った多くの分析は、一九三八年のユダヤ人襲撃《ポグロム》に至るまでドイツ・ユダヤ人たちが抱いていた数々の幻想を説明できるだろう。たとえば彼女は『エルサレムのアイヒマン』のなかで、ニュルンベルク法も彼らに警戒心を抱かせなかったことを指摘している。「帝国代表団」は、自分たちの目的は「ユダヤ人とドイツ人とのあいだの我慢できる関係を可能ならしめる地位を確立」することであると宣言した。ある急進的シオニストは、「生はつねに法律がある限りで可能なのだ」[49]と付け加えている。しかし、ここでの問題はこれらの理由すべてを分析することではないし、ましてや、何が起こるかを予見できなかったことで当時の人々を非難することではない。この状況に立ち戻った当時の人々自身、ローベルト・ウェルチュのように、「引き続き起こることを予見できていたなら、彼はそのようなスローガンを発しはしなかったろう」[50]と宣言できたとしても、このことに変わりはない。問題は、ユダヤ人指導者が彼らの誠実さとは無関係に、自分たちの未来ではなく現在に対して盲目であったことを厳に認めることである。因みに、彼らの誠実さはここでは問題になってはいない。

アーレントによれば、歴史が構成される瞬間に介入する人間の主導性は、その当事者がこの主導性に認める意味＝方向から、後になってつねに逸脱させられうる。ありのままのものとしては決して望まれなかった事実を、良きにつけ悪しきにつけ可能ならしめることが人間の主導性の本性である。回顧的な判断は、続いて起こった出来事に依拠してはならない。アーレントによれば、諸事実は判断のための基準ではない。たとえ歴史家が、過去のなかに、これこれの出来事が何らかの主導性によって可能となる際の諸条件を事後的に見出すとしても、このことに変わりはない。アーレントは歴史の判断＝裁きという観念を絶えず拒絶した。逆に、判断し裁くことのできるもの、それは人間の行動の起点となる思考の枠組みである。ここでは、ドイツ・ユダヤ人の指導者たちが敵の本性を認識することにおぼえた困難であり、シオニストたちにとっての反ユダヤ主義に関する何らかの考え方である。ナチズム体制の初期、ありうべき政治的責任は依然として存在した。しかしアーレントは、「帝国代表団」の指導者たちによって進められた交渉は、「ユダヤ人評議会」のその後の協力から深淵によって切り離されているとはっきり言い添えている[51]。それゆえ、「帝国統合」の議長だったレオ・ベックは、彼が「帝国代表団」の議長として立ち向かわなければならなかったのとはもはやまったく同じではない要請に直面することになる。次のように考えることができたのは「帝国統合」のレオ・ベックであった。「ユダヤ人補助者が強制移送のためにユダヤ人たちを拉致するのを援助しなければならないかどうかという問いが提起されたとき、私は拉致されるユダヤ人にとってはユダヤ人補助者がそれを担当する方がよいだろうと決めた。なぜなら、少なくともユダヤ人補助者たちはゲシュタポより以上に穏やかさと寛容さを示し、苦難をより我慢できるものにすることができたからだ。効果的に指令に背くことは、われわれの権限のなかにはほとんどなかった」[52]。この型の正当化――第二の局面に特徴的な――を、アーレントは議論される必要のあるものとみなしている。

3節　『エルサレムのアイヒマン』における評議会とアイヒマンの道徳意識の消滅。評議会の道徳的責任

メアリー・マッカーシーによれば、『エルサレムのアイヒマン』の読者に衝撃を与えたものは、それは、ユダヤ人評議会の行動のことが、アイヒマンの罪障性についての分析と同じ文脈で喚起されたという事実であり、このことは、エルサレムの法廷がアイヒマンを糾弾するのと同じ資格でアーレントはユダヤ人評議会を糾弾している、それも大目に見てアイヒマンの罪障性を緩和することが目的であるかの印象を与えた。(53) アーレントの真の意図を改めて把握するためには、ユダヤ人評議会の成員の態度について評価を求める『エルサレムのアイヒマン』第七章の文脈を再構成する必要がある。

第七章はヴァンセー会議への言及から始まるが、この会議後にアイヒマンは「強制移住の専門家」から「強制退去の専門家」となった。まさにこの使命の枠組みのなかで、ユダヤ人評議会は重要な一部品だった。「アイヒマンとその部下は、長老たちで構成されたユダヤ人評議会に、各車両を満員にするためには何人のユダヤ人が必要かを指示し、ユダヤ人評議会は強制移送される者のリストを作成した」。それゆえ、われわれはひとつの事実を前にすることになる。それは、ユダヤ人評議会は協力し、自分たちに期待されていたことを大よそ実行したという事実である。「帝国代表団」とは違って、アイヒマン裁判にも作用したようなユダヤ人評議会の活動の枠組みは、直接的には最終解決であった。ユダヤ人評議会の重要性を相対化するために、幾人もの批判者たちは、最終解決は、ナチスがユダヤ人評議会を設置せずとも実現され

た、特にソ連においてはと、アーレントに反論した。アーレントは総じてこうした批判にまずこう答えた。つまり、自分の意図は、最終解決の実行におけるユダヤ人評議会の役割というずっと以前から知られていた事実を確証することではなかったし、自分はこの事実に新たなものは何も付け加えていない、と。更にまた、最終解決の実行に際しての彼らの役目を全体的に捉える観点を構成することが問題でもなかった。ただ裁判だけが、つまりアイヒマンだけが問題だったのだが、彼の使命は、〔ユダヤ人評議会の〕この種の組織化を必要としない殺戮のための移動作戦という謀略を監督することではなかった。ユダヤ人を処刑場に送るためにアイヒマンはユダヤ人評議会の協力を必要としたのだが、このことが本質的に彼の任務だった。アーレントによれば、ユダヤ人評議会の役目はそれゆえ、秩序立った強制移送を可能にし、それによって、「ドイツが彼らなしですますことのできない実に多くの人々[54]」を動員して、ユダヤ人および非ユダヤ人の直接的な敵意に直面するのを回避することだった[55]。

アーレントの意図はユダヤ人評議会の協力という事実を確証することではなかったのだが、それは、この書物で——特にこの第七章で——彼女の関心を占めていた問題が、アイヒマンのように「汝殺すなかれ」なる命令を尊重しつつ育てられた人々が最後にはいかにしてこの内なる声をもはや聞くことがなくなったのかを理解することだったからだ。あるいはまた、「普通の人が生来もっている犯罪への嫌悪感を打ち消すためにどれだけの時間が必要なのか。そしてこの段階まで来ると、正確にそのひとの身に何が起こるのか」と言ってもよい。ここでは悪の凡庸さという主題は展開せずに次のことだけを述べておこう。すなわち、アイヒマン裁判が終わってから、アーレントは全体主義が引き起こした道徳性の崩壊をよりいっそう意識することになったのだが、この崩壊は、犯罪者よりも「尊敬すべき社会のなかの最も尊敬された成員」や普通のひとたちにおいて甚だしいものなのだ。道徳性の崩壊が意味しているのは、殺せという命令が国家から発せられる瞬間からそれを受け容れること、あるいはまた道徳性と合法性との同一視であって、その結果、合法性と道徳性が対立した場合、より高次の道徳的法を肯定してももはや犯罪に抗する保証とはならなくなる[56]。そのような崩壊こそが、大多数の人々がナチスの犯罪に加担することを、全体主義によって誘発された主導性なき行為を可能にしたのである。そうであるなら、事後的な責任が政治的なものでしかありえないとして、ナチズムが席巻したあいだの責任は政治的であると共に道徳的な問いとなる。というのも、ある程度まで全体主義的支配は、政治的責任の不可能性、この政体に参与しなかった者たちの無能力そのものを意味しているからだ。そのような政体とは別の選択肢はひとつしかなく、それは反逆か革命であっただろう。しかし、大衆自身がこの政体を支持したのだから、別の選択肢は排除されてしまった。では、それは別の選択肢が絶対的に不在であるという意味なのだろうか。それを認めることは結局のところ、自分には選択の余地がなかったと主張するそのアイヒマンを信じることに帰着してしまう。たしかに政治的には別の選択肢はなかったかもしれないが、責任ある地位をすべて避けることはできたわけだし、何にも手を出さないこともできたのだ。世界のために何もできない場合でも、もはや政治的責任が存在しない場合でも、道徳的責任というものが残っていて、それはこう言い表されうる。「私はこの世界に何も求めない。何にも関与しないし、参加もしないだろう。残っているのはもはや生そのものとその純粋な現存在だけである」[57]。道徳的領野が人間と人間自身との関係に関わる限りで、そのような立場を採ることのできる者とは、自分の内なる誰かが犯罪者であったり犯罪の共犯者であったりすれば、もはやその自分とは一緒に生きられないと思う者たちである。ここでは――すなわち極限状況、境界線では――、自己への気遣いは道徳的行為の究極的基準になり、かくして、ひとつの緊急措置のごときものとして直接的に政治的な意味を得る。複数性が廃棄されたところでは、その最後の避難場所は思考における「一‐のなかの－二」(deux-en-un) であり、自己自身との同伴性であって、それは政治への可能的な回帰を保護する唯一の機会なのである(58)。

この裁判に接してのアーレントの努力がアイヒマン自身の観点を再構成しようと努めることであったということ、このことを思い起こしておくのは非常に重要である。その点で、われわれはここで『全体主義の起源』に関するジョージ・カテブの発言を改めて採り上げることができる。つまり、この書物の最も強力な側面のひとつは、アーレントの「思いやりのある寛大さ」のなかにある、というのだ。「彼女は、唾棄すべき、更には憎むべき人間的応答へのわれわれの寛大さを拡大させたが、しかし、彼女はそうした応答へのわれわれの共感を呼び覚ますことなくそうしたのだ(59)」。アーレントはその判断論のなかで、カントの言う「一切の他者の場所に身を置いて思考する」にそのまったき重要性を改めて与えているけれども、このことは「善きひとたち」の観点の代理表象を必ずしも意味しているのではない。「他者」(autre) という語はここでは中立的であり、まさに「一切の他者」(tout autre) なのだ。ところが、アーレントがアイヒマンの論理を想像しようと努めるときに起こる特有の事態とは、彼女が他ならぬ自分自身の努力の否定に躓いてしまうということである。彼女にとって、アイヒマンは思考しない人間と映り、その精神は——長年経ったあとで——常套句によってのみ動くにすぎない。そこから、アーレントの数々の省察の続きが生まれる。すなわち、道徳意識の働きのなかで、思考を行使することはいかなる役割を果たすのか。『エルサレムのアイヒマン』に関して実に多くの誤解が生じたのは、アーレントの歩み方が理解されなかったからだ。犠牲者を忘れている、更には犠牲者を侮蔑しているとして、そしてまた、死刑執行人に弁明を求めようとして死刑執行人に注意を集中しすぎているとして彼女は非難された。しかるに、周知の犯罪的結果があるにもかかわらず、いかにしてアイヒマンが思考しなくなったかを理解しようとするアーレントの努力は、それによって彼の罪障性を小さくするためのものではなく、反対に新しい種類の犯罪が存在するということを立証しようとするためのものだった。この犯罪は、何百万もの無罪の者を刑場に送りつつも、犯罪者の方はそれが犯罪であると思うことさえないのである。

アーレントによれば、アイヒマンにおける良心＝意識の消滅に貢献した諸要素のひとつは、「彼が最終解決に真に反対する者にまったくひとり（*no one at all who actually was against*）出会わなかった」ということだ。「反対する者にはひとりも」ということが意味しているのは、彼がいかなる抵抗にも出会わなかったということではなく、誰の話も、グリュベール牧師のような勇気ある人物の話さえも聞かなかったということである。この牧師は、ユダヤ人の生命を救い、アイヒマンが自分の義務だと思ってやっていることを非難するために彼と交渉しようと試みた。たとえば弁護士のセルヴァティウスがこの牧師に、アイヒマンの行為は非道徳的であると告げるために、教会の人間としてあなたは彼に説教をしたのかと問うたとき、グリュベールは、「〈行動は言葉よりも大きな影響力がある〉、それに〈言葉は役に立たなかっただろう〉」と答えた。アーレントがここで光をあてているのは、良心＝意識が脆いものであるとして、良心＝意識は外からの声によって刺激されなければますます脆くなるということであって、それはあたかも、数々の人道的な行為も、それが発語によって支えられなければ、決してそれ自体では意味をなさないかのようだ。なぜなら、そのような状況では、「言葉以外の何ものも行為とはならなかっただろう」からだ。こうしたエピソードに対する反例はデンマーク人民と政府の歴史である。デンマーク人民と歴史は単にユダヤ人を助けただけでなく、自分たちの行為に言葉を伴わせた。イタリアとブルガリアが二股をかけて、ドイツの指令遂行を妨害する手はずを整えたのに対して、デンマーク人たちは、王と高官たちが先頭に立って、ナチスに自分たちの政治信条を知らしめた。その結果は、ナチスの責任者たちの厳しさが「太陽の下のバターのように溶けて」いき、しかも、彼らの多くが二股をかけ始めたり、自分たち自身が指令に反抗し始めたりするほどだった。この限りで、もしアイヒマン自身の観点から身を置こうとするならば、彼と接触した犠牲者――すなわちユダヤ人評議会の成員たち――もまた、自分が余儀なくされていることについて非難の言説を己が行為に付け加えることなく指令を実行したのだ。「アイヒマンが判断できた限り、誰も抗議できなかったし、誰も協力を拒絶できなかった」[60]。犠牲者たちの態度そのものが、知らない間にアイヒマンのなかで道徳的意識全体を消し去るのに貢献した諸要素――とはいえ唯一の要素ではない――のひとつであった。

しかし、アイヒマンに対してユダヤ人評議会の成員たちの態度が及ぼした影響をめぐる問題とは別に、彼らのユダヤ民族に対する責任をめぐる問題もまた存在する。それはこの書物の主題ではなかったにもかかわらず、アーレントは危険を冒して幾つかの判断を下した。そして、これらの判断の衝撃はアイヒマン裁判本来の枠組みを超えるものだった。責任について語ることは総じて、「することができただろう」という様相で事後的に考えうる別の数々の選択肢が実在することを前提としていた。そのような問いは、ユダヤ人が置かれていた恐怖の状況において意味をもつのだろうか。

アーレントによれば、ユダヤ人評議会の状況は、ナチスがユダヤ人コマンドを利用していた数々の絶滅センターの状況とまったく同じだったわけではないということを指摘しておくのは大事である。後者はただ「純粋な残虐行為」でしかなく、それは切迫した恐怖の圧力をかけられているのだが、かかる圧力は、人間のなかの道徳的人格を殺したあとで、殺人以外の選択肢を彼に残すことなく、人間を反応の全体へと貶めてしまうのだ。逆にユダヤ人評議会にとっては、状況はおそらく恐ろしく絶望的であっただろうが、それは強制収容所の状況ではなかった。これらの決定は恐怖という雰囲気のなかでなされたのだろうが、直接的な圧力や恐怖の衝撃の下でなされたのではない。全体主義を研究する者は誰でも、こうした重要な程度の差異を知り、それを考慮しなければならない。ユダヤ人評議会の人々には、決定と行為に関する何らかの制限された自由が残されていたのだ(61)。

しかしながら、この最後の表現は曖昧である。なぜなら、「決定と行為に関する何らかの制限された自由」がなおも存在したとしても、それは、あたかもまだ可能事の次元が存在しているかのように、なされたことが幾つもの可能的な行為のあいだから選ばれて生じたということを意味しているのだろうか。ユダヤ人評議会の成員は犠牲者であったということをつねに想起しなければならない。以前には時に並外れた権力が与えられたとはいえ、彼らは結局のところ強制収容所に送られたのだから(62)。この限りで、彼らは裏切り者でもないし、協力者でもないし、ゲシュタポの手先でもなかった。アーレントは自分を誹謗する者たちに、自分が話題にしているのはつねに手を貸すこと《コオペラシオン》であって協力《コラボラシオン》ではないと絶えず繰り返した(63)。協力は裏切りを、大抵は個人的利益から自民族の敵方に意図的にまわることを前提としている。ユダヤ人評議会の成員はナチスの味方につかなかったし、同胞の利益のために行動しているとの印象をしばしば抱いただろうが、それでもやはり、彼らの行為は絶滅計画に手を貸すものだった。これらの人間が捕らえられた罠は、その意図がいかなるものであれ彼らが何かをしたときから、行ったことすべてが彼らの意図と敵対するものとなり、その意図にもかかわらず、絶滅計画に寄与するものとなったということに存していた。だからこそ、ユダヤ人評議会の成員は多くの場合誠実な人物で彼らなりに全力を尽くしたと指摘することで彼らを弁護する、『エルサレムのアイヒマン』の批判的書評はすべて、問題を捉え損なっている。

当時の状況は動機と行為は完全に分断していたのだから。アーレントによれば、根本的な問題は「善人たちが最悪のことをした(64)」ということである。つまり、彼らの行為は原則として、ありうべき誠実さの刻印を決して残してはいなかったのだ。アーレントが書いたように、「いかなる可能性もなく、なすべきことも何もなかった」。抵抗はなく、可能的な反抗もなかった。ユダヤ人の指導者は「ユダヤ人大衆よりもほとんど同程度に無力であったのだ(65)」。

しかしながら、それは他に選択肢がなかったと述べることだろうか。まさにメアリー・マッカーシーが述べたように、アーレントが肯定していること、それは、「抵抗と協力のあいだには、ある行為が——あるいはむしろ決意が——生じえたかもしれない小さな隙間があった(66)」ということだ。この小さな空間は、「ほとんど同程度に無力」のうちに存していた。なぜなら、この「ほとんど同程度」の「ほとんど」〔わずかに異なる〕に潜んでいるのが、ユダヤ人にとって「正常」とされる生活への最後の幻想であり、それは、指導者と指導される者がいて、指導者が指導される者に何かをなしうるような生活だったからだ。ユダヤ人評議会の成員たちの責任は、指導する者とされる者というこの分割にずっと住み着いていたことであり、「責任者」と見られることを依然として受け容れていたことであり、自分自身の無力を認めなかったことだった。現実の無力と見せかけの権力とのずれ——絶滅センターでのコマンドにとってそれはもはや何の意味もなかった——はいまだナチスには気づかれていなかった。ユダヤ人評議会の役割ならびに、最終解決の組織化への評議会の関与は、ユダヤ人共同体の内部での指導する者／される者という伝統的な政治的分割に、すなわち、指導者が何かしてあげられるという幻想にもとづいていた。選択肢は手を貸すか反抗するかではなく、手を貸す、つまり何かをするか何もしないかであり、これは単に指導者という役割を放棄し——そのことによってこの役割は空っぽの貝殻でしかなかったということを強調しさえする——、いわば下部組織に戻ることだけではなく――、これがきわめて重要なのだが――かかる辞任にある言説を付け加えることをも意味していた。アーレントが書いているように、「私は単なるひとりのユダヤ人でしかなく、いかなる役割も果たしたくない、と言うだけで十分だった」[67]のだ。これは、他の数々の個人のなかでのひとりの個人でしかなくなることへの決意に帰着する。たしかに、「十分だった」は相応しくない。というのも、この種の表現は、そうした決意が容易であることを仄めかしているが、実際には、辞職したり、幾つかの指令の実行を拒否した者たちに恐ろしい弾圧が加えられたりした事例には事欠かないからだ。しかし、そのような立場の再構成が単なる机上の空論でないのも事実である。というのも実際、ユダヤ人評議会の成員とならないかと打診された人物たちがまさに上記のような意味で手を貸すのを拒んだ事例も数多くあったのだから。事件が起こっているまさにそのときに、ユダヤ人評議会に参加することは自明の理ではなかったし、――ユダヤ人のあいだには――ユダヤ人評議会という組織に断固として反対する者たちもいた[68]。他の数々の個人のなかでひとりの個人であること、みずからの権力を放棄するだけでなく、反対に自分がいかなる権力も有していないと認めることはまた、「再定住」(réinstallation)という語――ナチスはユダヤ人を待ち受けるものをこの語で示していた――が真に意味していたことを、ユダヤ人指導者たちがそれを知っていた場合には――アーレントはハンガリーのカストナーの事例に特に言及している[69]――ユダヤ民族に取り戻させることを含意していた。これらの指導者が強制移送を阻止する可能性も、せめてその進行を遅らせる可能性もまったくなかった限りで、このような復元は必要ではなかったのだろうか。強制移送に続いて起ったかもしれない総退却は、すべてのひとを助けることはもちろんなかったが、それでも犠牲者の数はここまで上がらなかったのではなかろうか[70]。更に、情報の未曾有な性格に鑑みればまったく納得のいく否認によって、大多数のユダヤ人がこの情報を聞きたがらない以上、かかる恐怖を明かしたところで何の役にも立たないだろうという議論は十分ではない。こうした情報をもっていたかもしれない人々のあいだには、それを必然的に考慮した者もいただろう。では、情報を握り、それが正確な情報であることを知りつつ、それを自分の胸に――他者のために――留めておいたのは誰であったのか。

何もしないという決意が、ユダヤ人共同体の代表者としてではもはやなく、個人的な資格でしかなされえないとしても、[71]この決意は、自己自身ならびに他者への発語として表現可能な内的ディレンマをなおも含んだ道徳的問題だった。何もしないで、かつ、なぜなのかを語る決心をすることもできただろうが、そのことは、言葉にまだ重みがあると考えられていることを前提としている。エルネスト・ジーモンが断言していることに反して、ユダヤ人評議会の成員は道徳的・精神的人格の殺害という段階にまではまったく行き着かなかった。[72]しかしながら、この選択肢の本性を理解させるために、アーレントが用いた比較は大いに問題をはらんでいる。「同様に、今日われわれが知っているように、殺人者である突撃隊にも、制限されたものではあるが別様の選択の余地があった。彼らは〈私は殺し屋の任務から解放されたい〉と言うことができたし、それで彼らには何も起こらなかった」。[73]ユダヤ人評議会の成員にこの「彼らには何も起こらなかった」を適用することは不可能である。犠牲者としては、彼らには自分を救い出す方法はまったく存在しなかったし、それどころか、手を貸すのを拒絶したときには、彼らは恐るべき復讐を受けた。それに、彼らは殺人者としての役目に巻き込まれてはいなかった。もちろん犠牲者にとっての責任の内容は死刑執行人にとっての責任の内容と同じではなく、同様に、一方と他方を待ち受けていた運命も同じではなかったのだが、この場合、「同様に」という先の表現は、一方にとっても他方にとっても一切の責任を拒否することに存しているような選択肢が現に存在することとしか関わりえない。しかし逆に、これらふたつの場合において問題なのは道徳的問題であり、自己の自己に対する態度であって、この態度は、まさにそれが言説――ユダヤ人民族に向けてそうした決意の諸原則を明かすこと――を伴うべきであった限りで、極限状況のなかで直接的に政治的な意義を帯びることになる。最もそれが起こりそうになかったところで、政治的意味が最後に現れるのだ。

数々の「もし」で歴史を作り、更には、外側から教訓を与える歴史であるかに見える危険を冒してまで、可能事を追い求めるこの「できたかもしれない」の位格は――身の毛もよだつようなこの情勢のなかでは――いかなるものだろうか。M・マッカーシーの言葉によれば、まさに問題は過去への思弁であり、この思弁は現在の視点から、自己自身がこの過去に関わっていない限りでなされる。しかし、「過去を思索することは［……］非難することではなく（非難するには遅すぎる）、単に願うこと、後悔すること、目をつぶること、別様になされた事柄を見ること、そしてある場合には感嘆することである」[74]。それが道徳的なものであれ、その選択肢を復元することは、ユダヤ人評議会の成員たちが行ったことの起源に存した最小限の決意を明らかにするだろう。したがって、道徳的責任が問題であるとして、それが諸個人にしか関わらず、ユダヤ民族には絶対に関係ないということは明らかである。ユダヤ人指導者を非難することで、ユダヤ民族それ自体を非難するのだと仄めかすことは、「ユダヤ民族とその指導者が一枚岩である」[75]かのように、指導する者とされる者の関係について間違った考え方をすることである。逆に、ありうべき個人的選択を復元することで、絶対的無罪という呪いを解消するとまでは言わないとしても、少なくともそれを動揺させることはできる。この限りで、アーレントがあれこれの可能性が実現しなかったのを後悔した際、彼女の発言を否定するように見える数々の行動が生じたことについて、アーレントの読者たちがアーレントに情報を寄せたとしても、彼女はそれを反論と捉えるどころか、このことは彼女には自分自身の思索を確証するものと映った。アーレントに反論を提起する目的で、ゲルトルーデ・エゾルスキーによって言及されていることだが、[76] アルトゥール・ジィギエルボイムの態度に対してもおそらく事情は同じであったろう。ブントのメンバーとして彼は、一九三九年に閉鎖的なゲットーを実現する責務を負ったワルシャワのユダヤ人評議会に加わるように提案された。ジィギエルボイムは拒絶し、その拒絶の理由をこう述べた。

下されたばかりの決心は歴史的な性質を帯びる。われわれには服従する権利がないということをあなたにうまく示せなかったのは分かっている。もしゲットーがわれわれによって実現されるなら、自分には生きる権利がないだろうと私は感じている。だから私は自分の任務を降りようと思う。委員長の義務は、すぐにゲシュタポに私の辞任を知らせることだ。私の挙措が私に個人的に及ぼすかもしれない結果を推し量ってみるが、やはり他のようにはできないのだ。[77]

このエピソードは最終解決以前に起こっていたにもかかわらず、ジィギエルボイムが一方では、自分は何よりも「指導的地位の名誉」を拒絶し、「普通のユダヤ人にならねばならないと思っていたこと、他方では、このような拒否はその決意の道徳性を明らかにする言説――「ゲットーが実現されるなら、自分には生きる権利がないだろう」、「他のようにはできない」――を伴っていたと考えたというのは注目すべきである。アーレントの語彙で言うなら、もし自分がそのような不名誉に加担すれば、私はもはや自分自身と共に生きていくことはできない、ということである。[78]

ユダヤ人評議会に関する省察を通じて、アーレントはより一般的な現象に光をあてている。「死刑執行人においてのみならず、犠牲者においても［……］尊敬すべきヨーロッパ社会の道徳が崩壊した」という現象である。そうした点を明らかにするために、彼女は歴史のこの一章を強調したのだと断言している。[79] 犠牲者の側での道徳の崩壊は、密かに彼らが死刑執行人の基準を採用するよう導かれていることを意味している。それに、アーレントが復元した選択肢――何もしないこととなぜなのかを言うこと――は、何もしないよりもむしろ何かをするという決断を判断することよりも、「犠牲者たちが自分自身と他人たちの目の前で自己正当化する際の論議[80]」を判断するよう彼女を導いたのであって、かかる論議とは言い換えるなら、ユダヤ人指導者が自分自身に向けて発した言説であり、大抵は戦後釈明を求められたときに彼らはそれを明かすのだった。これらの言説を客観化するに際して重要なのは、これらの人間がその名の下にみずからの行動を方位づけるところの諸原理を改めて公的なものにし、議論に対してある判断――彼らが要請した諸原理は道徳的にうさんくさいのみならず、最善ではなく最悪のことをするのに貢献しもするとの判断――を呈示することである。まさに本質的にこれらの正当化の検討こそ、どの程度それらが殺人者たちに感染しているかを明らかにするのである。

名簿の作成については二種類の正当化が存在しえた。(1)「誰かが死ななければならないなら、それが誰になるかということをわれわれ自身が決めた方がよかった」。(2)「百人の犠牲者で、千人が救われた[81]」。これらの正当化は三つの観点から批判される。一方で、それらはユダヤ人評議会になにがしかの決定権があったとの幻想を維持している。他方で、それらはユダヤ教自体の信仰に反している。というのも、ユダヤ教は最初の掟に背くよりもむしろ殺されることを厳命するからだ[82]。しかし何よりも、これらの正当化は、ユダヤ人のなかで選択を行わねばならないことの受諾に依拠しており、――このことは、何人かの指導者たちの意識においては、船を無事港に辿り着かせるために積荷の一部を捨てざるをえない船長との比較で言い表されていた。しかも、選別の基準もしばしば同じであった。つまり、まずは傑出したユダヤ人

が、次いで普通のユダヤ人が救われたのである。(83)

こうした側面こそがアーレントの目に最も問題をはらんだものと映り、そのため彼女は、たとえばR・ヒルバーグが行ったように、(84)ユダヤ人にとって伝統的な沈静化の政治にもとづいて、ユダヤ人評議会の行動を説明しようとする試みに対しては躊躇いを示すことになったのだ。彼女によれば、〔ユダヤ人評議会が〕ある選別基準を選び採ることに関する適切な視点は、ナチスによって引き起こされた全般的な道徳の崩壊以外ではありえない。すでに見たように、死刑執行人においては、道徳の崩壊の本質は国家から発せられた殺せという命令の受諾にあり、その最も恐ろしい例証がアイヒマンであった。犠牲者においては、それはナチスによってもたらされたユダヤ人同士の区別を受け容れることだった。この区別ゆえに、ポーランドのユダヤ人が迫害されるのは我慢できるがドイツのユダヤ人についてはそうはいかず、老兵や受勲者のユダヤ人は見逃すが普通のユダヤ人は見逃さないということになる。東ヨーロッパのゲットーでは、ユダヤ人指導者たちが最終的には、若者や健常者や知識人のために、共同体の下層の構成員——病人、精神薄弱者、年寄り、非生産者——を犠牲にするのを受け容れるということが起こった。(85)実際、極限的な状況になる以前からすでに、そうした区別はひとつの陥穽だった。つまり、区別は最小悪がまとう諸形式のひとつで、その機能は、自分は殺されないと信じた瞬間から、その人々を殺人に慣れさせていくことだった。しかしながら、これらの区別を受け容れることは必要なことではなかった。ドイツのユダヤ人たちによってそうした必要性が認められたとしても、これらの区別はフランスのユダヤ人老兵たちによって拒絶された。(86)道徳の崩壊、死刑執行人の観点が犠牲者へといわば感染していくことは、どの人間も救われるに値するという原理がユダヤ人評議会の成員たちによって放棄されたことに存しており、このことがカストナー博士をして名簿の作成を次のように正当化させた。選別は「闇雲に」なされてはならない、「真に神聖な原理が、紙に見知らぬ者の名前を書き、そうすることでこの者の生死を決する人間の弱き手を導いているのである」[87]。しかし、ここではそうした原理が問題ではなく、単にその崩壊が問題となっているのだ。もっと悪いことに、死刑執行人の要請を原理に仕立て上げようと試みられている。いかなる原理も、誰かが見知らぬ者の生死を決定することを正当化できないというのに。

こうした現象に対するアーレントの感性が、解放以降のユダヤ人の状況への彼女の一般的な取り組みを引き継ぐものであるのは異論の余地なく明らかだが、この取り組みにおいてアーレントは、解放後に生まれた、ユダヤ人同士の数々の新たな対立（ドイツ系ユダヤ人／東方ユダヤ人、ユダヤ人／イスラエル人など）を強調していた。しかしながら、たとえアーレントが、これらの区別を受け容れたユダヤ人にとって不吉な政治的帰結——特にドイツのユダヤ人共同体の崩壊の瞬間において——を研究し続けたとしても、彼女は、あたかも解放のうちにナチスによる数々の分割の萌芽があったかのように、ユダヤ人解放とナチズムとの連続性を打ち立てるいかなる論拠もそこから引き出しはしなかった。解放以降という状況では、これらの分割はある現実にもとづいていたのに対して、ナチスはそうした分割を擬餌《ルアー》のように道具として用いたのであって、この擬餌の狙いは、一部のユダヤ人だけでなく非ユダヤ人にも、自分以外のユダヤ人を強制移送を最小悪として受け容れさせ、それによって、事態は秩序立って進んでいると確信させることにあった。ナチスにとって、「ひとりのユダヤ人はひとりのユダヤ人であった」[88]。つまり、すべてのユダヤ人が——区別なしに——絶滅に委ねられていたのだ。

4節　生き残ったという罪障性にもかかわらず自民族によって犯された悪への責任。街角のハンス・コーン坊や

「ひとりのユダヤ人にとって、自民族の破壊においてユダヤ人責任者たちが担った役割」は、アーレントによると、「この暗い歴史のなかでも最も暗い主題」である。『エルサレムのアイヒマン』のこの文章は、あたかもアーレントがユダヤ人評議会の責任は絶滅それ自体よりもひどいものであると主張しているかのように解釈されることがしばしばであった。それゆえ、「最も暗いのは最悪のことではなく、ひとりのユダヤ人にとって見るのが最も困難なという意味である」(89)と注意を促すためには、M・マッカーシーの慧眼が必要だった。言い換えれば――この書物はひとりのユダヤ女がユダヤ人たちについて書いた書物ではないとはいえ――、つねにユダヤ女として、アーレントはこれらの問いを判断していたのである。このように彼女は前政治的な所与から、感情的親近性からこれらの問いに取り組むのだが、こうした所与や親近性は、何らかの行為や態度を要求する苦しみを生み出すことになる。この苦しみは必ずしも優先される必要はない。加えて、この苦しみは判断によって制限されねばならない。自分とユダヤ民族との同一化、つまりユダヤ民族との親近性を名指しするために、それのみならず、判断が要請する自由をも名指しするために、アーレントはショーレムに「愛国心」について語る。この点において彼女は、自分がかつて愛国心を思い描いていたその仕方に至るまで、そのかつての関与《アンガジュマン》に忠実であった。つまり、そこには永続的な対立と批判が伴っているのだ。(90)

問題は何かというと、生き残ったユダヤ人たちにとっては、この感情の親近性が乗り超えがたい罪障感によって複雑化されているということであり、それはあたかもメアリー・シルキンが記したように、「ヒトラーから逃れた者が各々、移住の割り当てに恵まれた場合には他の者の場所を奪った(91)」かのようなのだ。アーレント自身のものであった〔移住の〕機会ならびに、彼女がこの事実についてみずからに課さねばならなかった判断留保の義務を彼女に思い出させるために、彼女に矢を放とうと考えて、M・シルキンは逆に、ローベルト・ウェルチュとの書簡に立ち戻ることで納得できるように、アーレントが完璧に自覚していた事柄を強調した。ウェルチュは、一九三三年宣伝大臣に呼びつけられたとき、以前から思いついていて、一時的にでも同省の官吏を動転させる言葉のおかげで、いかに『ユダヤ人展望』の公刊を守ったかをアーレントに物語っている。ウェルチュはアーレントに、「これは協力でしょうか。過ちだったでしょうか。［……］リアルポリティックスに属することでしょうか」と尋ねた。それに答えるとき、アーレントは、彼の質問は、生き残って今日みずからを有罪と感じているすべてのユダヤ人たちと同様、何もしなかったが、いずれにしてもみずからを有罪と感じる者の苦悩を明かすものだということを、ウェルチュに意識させている。ヤスパースの「われわれが生きていること、それがわれわれを有罪にする(92)」という言葉——これをアーレントはウェルチュへの手紙で引用している——はここでその価値を余すところなく発揮する(93)。では、生き残ったことでみずからを有罪と感じつつ、他者たちが、ユダヤ女たる私の代わりになしたことへの責任とみなされた責任の重荷をどのように引き受ければよいのか。A・アルヴァレスが実に見事に表現しているように、「絶滅収容所に一度もいたこともないユダヤ人たちは、収容所なきあとも道徳的に生き延びていくことができるのか。いかにして彼らは、みずからの罪障性ならびに犠牲者に対する不分明な責任を甘受することができるのか」。彼は更にこう付け加えている。「アーレント女史の暗黙の答えは、判断力と自由な知性との自立せる実践によってのみ彼らは生き延びることができるというものだった」(94)。

ここで問題となっている責任は事後的な責任である。それは単に想起の能力だけでなく、個人が今日占めている位置にも結びついている。それゆえ、次のような仮説を立てることができる。すなわち、ユダヤ人共同体のなかで責任を果たす者たち、あるいはまた、ハーヴェイ・シャピロが指摘したように、自分をユダヤ人名士と同一視する者たちは、ユダヤ人評議会の成員たちの態度に自分自身を投影し、「お前がユダヤ人評議会の成員であったら、どうしていた」と自分に問うているのだ。アーレント自身はというと、そうした同一化から自由であった。それゆえ、グラフトンの問いに答える際に、自分の書物を支持するユダヤ人を「ユダヤ人共同体と強い繋がりをもたないユダヤ人」――すなわち組織された共同体のなかで責任あるいかなる地位にもないユダヤ人――「しかし彼らにとって、ユダヤ性という事実はどうでもよいものではない」――と形容したとき、彼女が描いたのは彼女自身の立場だったのだ。ハーヴェイ・シャピロが実によく理解していたように、アーレントの観点はつねに街角のハンス・コーン坊やのものであり(95)、この子の歴史を語らなければならないのだ。この男の子は天才ではないが――あらゆる個人と同じように――救われるに値する子供であった。亡命と迫害という苦境は無名の者たちの苦境なのだ。天も地ももはややまったく殺害から守ってくれず、成り上がり者とユダヤ人名士は再びパーリアと化した。もはや何人ものハンス・コーン坊やがいるだけだ。それゆえ、ユダヤ人指導者がユダヤ人名士とその他のユダヤ人を区別するのを受け容れたことは、彼女にはきわめて異論の余地あることと見えたのだ。

それゆえ、政治的責任が存在するのは、悪が自民族によってなされえたのを認める――それが引き起こす苦しみにもかかわらず――心積もりができている場合だけなのだ。この型の問いに直面することは、ユダヤ民族を再び人類に属させることの一助にならないだろうか。だからこそ、多くの書簡の相手が、ユダヤ人評議会の役割という問題を思い切って公的に提起してくれたことでアーレントに感謝したのだ。たとえば、G・ヴァイラーは彼女にこう書いた。「たしかに時代は実に困難で、人々を判断するときにあらゆる種類の状況を考慮に入れなければなりません。しかし、だからといって、この時代にあって決定を下した者たちの責任には変わりはありません。こうした理由で、私はあなたがこの議論のための道を開いてくれたことに感謝するのですが、この議論は長い目で見ると、特にユダヤ民族に利するものとなるでしょう」。同様に、最初はむしろアーレントに対する批判的な論文を発表していたアーサー・ハーツバーグは、論争の成り行きを不安に思って彼女にこう書いた。「議論されるべき問題が幾つかあるのですが、あなたはそれらをほとんどすべて提起なさったと私は思います。しかし、現在まで、当の議論は主題に見合う尊厳の次元にまで至っておりませんし、あなたの分析の真摯さは、ほとんど全員によってひどく不当に扱われていますし、間違いなく私の論文の幾つかの箇所も同罪です」。これに対してアーレントはこう答えた。

ありがとうございます。あなたがなさってくれたことは決して今までなされたことがありませんでした。それは望外のことですが、その後、悪であったすべてのことが立て直され、新たに正当なこととなるでしょう［……］。自分は［問いを］提起するだけだということを私は知っています。私は真の論争を望んでいましたが、あなたはその代わりに何が起ったかをご存じでしょう。［……］本当のところは、私がこの書物を書いたときには答えが分かっていなかったということです。(96)

結論

ユダヤ人政治というみずからの経験から、アーレントは、抑圧から自由への移行を採り上げた自身のすべての分析のなかで作動しているのが見出される問いかけの構造を保持した。この方向で、われわれはアーレントにおけるふたつの「思考の脈絡」を明らかにした。ユダヤ人の解放についての彼女の調査から、『革命について』における友愛と憐憫の主題まで、苦痛の経験によって人間たちのなかに導き入れられた関係――苦しむ人間同士の関係であれ、苦しむ人間と彼らに憐憫を感じる人間のあいだの関係であれ――が連続的に省察されているのだ。いまひとつの「思考の脈絡」は、憐憫の曖昧な効果に抗してアーレントが持ち出す正義という問いに関わっている。『エルサレムのアイヒマン』についてBBCが番組を流したとき、チャールズ・シルヴェスターが指摘したように、アーレントには「正義に対する並々ならぬ情熱がある」(1)。しばしば正義と対立することになる自由への愛とは別に、正義への情熱は彼女の仕事を理解するのに必要不可欠な導きの糸である。

近代のユダヤ人経験をアーレントの仕事を解釈するための方向づけとして解釈したことから、われわれは彼女の仕事をその構成に即して分析するよう導かれた。この歩みの最初から最後まで踏破するなかで、われわれはアーレントにおいてひとつの界域から別の界域への移行運動と出会うことになった。主体性については所与から《誰》へ、意識的パーリアという形象もしくは正義の原理についてはは社会から政治へという移行運動である。「区別せんとする情熱(2)」——特に政治的なものと非‐政治的なものを区別する情熱——はアーレントの思考の大きな特徴であるが、だからといってそれは移行＝推移への気遣いを排除するものではない。しかし、ここにいう移行＝推移は彼女のなかでは非‐政治的なものから政治的なものへの連続的な進展とは考えられていない。人間たちにとっては政治的なものという明証は存在しないのだ。一方では、人間たちは大抵、政治的なものについての直接的な経験をもたない。他方では、行為がなされるときでさえも、その行為は一連の障害にぶつかり、それを絶えず超えなければならない。それゆえ、純粋な政治的状況といったものは存在せず、同様に、人間たちのあいだに透明性も存在しないのだ。この限りで、すべてがユダヤ人を、平等な者たちの複数的主導性としての政治的行為から遠ざける。より正確には、ユダヤ人たちは近代社会においてふたつの系列の障害に出会った。まず最初は外的障害。解放されるや否や、ユダヤ人は、彼らに与えられたばかりの平等を廃棄し、市民としての彼らの表現を聴取不能なもの——なぜならこの表現はそのつどすでに人種的アイデンティティの表明として解釈されていたから——たらしめんと欲する反ユダヤ主義の攻撃を被らねばならなかったのだから。次いで内的障害。その原因はたしかにユダヤ人の伝統にもあるが、しかしまた西洋社会における彼らの位置にも由来する。この社会において、彼らは解放され、パーリア／成り上がり者という対立に即して自分たちの集団を組織した。ユダヤ人がつねに正義という問いと特権的な関係をもっていたのは——それはまた政治的問いでもある——、彼らが政治的自由の伝統をもたないにもかかわらず解放されていたからである。それゆえ、近代との出会いは彼らに挑戦状を突きつけた。彼らに民族としてのいかなる実存も否定した解放の曖昧さにもかかわらず、ユダヤ人は——他の諸民族と同じように——自由な民族の位格へと到達することになるのだろうか。それはシオニズムが応じなければならなかった挑戦でもあった。この運動が出会うことになる数々の困難はアーレントに、政治的実存に達するために人間たちが一般に踏み超えねばならない障害の大きさを示したのだが、かかる政治的実存は、人間同士の直接的関係が必然的に確執的様相で演じられるような表象の舞台が設置されたおかげで、この関係が変容することをつねに前提としている。伝記的な数々の理由からと同時に、その企図がユダヤ人政治以外に関わることは決してなかったということを見ても、アーレントはシオニズムについて以外には書いたことがなかった。同じ問いをもって、ブントの偉大な運動を改めて問いただすのはおそらく興味深いだろう。ブントは、近代における政治へのユダヤ人の〔シオニズムとは異なる〕もうひとつの偉大な希求とみなすことができる。

アーレントの分析から判明するのは、社会が政治的なものへ合図を送るためには、社会は複数性の原理に属していなければならないということだ。互いに区別された複数の社会的アイデンティティを決定する数々の社会集団の実存は、全体主義に対する歯止めとして必要不可欠なのだが、全体主義の運動はまさに等質化のために一切の社会的アイデンティティをすべて破壊することにある。自由な個人主義に直面して、ユダヤ人同化の袋小路についての分析はアーレントを導いて、所与を、アイデンティティを個人的水準でも社会的水準でも考慮に入れる必要性をつねに認識するよう導く。すべてが個人の選択に関わる事柄なのではないし、われわれはこれこれの集団のうちに生まれることを選べないのだが、肝要なのは各人がそれを承認することである。しかし、社会的アイデンティティが必要であるとして、それは集団と集団を分化するのであって個人と個人を分化するのではない。社会的アイデンティティの反対物はつねに画一化であって、市民権や政治的行為への参与はつねにこれを分割し分散させようとする。それゆえ、各人はこの所与を演じ直さねばならないのだが、それが意味しているのは、自己自身にしか準拠しない個人になることではなく、共同体主義的関係とは別の様相をもつ他者との関係に入ることであって、かかる関係の最も高度な表現は政治的活動のうちに見出されるのだ。自由主義者と共同体主義者との当時の議論において一目瞭然なのは、人間の繋がり、つまり人間同士の共同体は共同体主義においてしか引き受けられないのだが、それに対して、自由主義という別の側では、個人の自律、個人が自分自身と結ぶ関係、個人的意識などが価値高きものとされる。アーレントの観点から見て重要なのは、共同体から出てみずからの個体性を肯定することではなく、人間関係のある様相から別の様相へ移行することである。つまり、その歴史と伝統によってつねに特異な位置にある集団の経験という現実にもとづく人間的諸関係の共同体的様相から、この同じ集団に属する諸個人が互いに代理表象されるような政治的様相へと移行するのである。この集団がみずからを民族として代理表象するなら、その成員はこの集団——それ自体が他の地上の諸民族と関係している——の只中で打ち立てられた世界に対して自分を有責とみなすだろうが、かかる成員はその後市民としてみずからを規定することになる。つねに新たな諸状況で作られた世界のなかで何をすべきかについて、自分自身の意見と他者たちの意見を戦わせようと決意した市民として。この集団が民族として構成されていないとしても、その成員たちは、その他の諸集団とは別にこの集団を含む一民族の市民として自己表明しなければならない。その際問題となるのは、この民族の政治的場面が、自分自身の特異な帰属を否定することなく、共通の事柄について議論できる市民たちの表明を可能にするということである。

自由主義か共同体主義かの二者択一から抜け出るために、われわれはアーレントにとって親しみ深いふたりの人物を喚起したいと思う。一方は、またしてもベルナール・ラザールである。彼は意識的パーリアであり、ユダヤ人として、正義と権利の平等という普遍的原理の名の下に、ドレフュスに対する不正義を非難した。しかし、普遍的原理を参照することは、自分自身が属する集団とのあいだで結ばれた関係にとってと同様に、共通の公的場面への介入にもあてはまる。少数派集団の出身だとしても、批判を全面的に免れた自己の価値づけを前提とした自己承認への純然たる要請に従事すべきではない。ベルナール・ラザールにとって――そしてアーレントにとって――、抑圧を被ったという単純な事実は、それを盾に取る者たちにただちに正当な位置を与えるわけではない。彼らの共通点は、みずからが属する共同体の自発的な態度に対して、非妥協的な批判が必要であるとつねに考えていたことである。たとえこの態度が、犠牲者の立場や苦痛の経験から直接的に出てきた素晴らしい態度であっても、このことに変わりはない。

もうひとりの人物はローザ・ルクセンブルクである。アーレントがネトルの書物について書いたテクストのなかで、パーリアの問題系は二度にわたって登場する。最初は、「パーリア集団」に関するもので、この書物はその存在を再現しているのだが、この集団は偉大な女性革命家の生と行動の本質的な背景を明るみに出してくれる。この集団はその大部分がユダヤ人で、「ユダヤ的であれ非ユダヤ的であれあらゆる社会的カテゴリーの外にあり」、同じく領土的分割＝共有の外にあるようなその成員たちを結びつけているのは、幾つかの例外的な道徳的性質であって、それはアーレントが一般的にパーリアに認めていた性質以外の何ものでもない。すなわち、慣例化した偏見がないこと、互いに尊重し合い無条件に信頼し合うこと、人間性への普遍的な感覚、社会的・人種的区別への軽蔑、経歴や社会的野心の拒絶である。アーレントがローザ・ルクセンブルクにおいて賞賛しているのは、彼女が公的生活のなかでこれらの道徳的性質を演じ直したそのやり方であり、その結果、彼女においては「革命へのアンガジュマンはまずもって道徳に関わる事柄となった」。それによって――それがパーリアという問題系を第二に喚起するものだが――、ローザ・ルクセンブルクは、ドイツ社会民主党がある仕方で形成した「パーリア社会」と対立することになったのだが、この社会の内部では、あらゆる社会との摩擦を避けながら「自己のなかで」生きようとの気を起こさせるのだ。ローザ・ルクセンブルクには「ひとつのセクトの内部で生を送っていく」意図はまったくなかった、とアーレントは書いている。これが意味するのは、一方では、彼女が絶えず「情熱をもって公的生活と［……］世界の運命へ参加し」たということであり、他方では、世界へのこの関与によって彼女はつねに労働者階級の直接的な関心を超え出ていったということである。(3) それゆえ、普遍的なものに向けてのローザの緊張が、世界のなかでの闘争へと同時に、つねに自己満足の誘惑にかられた自分自身の集団の順応主義との絶えざる対立へと彼女を駆り立てたのだ。

これがユダヤ人の共同体に対するアーレントの立場である。この立場は彼女の生前にはほとんど理解されず、特にアイヒマン事件の折にはこの無理解は顕著だった。しかし、このような立場を共有しなかったとはいえ、幾人かのひとたちは彼女の立場をしっかり認識していたのであって、そのひとり、ラビ・A・フリートレンダーはコロンビア大学の学生たちの前で話すようアーレントを招き、彼女を次のように描写している。

一〇時間以上も、彼女は明晰にそして的確にすべての質問に答え、ユダヤ人の歴史と一般的な歴史についての自身の知識と意識を惜しげもなく披露してくれた。彼女はヒトラー時代のユダヤ民族と自分の悲劇的な立場に対して熱い気持ちを示し、自著の幾つかの部分の補足説明をしてくれた。(4)

アーレントの声を聞こうと望んだ者は、彼女を有名にした冷淡さと皮肉な調子ではなく、反対にユダヤ民族に対する熱い気持ちを認めた。判断の独立性を保つために、つねに抑えられてきた熱さがここにはあるのだ。おそらく、この性質を彼女の読者たちは彼女のなかに認めて称えるのだが、それはアーレントがつねに冒していた危険であり、学者然とした慎重さとは対照的なものだった。しかし、アーレントは決して扇動者ではないし、戦略などももっていなかった。彼女の命題について、彼女自身がレッシングの命題について語ったことを述べてもよいだろう。つまり、それは認識の種子、発酵スル認識（*fermenta cognition*）であり、その本質は他者に思考させ、他者のうちに自己省察（*Selbstdenken*）を引き起こし、それを自己自身によって思考させることなのである。

訳者あとがき

本書は、Martine Leibovici: *Hannah Arendt, une Juive. Expérience, politique et histoire*, Desclée de Brouwer, 1998, pp.484 の全訳である。

訳者は同書が出版されて間もなくそれを買い求めたが、書物を手にした時、その表紙に一驚したことを今も覚えている。ジャン・フォートリエの「ユダヤ女」が使われていたからである。戦慄的な連作『人質の頭』で著名なアンフォルメルの画家で、ジャン・ポーランやフランシス・ポンジュが指摘しているように、様々な暴力、拷問に無残に歪む「ひとのかたち」、その残骸のなかから、凝結した血、黒ずんだ痣、鬱血の赤紫、えぐれた皮膚、剥き出しになった肉色と、異様なまでの美しさが立ち昇ってくる。「人間の条件の恐怖」(ポンジュ)そのものとして。「人間の条件」の破壊、否定としてではなく。フォートリエはこれらの連作に、「人質の頭」「銃殺されし者」、そして「ユダヤ女」に加えて、「赤子」(Baby)という題をつけてもいる。訳者自身、拙いジャンケレヴィッチ論(みすず書房)の表紙に「銃殺されし者」を使わせていただいた。

後述するような理由から、訳者は一読して、本書が数あるアーレント論のなかでも出色であると判断したが、著者のマルティーヌ・レイボヴィッチ(Martine Leibovici)は一九四八年一二月二八日生まれで、パリ十三大学(ヴィルタヌーズ)の政治科学の助教授を経て、現在、パリ第七大学(ドゥニ・ディドロ大学)で政治哲学の助教授を務めている。同大学の付属機関である「政治的実践と表象の社会学センター」

(CSPRP : Centre de Sociologie des Pratiques et des Représentations Politiques）のメンバーでもある。

ヴィダル＝ナケの序文や原註からも分かるように、本書はパリ第七大学に提出され、一九九六年四月五日に審査を受けた博士論文をもとにしている。主査はソニヤ・ダヤン＝ヘルツブランであったが、レイボヴィッチ自身が訳者に打ち明けてくれたところでは、論文執筆中には、著名な政治哲学者のミゲル・アバンスール（一九三九‐）から指導を受けたという。パリ第七大学というと、やはり『ハンナ・アーレント』を本書の翌年に出版したジュリア・クリステヴァがいる。邦訳が出ているので（作品社）、ぜひ読み較べていただきたい。

本書の出版以降、ハンナ・アーレント関連では、レイボヴィッチは以下の仕事を公にしている。

単行本：『ハンナ・アーレント――理解せんとする情熱』(*Hannah Arendt, la passion de comprendre*, Desclée de Blouwer, 2000)

単行本：『ハンナ・アーレントとユダヤ的伝統――世俗化の試練にさらされたユダヤ教』(*Hannah Arendt et la tradition juive. Le judaïsme à l'épreuve de la sécularisation*, Editions Labor et Fides, 2003)

単行本（共著）：『ハンナ・アーレント――国民‐国家の危機』（Avec Anne Kupiec, Géraldine Muhlmann et Etienne Tassin, *Hannah Arendt. Crises de l'Etat-Nation*, Sens & Tonka, 2007)

単行本（共著）：『ハンナ・アーレント‐クルト・ブルーメンフェルト書簡』（*Correspondance Hannah Arendt - Kurt Blumenfeld*, Desclée de Brouwer, 1998）への序文「友情を称える」(Honorer l'amitié)

雑誌『騒擾』（*Tumultes*）特集号共同編集：「パーリア、近代性のひとつの形象」（Avec Eleni Varikas, *Le paria, une figure de la modernité*, *Tumultes*, n° 21-22, novembre 2003)

論文：「フランス反ユダヤ主義におけるロスチャイルド神話——人間の諸権利の有効性と限界」（Le mythe Rothschild dans l'antisémitisme français. Pertinence et limite des droits de l'homme）、前掲『国民-国家の危機』所収。

論文：「ラーエル・ファルンハーゲン——ドイツ-ユダヤの同化の袋小路における新たな型の説話と実存哲学」（Rahel Varnhagen: A New Kind of Narration in the Impasses of German-Jewish Assimilation and Existenzphilosopjhie, in *Hannah Arendt's Centenary: Political and Philosophic Perspectives, Social research*, vol.74, n° 3, 2007）

論文：「現れることと可視性——ハンナ・アーレントとエマニュエル・レヴィナスによる世界」（Apparaître et visibilité. Le monde selon Hannah Arendt et Emmanuel Levinas, in *The journal of jewish thought and philosophy*, volume 14, numbers 1-2, 2006）

論文：「バイオポリティックスと全体主義についての理解：フーコー、アガンベン、アーレント」（Biopolitics et compréhension du totalitarisme. Foucault, Agamben, Arendt, in *Tumultes*, n° 25, octobre 2005）

本書の出版後もレイボヴィッチが、アーレントを核としながら精力的に研究を拡充していることが分かるだろうが、フーコー、アガンベンとの比較対照という方位に加えて、レイボヴィッチは、二〇〇六年に発表された論文の題名にもあるように、一方では、レヴィナスとシモーヌ・ヴェーユをめぐる考察へと、そして他方では、メンデルスゾーンやザロモン・マイモンといったユダヤ人思想家の考察へと歩を進めており、レヴィナスに関してはスピノザとの連関という巨大な問題と取り組もうとしている。

「シモーヌ・ヴェーユとユダヤ人たち——見ないことへの拘束」（Simone Weil et les juifs: une contrainte

à ne pas voir, in *Cahiers Simone Weil*, t.XXX, n° 3, septembre 2007)
「スピノザとレヴィナスと共に——選ぶことの拒否にいかなる意味を与えるか」（Avec Spinoza et Levinas. Quel sens donner à un refus de choisir?, in *Critique de la politique*. Autour de Miguel Abensour, dir. Anne Kupiec et Etienne Tassin, Sens & Tonka, 2006)
「メンデルスゾーンもしくは合理性を超えた忠誠」（Mendelssohn ou la fidélité au-delà de la rationalité, in Fidélité-infidélité, Plurielles, *Revue du judaïsme laïque*, n° 12, 2005)
「ザロモン・マイモン——真理への愛と強いられた言葉」（Salomon Maïmon: amour de la vérité et parole contrainte)、前掲『パーリア』所収

最後に、レイボヴィッチの仕事のもうひとつの方位として、アウシュヴィッツからの生還者でラカン派の精神分析家となったアンヌ＝リズ・シュテルン（Anne-Lise Stern）の『流刑にされた知——収容所・歴史・精神分析』（*Le savoir-déporté. Camps, histoire, psychanalyse*, Seuil, 2004）の編纂や、シャルロッテ・ベラート（Charlotte Beradt）の『第三帝国で夢を見ること』（*Rêver sous le trosième Reich*, Payot, 2002）の紹介をも行っている。

ハンナ・アーレントの著作はその多くがすでに邦訳され、しかも『人間の条件』『革命について』など主著は文庫化されており、アーレントを論じた考察も数多く出版されている。著者たちの顔ぶれを見ると、専門分野、その世代いずれにおいても実に多岐にわたっているのが分かる。丸山真男を初めとして、アーレントの影響が広く、細かく、そして深く日本の思想界に行き渡っていることの証左であろう。しかし、アーレントとユダヤ性との連関となると、かつて第三次中東戦争をめぐるアーレントの態度をめぐって岩

崎稔と高橋哲哉のあいだで論争があったり、寺島俊穂のようにアーレントの「政治理論」におけるユダヤ人問題、シオニズムの重要性を指摘する論者がいたり(『ハンナ・アレントの政治理論』ミネルヴァ書房、参照)、早尾貴紀のようにアーレントの中東連邦構想をマルティン・ブーバー的な二民族国家論に連なるものとして捉える先駆的な試みがすでに見られるとはいえ、問題の大きさに見合った考察が加えられているわけでは必ずしもない。実際、『パーリアとしてのユダヤ人』(未來社)に収められた論考を除くと、ユダヤ人問題、反ユダヤ主義、シオニズム、中東問題をめぐってアーレントが一九四〇年代に発表した諸論考のうちには未邦訳のものが複数存在しており、一般の読者がこれらの問題に対するアーレントの対応の全貌を知ることそれ自体が依然として不可能であり、専門的研究の水準でも、早尾貴紀、更には矢野久美子に見られる着眼はむしろ例外的で稀少な試みにとどまっていると言わざるをえない。

これは単に日本だけの現象ではなく、もっと広い範囲でのアーレント研究に付着した現象であること、この点を確認するところから本書は書き始められている。「一九七五年に彼女〔ハンナ・アーレント〕が死去すると、ニューヨークのニュースクールは彼女の思い出に敬意を捧げたが、いかなる講演もどれひとつとして彼女とユダヤ人の条件を結びつけて捉えてはいなかった。アーレントはひとりの世界市民として、政治の理論家として考えられていたのであって、ユダヤ人としての出自は単に副次的な事実にすぎなかったのだ。おそらくエリザベス・ヤング゠ブルーエルによる伝記の刊行以来、ユダヤ性がアーレントにとっていかに重要であったかということが初めて意識されることになった。これは伝記的細部として重要であるというばかりでなく、彼女の作品それ自体を読解する鍵のひとつとしても重要だった。ユダヤ性はアーレントにとって紛れもないひとつの経験(expérience)であり、このことについて彼女がつねに認めていたのは、ユダヤ性によって自分の関心が政治や歴史に向かうということであった。」(本書一頁)

ヤング゠ブルーエルの評伝の出版は一九八六年（邦訳『ハンナ・アーレント伝』が晶文社から刊行されている）であるが、それにしても、なぜこのような現象がいずこでも生じたのだろうか。ひとつにはアーレントという思想家のスタイルが作用していると言えるだろう。ユダヤ性ということで読者が何を表象するにせよ、例えば『人間の条件』のような書物を読む際に、あるいはまたそれを読んで、その読者が「ユダヤ性」のことを第一義的に意識するということはおそらく稀であろう。しかし、「ユダヤ性」のこの一種の希薄性、ひいては不在は、その現存やその否認と同様、単に前提とするべき事実では決してない。それはなぜ生じたのか、それはどのような機能を果たしているか、が更に問われなければならないのであって、「ユダヤ性」の不在もまた「ユダヤ性」との係わりのひとつのあり方なのである。

だが、それでもなお「ユダヤ性」を強調することに危惧を覚える者がいるかもしれない。「ユダヤ性」を強調すると、「ユダヤだから〜」といった不当な因果関係——本書にいう「象徴化」と「換喩化」(métonymisation) ——が設定されてしまい、この還元主義によって解釈の可能性が著しく狭められるのではないか、と。たしかに、この危惧はしばしば現実のものとなっている。けれども、「ユダヤ性」のこのような硬直した物象化は多くの場合、「ユダヤ性」に係る諸事象についての無知もしくはそれをめぐる探求の不十分さと連動している。「ユダヤ性」に限ったことではないが、ある事象について探求を進めれば進めるほど、それを性急に一般概念化することは困難になっていく。そもそも「ユダヤ人であること」という帰属それ自体、本書がその冒頭から精緻に示しているように、「実存」(existence) -「現存在」(Dasein)、「人種」(race) -「民族」(peuple) -「国民」(nation) といった諸観念とのあいだに、裸の「実存」への「ユダヤ性」というレッテルの貼付でも、「ユダヤ性」等からの「人間的本性」の抽象でもないきわめて複雑で可変的な連関を有しており、しかも、この「錯綜」は狭い意味での政治性の次元だけではなく、身体性、情動性、言語、物語性の次元にも及ぶものなのである。それは「誰？」という問いに対する答えが、ブランショの物語がしばしば描いているように、本質的な意味で単純なものたりえないことを告げているのだ。「アイデンティフィケーション、この複雑な過程……」（エドワード・サイード）。

たとえそれがある意味では不可避な操作であるとしても、不当な物象化を回避せんと努めることは、ある事象を力動的な関係性の束ないし「擬‐結晶」として考えようとすることであり、本書では「経験」という言葉でこのことが言い表されていると訳者は思っているのだが、糸を数多の繊維にほぐしていくように、「ユダヤ性」を対自的かつ対他的な関係の束とみなすことは必然的に、「ドイツ語」「イディッシュ語」「国民‐国家」「市民権」「啓蒙」「解放」「反ユダヤ主義」「全体主義」「強制収容」「ジェノサイド」「シオニズム」といった諸観念にも同様の操作が加えられることであって、例えば「全体主義」なるものを、画一的で統一的現象としてまず前提とする身振りそれ自体が問いただされる。「分解」は、二項の「対面＝対決ではなく世界を、つまり多様な要素が複雑に絡み合った錯綜を再構成」（二四〇頁）することでもあるのだ。

「「区別せんとする情熱」〔ミゲル・アバンスール〕は移行＝推移への気遣いを排除するものではない」（四四八頁）とも言われているが、マルティーヌ・レイボヴィッチは、これを「複数性」というアーレントの最重要な教えとみなすと共に、アーレントの思想とそれが醸成されてきた世界の「布置」「配置」、更には彼女の思想が形成する磁場のごときものを分析する際の方法論的指針としてもこれを援用している。例えば「ユダヤ人とは誰か」という問いをめぐる上記の思考の挙措は、「ユダヤ人」に対するアーレント自身の応対にも反映されている。曰く、「ユダヤ民族の友とは、ユダヤ人たちがみずからの内部分裂を再び生じさせるための手助けをする者、迫害者に対しては断固たる態度をとりつつも、ユダヤ人を対等の存在として、すなわち多様な人間として遇する者のことで、彼はこれらの者たちとのあいだに一致もあれば不一致もあることを認知している（二八一頁）。

この姿勢は「犠牲者」、「犠牲者の無垢」というきわめて難しい問題と、レイボヴィッチを係らせることになる。そしてここに、本書からわれわれが学ぶべき大きな教えのひとつがあるように思われる。『人間の条件』以来、アーレントは、「政治の領域でしか意味のない原理を私的生活に適用しようとする意志」（三三一頁）にも、逆に、「道徳」を直接的に「政治」に介入させることも強く異を唱え続けてきた。「アーレントがわれわれに示しているのは、これらの道徳的性質〔友愛など〕が政治的領域に直接的に入り込んでくることはありえないということだ。そんなことをするなら、これらの性質は情念や民衆扇動と化したり、マキアヴェッリが示したように、自分とは正反対のものと化したりする危険を冒すことになるだろう。政治的行動は、ひとりの《他者》についてのではなく、人間の多様性、世界についての感覚《サンス》を要請するのだが、それは唯一の道徳感覚《サンス・モラル》には還元不能なものなのだ。」（二八三―二八四頁）

すでに「対面＝対決」から「錯綜」へという変容過程について指摘したように、この構えは、「犠牲者」と「加害者」、「犠牲者の無垢」と「加害者の責任」という過度に単純化された道徳的図式それ自体を疑問に付すことを促している。それどころか、この道徳的図式の設定こそ、ある者を「犠牲者」として特権的に差し止め、ひいては「犠牲者」を「非人間化」してしまうのだ。「責任の痕跡を再び見出そうとすること、それは自分自身に剣を突きつけたとして犠牲者を非難することではなく、逆に、犠牲者を人間性のうちに維持することであり、極限に至っても応答しうる者として犠牲者を考えることなのだ。（中略）犠牲者の無垢という観念は（…）人間を非人間化することになる。」（三二四、三二八頁）

アーレントを四面楚歌の状態に陥れた『エルサレムのアイヒマン』でのアーレントの振る舞いの隠れた

意味がこうして明かされていく。スラヴォイ・ジジェクのような思想家であれば、ここに、ある者たちに惨めな「犠牲者」でしかないことを強い、彼・彼女らが銃を持つとただちに「テロリスト」と呼ぶ「犠牲者化のイデオロギー」を看取するだろうが、ここから更にアーレントならびにレイボヴィッチは、加害-被害、責任-無垢の対面＝対決にほとんどつねに伴う「憐憫」のような道徳的感情（あるいは憎悪）にも根本的批判を加えることになる。「憐憫」が任意の他者に対する「憐憫」となるとき、「憐憫は特殊な苦痛を対象としてはおらず、一般性を、すなわち貧者や悲惨な者たちを対象とする」（三三六頁）ものと化し、逆説的にも「憐憫」は相手のいかなる特異性も認識できなくなってしまう。そして、ここに至って決定的な意味を持つ言葉が発せられる。

「他者たち（*autres*）へ向かう運動へと移調した《他者》（*Autrui*）へ向かう運動ほど危険なものはない」（三三七頁）――ジャン＝リュック・ナンシーも『単数複数存在』のなかで「他者の大文字化」こそがジェノサイドを引き起こしたのだと言っているけれども、おそらくここに、レイボヴィッチをレヴィナスの批判的読解に導いた根本的な動因があるのだろう。

シモーヌ・ヴェーユの鍵語であり、また、「憐憫」と「同情＝共苦」（compassion）――「憐憫」よりも「正義」と深く係る――との関係についても、本書には重要な指摘がちりばめられているので、ぜひとも参照されたいが、「災厄」（ショアー）が「同情＝共苦」の能力を凌駕して一種のトラウマとなるという構図に関しても、レイボヴィッチは、そこに安易に「語りえないもの」「表象不能なもの」を見るのではなく、この凌駕ゆえに生じる「強迫観念化」の危険性を指摘している（三八九頁参照）。

これ以外にも、様々な分野に係る重要な推論と指摘が本書には見られるが、「ユダヤ人」に対しても「意識的パーリア」たることを選び取ったアーレントの知的勇気を継承した書物であると言ってよいだろう。なかなか語りづらい事象、ともすればタブー視されてきた難題と果敢に取り組んだことについて、訳者はレイボヴィッチに賛辞を送りたい。もちろん、アーレントのユダヤ人帰属意識についても、パレスティナ問題についても、主権性と個体性の問題についても、十全な議論が展開されているとは言えない箇所もあるし、訳者と見解が相違する箇所も当然あるけれども、アーレントの遺産を継承して、レイボヴィッチが「ナチズムの敗北を超えて続く全体主義の結果＝効果」（四〇七頁）に向ける真摯な注意は、きっと読者諸氏の世界経験にとって何らかの導きとなるにちがいない。そのことを切に願わずにはおれない。

＊　＊　＊

翻訳の作業は当初共訳の形で開始されたが、本書の高度に緻密な文体が共同作業をきわめて困難なものにし、結果的には全体を合田が単独で訳出することとなった。全力を尽くしたつもりではあるが、思わぬ見落としや誤読もあるかもしれない。読者諸氏の忌憚のないご指摘、ご批判を請う次第である。翻訳の作業が完了間近になった時、著者のレイボヴィッチさんとようやく連絡が取れ、貴重な情報を頂くことができたが、何と彼女は、訳者の友人で作家のピエール・パシェさんの親友であった。今後ともレイボヴィッチさんとはユダヤ思想研究の分野で共同作業を企画していきたい。それにしても、訳者の怠慢ゆえに、翻訳の作業は遅れに遅れ、著者にも版元にも、法政大学出版局にも多大なご迷惑をおかけしてしまった。とくに、担当の藤田信行氏には何とお詫び申し上げてよいか分からない。ともあれこのように本書を出版できるに至ったのも、ひとえに藤田氏のいつも変わらぬご配慮とご厚情のおかげである。末筆ながら、記して深謝申し上げたい。

二〇〇八年一月一日　　合田正人

著者

マルティーヌ・レイボヴィッチ
(Martine Leibovici)
1948 年パリ生まれ．パリ十三大学（ヴィルタヌーズ）の政治学の助教授を経て，現在パリ第七大学（ドゥニ・ディドロ大学）で政治哲学の助教授を務めている．同大学付属の「政治的実践と表象の社会学センター」CSPRP のメンバーでもある．アーレントを核とした多くの著書や論文を精力的に発表しており，主なものに，『ハンナ・アーレント──理解せんとする情熱』(2000)，『ハンナ・アーレント──世俗化の試練にさらされたユダヤ教』(2003)〔いずれも未訳〕などがある．

訳者

合田正人（ごうだ まさと）
1957 年生まれ．一橋大学社会学部卒業，東京都立大学大学院博士課程中退．現在，明治大学文学部教授．主な著書：『レヴィナスを読む──〈異常な日常〉の思想』(NHK ブックス)，『レヴィナス──存在の革命へ向けて』(ちくま学芸文庫)，『ジャンケレヴィッチ』，『サルトル『むかつき』ニートという冒険』(みすず書房)，『フランスを知る』(編著，法政大学出版局)．主な訳書：レヴィナス『全体性と無限』(国文社)，『存在の彼方へ』(講談社学術文庫)，『われわれのあいだで』，『諸国民の時に』，『貨幣の哲学』，モーゼス『歴史の天使』，デリダ『ユリシーズ グラモフォン』，ハンデルマン『救済の解釈学』，レイ『レヴィナスと政治哲学』，『ベルクソン講義録全四巻』(以上，法政大学出版局)，ジャンケレヴィッチ『最初と最後のページ』，グットマン『ユダヤ哲学』，デリダ『フッサール哲学における発生の問題』(以上，みすず書房)．

《叢書・ウニベルシタス　883》
ユダヤ女 ハンナ・アーレント
——経験・政治・歴史

2008年3月12日　　初版第1刷発行

マルティーヌ・レイボヴィッチ
合田正人 訳
発行所　財団法人　法政大学出版局
〒102-0073 東京都千代田区九段北3-2-7
電話03(5214)5540／振替00160-6-95814
製版，印刷　平文社／誠製本

Printed in Japan

ISBN978-4-588-00883-2

主要人名索引

ア　行

アイヒマン，アドルフ（Adolf Eichman，1906-1962）ナチス親衛隊中佐　xi, xv, 8, 49, 129-130, 134, 137, 152, 324, 335, 336, 345-346, 358, 369, 402, 404-405, 410-411, 419, 427-429, 432, 440, 452
アウグスティヌス（Augustin, 354-430）　x, 15-16, 59-60, 263, 265, 292
アデナウアー（Konrad Adenauer, 1876-1967）　ドイツの政治家　409
アハド・ハ＝アーム（Achad Haam, 1856-1927）　文化的シオニスズムの提唱者　351
アバンスール，ミゲル（Miguel Abensour, 1939-）　政治哲学者，パリ第七大学教授　342
アブドゥル・ハミド（スルタン）（Abd-Ul-Hamid, 1842-1918）　xvi, 376
アブラハム（Abraham）　378
アリストテレス（Aristote）　333, 351
アルヴァレス（Alvarez）　443
アロン，レイモン（Raymon Aron, 1905-1983）　フランスの政治哲学者　123, 130, 347
アンダース，ギュンター（Günther Anders, 1902-1992）　ドイツの思想家．1929年にアーレントと結婚，37年に離婚　304
アンテルム（Robert Antelm, 1917-1990）　145, 150- 151
イエス　266, 267
ヴァイツマン，ハイム（Chaïm Weizmann, 1874-1952）　初代イスラエル大統領　362, 365, 385, 393
ヴァイラー（Weiler, G）　xvi,445
ヴィエヴィオルカ，アネッテ（Anette Wieviorka, 1948-）　フランスの歴史家　145
ヴィーゼル，パウリーネ（Pauline Wiesel, 1778-1848）　29, 67
ウェーバー，マックス（Max Weber, 1864-1920）　ドイツの社会学者，歴史家　xiii, 241, 243, 261-262, 269
ウェルズ，ハーバート・ジョージ（Herbert George Wells, 1866-1946）　イギリスの小説家　277
ウェルチュ，ローベルト（Robert Weltsche, 1891-1982）　プラハ生まれのシオニスト・ジャーナリスト　421, 425, 443
ヴォルテール（Voltaire, 1694-1778）　211
ヴルバ，ルドルフ（Rudolf Vrba, 1924-2006）　150
エスポジト，ロベルト（Robert Esposit, 1950-）　イタリアの哲学者，邦訳『政治の理論と歴史の理論――マキャヴェリとヴィーコ』（芸立出版）がある　234
エゾルスキー，ゲルトルーデ（Gertrude Ezorsky）アメリカの哲学者で，『人種差別

と正義』(1991年) などの著者　437
エール，リュシアン (Lucien Herr, 1864-1926)　フランス社会主義の先駆者，『人権同盟』の創始者のひとり　307
エルツ，コルネリウス (Cornelius Herz, 1848-1898)　フランスの電気技師でパナマ運河疑獄の中心的人物　251
オーデン (Wystan Hugh Auden, 1907-1973)　イギリスに生まれアメリカ合衆国に移住した詩人　58

カ　行

ガウス (Günter Gauss)　西ドイツの著名なジャーナリスト　45, 80, 129, 269, 298
カストナー (Rudolf Kastner, 1906-1957)　ブダペストのユダヤ人指導者で，ユダヤ人をスイスに避難させるためにアイヒマンと取引したと云われる　435, 440
カッツェネルソン，ベルル (Berl Katznelson, 1887-1944)　労働者シオニズムの指導者　385
カテブ，ジョージ (George Kateb)　プリンストン大学政治学教授，2002年に引退　430
カノヴァン，マーガレット (Margaret Canovan, 1939-)　キール大学教授．『アレント政治思想の再解釈』(未來社) の著者　148, 188, 222
カフカ，フランツ (Franz Kafka, 1883-1924)　xiii, xvi, 46-50, 77, 78, 116, 207, 242, 287, 290, 295-296, 298-299, 302, 303-306, 315, 319-320, 352, 415
カミュ，アルベール (Albert Camus, 1913-1960)　xvi
ガンジー，マハトマ (Mahatoma Gandhi, 1869-1948)　375
カント，エマニュエル (Emmanuel Kant)　224, 231-232, 329, 331, 344
グラッテナウアー (Karl W. F. Grattenauer, 1773-1838)　164, 166, 194
グリュベール (Grüber)　431
グレゴワール神父 (Abbé Grégoire, 1750-1831)　革命派聖職者の指導者で，ユダヤ人，黒人，奴隷の「弁護士」とも呼ばれた　163, 167, 168
クレマンソー (George Clemenceau, 1841-1929)　フランスの政治家，「虎」の異名を取った　183, 198, 281, 310, 351
クレンペラー，ヴィクトール (Viktor Klemperer, 1881-1960)　ナチス時代の日記『私は証言する―ナチ時代の日記 (1933-1945年)』邦訳，大月書店，の執筆者　54
ケストラー，アーサー (Arthur Koestler, 1905-1983)　ハンガリー生まれの作家　xix
ゲーテ (Johann Wolfgang von Goethe, 1749-1832)　15-16, 34-44, 49, 68, 104, 190, 296
ゲンツ (Friedlich von Gentz, 1764-1932)　42
コーエン，ヘルマン (Hermann Cohen, 1842-1918)　ドイツのユダヤ系哲学者　87, 89-93, 98-100, 113, 288, 334-336
コゴン，オイゲン (Eugen Kogon, 1903-1987)　ドイツの著述家，社会学者　ブーフ

エンヴァルトに6年間収容され，1946年に『ＳＳ国家』を出版　133
ゴビノー（Arthur de Gobineau, 1816-1882）　209
コラン，フランソワーズ（Françoise Collin）　ブランショ論などで著名なフランスの哲学者，フェミニストで，『グリフ』（*Groupe de Recherches et d'Informations Féministes*）誌の創刊者．アーレント論の執筆者でもある　58
ゴールトシュタイン，モーリッツ（Moritz Goldstein, 1880-1977）　98-100, 102
ゴールドマン，ナフム（Nahum Goldman, 1895-1982）リトアニア生まれのユダヤ人指導者，「世界ユダヤ人会議」の議長を長年務めた　380
コーン，ハンス（Hans Cohn）『実存主義思想と治療的実践』（1997年）などの著者
コーン＝ベンディット，エリック（Eric Kohn-Bendit）　220
コーン＝ベンディット，ダニエル（Daniel Kohn-Bendit, 1945-）　ドイツの政治家，『緑の党』選出の代議士，五月革命の指導者として著名．エリックは彼の父親　xii,

サ　行

サルトル，ジャン＝ポール（Jean-Paul Sartre, 1905-1985）　xvi, 347
ザングヴィル，イズリエル〔イズレイル〕（Israël Zangwill, 1864-1926）　英国生まれのユダヤ人作家．パレスティナ以外の土地での国家建設を主張．『ビッグ・ボウの殺人』の著者　400
ジィギエルボイム，アルトゥール（Artur Zygielbojm, 1895-1943）　ユダヤ社会主義ブントの指導者　438
シェーネラー（Georg von Schönerer, 1842-1921）　126, 207
ジーモン，エルネスト（Ernst Simon, 1899-1988）　ブーバーの信奉者で，『ユダヤ人』の編集委員．エルサレム・ヘブライ大学教授　436
シャピロ，ハーヴィー（Harvey Shapiro, 1911-2007）　アメリカ合衆国のチェロ奏者　444
ジャボチンスキー，ゼエヴ・ウラジーミル（Ze'ev Vladimir Jabotinski, 1880-1940）「修正シオニズム連盟」，地下組織「イルグン」の創始者　x, 380, 393
シュテルンベルガー，ドルフ（Dolf Sternberger, 1907-1989）　ドイツの政治学者，ジャーナリスト　294
シュライエルマッヒャー（Friedlich Schleiermacher, 1768-1834）　42
ショーレム，ゲルショム（Gershom Scholem, 1897-1982）　ユダヤ神秘主義の世界的研究者　2, 56, 276, 292, 346-347, 360, 366, 368, 387, 442
シラー（Johann Christoph Friedlich von Schiller, 1759-1805）　300
シルヴェスター，チャールズ（Charles Sylvester）　447
シルキン，メアリー（Mary Syrkin）　443
スターリン（Staline, 1879-1953）　122, 135
セゲフ，トム（Tom Segev, 1945-）　イスラエルの知識人，著術家．邦訳『エルヴィス・イン・エルサレム』（つげ書房新社）がある　369
セルヴァティウス（Servatius）　431

ソクラテス（Socrate） 266

タ 行

ダシュキン，アレクサンダー（Alexander Dushkin, 1890-1976） ユダヤ教教育学者 373
タッサン，エティエンヌ（Etienne Tassin） 現パリ大学政治哲学教授 111
タミニオー，ジャック（Jacques Taminiaux, 1928-） フランスの哲学者，著書にアーレント論『トラキアの娘と職業思想家』（1992 年）がある 60
ダヤン＝ヘルツブリュン，ソーニャ（Sonia Dayan-Herzbrun） パリ第七大学教授 ix
チェルニアコフ，アダム（Adam Czerniakov, 1880-1942） ポーランドのユダヤ人技術者で，ワルシャワ・ゲットーのユダヤ人評議会議長 xv,
チェンバレン（Arthur Chamberlain, 1869-1940） イギリスの政治家 326
チャップリン（Charlie Chaplin, 1889-1977） 287, 290, 295
ツェラン，パウル（Paul Celan, 1920-1970） 当時のルーマニア出身のユダヤ人詩人 45, 50
ツヴァイク，シュテファン（Stefan Zweig, 1881-1942） オーストリアのユダヤ系作家 44
ツッカーマン，ジヴィア・リュベトキン（Zivia Lubetkin Zuckerman, 1914-1978） ワルシャワ・ゲットー蜂起の指導者のひとり 416
ドゥブノフ，シモン（Simon Dubnow, 1860-1941） ロシアのユダヤ史家 92-93, 106, 348
ディズレーリ，ベンジャミン（Benjamin Disraeli, 1804-1881） 英国のユダヤ人政治家で首相の座に就いた 358
ティセロン，セルジュ（Serge Tisseron） フランスの精神医学者 26
ディーネセン，イサク（Isak Dienesen, 1885-1962） デンマークの作家 318
ティリッヒ，パウル（Paul Tillich, 1886-1965） ドイツのプロテスタント神学者 279-282
テーヌ（Hippolyte Taine, 1828-1893） 211
デュルケーム，エミール（Emile Durkheim, 1858-1917） フランスの社会学者 307
テルトゥリアヌス ２－３世紀のキリスト教神学者 265
トゥースネル（Alphonse Toussenel, 1803-1885） 178
トクヴィル（Alexis de Tocqueville, 1805-1859） フランスの政治思想家 185-186, 222
ドーム（Christian Wilhelm Dohm, 1751-1820） ドイツの聖職者で 1781 年に『ユダヤ人の市民的改善について』を著した 166-167
トラヴェルソ，エンツォ（Enzo Traverso, 1957-） アミアンのピカルディ－ジュール・ベルヌ大学で助教授を務めるイタリア人政治学者，社会学者 130, 134
ドリュモン，エドゥアール（Edouard Drumond, 1844-1917） フランスの反ユダヤ主義思想家 180

ドレフュス，アルフレッド（Alfred Dreyfus, 1859-1935） xvi, 125, 158, 178, 180-183, 198-199, 201-204, 210, 252, 307, 309-310, 312, 450

ナ　行

ナポレオン・ボナパルト（Napoléon Bonaparte, 1769-1821） 173, 194, 299
ナポレオン三世（1808-1873） 178
ネトル（J. P. Nettl） ローザ・ルクセンブルク伝（1965年）の著者 451
ノルダウ（Max Nordau, 1849-1923） ハンガリー出身のシオニズム指導者 92

ハ　行

ハイデガー，マルティン（Martin Heidegger, 1889-1976） x, xi, 51, 59-61, 69, 75, 230-233, 318
ハイネ，ハインリヒ（Heinrich Heine, 1797-1858） 29, 46, 50, 86, 242, 287-288, 290, 295-297, 299-302, 317
ハウスナー（Gideon Hausner, 1915-1990） イスラエルの裁判官 49, 407, 411
パウロ（?-65） 266
パクストン（Robert Paxton, 1932-） ヴィシー時代のフランスの研究で著名なアメリカ合衆国の歴史家 182
ハーツバーグ，アーサー（Arthur Herzburg） 445
バリン，アルベルト（Albert Ballin, 1857-1918） ドイツのユダヤ人企業家 xiii,
バロン（Salo W. Baron, 1895-1989） ポーランド／オーストリアのユダヤ人歴史家 128
パンコフ（Gisela Pankow, 1914-1998） ドイツ出身の精神分析医 22
バーンスタイン，リチャード（Richard Bernstein, 1939-2002） 159, 219
ヒトラー，アドルフ（Adolf Hitler, 1889-1945） xvi, 80, 279, 293, 295, 363, 385, 443
ヒルスナー，レオポルド（Leopold Hilsner） 1899年にボヘミアで起こった少女惨殺事件の犯人として儀礼殺人の嫌疑をかけられたユダヤ人浮浪者．死刑を求刑されるが，マサリクらの尽力で1916年に恩赦 312
ヒルバーグ，ラウル（Raul Hilberg, 1926-2007） アメリカ合衆国の歴史家，ヨーロッパ・ユダヤ人の絶滅について自説を展開 134, 150, 417-418, 420-422, 440
ヒレル 紀元一世紀の律法学者で律法の内面性を重視した 356
ピンスカー，レオン（Leon Pinsker, 1821-1891） ポーランド生まれのシオニズム思想家，『自力解放』（1882）の著者 92, 354
ファッケンハイム，エミール（Emil Fackenheim, 1916-2003） 138
ファルンハーゲン，ラーエル（Rahel Varnhagen, 1771-1833） 5, 10-13, 15-30, 32-39, 41-43, 46, 51, 55, 58, 67, 70, 81, 88, 193, 195-196, 199, 249, 270-271, 273, 296-297, 301, 306, 318, 414
フェーゲリン，エリック（Eric Voegelin, 1901-1985） ウィーン大学政治学教授，後にアメリカ合衆国に亡命 112-113, 140, 146, 148, 232-233
フェリー，リュック（Luc Ferry, 1951-） フランスの哲学者 232

フェルドマン（Ron Feldman） 5
ブーバー，マルティン（Martin Buber, 1878-1965） 295, 383
プラトン（Platon） ix, xv, 266, 333
ブーランヴィリエ（Henri de Boulainvilliers, 1658-1722） 209
フランケル，ヒルデ（Hilde Fränkel） 281
フランコ（Franco） 281
フリートレンダー，アルベルト（Albert Friedländer, 1927-2004） アメリカ合衆国の指導的ラビ 424, 452
フリートレンダー，サウル（Saul Friedländer, 1932-） 137
フリートレンダー，レベッカ（Rebecca Friedländer） 37
ブリュックナー，フェルディナント（Ferdinand Brückner, 1891-1985） オーストリア，ドイツの作家 277
ブリュヒャー，ハインリヒ（Heinrich Blücher, 1899-1970） ベルリン生まれの哲学者，バード大学などアメリカの大学で教鞭を執った．アーレントとは 1940 年に結婚 2, 10,84, 213, 219, 267
プルースト，マルセル（Marcel Proust, 1871-1922） 185, 187, 192, 196-199, 201, 274, 299
ブルーメンフェルト，クルト（Kurt Blumenfeld, 1884-1963） シオニズム思想家 89, 101-105, 288-289, 294-295, 301, 345-346, 351, 365, 370-371, 397
ブレイヒレーダー（Gerson von Bleichröder, 1822-1893） ドイツのユダヤ人銀行家 174
プレーヴェ（B. Plehve, 1846-1904） 帝政ロシアの警察官僚出身の反ユダヤ主義の政治家 xvi
ブレヒト，ベルトルト（Bertolt Brecht, 1898-1956） 300, 317
ブレンターノ，クレメンス（Clemens Brentano, 1778-1842） ドイツ・ロマン派の作家 21
ブロッサ（Alain Brossat） パリ第八大学の哲学教師 134
ブロッホ，ヘルマン（Hermann Bloch, 1886-1951） ドイツの小説家 298. 299
ブロート，マックス（Max Brod, 1884-1968） 46, 47, 303
フンボルト（Wilhelm von Humboldt, 1767-1835） 42
ヘイドリヒ（Reinhard Heydrich, 1904-1942） ナチス親衛隊でのヒムラーの補佐役で，最終解決の考案者のひとり 419
ヘクト，ベン（Ben Hecht, 1894-1964） ハリフッドのシナリオ作家でジャボチンスキー型のシオニズムを支持 391
ヘーゲル（Georg Wilhelm Friedrich Hegel, 1770-1831） 104, 106, 241, 384
ペタン（Henri Phillipe Pétain, 1865-1951） 182
ベック，レオ（Leo Baek, 1873-1956） ドイツのユダヤ教指導者．295, 420, 421, 424, 426
ベッテルハイム，ブルーノ（Bruno Bettelheim, 1903-1960） 1939 年に強制収容所から解放後アメリカ合衆国に移住し，精神医学者となる 133-134, 143, 412

ベルクソン，アンリ（Henri Bergson, 1859-1941） 307
ヘルダー（Johann Gottfried von Herder, 1744-1803） 163, 166, 241
ヘルツル，テオドーア（Theodor Herzl, 1860-1904） ハンガリー生まれのジャーナリストで，シオニズム運動の指導者で，『ユダヤ人国家』（1896）の著者 xv, 92-93, 103, 106, 246, 348, 352, 354-355, 375-376, 390, 393
ベルナドッテ伯爵（Folke Bernadotte af Wisborg, 1895-1948） スイスの外交官，エルサレムで暗殺 386-387
ベン・グリオン（David Ben Gourion, 1886-1973） イスラエル初代首相 365, 373, 381, 393, 405, 423
ベンハビブ，セイラ（Seyla Benhabib, 1950-） イスタンブール出身の政治学者で，イェール大学教授 119, 141
ベンヤミン，ヴァルター（Walter Benjamin, 1892-1940） 17, 38, 50-51, 114, 286, 292-293, 302, 304, 318, 325, 328
ボーエン＝ムーア，パトリシア（Patricia Bowen-Moore） 57
ホメーロス（Homēros） 67, 330
ポル，ハインツ（Heinz Pol, 1901-1982） ドイツの著述家. 280, 281

マ 行

マキアヴェッリ（Niccolò Machiavelli, 1469-1527） 117, 284, 422
マグネス（Judah Leon Magnes, 1877-1943） ユダヤ人思想家，「イフード」の指導者でエルサレム大学初代学長 x, xvi, 345, 369, 373, 374, 376-378, 382-387, 392, 399, 400-402
マッカーシー，メアリー（Mary McCarthy, 1912-1989） アメリカ合衆国の作家 427, 434, 437, 442
マリタン，ジャック（Jacques Maritain, 1882-1973） フランスの新トマス主義の哲学者 266
マルクス，カール（Karl Marx, 1818-1883） 91, 213, 257, 288-289
マルブランシュ，ニコラ（Nicolas Malebranche, 1638-1715） フランスの哲学者 334
マン，トーマス（Thomas Man, 1875-1955） 288
ミラボー伯（Comte de Mirabeau, 1749-1791） フランス革命初期の指導者 163, 167
ムッソリーニ（Mussolini, 1883-1945） 279-280
メイア，ゴルダ（Golda Me'ir, 1898-1978） イスラエル第四代首相（在位 1969-1974） 358
メルロ＝ポンティ，モーリス（Maurice Merleau-Ponty, 1908-1961） 71
メンデス＝フロール，ポール（Paul Mendes-Flohr） 近代ユダヤ思想史研究家，シカゴ大学，ヘブライ大学教授 381
メンデルスゾーン，モーゼス（Moses Mendelssohn, 1729-1786） ドイツのユダヤ人哲学者 163-164, 197
モーゲンソー（Hans Joachim Morgenthau, 1904-1980） ドイツ出身の国際政治学者

xi,
モース，マルセル（Marcel Mauss, 1872-1950） フランスの人類学者 307
モンテスキュー（Charles-Louis de Montesquieu, 1689-1755） 123, 329-330, 332

ヤ 行

ヤスパース，カール（Karl Jaspers, 1883-1969） x, xi, 2, 10-12, 44, 53, 57, 68-70, 95, 288, 294, 372, 374, 396, 407, 443
ヤスパース，ゲルトルート（Gertrud Jaspers） 68-70, 293
ヤング＝ブルーエル，エリザベス（Elisabeth Young-Bruehl, 1946-） 院生時代にアーレントの指導を受け，後に大部のアーレント伝（邦訳，晶文社）を刊行 1, 15
ヨナス，ハンス（Hans Jonas, 1903-1993） ドイツの哲学者 424

ラ 行

ラザール，ベルナール（Bernard Lazare, 1865-1903） xiii, xiv, xvi, 242-249, 251-257, 259, 287, 290, 295, 306-313, 322, 338, 354-356, 375-376, 450-451
ラッサール，フェルディナント（Ferdinand Lassalle, 1825-1864） ドイツの政治学者，社会主義者 289
ラーテナウ（Walter Rathenau, 1867-1922） ドイツのユダヤ人政治家 105
ラビン，イツハック（Yitzhak Rabin, 1922-1995） イスラエル元大統領，95 年に暗殺 xvi
ラ・ブリュイエール （La Bruyère, 1645-1696） 162
ランダウ（Landau） 49
リシール，マルク（Marc Richir, 1943-） ベルギーの哲学者 75
リルケ（Rilke, 1875-1926） 58
ルイ・フィリップ（Louis Phillipe, 1773-1850） 178
ルクセンブルク，ローザ（Rosa Luxembourg, 1871-1919） ドイツのマルクス主義革命思想家 xi, 182, 184, 212, 318, 451, 452
ルグロ，ロベール（Robert Legros, 1917-2000） フランスの哲学者でヘーゲル，ドイツロマン派の専門家 160
ルーセ，ダヴィッド（David Rousset, 1912-1997） フランスの作家，ソビエトにおける強制収容の実態を暴いた 133, 144-145, 151, 410, 412
ルソー，ジャン＝ジャック（Jean-Jacques Rousseau, 1712-1778） 144, 161, 165. 188-189, 260
ルター，マルティン（Martin Luther, 1483-1546）
ルートヴィヒ，エミール（Emil Ludwig, 1881-1948） ドイツのユダヤ系作家 279, 280
ルナン，ジョゼフ・エルネスト（Joseph Ernest Renan, 1823-1892） フランスの東方古代学者でコレージュ・ド・フランス教授.『イエス伝』の著者でもある 211, 216, 331
ルノー，アラン（Alain Renault, 1948-） フランスの政治家，著述家 232

ルフォール，クルード（Claude Lefort, 1924-） フランスの政治哲学者 125-127, 228, 233-234, 311
レヴィ，プリーモ（Primo Levi, 1919-1987） イタリアのユダヤ人化学者，アウシュヴィッツから生還し，その体験の言語化を試みた．87年に自殺 144-145, 415
レッシング（Gotthold Ephraim Lessing, 1729-1781） ドイツの作家 14, 163, 167, 259-260, 299, 318, 453
レーナック，ジャック（Jacques Reinach） エルツと同様，パナマ運河疑獄の中心人物 180, 203, 251
ロヴィエロ（Anna-Marie Roviello） ブリュッセル自由大学で哲学を講じている．アーレント論の著者でもある 71, 76, 228, 235
ロスチャイルド（Rothschild） 173, 175-176,178, 183, 256, 307, 338
ローゼンツヴァイク，フランツ（Franz Rosenzweig, 1886-1929） ドイツのユダヤ人哲学者 89, 288
ローゼンブリュート，マルティン（Martin Rosenblüth） シオニズム指導者 345, 346
ローゼンブルート，フェリックス（Felix Rosenbluth） 104
ロダンソン，マクシム（Maxime Rodinson, 1915-2004） フランスのマルクス主義歴史家 xiii
ロベール，マルト（Marthe Robert, 1914-1996） フランスの文芸評論家 49
ロマン，ジュール（Jules Romains, 1885-1972） フランスの作家 277-279
ロンメル（Erwin Rommel, 1891-1944） 第二次世界大戦で活躍したドイツ軍人 368

ワ 行

ワイルド，オスカー（Oscar Wilde, 1854-1900） 201
ワグナー，リヒャルト（Richard Wagner, 1813-83） 99

原　註

序文

1．『ハンナ・アーレント＝カール・ヤスパース往復書簡』所収の書簡 22 と 23 を参照（la *Correspondance Haannah Arendt-Karl Jaspers*, trad. fr., Payot, 1995）．

2．同上，「1948 年 5 月 28 日の書簡」69.

3．『政治的生』（*Vies Politiques*, Gallimard, 1974）p.42-68 における彼女の論考を参照．

4．「1968 年 6 月 26 日のヤスパース宛書簡」，428.

5．G．ヴァイラー『神権政治の誘惑――イスラエル，法と政治』（G. Weiler, *La tentation théocratique. Israël, la loi et la politique*, trad. fr., Calmann-Lévy, 1991, coll. «Diaspora»）．

6．彼が登場するのは，1946 年 7 月のヤスパースとの往復書簡のなかにおいてである（書簡 42）．また，書簡 43 も参照のこと．

7．エンツォ・トラヴェルソの分析を参照．『引き裂かれた歴史――アウシュヴィッツと知識人を考える』（Enzo Traverso, *L'histoire déchirée. Essai sur Auschwiz et les intellectuels*, Cerf, 1997）．

8．リチャード　J．バーンスタイン『ハンナ・アーレントとユダヤ問題』（Richard J. Bernstein, *Hannnah Arendt and the Jewish question*, Polity Press, Cambridge）p.47-48，p.195-197.

序言

1．「1946 年 1 月 29 日の書簡」，『ハンナ・アーレント＝カール・ヤスパース往復書簡』（Hannah Arendt-Karl Jaspers, *Correspondance*（以下，*KJ*），Payot, 1996）p.70．引用部はわずかに変更が加えられている．

2．「1963 年 7 月 24 日のゲルショム・ショーレム宛書簡」，ゲルショム・ショーレム『忠実さとユートピア』（Lettre à Gershom Scholem，24/7/1963（以下，*L*），in G．Sholem, *Fidélité et utopie*, Calmann-Lévy，1978）p.222.

3．H．アーレント「ヴァルター・ベンヤミン」，『政治的生』（H．Arendt, «Walter Benjamin», *Vies politeques*（以下，*VP*），Gallimard, coll. «Tel»，1974）p.304.

4．H．アーレント「諸民族の和解を実現するための方法」，『出来事を思

考する』（H. Arendt, «Un moyen pour réaliser la réconciliation des peuples» (1942), in *Penser l'événement*（以下，*PE*），Paris, Belin, 1989）p.115, 120.

5．ロン・フェルドマン「ハンナ・アーレント『パーリアとしてのユダヤ人——現代におけるユダヤ人のアイデンティティと政治』への序言」（Ron Feldman, Introduction à Hannah Arendt, *The Jew as pariah : jewish identity in the modern ages*, New York, Grove Press, 1978）同書 p.17.

6．この書物のもととなった論文のタイトルは，「ハンナ・アーレント——ユダヤ的，政治的，歴史的経験」（«Hannah Arendt. Expérience juive, politique et histoire»）である．ここで論文の指導教官であるソニア・ダヤン＝ヘルツブランより賜ったご支援に心からの感謝を記したい．また同様に，審査団の他のメンバーである，ジェフリー・バラシュ，モニク・シュミリエ＝ジャンドロー，アンヌ＝マリー・ロビエロ，ピエール・ヴィダル＝ナケの各位が熱意をもって私の研究を受け入れていただいたことにも感謝を申し上げたい．何年もの研究期間のあいだにいただいたミゲル・アバンスールの厳しいお気遣いもまた忘れがたいものである．原稿を最終的な形にしていただいたことに対して，クロード・サエルとアンヌ・アミエルに，ドイツ語の字体を読み解く手助けをしてくださったリエト・ビエリヒとリア・デュピオに，そして，アンヌ＝リズ・シェテルンに対しても彼女が伝えてくれることに感謝の念を送りたい．最後になってしまったが当然重要な御礼として，ジェラール・ハダッドにこの書物をその素晴らしい叢書に加えていただいたことに心からの謝意を表したい．

I

1．「K．ヤスパース 1930 年 3 月 20 日のH．アーレント宛書簡」，『ハンナ・アーレント＝カール・ヤスパース往復書簡』p.43.

2．「K．ヤスパース 1952 年 8 月 28 日〔23 日の間違い？〕のH．アーレント宛書簡」，『ハンナ・アーレント＝カール・ヤスパース往復書簡』p.278-280.

3．ヤスパースにとって，現存在は経験的実在を示している．それは，最初の根底（*Boden*）であり，また，客観的な意思伝達の組織網として，法－政治的，文化的，政治的秩序として自我に与えられている具体的で馴染み深い状況であって，その外部では，生は動物性の衝動に身を任せてしまうだろう．ヤスパースにとっての哲学は，各人がその唯一性を失ってしまった経験的現存在を超え出て，真の存在様態へと至る行為である．彼はこれに実存という名をとっておくのだ．

4．「1952 年 8 月 23 日のK．ヤスパースからH．アーレント宛書簡」，『ハンナ・アーレント＝カール・ヤスパース往復書簡』p.280．翻訳は変更されている．

5.「1952年9月7日と1930年3月24日のH．アーレントからK．ヤスパース宛書簡」，『ハンナ・アーレント＝カール・ヤスパース往復書簡』p.280. 翻訳では変更されている.

6.「1930年3月24日のH．アーレントからK．ヤスパース宛書簡」，『ハンナ・アーレント＝カール・ヤスパース往復書簡』p.45.

7．H．アーレント「暗い時代の人間性について」，『政治的生』（H. Arendt, «De l'humanité dans de sombres temps», *VP*）p.27. 強調はわれわれによる.

1章

1．エリザベス・ヤング＝ブルーエル『ハンナ・アーレント伝』（Elizabeth Young-Bruehl, *Hannnah Arendt*, Paris, Anthropos, 1986）p.103.

2．H．アーレント「アウグスティヌスとプロテスタンティズム」，『アウグスティヌスにおける愛の概念』（H. Arendt, «Augustin et le protestantisme»（1930），in *Le concept d'amour chez Augustin*（以下，*CA*），Paris, Tierce, 1991）p.110.

3．この点についてのキリスト教の神秘主義とユダヤ教の神秘主義との違いに関しては以下を参照．H．アーレント「再評価されるユダヤの歴史」，『デカルト通り』誌（H. Arendt, «L'histoire juive revisitée»（1948），in *Rue Descartes*, n°4, avril 1992）.

4．E．ヤング＝ブルーエル『ハンナ・アーレント伝』前掲書p.103.

5．ビルギット・ペルツェル「北風は私の最大の敵である」，『カイエ・ド・グリフ』誌（Birgit Pelzer, «Le vent du nord est mon plus grand ennemi», *Hannah Arendt, Les Cahiers du Grif*, Tierce, 1986）p.133.

6.「1936年7月7日のアーレントからH．ブリュヒャー宛書簡」，前掲書『ハンナ・アーレント伝』p.69より引用.

7．H．アーレント『ラーエル・ファルンハーゲン』p.80-81.

8．アンリ・プラール「ハンナ・アーレントとラーエル・レーヴィン——同化の幻想と罠」（Henri Plard, «Hannaha Arendt et Rahel Levin：illusion et pièges de l'assimilation», *Les Cahiers du Grif*）p.111-112.

9．それは，ベンヤミンが1938年に執拗にアーレントにパリでこの書物を完成させるよう催促した理由であったかもしれない．以下を参照.「1952年9月7日のアーレントからカール・ヤスパースへの書簡」，『ハンナ・アーレント＝カール・ヤスパース往復書簡』p.283.

10．H．アーレント「例外ユダヤ人たち」，『隠された伝統——パーリアとしてのユダヤ人』（H. Arendt, «Les juifs d'exception»（1946），in *La tradition cachée. Le Juif comme paria*（以下，*TC*），Paris, Bourgois, 1987）p.125, 126.

11. この章の一部はすでに,『運命——挑戦と同意』誌に「恥から物語への悲痛な移行」(*Le destin. Défi et consentement*, dir. C. Chalier, *Autrement*, n° 21, janvier 1997) に «Le douloureux passage de la honte au récit») というタイトルで掲載されている.

12. H. アーレント『ラーエル・ファルンハーゲン』p.19.

13. 同上, p.30, 20, 13, 94–95, 263, 96, 32, 41.

14. 同上, p.20, 25, 53.

15. この点についての議論は以下を参照. B. ペルツェル「北風」前掲論文 (B. Pelzer, «Le vent du nord», art. cit).

16. H. アーレント『ラーエル・ファルンハーゲン』p.176–178.

17. 以下を参照. B. ペルツェル 前掲書 p.137.

18. H. アーレント『ラーエル・ファルンハーゲン』p.78.

19. G. パンコフ「拒絶と同一性」,『フランス精神分析学』誌 (G. Pankov, «Rejet et identité», *Revue française de Psychanalyse*, 2/1978) p.289.

20. H. アーレント『ラーエル・ファルンハーゲン』p.151.

21. 同上, p.255.

22. セルジュ・ティスロン『恥——社会関係の精神分析』(Serge Tisseron, *La honte. Psychanalyse d'un lien social*, Paris, Dunod, 1992) p.120.

23. H. アーレント『ラーエル・ファルンハーゲン』p.34, 39, 41.

24. アレクサンダー・フォン・デア・マルヴィッツはプロイセンのユンカーの旧家出身である. 彼の兄はルートヴィヒ・フォン・デア・マルヴィッツであり, この人物はプロイセンの改革者ハルデンベルクに対する反対運動を指導していた.

25. H. アーレント『ラーエル・ファルンハーゲン』p.195–213.

26. 同上, p.135, 274.

27. 同上, p.249, 257, 19.

28. 同上, p.22.

29. H. アーレント「例外ユダヤ人たち」,『隠された伝統——パーリアとしてのユダヤ人』p.130.

30. H. アーレント「例外ユダヤ人たち」,『隠された伝統——パーリアとしてのユダヤ人』p.131–132.『反ユダヤ主義について』(*Sur l'Antisémitisme* (以下, *SA*), Paris, Calmann-Lévy, 1973) p.142–145.『ラーエル・ファルンハーゲン』p.261–262.

31. H. アーレント『ラーエル・ファルンハーゲン』p.261–267.

32. H. アーレント「例外ユダヤ人たち」,『隠された伝統——パーリアとしてのユダヤ人』p.151–152.

33. H. アーレント『ラーエル・ファルンハーゲン』p.134. アーレントは序文のなかで精神分析を糾弾し, それを筆跡学と同列の位置に貶めて,「他人の

秘めた計略を嗅ぎまわり，それ以上のことを知りたがる現代の慎みのなさ」(p.16) だと説明している．あたかも，精神分析が二人にとって一種のサロンであるかのようだ．しかしながらこの一節で，彼女は精神分析の治療目的と同様に，抑圧のメカニズムの記述にも非常に接近している．それは決して誰にも語られなかった物語であり，これだけが反復の地獄から主体を解き放つことができるのだ．

34. H．アーレント『ラーエル・ファルンハーゲン』p.13.

35. H．アーレント「ヴァルター・ベンヤミン」，『政治的生』p.262.

36. H．アーレント「ヴァルター・ベンヤミン」，『政治的生』p.138-145.

37. H．アーレント「母語だけが残っている」，『隠された伝統――パーリアとしてのユダヤ人』（H．Arendt, «Seule demeure la langue maternelle» (1964), *TC*）p.240. このインタビューはドイツ語でなされているけれども，アーレントは，みずからの記憶の最深部にドイツ語が現前していることを英語の表現をもってしかうまく語れないという事実については語るべきことがおそらく多くあるだろう．

38. H．アーレント「同化の諸起源へ」，『隠された伝統――パーリアとしてのユダヤ人』（H．Arendt, «Aux origines de l'assimilation», *TC*）p.46.

39. H．アーレント『ラーエル・ファルンハーゲン』p.147.

40. ゲーテ『ヴィルヘルム・マイスターの修業時代』(Goethe, *Les années d'apprentissage de Wilhelm Meister*, trad. J. Ancelet-Hustache, Aubier, 1992) p.272-273.

41. H．アーレント『ラーエル・ファルンハーゲン』p.57.

42. ゲーテ 前掲書 p.272-273.

43. 同上，p.273. H．アーレント『ラーエル・ファルンハーゲン』p.57 より引用.

44. H．アーレント 前掲書 p.58 と「同化の諸起源へ」，『隠された伝統――パーリアとしてのユダヤ人』p.47.

45. H．アーレント『ラーエル・ファルンハーゲン』p.147 と p.148, p.21 と p.154.

46. H．アーレント「昨日の世界のユダヤ人」，『隠された伝統――パーリアとしてのユダヤ人』(H．Arendt, «Les Juifs dans le monde d'hier» (1943), *TC*) p.85. これは，シュテファン・ツヴァイク『昨日の世界――自伝』に寄せた論文である．

47. この点に関しては，ダグマル・バーナウ『可視的空間――ハンナ・アーレントとドイツ - ユダヤ的経験』(Dagmar Barnow, *Visible spaces : Hannah Arendt and German-Jewish experience*, The John Hopkins University Press, 1990) を参照.

48.「H．アーレント 1933 年 1 月 1 日の K．ヤスパース宛書簡」，『ハンナ・

アーレント＝カール・ヤスパース往復書簡』p.51.

49. H. アーレント「母語だけが残っている」,『隠された伝統――パーリアとしてのユダヤ人』p.240.

50. H. アーレント「ヴァルター・ベンヤミン」,『政治的生』p.299.

51. パウル・ツェラン「子午線」,『ストレッタ』(Paul Celan, «Le Méridien», in *Strette*, Mercure de France, 1971).

52. アーレントにおけるドイツ語の位置づけという問題, これに私の注意が向いたのはアンヌ＝リズ・シュテルのおかげである. アーレントとドイツ語については, 以下も参照. ジャック・デリダ『他者の単一言語使用』(Jacques Derrida, *Le monolinguisme de l'autre*, Galilée, 1996) p.100-109.

53. 以下を参照.「1956年7月31日のハンナ・アーレントのクルト・ブルーメンフェルト宛書簡」,『ハンナ・アーレント＝クルト・ブルーメンフェルト往復書簡 1933-1963』(*Arendt-Kurt Blumenfeld, Correspondance 1933-1963*, Desclée de Brouwer, 1998 (以下, *KB*)) p.197.

54.『ラーエル・ファルンハーゲン』には実際, アーレントによるラーエルの書簡の転写が幾つか収められている. 同書 p.276 での仏訳者アンリ・プラールの発言を参照.

55. H. アーレント「隠された伝統」,『隠された伝統――パーリアとしてのユダヤ人』(H. Arendt, «La tradition cachée», *TC*) p.191, 185.

56. H. アーレント「ヴァルター・ベンヤミン」,『政治的生』p.281-283.

57. フランツ・カフカ「イディッシュ語についての演説」,『田舎の婚礼の準備』(Franz Kafka, «Discours sur la langue yiddish», in *Préparatifs de noces à la campagne*, Imaginaire, Gallimard, 1991) p.479-481.

58. H. アーレント「ヴァルター・ベンヤミン」, 前掲書 p.284.

59. H. アーレント「1961年4月13日のK. ヤスパース宛書簡」,『ハンナ・アーレント＝カール・ヤスパース往復書簡』p.585-587.

60. マルト・ロベール『フランツ・カフカのような孤独』(Marthe Robert, *Seul comme Franz Kafka*, Agora, 1990) p.200-201.

61. 同上, 注1, p.206, 208.

62.「ギリシアの隠れ－なきこと (真理), それは精神の耳で聞き取ることができるものであり, われわれはそれをハイデガーと共に〈隠されていないもの〉(*Unverborgenheit*) として理解する」. H. アーレント「ヴァルター・ベンヤミン」,『政治的生』p.294.

63. ハイデガー「ロゴス (ヘラクレイトス, 断章50)」,『論文と講演』(Heidegger, «Logos (Héraclite, fragment 50)», in *Essais et conférences*, Gallimard, coll. «Tel», 1998) p.267.『哲学とは何か』(*Qu'est-ce que la philosophie*, Gallimard, 1960) p.48-50. そして,「詩人として住まう人間」, 前掲書『論文と講演』(«L'homme habite en poète», *Essais et conférences*) p.231.

64. H. アーレント「ヴァルター・ベンヤミン」,『政治的生』p.305. ここでのわれわれの意図は,ベンヤミンとハイデガーのそのような接近が正当化されるかどうかを問うことではない.

65. H. アーレント「ラーエル・ファルンハーゲン」p.143.

66. H. アーレント「母語だけが残っている」,『隠された伝統――パーリアとしてのユダヤ人』p.232.

67. H. アーレント「われら亡命者」,『隠された伝統――パーリアとしてのユダヤ人』(H. Arendt, «Nous autres réfugiés» (1943), *TC*) p.58, 59.

68. H. アーレント「世界の大いなるゲーム」(H. Arendt, «Le grand jeu du monde» (1975), *Hannah Arendt, Esprit*, juin 1980).

69. K. ヤスパース「1946年10月19日のH. アーレント宛書簡」,『ハンナ・アーレント=カール・ヤスパース往復書簡』p.112.

70. H. アーレント「1953年2月19日のK. ヤスパース宛書簡」,『ハンナ・アーレント=カール・ヤスパース往復書簡』p.296.

71. H. アーレント 前掲論文「世界の大いなる賭け」と「母語だけが残っている」p.240-241 参照.

72. ヴィクトル・クレンペレル『LTI ―― 第三帝国の言語』(Victor Klemperer, *LTI. La langue du III Reich*, Albin Michel, 1996).

2章

1. H. アーレント『ショーレムへの手紙』(*Lettre à Scholem*) (以下 *LS*) p.222.

2. H. アーレント「実存の哲学」(H. Arendt, «La philosophie de l'existence», *Deucalion*, 1947) p.223.

3. H. アーレント「暗い時代の人間性について」,『政治的生』p.27.

4. パトリシア・ボーエン=ムーア『ハンナ・アーレントの出生率の哲学』(Patricia Bowen-Moore, *Hannah Arendt's philosophy of natality*, New York, St Martin's Press, 1989) p.13.

5. H. アーレント「市民の不服従」(H. Arendt, «La désobéissance civile» (1970), in *Du mensonge à la violence* (以下, *MV*), Agora, 1989) p.89. パトリシア・ボーエン=ムーアの前掲書 p.17 より引用.

6. 以下を参照. H. アーレント『精神の生活 II』(H. Arendt, *La vie de l'esprit, vol. II. Le vouloir* (以下, *VE II*), PUF, 1983) p.213. さらに, F. コラン『行動と所与』(F. Collin, «Agir et donné», *Hannah Arendt et la modernité*, Vrin, 1992) p.223 も参照.

7. とりわけ,これは『全体主義の起源』の最後の文章である. 以下を参照.『全体主義の体系』(*Le système totalitaire* (以下, *ST*), Paris, Seuil, coll.

«Points», 1972）p.232.

8．H．アーレント「フランツ・カフカ」，『隠された伝統――パーリアとしてのユダヤ人』（H. Arendt, «Franz Kafka»（1944）, *TC*）p.108.

9．「その死に向かって生きており［……］，死すべき生はみずからの最終的な起源に向かうであろう」（『アウグスティヌスにおける愛の概念』p.47）.

10. H．アーレント『近代の人間の条件』〔『人間の条件』〕（H. Arendt, *Condition de l'homme moderne*（以下，*CHM*），1983）p.114.

11. 同上 p.233.

12. 以下を参照．J．タミニオー『トラキアの娘と職業思想家――アーレントとハイデガー』（J. Taminiaux, *La fille de Thrace et le penseur professionnel, Arendt et Heidegger*, Payot, 1992）．とりわけ，第3部「思弁の個体化とある誰かの生」（p.77-105）を参照のこと．

13. H．アーレント「カール・ヤスパース――賞賛の辞」，『政治的生』（H. Arendt, «Karl Jaspers, Éloge», *VP*）p.85.

14. H．アーレント『近代の人間の条件』p.239，236.

15. H．アーレント「カール・ヤスパース――賞賛の辞」，『政治的生』p.85.

16. H．アーレント『近代の人間の条件』p.235，233.

17. H．アーレント「『政治的生』への序文」，同書 p.7-10.

18. H．アーレント「暗い時代の人間性について」，『政治的生』p.27.

19. 同上.

20. 以下を参照．F．コラン「非在」（F. Collin, «N'être», in *Ontologie et politique. Hannah Arendt*, Tierce, 1989）p.128.

21. H．アーレント『エルサレムのアイヒマン――悪の陳腐さについての報告』（H. Arendt, *Eichmann à Jérusalem. Rapport sur la banalité du mal*（1963）（以下，*EJ*），Gallimard, 1966）p.151.

22. H．アーレント「1958年1月30日のK．ヤスパース宛書簡」，『ハンナ・アーレント＝カール・ヤスパース往復書簡』p.493.

23. H．アーレント『近代の人間の条件』p.231.

24. H．アーレント「カール・ヤスパース――賞賛の辞」（1985年），『政治的生』p.91.

25. G．ヤスパース「1946年5月30日のH．アーレント宛書簡」，『ハンナ・アーレント＝カール・ヤスパース往復書簡』注4，p.913より引用.

26. 「1946年5月30日のH．アーレントのG．ヤスパース宛書簡」，『ハンナ・アーレント＝カール・ヤスパース往復書簡』p.83.

27. 「1946年6月27日のK．ヤスパースのH．アーレント宛書簡」，『ハンナ・アーレント＝カール・ヤスパース往復書簡』p.89-90．翻訳は変更されている．強調はわれわれによる.

28. H．アーレント「カール・ヤスパース――賞賛の辞」，『政治的生』p.91.

29. H．アーレント「実存の哲学」，前掲書 p.240-241.

30. H．アーレント「『文化の危機』への序文」（H. Arendt, Préface à *La crise de la culture*（1968）（以下，*CC*），Idées，1972），同書 p.26.

31. A.-M. ロヴィエロ『ハンナ・アーレントにおける常識と現代性』（A.-M. Roviello, *Sens commun et modernité chez Hannah Arendt*, Ousia, 1987）p.124.

32. H．アーレント『精神の生活　I』（H. Arendt, *La vie de l'esprit, vol. I：La pensée*（以下，*VE I*），PUF，1981）p.66，37.

33. H．アーレント『近代の人間の条件』p.92，241，95.

34.『政治的生』序文 p.7 を参照.

35. マルク・リシール『身体——内面性についての試論』（Marc Richir, *Le corps. Essai sur l'intériorité*, Haiter, 1993）p.12 以降と H．アーレント『近代の人間の条件』p.90 を参照.

36. H．アーレント『哲学とは何か』（H. Arendt, *Qu'est-ce que la politique?*（以下，*QP*），Seuil, 1995）p.136-137.

37. H．アーレント「近年のヨーロッパ哲学思想における政治への関心」，『哲学ノート』誌（H. Arendt, «L'intérêt pour la politique dans la pensée philosophique européenne récente»（1954），*Hannah Arendt. Confrontations. Cahiers de philosophie* 4，automne 1987）p.25.

38. H．アーレント『近代の人間の条件』p.90.

39. H．アーレント『精神の生活　I』p.118. A.-M. ロヴィエロによる前掲書 p.130 より引用.

40. H．アーレント『哲学とは何か』p.40.

41. A.-M. ロヴィエロ 前掲書 p.131.

42. H．アーレント『精神の生活　I』p.118. A.-M. ロヴィエロによる前掲書 p.130 より引用.

43. H．アーレント「理解と政治」，『全体主義の本性』（H. Arendt, «Compréhension et politique», *La nature du totalitarisme*（以下，*NT*），Payot, 1990）p.58.

44.『精神の生活　I』p.228，234，235. カフカのアフォリズムは，「『文化の危機』への序文」（同書 p.16-24）においても分析されている.

45. H．アーレント『精神の生活　I』p.224.

46. H．アーレント「『文化の危機』への序文」，同書 p.15.

47. H．アーレント「母語だけが残っている」，『隠された伝統——パーリアとしてのユダヤ人』p.238，233，239.

II

1. H．アーレント「母語だけが残っている」，『隠された伝統——パーリア

としてのユダヤ人』p.241.

2．M．I．ブリュドニー・ド・ローネイ「『全体主義の本性』への序文」(M. I. Brudny de Launay, Préface à *NT*) 同書, p.22. 次も参照. ジャン＝ミシェル・ショーモン「ハンナ・アーレントによる強制収容所の世界の特異性」(Jean-Michel Chaumont, «La singularité de l'univers concentrationnaire selon Hannah Arendt», in *Hannah Arendt et la modernité*, Vrin, 1992). さらに, エンツォ・トラヴェルソ『引き裂かれた歴史——アウシュヴィッツと知識人を考える』(Enzo Traverso, *L'histoire déchirée. Essai sur Auschwitz et Les intellectuels*, Paris, Cerf, 1997) p.71 以降も参照.

3．M．I．ブリュドニー『ハンナ・アーレント——ユダヤ人問題と全体主義』(M. I. Brudny, *Hannah Arendt, la question juive et la totalitarisme*, Thèse souteue à Paris X, 17/12/1991) p.34.

4．H．アーレント「『全体主義の体系』の序言」, 同書 p. 7.

3章

1．H．アーレント『反ユダヤ主義』(H. Arendt, *Antisemitismus* (1937) (以下, *A*), *Library of Congress Washington* (以下, *LC*), boîte 76) p.11. おそらく, 初版の『全体主義の起源』の第1部が重要となるだろう.

2．ハインリヒ・ハイネ『バッヘラッハのラビ』(Henri Heine, *Le rabbin de Bacharach*, Paris, Balland, 1992) p.39. アーレント『反ユダヤ主義』p.35 より引用.

3．以下を参照. H．アーレント「1952年9月7日のK．ヤスパース宛の書簡」,『ハンナ・アーレント＝カール・ヤスパース往復書簡』p.284.

4．H．アーレント『反ユダヤ主義』p.10.

5．H．アーレント「同化の諸起源へ」,『隠された伝統——パーリアとしてのユダヤ人』p.13.

6．H．アーレント『反ユダヤ主義』p.13.

7．フランツ・ローゼンツヴァイク「ひとつの賛辞」,『フランツ・ローゼンツヴァイク——監視された夜の手帖』(Franz Rosenzweig, «Un hommage», in *Franz Rosenzweig. Cahiers de la nuit surveillée*, Paris, 1982) p.182.

8．「ドイツのシオニズムが［……］関わるのは同化に抗する戦いではなく, 典型的な同化主義者 (*den Typ des Assimilanten*) に抗する戦いに関係がある」. クルト・ブルーメンフェルト「1956年3月2日のジークフリート・モーゼス宛の書簡」,『シオニズムをめぐる戦いのなかで—— 50年に及ぶ書簡』(Kurt Blumenfeld, Lettre à Siegred Moses du 2/3/1956, *Im Kampf um den Zionismus. Briefe aus füns Jahrzehten*, Préface Jonathan Ginat, Deutsche-Verlag-Anstalt, Stuttgart, 1976) p.277.

9．H．アーレント『反ユダヤ主義』p.23.

10．クルト・ブルーメンフェルト，前掲書 p.276.

11．H．コーエン『ドイツ性とユダヤ性』(H. Cohen, «Germanité et judeité» (1915), *Judéité et germanité, Pardès*) p.40-41．強調は論者による.

12．H．コーエン「解放――プロシアのユダヤ人の市民権獲得 100 周年記念に寄せて（1912 年 5 月 11 日）」,『ユダヤ教の倫理』(H. Cohen, «L'émacpation. A l'oocasion du centième anniversaire de la citoyenneté des Juifs de Prusse (11 mai 1912)», in *L'éthique du judaïsme*, Cerf, 1994) p.282. アーレント『反ユダヤ主義』p. 8 より引用.

13．H．コーエン，同上 p.280-281.

14．H．コーエン「ユダヤ人問題に対する告白」,『ユダヤ文字　Ⅱ』(H. Cohen, «Ein Bekenntnis zur Judenfrage». *Jüdischen Schriften*, Ⅱ, Berlin, 1924) p.18.

15．H．アーレント『反ユダヤ主義』p.21.『ユダヤ民族の現代史』(*L'Histoire moderne du peuple juif*, Paris, Cerf, 1994) という大著の序文で，ドゥブノフはこの公理を同化したユダヤ人とユダヤ民族を対立させるものとして提示している．同化したユダヤ人にとって，19 世紀初めから，そのようなものとしてのユダヤ民族はもはや存在しないのだ.

16．S．ドゥブノフ『旧くそして新しいユダヤ教についての手紙』(S. Doubnow, *Lettres sur le judaïsme ancien et nouveau*, Paris, Cerf, 1989, Lettre I) p.93.

17．この点については，V 部参照.

18．H．アーレント『反ユダヤ主義』p.22, 10.

19．この点については，ダグマール・バーナウ 前掲書『可視的空間――ハンナ・アーレントとドイツ－ユダヤ的経験』p.77 参照.

20．H．アーレント『記録　1 号――青年ユダヤ団』,『ライブラリー・オブ・コングレス・ワシントン』(H. Arendt, *Protokolle Nr 1 der jungjüdischen Gruppe*（以下 *JG*), 11 mars 1942, *LC* boîte 76)．青年ユダヤ団はハンナ・アーレントとヨーゼフ・マイヤーが設立した討議集団であり，1942 年 3 月から 6 月にかけてニューヨークで招集された．その時に明らかになるのは，ユダヤ軍隊に賛成する委員会が修正主義者の前線であったということだ．エリザベス・ヤング＝ブルーエル，前掲書 p.230-233 参照.

21．H．アーレント「1933 年 1 月 6 日の K．ヤスパース宛書簡」,『ハンナ・アーレント＝カール・ヤスパース往復書簡』p.54.

22．H．アーレント『反ユダヤ主義』p.22.

23．H．アーレント「われら亡命者」,『隠された伝統――パーリアとしてのユダヤ人』p.71, 79.

24．H．アーレント『反ユダヤ主義』p.14.

25. モーリッツ・ゴルトシュタイン「ドイツ－ユダヤの文壇」，『ベルリン年 1880–1933』（Moritz Goldstein, «Deutsch-jüdischer Parnass», in *Berliner Jahre Errinnerungen* 1880–1930, Verlag Dokumentation, München, 1977）p.217.

26. とりわけ，前掲論文「ドイツ性とユダヤ性」を参照.

27. H．アーレント『反ユダヤ主義』p.24.

28. M．ゴルトシュタイン「ドイツ－ユダヤの文壇」，前掲書 p.217.

29. 同上 p.218. アーレントはこのテクストを『反ユダヤ主義』（p.25）で引用している．以下も参照．「ヴァルター・ベンヤミン」，『政治的生』p.282 とクルト・ブルーメンフェルト『ユダヤ人問題体験――ドイツのシオニズムの四半世紀』（Kurt Blumenfeld, *Erlebte Judenfage, ein Viertel Jahrhundert deutscher Zionismus*, Deutsche Verlag-Anstalt, Stuttgart, 1963）p.54.

30. ヘルマン・コーエン「解放――プロシアのユダヤ人の市民権獲得 100 周年記念に寄せて（1912 年 5 月 11 日）」，前掲書 p.282.

31. H．アーレント『反ユダヤ主義』p.23.

32. この章の一部はすでに『ル・マガジン・リテレール――ハンナ・アーレント，哲学と政治』（1995 年 11 月 337 号）において，「再検討されたシオニズム」において刊行されている（*Le magazine littéraire, Hannah Arendt. Philosophie et poitique*, n° 337, nov. 1995, «Le sionisme reconsidéré»）.

33. H．アーレント『反ユダヤ主義』p.11.

34. H．アーレント「母語だけが残っている」，『隠された伝統――パーリアとしてのユダヤ人』p.228.

35. H．アーレント『反ユダヤ主義』p.12.

36. 同上．この分析は『反ユダヤ主義について』で再び採り上げられるだろう．

37. クルト・ブルーメンフェルト「ユダヤ人問題体験」，前掲書 p.44.

38. H．アーレント『反ユダヤ主義』p.27.

39. シュテファン M．ポッペル『ドイツにおけるシオニズム，1897–1933 年――ユダヤ人の同一性の形成』（Stephen M. Poppel, *Zionism in Germany. 1897–1933. The shaping of a jewish identity*, The jewish pulication society of America, Philadelphia, 1977）p.16.

40. 以下を参照．「ドイツのシオニズム」（1910 年 8 月），イェフダ・ラインハルツ『ドイツのシオニズムの歴史の文書，1882–1933 年』（«Deutscher Zionismus», août 1910, in Jehuda Reinharz, *Dokumente zur Geschichte des deutschen Zionismus. 1882–1933*, JLBMohr, Tübingen, 1981）p.90–92. パレスチナ中心主義の議論については，あとのＶ部を参照のこと．

41. K．ブルーメンフェルト「ユダヤ人問題体験」，前掲書 p.44.

42. H．アーレント「1952 年 9 月 7 日のK．ヤスパース宛書簡」，『ハンナ・

アーレント＝カール・ヤスパース往復書簡』p.284.
43. クルト・ブルーメンフェルト「1948年2月8日の手紙」, 前掲書『シオニズムをめぐる戦いのなかで』p.217.
44. 以下を参照. K. ブルーメンフェルト「ユダヤ人問題体験」, 前掲書.
45. H. アーレント『反ユダヤ主義』p.26.
46. H. アーレント『反ユダヤ主義』p.26, 12.
47. このエピソードについては, 以下を参照. エリザベス・ヤング＝ブルーエル 前掲書 p.190.
48. H. アーレント『ユダヤ人問題』,『ライブラリー・オブ・コングレス・ワシントン』(H. Arendt, *Judenfrage* (1937 ou 1938), *LC*, boîte 71, en français dans le text).
49. H. アーレント,『反ユダヤ主義』p.10.

4章

1. 以下を参照. H. アーレント『反ユダヤ主義について』p.130.
2. H. アーレント,『反ユダヤ主義』p.41, 6.
3. H. アーレント,「『全体主義の体系』への序言」(H. Arendt, Introduction (1971) à *ST*), 同書 p. 7. 以下も参照.「『ラーエル・ファルンハーゲン』への序文」, 同書 p.15.
4. H. アーレント『全体主義の本性』p.80.
5. この点については以下を参照. マーガレット・カノヴァン『ハンナ・アーレント――その政治思想の再解釈』(Margaret Canovan, *Hannah Arendt. A reinterpretation of her political thought*, Cambridge University Press, 1992) p.18 以降.
6. H. アーレント「理解と政治」,『全体主義の本性』p.42.
7. H. アーレント『全体主義支配の独創性, 別のノート』,『ライブラリー・オブ・コングレス・ワシントン』(H. Arendt, *Die Originalität totalitärer Herrschaft*, Feuillets à part, *LC*, boîte 79).
8. アーレントは彼女自身, みずからの歩みの諸々の困難さを認識していた.「私は, 自分が用いることになった特定の方法を説明しなかったこと, 政治学や歴史学の領域全体そのものに対するかなり独特なアプローチを説明しなかったことを承知してもいる. この書物の難点のひとつは, それがいかなる学派にも属しておらず, 公式に認められている, あるいは公式には異論のあるどんな手段もほとんど使用していないことにある」(「エリック・フェーゲリンへの返答」,『理解する試み 1930–1954年』(«A reply to Eric Voegelin», *Essays in understanding 1930–1954. Uncollected and unpublished works by Hannah Arendt* [以下, *EU*], ed. J. Kohn, Harcourt Brace et Company, 1994) p.402.

9．以下を参照．エティエンヌ・タッサン『失われた宝——ハンナ・アーレントと政治的行為の知性』（Étienne Tassin, *Le trésor perdu. Hannah Arendt et l'intelligence de l'action politique*, Payot, 1999）．アーレントは「エリック・フェーゲリンへの返答」で「歴史用語での分析」について語っている．『理解する試み 1930-1954 年』p.403.

10．H．アーレント「エリック・フェーゲリンへの返答」，『理解する試み 1930-1954 年』p.403.

11．H．アーレント『全体主義の体系』p.203.

12．H．アーレント「1926 年 7 月 15 日の K．ヤスパース宛書簡」，『ハンナ・アーレント＝カール・ヤスパース往復書簡』p.33．翻訳では変更されている．

13．H．アーレント「理解と政治」，『全体主義の本性』p.54.

14．H．アーレント「『全体主義の起源』第 1 版への序文」（H. Arendt, *The origins of totalitarianism*（以下，*OT*），Préface à la première édition (1950)，Harcourt Brace Jovaovitch，1979），同書 p.Ⅶ.

15．H．アーレント『精神の生活　Ⅱ』p.178.

16．H．アーレント「エリック・フェーゲリンへの返答」，『理解する試み 1930-1954 年』p.405.

17．W．ベンヤミン「歴史哲学についてのテーゼ」，『エセー　2（1935-1940 年　）』（W. Benjamin, «Thèses sur la philosophie de h'istoire», *Essais* 2 (1935-1940)，Denoël-Gonthier，1983）p.199．そうした見方に直面して，アーレントはよくルカノスを引用する．「勝利の原因は神に好かれ，敗北の原因はカトーに好かれる」．

18．H．アーレント「理解と政治」，『全体主義の本性』p.54 と『精神の生活 Ⅱ』p.28．さらに，「全体主義の本性」（『全体主義の本性』p.73）における同じ見解も参照のこと．

19．H．アーレント「『文化の危機』への序文」（H. Arendt, «Préface» à *CC*），同書 p.21．強調はわれわれによる．

20．同上．また，『近代の人間の条件』p.234 を参照．

21．H．アーレント「教育の危機」，『文化の危機』（H. Arendt, «La crise de l'éducation»，*CC*）p.227.

22．「同書は実は——不幸にもその表題が主張するように——全体主義の「起源」を採り上げたのではなくて，全体主義のなかに具現されていった諸要素に歴史的な説明を与えるものなのである」（「エリック・フェーゲリンへの返答」，『理解する試み 1930-1954 年』p.403）．

23．H．アーレント「全体主義の本性」，『全体主義の本性』p.74 と「理解と政治」，『全体主義の本性』p.60.

24．H．アーレント「エリック・フェーゲリンへの返答」，『理解する試み 1930-1954 年』p.402.

25. S．ベンハビブ「ハンナ・アーレントと物語の贖いの力」，『社会研究』(S. Benhabib, «Hannah Arendt and the redemptive power of the narrative», *Social research*, vol 57, n° 1. Spring 1990) p.181-182. さらに，アーレントの次の発言.「この書物は本質的に一冊の書物でありますが，反対に，その一貫性は連続性の一貫性であってはなりません. 何についての歴史であれ，あらゆる歴史は，その本質からしてその主題の正当化そのものなのです」(『ホートン・ミフリンとの往復書簡「1946年9月24日のアンダーウッド夫人への書簡」』,『ライブラリー・オブ・コングレス・ワシントン』(*Correspondance avec Houghton Mifflin*, Lettre à Mrs. Underwood, 24/9/1946, *LC*, boîte 76)).

26. 同上.

27. H．アーレント「帝国主義」,『全体主義の本性』p.179-180.

28. H．アーレント「エリック・フェーゲリンへの返答」,『理解する試み 1930-1954年』p.405.

29.「『全体主義の体系』への1971年の序言」(Introduction de 1971 à *ST*), 同書 p.23 以降を参照.

30. それゆえ，アーレントは非常に注意して独裁と全体主義と圧政とファシズムの概念を区別する.

31. H．アーレント「全体主義の本性」,『全体主義の本性』p.104.

32. R．アロン「全体主義の本質」,『クリティック』誌 (R. Aron, «L'essence du totalitarisme», *Critique* 8, 1954) p.97.

33. H．アーレント『全体主義の本性』p.173.

34. H．アーレント「強制収容所に関する研究計画」,『全体主義の本性』(H. Arendt, «Projet de recherche sur les camps de concentration», *NT*) p.172.

35. H．アーレント「エリック・フェーゲリンへの返答」,『理解する試み 1930-1954年』p.402.「理解と政治」,『全体主義の本性』p.40.

36. C．ルフォール「ハンナ・アーレントと全体主義」,『ナチスドイツとユダヤ人ジェノサイド』(C. Lefort, «Hannah Arendt et le totalitarisme», *L'allemagne nazie et le génocide juif*, Paris, Gallimard, 1985) p.523.

37. H．アーレント「恥の諸要素」, 前掲書『ホートン・ミフリンとの往復書簡』(H. Arendt, «The elements of shame», *Correspondance Houghton Mifflin, op. cit.*).

38. H．アーレント『反ユダヤ主義について』p.108,『帝国主義』p.180, さらに「『反ユダヤ主義について』の序言」, 同書 p.18, 20.

39. C．ルフォール「ハンナ・アーレントと全体主義」, 前掲書 p.524.

40. H．アーレント『反ユダヤ主義について』p.17.

41. H．アーレント「強制収容所に関する研究計画」,『全体主義の本性』p.173.

42. サロー W. バロン「始まりの言」,『ユダヤ社会研究』(Salo W. Baron,

«Opening remarks», *Jewish social studies,* 12 XII, 1, janv. 1950）参照.

43. H. アーレント『エルサレムのアイヒマン――悪の陳腐さについての報告』p.294. アーレントにとって問題なのは，非難することではなく遺憾に思うことなのだ．彼女が「こうした誤解は不可避であった」と書きもしているように．

44. H. アーレント 「強制収容所に関する研究計画」，『全体主義の本性』p.173. 次も参照のこと．『反ユダヤ主義について』p.31.

45. H. アーレント「社会科学の諸技術と強制収容所研究」，『アウシュヴィッツとエルサレム』p.205.

46. J. M. ショーモン 前掲論文「ハンナ・アーレントによる強制収容所の世界の特異性」p.105.

47. H. アーレント『エルサレムのアイヒマン――悪の陳腐さについての報告』p.296. アーレントはここで，ある古い考えを再び採り上げている．それは「伝統的な反ユダヤ主義はもっぱらユダヤ人を犠牲者として指し示す役割を果たしただけであった」というものである（「強制収容所に関する研究計画」，『全体主義の本性』p.173）.

48. H. アーレント「社会科学の諸技術と強制収容所研究」，『アウシュヴィッツとエルサレム』（H. Arendt, «Les techniques de la science social et l'étude des camps de concentration»（1950），*AJ*）p.204. また，「理解と政治」（1953 年），『全体主義の本性』p.204,「エリック・フェーゲリンへの返答」（1953 年），『理解する試み 1930–1954 年』p.405,『全体主義の本性』p.40. さらに，「母語だけが残っている」，『隠された伝統――パーリアとしてのユダヤ人』p.242. これらに加えて，無国籍者の「前例のなさ」も挙げておこう（「誰のものでもない国から来た主人」，『アウシュヴィッツとエルサレム』（«Hôtes venus du pays de personne», *AJ*）p.77.

49. H. アーレント「社会科学の諸技術と強制収容所研究」，『アウシュヴィッツとエルサレム』p.203 と『全体主義の体系』p.173.

50. レイモン・アロン 前掲論文「全体主義の本質」参照.

51. エンツォ・トラヴェルソ 前掲書『引き裂かれた歴史――アウシュヴィッツと知識人を考える』p.76.

52. H. アーレント『ヨーロッパのユダヤ人に対する言葉，1946 年の講義』，『ライブラリー・オブ・コングレス・ワシントン』（H. Arendt, *Remarks to European Jewry, Lecture*（1946），*LC,* boîte 75）.

53. H. アーレント『全体主義の体系』p.185–195. 以下も参照.「強制収容所」，『パーティザン・リヴュー』（«The concentration camps», *Partisan review,* July 1948）p.751–759.

54. この概念はアーレントの思考において本質的なものである．われわれは，最終章においてここに立ち戻ることになるだろう.

55. D．ルーセ『われらの死の日々　Ⅱ』(D. Rousset, *Les jours de notre mort*, Ⅱ, Pluriel, 1993) p.287-288, 298. アーレント『全体主義の体系』p.195 参照.

56. H．アーレント『全体主義の体系』p.183 と「社会科学の諸技術と強制収容所研究」,『アウシュヴィッツとエルサレム』p.207.

57. ブルーノ・ベッテルハイム『生き残ること』(Bruno Bettelheim, *Survivre*, Pluriel, Laffont, 1979) p.28, 59 参照.

58. アラン・ブロサ『惨禍の試練』(Alain Brossat, *L'épreuve du désastre. Le xxe siècle et les camps*, Albin Michel, 1996) 参照.

59. アネット・ヴィヴィオルカ『強制収容とジェノサイド――記憶と忘却のあいだで』(Annette Wieviorka, *Déportation et génocide. Entre la memoire et l'oubli*, Plon, 1992) と『アイヒマン裁判』(*Le procès Eichmann*, Complexe, 1999) を参照. まさに, A. ヴィヴィオルカの仕事について考えながら, P. ヴィダル＝ナケが次のように書く通りである. すなわち,「強制収容／ジェノサイド. 1945 年の意識においては, この二つの事柄はひとつのものでしかなかった［……］. 私は自分自身, 長い時間かかってその二つの違いが分かるようになった［……］. 強制収容所のシステムとジェノサイドの装置との非常に顕著な差異は, 現代の歴史が獲得したもののひとつなのだ.『ジェノサイドについての考察』(*Réflections sur le génocide. Les Juifs, la mémoire et le présent*, Tome Ⅲ, La Decouverte, 1995) p.12.

60. H．アーレント『討議―― 1964 年 2 月 18 日 ホフストラ大学』,『ライブラリー・オブ・コングレス・ワシントン』(H. Arendt, *Discussion, Hofstra College*, 18/2/1964, *LC*, boîte 67).

61. H．アーレント「強制収容所に関する研究計画」,『全体主義の本性』p.173-174.

62. ジュヌヴィエーヴ・ドゥクロ『強制収容所からジェノサイドへ』(Geneviève Decrop, *Des camps au génocide. La politique de l'impensable*, Presses universitaires de Grenoble, 1995) 参照. P. ヴィダル＝ナケ 前掲書『ジェノサイドについての考察』p.215 と「A. メイヤー『歴史における最終解決』への序文」(Préface à A. Mayer, *La solution finale dans l'histoire*, La Découverte, 1990) も参照.

63. H．アーレント「地獄のイメージ」,『アウシュヴィッツとエルサレム』(H. Arendt, «L'image de l'enfer», *AJ*) p.154. 翻訳では変更されている.

64. H．アーレント『エルサレムのアイヒマン――悪の陳腐さについての報告』p.296

65. S．フリートレンダー, J.-M. ショーモンの前掲書 p.107 から引用.

66. H．アーレント『メモ――強制収容所』,『ライブラリー・オブ・コングレス・ワシントン』(H. Arendt, *Memo : Concentration camps, LC*, boîte

76).

67. H．アーレント『近代の人間の条件』p.314.

68. エミール・ファッケンハイム『世界を修復するために』(Emil Fackenheim, *To mend the world*, N. Y., 1982) p.295.

69. H．アーレント「強制収容所に関する研究計画」,『全体主義の本性』p.174と前掲書『ヨーロッパのユダヤ人に対する言葉，1946年の講義』参照.

70. H．アーレント 前掲書『メモ——強制収容所』,「強制収容所に関する研究計画」,『全体主義の本性』p.174. とりわけアーレントは，ルーセとベッテルハイムのテクストのこうした側面に敏感になっている.

71. H．アーレント「母語だけが残っている」,『隠された伝統——パーリアとしてのユダヤ人』p.241.

72. H．アーレント「地獄のイメージ」,『アウシュヴィッツとエルサレム』p.154. 恐怖の物語に関しては，物語の形式をとるかどうかは取るに足りない問題ではない．歴史を語ろうとした生き残りの人々はみなこの形式をみずから採った．アーレントはこの問題をアイヒマンの裁判のときに再び見出すことになる．「次のことが［……］明らかとなるだろう．すなわち，この歴史を語ることは実に困難であったこと，また，それゆえに詩人の魂であろうと，無垢な心であろうと，正義の人だけがもつ心と精神の自惚れのない純粋さが必要とされていたことである」(『エルサレムのアイヒマン——悪の陳腐さについての報告』p.253)．この点については以下を参照．アラン・パロー『強制収容所を書くこと』(Alain Parrau, *Écrire les camps*, Belin, 1995).

73. H．アーレント「強制収容所に関する研究計画」,『全体主義の本性』p.173-174.

74. かつて，アーレントはそのような逃げ道を用いたことがあった．彼女がメアリー・マッカーシーと1945年ニューヨークでの夜会で初めて会ったときだ．マッカーシーは皮肉を込めて，みずからの犠牲者に愛されたいというヒトラーの欲望を語ったところ，アーレントは怒りを爆発させた．「どうして私の前でそんなことが言えるのですか——私はヒトラーの犠牲者，強制収容所にいたのです」．彼女たちはわずか3年後に再会する．マッカーシーはみずからの発言を詫び，アーレントは自分が強制収容所にいたことは決してなく，フランスで監禁収容所にいただけだと認めた（キャロル・ブライトマン「『友のあいだで——ハンナ・アーレント＝メアリー・マッカーシー往復書簡 1949-1975年』への序文」(Carol Brightman, Préface à *Between friends. The correspondence of Hannah Arendt and Mary McCarthy*［以下，*MMC*］, 1949-1975) 同書 p. X.

75. 以下を参照．H．アーレント「エリック・フェーゲリンへの返答」(1953年),『理解する試み 1930-1954年』p.403とS．ベンハビブ 前掲書 p.186.

76. H．アーレント「近年のヨーロッパ哲学思想における政治への関心」,

前掲書 p.25 と『精神の生活　I』p.173.

77. H．アーレント「母語だけが残っている」,『隠された伝統――パーリアとしてのユダヤ人』p.242. 強調はわれわれによる.

78. B．ベッテルハイム「アイヒマン――体系－犠牲者たち」, 前掲書『生き残ること』p.323.

79. H．アーレント「忘却の穴」,『ユダヤのフロンティア』(H. Arendt, «The hole of oblivion», *Jewish Frontier*) p.24.

80. ジャン＝ジャック・ルソー『言語起源論』(Jean-Jacques Rousseau, *Essai sur l'origine des langues*, Hatier, 1983) p.64–65.

81. H．アーレント『全体主義の体系』p.178.

82. D．ルッセ 前掲書『われらの死の日々　I』p.214.

83. プリーモ・レヴィ『もしそれが人間であるなら』(Primo Levi, *Si c'est un homme*, Presse Pocket, 1988) p.151.

84. A．ヴィヴィオルカ 前掲書『強制収容とジェノサイド』p.181.

85. D．ルーセ 前掲書『われらの死の日々　II』p.585. これは,『強制収容所の世界』の最後と同じ展望である (*L'univers concentrationnaire,* Minuit, 1994) p.184. ルーセについては, H．アーレント「強制収容所」, 前掲書 p.744 と『全体主義の体系』p.177, 注 132 を参照.

86. 以下を参照. H．アーレント「強制収容所」,『全体主義の体系』p.179 と「地獄絵図」,『アウシュヴィッツとエルサレム』p.154.

87. H．アーレント『全体主義の体系』p.178.

88. エルサレムについて, アーレントは H. ブリュヒャーに宛てて次のように書いていた.「これらの犯罪がどれだけ残虐でありえたとしても, それは前例のないものではないのです」(「1961 年 5 月 6 日の手紙」,『ハンナ・アーレント＝ハインリヒ・ブリュヒャー往復書簡』(*Hannah Arendt-Heinrich Blücher. Correspondance 1936–1968* [以下, *HB*], Calmann-Lévy, 1999) p.485. エルサレムの裁判官自身が明言したのは, 同じように常軌を逸した苦しみが人間の理解を超えるものであり, ただそれを理解できた偉大な作家や詩人だけに関わる事柄であったということだ. 行為と動機だけが裁かれることができたのである (『エルサレムのアイヒマン――悪の陳腐さについての報告』p.234).

89.「1951 年 3 月 16 日の E．フェーゲリンの H．アーレント宛書簡」と「1951 年 4 月 8 日のアーレントの返答」,『ライブラリー・オブ・コングレス・ワシントン』(Lettre de E. Voegelin à H. A., 16/3/1951 et réponse d'Arendt, 8/4/1951 (*LC*, boîte 15)).

90. H．アーレント 前掲論文「強制収容所」と『全体主義の体系』p.185.

91. マーガレット・カノバン 前掲書『ハンナ・アーレントその政治思想の再解釈』p.25.

92.「1951年4月22日のH．アーレントのE．フェーゲリン宛の手紙」，「1951年3月16日のE．フェーゲリンのH．アーレント宛の手紙」，そして『全体主義の体系』p.194．以下も参照．E．フェーゲリン「全体主義の起源」，『リヴュー・オブ・ポリティックス』（E. Voegelin, «The origins of totalitarianism», *Review of politics*, XV, n° 1, janv. 1953）．

93．H．アーレント「地獄のイメージ」（1946年），『アウシュヴィッツとエルサレム』p.151-152.

94.「そのうえ，言うべきことは何もないし，書くべきこともほとんどない．何か困難があるとか，文学的才能がないとか，言葉が足りないということが原因ではない．あるのはただ，収容所に入りガスを浴び，埋葬され焼かれた大量の人間存在だけだ［……］．ここで，強制収容所のシステムにおいて起こったこととは反対に，時間は存在しない．そのシステムはほとんど〈産業的な〉身振りの反復から成っている」（A．ヴィヴィオルカ 前掲書 p.184）．

95．H．アーレント『全体主義の体系』p.192-193.「ナチス親衛隊はわれわれをすぐには殺さなかった．彼らはわれわれを徐々に殺していったのだ．死を到来させるのに実に多くの時間をかけることもあった．死に時間をかけること，すぐに銃殺しないこと，すぐに毒死させないこと，それは社会が存続していることを許可することである」（D．ルーセ『われらの死の日々 I』p.153）．

96．ロベール・アンテルム『人類』（Robert Antelme, L'espèce humaine, *Tel*, Gallimard, 1978, 40）p.45.

97．クロード・ランズマン『ショアー』（Claude Lanzmann, *Shoah*, Livre de poche, 1987）p.57.

98．R．ヒルバーグ『ヨーロッパのユダヤ人の根絶』（R. Hilberg, *La destruction des Juifs d'Europe*, Fayard, 1988）p.779.

99.「そして突然，それは始まった．叫び声や，悲鳴［……］．われわれは外に出て，互いにもみくちゃになった［……］．われわれはひとつの塊だったのだ．塊はわれわれ全員を押し流し，抵抗することはできなかった．塊は別の場所まで進んでいかねばならなかった」．リヒャルト・グラゼール 前掲書『ショアー』p.60.

100．H．アーレント『全体主義の体系』p.173，196，195．以下も参照．H．アーレント 前掲論文「地獄のイメージ」．

101.「最悪の犠牲者とて次の点を認める以外のことはできないだろう．すなわち，みずからの最悪の経験において，虐待者の潜勢力はまさに人間がもつ潜勢力のひとつ，すなわち，人を殺すという潜勢力であったと．人間は人間を殺すことができるが，人間を別のものに変えることはできないのだ」（R．アンテルム 前掲書『人類』p.230）．

102．H．アーレント「地獄のイメージ」，『アウシュヴィッツとエルサレム』p.154．翻訳では変更されている．

103. H．アーレント『エルサレムのアイヒマン――悪の陳腐さについての報告』p.305.

104. 同上 p.296，302.

105.「これらの新たな出来事に対して，とりわけ西洋の歴史という場に立つならこう言うことができるだろう．すなわち，まさにカントの思考の意味でそれは起こってはならなかった，と．つまり，戦争中は，のちの平和を端的に不可能にするであろうものは何であれ到来してはならないだろう，と言うことができるのだ」（H．アーレント 前掲書『全体主義支配の独創性』）．

106. 同上 p.296，302.

107. H．アーレント『道徳哲学の幾つかの質問――ニュースクール・オブ・ソーシャルリサーチでの講義』，『ライブラリー・オブ・コングレス・ワシントン』（*Some questions of moral philosophy. Cours New school for social research*, 1965, *LC*, boîte 14）．

Ⅲ

1．H．アーレント『反ユダヤ主義について』p.39.

2．H．アーレント「同化の諸起源へ」，『隠された伝統――パーリアとしてのユダヤ人』p.39.

3．H．アーレント「隠された伝統」，『隠された伝統――パーリアとしてのユダヤ人』p.179.

4．H．アーレント『反ユダヤ主義について』p.17.

5．H．アーレント『革命について』（H. Arendt, *Essais sur la révolution*（以下，*ER*），Gallimard, Tel, 1985）p.324-325 参照．

6．H．アーレント『全体主義の体系』p.17，125．この区別，特に反ユダヤ主義に関する区別を再び問題にするためには，以下を参照．クロード・ルフォール「ハンナ・アーレントと全体主義」，前掲書『ナチスドイツとユダヤ人のジェノサイド』．

7．リチャー・バーンスタイン『ハンナ・アーレントとユダヤ人問題』（Richard Bernstein, *Hannah Arendt and the jewish question*, Polity Press, 1996）p.64.

8．H．アーレント『反ユダヤ主義』p.13.

5章

1．ロベール・ルグロ『人間性の観念――現象学序説』（Robert Legros, *L'idée d'humanité, Introduction à la phénoménologie*, Grasset, 1990）p.23.

2．H．アーレント『反ユダヤ主義』p.45，49.

3．H．アーレント「例外ユダヤ人」，『隠された伝統――パーリアとしてのユダヤ人』p.144.

4．H．アーレント『帝国主義』（H. Arendt, *L'impérialisme*（以下，*IP*），Seuil, Points, 1984）p.74-75. 強調はわれわれによる.

5．そうした言葉は，グレゴワール神父やドームやミラヴォーに見られるだろう．またレッシングの次の言葉が思い起こされるだろう.「キリスト教徒とユダヤ教徒は人間である前にキリスト教徒とユダヤ教徒であるのか」.

6．グレゴワール神父『ユダヤ人の身体的，道徳的，政治的再生論』（Abbé Grégoire, *Essais sur la régénération physique, morale, et, politique des juifs*, Stock, 1988）p.105，131.

7．ミラボー『メンデルスゾーンについて――ユダヤ人の政治改革について』（Mirabeau, *Sur Moses Mendelssohn, Sur la Réforme politique des juifs*（1787），EDHIS，Paris，1968）p.3-4.

8．H．アーレント「例外ユダヤ人」，『隠された伝統――パーリアとしてのユダヤ人』p.143. 強調はわれわれによる.

9．グラッテナウアーに関しては以下を参照. H．アーレント『ラーエル・ファルンハーゲン』p.110-111と『反ユダヤ主義について』p.140-141.

10. H．アーレント『反ユダヤ主義』p.59. ユダヤ人が具現した原理を分離という否定的原理に転換したことが分かるもうひとりの著者は，ブルーノ・バウアーである.

11. H．アーレント「暗い時代の人間性について」，『政治的生』p.21.

12. H．アーレント『ラーエル・ファルンハーゲン』p.24.

13.「物乞いの状態を見るとき［……］そこに見出されるのは，あらゆる人間を結びつけるはずの人間性と好意の感情をわれわれのうちで培うものだけである」（ルソー『新エロイーズ　Ⅱ』（Rousseau, *La nouvelle Héloïse Ⅱ*, Folio, 1996）p.162-163.

14. H．アーレント『ラーエル・ファルンハーゲン』p.49.

15. H．アーレント『ラーエル・ファルンハーゲン』p.46.

16. ドーム『ユダヤ人の政治改革について』（*De la réforme politique des juifs*, Stock, 1984）p.77.

17. 以下を参照. ヤーコプ・カッツ「〈ユダヤ人の解放〉という言葉――その由来と歴史的影響」（Jacob Katz, «The term "jewish emancipation"：its origins and historical impact», *Studies in nineteenth century jewish intellectual history*, ed. A. Altman, Harvard university press, 1964）.

18. H．アーレント「例外ユダヤ人」，『隠された伝統――パーリアとしてのユダヤ人』p.123.

19. フランス革命中における再生一般というこのテーマの重要性については以下を参照. モナ・オズフ「フランス革命と新たな人間の形成」，『再生

された人間――フランス革命試論』(Mona Ozouf, «La Révolution française et la formation de l'homme nouveau», in *L'homme régénéré. Essai sur la Révolution française*, Paris, Gallimard, 1989).

20. グレゴワール神父 前掲書『ユダヤ人の身体的，道徳的，政治的再生論』p.105.

21. H. アーレント『反ユダヤ主義について』p.73. 翻訳では変更されている.

22. H. アーレント『帝国主義』p.180.

23. H. アーレント『反ユダヤ主義について』p.42.

24. 同上 p.39.

25. H. アーレント「例外ユダヤ人」,『隠された伝統――パーリアとしてのユダヤ人』p.130.

26. アーレントは，ブルジョワジーの国家に対する敵意というテーゼを，オーストリア人マルクス主義者の経済学者ルドルフ・ヒルファーディングから借りて改めて取り上げている(以下を参照.『帝国主義』注 49，p.301).

27. H. アーレント『反ユダヤ主義について』p.55.

28. 同上 p.60.

29. 同上 p.72. 強調はわれわれによる.

30. 同上 p.46，68.

31. シュロモ・アヴィネリ「マルクス主義とナショナリズム」,『現代史ジャーナル』(Shlomo Avineri, «Marxism and nationalism», *Journal of contemporary history*, vol. 26 (1991)).

32. H. アーレント『反ユダヤ主義について』p.63，64.

33. 同上 p.26-27.

34. H. アーレント『帝国主義』p.53.

35. 同上 p.29. p.52-53 と『反ユダヤ主義について』p.88-89 も参照.

36. H. アーレント『反ユダヤ主義について』p.212.「ほとんどユダヤ人だけ」という言葉はきちんと確かめられるべきであろう．確かなことは，仲買人であり事件の中心人物であったコルネリウス・エルツと同様に，男爵であり銀行家であったジャック・ド・レーナックも，自分たちのための多額な仲介料と引換えに，会社の行政顧問の密使となり，議会に報酬金を分配する役割を担っていたということだ(買収された議員は「収賄者」と呼ばれた).

37. 同上 p.108-109，114，205-206.

38. H. アーレント『帝国主義』p.82.

39. H. アーレント『反ユダヤ主義について』p.231，240，257.

40. H. アーレント『全体主義の体系』p.63.

41. H. アーレント『反ユダヤ主義について』p.231-240，204.

42. 同上 p.125-126. 翻訳は変更されている.

43. 以下を参照．C．ルフォール 前掲書 p.528-529.
44. H．アーレント『反ユダヤ主義について』p.126.
45. トクヴィル『アメリカの民主主義について Ⅱ』第2部13章（Tocqueville, *De la Démocratie en Amérique*, Ⅱ，2 partie, chap. XIII，Laffont, Bouquins, 1986）p.522. 次より引用．R．ルグロ 前掲書 p.164.
46. H．アーレント『反ユダヤ主義について』p.126.
47. マルセル・プルースト『ゲルマントの方 Ⅱ』（Marcel Proust, *Le côté de Guermantes*, Ⅱ，Folio, 1994）p.441. 以下より引用．アーレント『反ユダヤ主義について』p.190.
48. M．カノバン 前掲書『ハンナ・アーレント――その政治思想の再解釈』p.116-117.
49. H．アーレント『近代の人間の条件』p.85.
50. 以下を参照．H．アーレント「文化の危機」，『文化の危機』p.254-255と『近代の人間の条件』p.77-79.
51. H．アーレント「リトル・ロックについての考察」，『出来事を思考する』（H．Arendt，«Réflexions sur Little Rock»（1959），in *PE*）p.240-245.
52. 同上 p.242.
53. H．アーレント『全体主義の体系』p.37.
54. H．アーレント「リトル・ロックについての考察」，前掲書 p.241. 以下も参照．「ヴァルター・ベンヤミン」，『政治的生』p.24.
55. H．アーレント「ヴァルター・ベンヤミン」，『政治的生』p.246.
56. H．アーレント「文化の危機」，『文化の危機』p.254-255. 以下も参照．『近代の人間の条件』p.280.
57. H．アーレント『反ユダヤ主義について』p.129.
58. H．アーレント『ラーエル・ファルンハーゲン』p.129.
59. H．アーレント『反ユダヤ主義について』p.139（翻訳では変更されている），p.140. プロイセンによって近東地域を失った結果については，以下も参照．「例外ユダヤ人」，『隠された伝統――パーリアとしてのユダヤ人』p.160-161.
60. アーレントがヤスパースに次のように書いた通りである．「依然として私には重要だと見えたものすべてが［……］，いささかも〈心理学〉なしに全体主義の書物の第1部で要約されています」（「1952年9月7日のK．ヤスパース宛の書簡」，『ハンナ・アーレント＝カール・ヤスパース往復書簡』p.288）.
61. 以下を参照．H．アーレント『反ユダヤ主義』p.18.
62. H．アーレント『反ユダヤ主義について』p.53-54. 以下も参照．「例外ユダヤ人」，『隠された伝統――パーリアとしてのユダヤ人』p.133.
63. M．プルースト『花咲く乙女たちのかげに』，『失われたときを求めて Ⅰ』（M．Proust, *A l'ombre des jeunes filles en fleurs*, in *A la recherche du*

temps perdu, Ⅰ, Pléiade) p.517-518.

64. M. プルースト『ソドムとゴモラ Ⅱ』(M. Proust, *Sodome et Gomorrhe*, Ⅱ, Garnier-Flammarion, 1987) p.48. スワンのイギリス好み——ブロッホの血縁者のドイツ的な訛りの特徴とは反対である——については以下を参照. アンリ・ラチモフ『プルーストの白鳥』(Henri Raczimow, *Le cygne de Proust*, Gallimard, 1989).

65. H. ラチモフ 前掲書 p.80.

66. H. アーレント『反ユダヤ主義について』p.193.

67. M. プルースト『ゲルマントの方へ Ⅰ』(M. Proust, *Le côté de Guermantes*, Ⅰ, Folio, 1994) p.182. 以下を参照. H. アーレント『社会現象としてのユダヤ人』,『ライブラリー・オブ・コングレス・ワシントン』(H. Arendt, *Jewishness as a social phénomenon*. Outline, *LC*, boîte 76).

68. M. プルースト『花咲く乙女たちのかげに』p.744 と『ゲルマントの方へ Ⅰ』p.181-182.

69. H. アーレント『反ユダヤ主義について』p.179-180 より引用.

70. H. アーレント『反ユダヤ主義について』p.192. 悪徳の問いに関するアーレントの解釈をめぐる議論としては, 以下を参照. J. クリステヴァ『感知しうる時間——プルーストと文学的経験』(J. Kristeva, *Le temps sensible. Proust et l'expérience littéraire*, Paris, Gallimard, 1994) p.199.

71. H. アーレント『反ユダヤ主義について』p.193.

72. M. プルースト前掲書『ゲルマントの方へ Ⅰ』p.234-235 と p.178-179.

73. H. アーレント『反ユダヤ主義について』p.189.

74. M. プルースト『ゲルマントの方へ Ⅰ』p.79-80.

75. H. アーレント『反ユダヤ主義について』p.188.

76. H. アーレント『帝国主義』p.54.

77. たとえば, ジュール・ゲランは「反ユダヤ主義突撃隊」を組織していた反ユダヤ主義戦線の首領であり,「マックス・レジスはアルジェのユダヤ人大虐殺の首謀者」であった. H. アーレント『反ユダヤ主義について』p.242-243.

78. H. アーレント『帝国主義』p.56.

79. H. アーレント「反ユダヤ主義について」p.191, 243 (アーレントはここでアンリ大佐記念碑に記された幾つかの決まり文句を参照している).

80. 同上, p.38, 193, 235.

6章

1. H. アーレント『帝国主義』p.243-244. 強調はわれわれによる.

2. 同上, p.283.

3．H．アーレント「帝国主義」，前掲書『フートン・ミフリン書簡』．

4．『全体主義の起源』の，一般経済における帝国主義の位置に対する評価については以下を参照．マーガレット・カノバン 前掲書 p.28 以降．

5．H．アーレント『帝国主義』p.174．

6．H．アーレント『反ユダヤ主義』p.101–103．

7．H．アーレント『帝国主義』p.184–188．以下も参照．「帝国主義，ナショナリズム，盲目的愛国主義」，『リヴュー・オブ・ポリティックス』（«Imperialism, nationalism, chauvinism», *Review of politics*, 7/4/1945）．

8．H．アーレント「恥の諸要素」，前掲書『ホートン・ミフリン往復書簡』．

9．H．アーレント『帝国主義』p.197–202．

10．ローザ・ルクセンブルク『社会民主主義の危機』（Rosa Luxemburg, *La crise de la social-démocratie*, Spartacus, 1994）．

11．H．ブリュヒャー『ドイツ問題へ』，『ライブラリー・オブ・コングレス・ワシントン』（H. Blücher, *Zur deutschen Frage*, 1945/1950, *LC*, boîte 5）．

12．この点については以下を参照．ドミニク・シュナペール『市民の共同体——国民という近代的観念について』（Dominique Schnapper, *La communauté des citoyens. Sur l'idée moderne de nation*, Gallimard, 1994）．

13．H．アーレント『帝国主義』p.82，88．

14．H．アーレント「マイノリティに関して」，『現代のユダヤ人の記録』（H. Arendt, «Concerning minorities», *Contemporary Jewish Record*, 7/4 août 1994）p.359．

15．H．アーレント『全体主義の体系』p.227，『イデオロギー』，『ライブラリー・オブ・コングレス・ワシントン』（*Ideologies*, Berkeley, 1955, *LC*, boîte 46）．

16．H．アーレント，同上と『帝国主義』p.61．

17．H．アーレント「諸民族の和解を実現するための方法」（1942 年），『出来事を思考する』p.114．以下も参照．「1947 年 5 月 3 日の K．ヤスパース宛書簡」，『ハンナ・アーレント＝カール・ヤスパース往復書簡』p.139．

18．H．アーレント『反ユダヤ主義』p.16．

19．H．アーレント『帝国主義』p.270，15．翻訳はわずかに変更されている．

20．エルンスト・ルナン「国民とは何か」（Ernest Renan, «Qu'est qu'une nation ?», Agora, 1992）p.42．

21．H．アーレント『帝国主義』p.250–251．

22．同上，p.252．

23．同上，p.296．

24．同上，p.266．

25．同上，そこから，ナチス占領下のフランスにおいて起こったことにとりわけあてはまる次のような指摘が出てくる．「ナチスが占領国の警察機構のな

かに不名誉なほどわずかな抵抗しか見出さず，その警察の協力を得て大規模なテロを組織しえたこと，こうしたことすべてはひとつには，無国籍者と亡命者に対する無制限かつ恣意的な支配によって長年にわたり培われてきた警察の強大な権力的地位に由来する」(『帝国主義』p.268).

26. 以下を参照．E．ヤング＝ブルーエル 前掲書 p.197 とR．バーンスタイン 前掲書 p.71-75.

27. H．アーレント『帝国主義』p.281.

28. H．アーレント『少数派の問題へ—— 1940 年 1 月のエリック・コーン＝ベンディット宛の手紙』,『ライブラリー・オブ・コングレス・ワシントン』(H. Arendt, *Zur Minderheitenfrage*, Lettre à Eric Cohn-Bendit, janvier 1940, *LC*, boîte 79).

29. H．アーレント「カディッシュ〔死者への祈り〕は唱えられないだろう」(1942 年),『アウシュヴィッツとエルサレム』(H. Arendt, «On ne prononcera pas le Kaddish» (1942), in *AJ*) p.39. 翻訳では変更されている.

30. H．アーレント「諸民族の和解を実現するための方法」,『出来事を思考する』p.115. 強調はわれわれによる.

31. 同上，p.115.

32. H．アーレント『帝国主義』p.268.

33. H．アーレント「誰のものでもない国から来た客人」(1944 年 6 月 30 日),『アウシュヴィッツとエルサレム』p.77. 翻訳では変更されている.

34. 以下を参照.「われら亡命者」,『隠された伝統——パーリアとしてのユダヤ人』p.68-69.

35. H．アーレント『帝国主義』p.268. アーレントは，「われわれの震える本性の裸性」という表現をバークから借りている．ただし，その意味をずらしながら．バークのテクストにおいては，その文脈は，人間本性ならびに，人間本性を尊厳にまで高めるために「甘い幻想」によってそれを覆い隠そうとする必要性についてのペシミズムのそれである．そのようにしてバークは，合理主義の急襲に対して偏見を弁護しようとするのだ (『フランス革命についての考察』(*Réflexions sur la révolution de France*, Pluriel, 1989) p.97.

36. H．アーレント『帝国主義』p.288.

37. H．アーレント「エリック・フェーゲリンへの返答」,『理解する試み 1930-1954 年』p.406. アーレントはこの問いの吟味を，前掲書『革命について』p.228 以降で再び行うことになるだろう.

38. H．アーレント『帝国主義』p.271-272.

39. 同上，p.272-273.

40. 同上，p.284，290-292.

41. 同上，p.288.

42. A．M．ロビエロ 前掲書 p.206.

43. 以下を参照．クロード・ルフォール『民主主義の発明』(Claude Lefort, *L'invention démocratique*, Livre de poche, 1981) p.70-71.

44. H．アーレント『帝国主義』p.281．翻訳では変更されている．

45. H．アーレント『全体主義の体系』p.185 と『帝国主義』p.281-291.

46. リュック・フェリーとアラン・ルノー『政治哲学　3 ——人権から共和制の観念へ』(Luc Ferry et Alain Renaut, *Philosophie politique 3. Des droits de l'homme? l'idée républicaine*, PUF, 1985) p.64-65.

47. H．アーレント「実存の哲学」，前掲書 p.233-239.

48. 同上，p.225，238-239.

49. H．アーレント「近年のヨーロッパ哲学思想における政治への関心」，前掲書 p.23.

50. H．アーレント「1951 年 4 月 22 日のE．フェーゲリン宛書簡」．以下も参照．「1951 年 3 月 4 日のK．ヤスパース宛書簡」，『ハンナ・アーレント＝カール・ヤスパース往復書簡』p.244.

51. H．アーレント「1951 年 4 月 8 日のE．フェーゲリン宛の手紙」，『ライブラリー・オブ・ワシントン・コングレス』(H. Arendt, Lettre à Eric Voegelin du 8/4/51, *LC*, boîte 15).

52. H．アーレント『近代の人間の条件』p.42.

53. H．アーレント「1951 年 4 月 8 日のE．フェーゲリン宛の手紙」.

54. C．ルフォール 前掲書『民主主義の発明』p.59，68.

55. 本書Ⅲ部，5 章参照.

56. H．アーレント『哲学とは何か』p.34.

57. A．M．ロビエロ 前掲書 p.212.

58. H．アーレント『全体主義の体系』p.194.

Ⅳ

1．H．アーレント『反ユダヤ主義』p.29.

2．H．アーレント「再評価されるユダヤの歴史」，前掲書 p.11.

3．H．アーレント『反ユダヤ主義について』p.29.

4．H．アーレント『近代の人間の条件』p.298.

5．ヘルダーに関しては，以下を参照．H．アーレント「啓蒙とユダヤ人問題」，『隠された伝統——パーリアとしてのユダヤ人』p.26-28 と『ラーエル・ファルンハーゲン』p.49 以降.

6．マックス・ウェーバーの言．ミゲル・アバンスール「いかにしてハンナ・アーレントと共に政治を思考するか」，『国家という問い——フランス語圏ユダヤ知識人のシンポジウム』(Miguel Abensour, «Comment penser le politique avec Hannah Arendt?», in *La question de l'État, Colloque des*

intellectuels juifs de langue française, Dënoel, 1989）p.186 より引用.

7章

1．この章の一部はすでに,『存在論と政治——ハンナ・アーレント』所収の「ハンナ・アーレントにおけるパーリア」として出版されている（*Ontologie et politique. Hannah Arendt*, Tierce, 1989：«Le paria chez Hannnah Arendt»）. また，これは『政治と思考——ハンナ・アーレントシンポジウム』（*Réédition Politique et pensée. Colloque Hannah Arendt*, Payot, 1996）として再版されている.

2．以下を参照．エレーニ・ヴァリカス「パーリア——女性排除のメタファー」,『源泉——歴史の仕事』誌（Eleni Varikas, «Paria. Une métaphore de l'exclusion des femmes», *Sources. Travaux historiques*, n° 12, 1987）.

3．H．アーレント「隠された伝統」,『隠された伝統——パーリアとしてのユダヤ人』p.180，190.

4．前掲書『記録　1号——青年ユダヤ団』1942年4月7日.

5．H．アーレント「ヘルツルとラザール」，ベルナール・ラザール『ヨブの糞』（H. Arendt, «Herzl et Lazare», in Bernard Lazare, *Le Fumier de job*, Circé, 1990）p.151.

6．B．ラザール「ユダヤナショナリズム」,『ユダヤ人と反ユダヤ主義』（B. Lazare, «Le nationalisme juif», in *Juifs et antisémites*, Allia, 1992）p.144.

7．B．ラザール 前掲書『ヨブの寝藁』p.34.

8．B．ラザール「ユダヤナショナリズム」，前掲書 p.150.

9．H．アーレント『反ユダヤ主義』p.71-72.

10. B．ラザール「ナショナリズムとユダヤ人の解放」，前掲書『ユダヤ人と反ユダヤ主義』（B. Lazare, «Le nationalisme et l'émancipation juif»（1901）, in *Juifs et antisémites, op. cit.*,）p.166.

11. B．ラザール「反ユダヤ主義を前にしたユダヤ人プロレタリアート」（1899年），同上，p.129.

12. B．ラザール 前掲書『ヨブの寝藁』p.80-81.

13. B．ラザール「ユダヤナショナリズム」，前掲書 p.143.

14. H．アーレント「能動的忍耐」（1941年），『隠された伝統——パーリアとしてのユダヤ人』p.52と「隠された伝統」，同上 p.180．さらに『反ユダヤ主義について』も参照．「ユダヤ人が政治的観点と市民的観点から見て劣位の条件をもたなくなるところはどこででも，彼らは社会的いう平面においてパーリアになったのだ」（前掲書 p.141）.

15. H．アーレント『反ユダヤ主義について』p.254-257.

16. 同上．翻訳は変更されている.

17. H．アーレント「例外ユダヤ人」，『隠された伝統――パーリアとしてのユダヤ人』p.168-169.

18. H．アーレント「隠された伝統」，『隠された伝統――パーリアとしてのユダヤ人』p.219.

19. B．ラザール「ユダヤナショナリズム」，前掲書 p.150.

20. B．ラザール「コルネリアス・エルツ」，『ユダヤ人と反ユダヤ主義』（B. Lazare, «Cornelius Herz», *Juifs et antisémites*）p.47-49.

21. B. ラザール『反ユダヤ主義――その歴史と原因』（B. Lazare, *L'antisémitisme, son histoire et ses cause.* Les Éditions 1900, 1990）p.364, 370-371.

22. B．ラザール『反ユダヤ主義に抗して』（1896年），前掲書『ユダヤ人と反ユダヤ主義』p.95.

23. B．ラザール「ユダヤナショナリズム」，前掲書 p.143-144.

24. B．ラザール 前掲書『ヨブの寝藁』p.79.

25. B．ラザール「反ユダヤ主義に抗して」（1896年），前掲書 p.95,「反ユダヤ主義を前にしたユダヤ人プロレタリアート」，前掲書 p.138,「ヨブの寝藁」，前掲書 p.40.

26. B．ラザール「反ユダヤ主義を前にしたユダヤ人プロレタリアート」，前掲書 p.164-172.

27. H．アーレント「隠された伝統」，『隠された伝統――パーリアとしてのユダヤ人』p.198-199, 197.

28. B．ラザール 前掲書『反ユダヤ主義――その歴史と原因』p.19, 130. パーリアの状況の特徴は，この書物の第1部から記述されている．ラザールはそうした特徴を彼の全テクストにおいて保っている．論争の的となったこの書物の曖昧さを無視することなく，アーレントはそれを高く評価している．それは「反ユダヤ主義を深刻に受け止め」，その原因を追求しようという類稀れな決心を示しているからである（「ベルナール・ラザール『ヨブの寝藁』への序文」（Préface à Bernard Lazare, *Job's Dungheap*, NY, Schocken Books, 1948），同書 p.6.

29. B．ラザール 前掲書『反ユダヤ主義――その歴史と原因』p.130, 382.

30. B．ラザール「反ユダヤ主義を前にしたユダヤ人プロレタリアート」p.173, 174.

31. H．アーレント「例外ユダヤ人」，『隠された伝統――パーリアとしてのユダヤ人』p.132.

32. H．アーレント「イスラエルの誰もがイスラエルを保証していた」，『アウフバウ』誌（H. Arendt, «Ganz Israel bürgte für einander»（Tout Israël répondait d'Israël），*Aufbau*, 24/4/1942）．以下も参照．「能動的忍耐」，『隠された伝統――パーリアとしてのユダヤ人』p.53.

33. B．ラザール 前掲書『ヨブの寝藁』p.151. アーレント前掲論文「ヘル

ツルとラザール」，同書 p.154-155 より引用．
34．B．ラザール 前掲書『ヨブの寝藁』p.38，31，77-78．
35．H．アーレント 前掲書『記録　1号――青年ユダヤ団』1942 年 4 月 21 日．
36．H．アーレント「例外ユダヤ人」，前掲書 p.125．
37．H．アーレント 同上，「能動的忍耐」，前掲書 p.53，『反ユダヤ主義について』p.151，「昨日の世界のユダヤ人」，前掲書 p.83-84．
38．H．アーレント「能動的忍耐」，前掲書 p.125 と「昨日の世界のユダヤ人」，前掲書 p.83-90．

8章

1．この章の一部はすでに『非政治性 ―― 喧騒』誌（*Apolitismes, Tumultes,* n° 8, septembre 1996）に「没世界性と非政治性――ハンナ・アーレントとマックス・ウェーバーの対決」（«Acosmisme et apolitisme. Une confrontation entre Hannah Arendt et Max Weber»）として出版されている．
2．B．ラザール 前掲書『ヨブの寝藁』p.49．
3．思考の－連続（*Thought-trains*），一連の思考（*trains of thought*），こうした表現は何度も見られ，様々に翻訳されている．以下を参照．『政治的生』p.98 では「chaînes d'idées」，『文化の危機』p.24 では「cours des pensées」，『精神の生活　Ⅰ』p.233 では「enchaînements de la pensée」，『精神の生活　Ⅱ』p.54（les pensées）などである．
4．H．アーレント「暗い時代の人間性について」，『政治的生』p.22，20，23．
5．ウェーバーは次のような問いを提起した．「世界が個人を閉じ込める固い絆から当の個人を内的に解き放つ傾向はいかにして，社会組織に関するカルヴァン派の明白な優越と結びつくことができたのだろうか」．マックス・ウェーバー『プロテスタンティズムの倫理と資本主義の精神』（Max Weber, *L'éthique protestante et l'esprit du capitalisme,* Agora, 1994）p.121．
6．H．アーレント『近代の人間の条件』第 4 章 p.322．
7．以下を参照．『全体主義の体系』p.230，226，227，231．
8．以下を参照．H．アーレント『アウグスティヌスにおける愛の概念』p.75．マックス・ウェーバーにとっても同様に――エッセネ派を除くなら――，ユダヤ人の倫理は，ウェーバー自身がキリスト教的「愛の没世界性の倫理」と名づけたものに反して，彼が決して拒絶も軽んじもしなかった世界へと完全に向き直させられている（以下を参照．『古代ユダヤ教』（*Le judaïsme antique,* Plon, 1971））．
9．H．アーレント『近代の人間の条件』p.89，93-94，116，117，308．

10. それゆえ，『反ユダヤ主義について』において，アーレントは次のように書いたのだ．「貶められる民族と階級が存在する限り，成り上がり者とパーリアに固有の特徴は同じ単調さで世代から世代へ再生されることになるだろう．それは，ユダヤ人においても他のあらゆる社会においても同様なのである」（前掲書 p.150）．

11. H．アーレント『キリスト教道徳のアメリカ協会での発言』，『ライブラリー・オブ・コングレス・ワシントン』（H. Arendt, *Remarks at the American Society of Christian Ethics*, Richmond（Virginia），21 janvier 1973, *LC*, boîte 77）p.1.

12. H．アーレント，『権威とは何か』，『文化の危機』（«Qu'est-ce que l'autorité?», *CC*）p.123 以降.

13. H．アーレント「ユダヤ人問題に対するキリストの言葉」，『アウフバウ』誌（H. Arendt, «Ein christliches Wort zur Judenfrage», *Aufbau*, 5 juin 1942）.

14. 『近代の人間の条件』p.304-305．強調はわれわれによる．

15. 『ニュースクール・フォア・ソーシャルリサーチでの講義』（*Lectures at the New School for social research. Common course lecture*, vol. 7, 14 mai 1954, Lecture XIV；Bard College）p.1.

16. H．アーレント「母語だけが残っている」，『隠された伝統――パーリアとしてのユダヤ人』p.248，242.

17. H．アーレント「暗い時代の人間性について」p.22.

18. 以下を参照．H．アーレント『エルサレムのアイヒマン――悪の陳腐さについての報告』p.289.

19. H．アーレント「暗い時代の人間性について」，『政治的生』p.22.

20. H．アーレント「隠された伝統」，『隠された伝統――パーリアとしてのユダヤ人』p.180.

21. H．アーレント「哲学とは何か」p.112．翻訳では変更されている．

22. H．アーレント『ラーエル・ファルンハーゲン』p.352，256.

23. H．アーレント「例外ユダヤ人」，『隠された伝統――パーリアとしてのユダヤ人』p.187.

24. H．アーレント『反ユダヤ主義について』p.150-151.

25. ラザールもまたゲットーと友愛の結びつきを証明した．ゲットーにおいては，人間は押し込められ，互いに窮屈に密集していた．「この苦しいときに，彼らは互いに身を寄せ合い，兄弟のように感じたのであり，彼らを繋いでいた絆はより強く結ばれたのだ」．前掲書『反ユダヤ主義――その歴史と原因』p.130.

26. H．アーレント『ラーエル・ファルンハーゲン』p.256-259.

27. H．アーレント「暗い時代の人間性について」，『政治的生』p.25，22,

40.

28. H．アーレント「ローザ・ルクセンブルク」,『政治的生』p.60-61. SPDとは社会民主党である.

29. H．アーレント『ラーエル・ファルンハーゲン』p.82, 252, 121と「暗い時代の人間性について」,『政治的生』p.22.

30. H．アーレント「例外ユダヤ人」,『隠された伝統――パーリアとしてのユダヤ人』p.124.

31. H．アーレント「暗い時代の人間性について」,『政治的生』p.25.

32. H．アーレント「文化の危機」,『文化の危機』p.257.

33. H．アーレント『近代の人間の条件』p.90.

34. H．アーレント「暗い時代の人間性について」,『政治的生』p.23.

35. ジャン＝ジャック・ルソー『人間不平等起源論』(Jean-Jaques Rousseau, *Discours sur l'origine et les fondements de l'inégalité parmi les hommes, GF*, 1971) p.190.

36. H．アーレント『革命について』p.121-123.

37. H．アーレント『近代の人間の条件』p.117. ドストエフスキーにおける, イエスの無言についての一節も参照.『革命について』p.123以降.

38. H．アーレント『革命について』p.83. さしあたり, 同情と憐憫の情との違いは脇においておこう.

39. H．アーレント「ショーレム宛書簡」, 前掲書p.223.

40. このエピソードについては, E. ヤング＝ブルーエル 前掲書p.221-222を参照.

41. ジュール・ロマン「作家の失敗――フェルディナント・ブルックナー宛の公開状」,『アウフバウ』誌 (Jules Romains, «Das Versagen der Schriftsteller, Offener Brief an Ferdinand Brückner», *Aufbau*, 17/10/1941).

42. H．アーレント「ユダの家からの感謝？――ジュール・ロマン宛の公開状」,『アウフバウ』誌 (H. Arendt, «Der Dank vom Hause Juda ? Offener Brief an Jules Romains», *Aufbau*, 24/10/1941).

43. この点については, E. ヤング＝ブルーエル 前掲書p.315.

44. パウル・ティリッヒ「エミール・ルートヴィヒに抗する新演説」,『アウフバウ』誌 (Paul Tillich, «Gegen Emil Ludwigs neueste Rede», *Aufbau*, 17/7/1942).

45. H．アーレント「パウル・ティリッヒへの賛否――賛」,『アウフバウ』誌 (H. Arendt, «Für und gegen Paul Tillich. Pro», *Aufbau*, 31/7/1942).

46. ヒルデ・フレンケルについては以下を参照. E．ヤング＝ブルーエル 前掲書p.314-319.

47. H．アーレント「1942年8月19日のP．ティリッヒ宛の手紙」,『ライブラリー・オブ・コングレス・ワシントン』(H. Arendt, Lettre à P. Tillich,

19/8/1942, *LC*, boîte 14).
48. それゆえ，彼女はヤスパースに次のように書いている.「私のなかに何か教条的なものがあるのです（それは，ユダヤ人が歴史を思い切って書こうとするときに現れるものです)」.「1950年6月25日の書簡」,『ハンナ・アーレント＝カール・ヤスパース往復書簡』p.223. 翻訳では変更されている.
49. H. アーレント（ヨーゼフ・メイヤーと),「何が益となるのか？」,『アウフバウ』誌（H. Arendt (avec Josef Maier), «Cui bono?», *Aufbau*, 3/4/1942).

9章

1. H. アーレント「シオニズム再考」,『アウシュヴィッツとエルサレム』p.113.
2. H. アーレント『反ユダヤ主義について』p.146,「ヴァルター・ベンヤミン」,『政治的生』p.276,『反ユダヤ主義について』p.147.
3. H. アーレント「ヴァルター・ベンヤミン」,『政治的生』p.288, 280.
4. こうした系譜のうちで，最重要の形象がマルクスであるのは確かである.
5. H. アーレント「隠された伝統」,『隠された伝統――パーリアとしてのユダヤ人』p.180-181.
6. T. マン「1944年6月10日のH. アーレント宛書簡」, 前掲『カイエ・ド・グリフ』誌（T. Mann, Lettre à H. A., 10/6/1944, in *Les cahiers du Grif, op. cit.*）p.73.
7. K. ブルーメンフェルト「1956年8月13日のH. アーレント宛書簡」,『ハンナ・アーレント＝クルト・ブルーメンフェルト往復書簡』p.212とH. アーレント「1956年7月31日のK. ブルーメンフェルト宛書簡」, 同書p.194-195.
8. H. アーレント「権威とは何か」,『文化の危機』p.163, 134, 同書序文p.14,「ヴァルター・ベンヤミン」, 前掲書p.297.
9. H. アーレント「文化環境を創造すること」,『隠された伝統――パーリアとしてのユダヤ人』p.174.
10. 伝統という一般概念から，彼女のテクストにちりばめられたそれに関する発言を集めてみれば，ユダヤ的伝統に対するアーレントの立場を再構成することが可能となるだろう. アーレントの立場は，伝統宗教の政治的かつ象徴的争点を意識せざる世俗性の純然たる受諾に帰されるものではないだろう.
11. この点については以下を参照. 注10に対してさらに，ヤーコプ・カッツ『ゲットーの外で』(Jacob Katz, *Hors du ghetto*, Hachette, 1983）を参照.
12. H. アーレント「隠された伝統」,『隠された伝統――パーリアとしてのユダヤ人』.

13. アーレントは，隠された伝統の伝達というこのモデルを革命の失われた財宝の位置に移すことになる．以下を参照．リチャード・バーンスタイン 前掲書第6章．

14. H．アーレント「再評価されるユダヤの歴史」，前掲書 p.16.

15. ヴァルター・ベンヤミン「歴史哲学についてのテーゼ」VとVI，『エセー 2』（Walter Benjamin, «Thèses sur la philosophie de l'histoire», V et VI, in *Essais* 2. 1935-1940, Médiations, 1983）p.197-198.

16. 同上.

17. H．アーレント「隠された伝統」，前掲書 p.179.

18. H．アーレント 同上 p.219.

19. W．ベンヤミン「歴史哲学についてのテーゼ」，前掲書.

20.「われわれの問題がここで言及されることは決してありません．それは非常に適切なものとは考えられていないような気が私にはするのです」（「1946年4月17日のゲルトルート・ヤスパースからH．アーレント宛書簡」，『ハンナ・アーレント＝カール・ヤスパース往復書簡』p.913）.

21.「1945年12月2日の K．ヤスパースのH．アーレント宛書簡」，『ハンナ・アーレント＝カール・ヤスパース往復書簡』p.62-63.

22.「1946年1月29日のH．アーレントのK．ヤスパース宛書簡」，同上 p.71.

23.「隠された伝統」に加えて，『六つのエセー』には次の論文が含まれている．「組織化された罪」，「帝国主義を超えて」，「強制収容所」，「昨日の世界のユダヤ人――シュテファン・ツヴァイク『昨日の世界――自伝』に寄せて」，「実存哲学とは何か」，そして「フランツ・カフカ」である（ハイデルベルク，1948年）.

24. 以下を参照．K．ブルーメンフェルト「1956年12月31日のH．アーレント宛の手紙」，『ハンナ・アーレント＝クルト・ブルーメンフェルト往復書簡』.

25. H．アーレント「1967年1月9日のK．ブルーメンフェルト宛の手紙」，同上 p.229.

26. H．アーレント「ヴァルター・ベンヤミン」，『政治的生』p.291.

27. H．アーレント「隠された伝統」，『隠された伝統――パーリアとしてのユダヤ人』p.180.

28. H．アーレント『ラーエル・ファルンハーゲン』p.19，274.

29. H．アーレント「隠された伝統」，『隠された伝統――パーリアとしてのユダヤ人』p.189-190.

30. H．アーレント『近代の人間の条件』p.223．次も参照．「文化の危機」，『文化の危機』p.267-268.

31. H．アーレント『近代の人間の条件』p.225．アーレントの思考は，『能

動的生』（*Vita activa*）においてよりはっきりと述べられる．そこにおいて，この思考は *Gedicht* ——詩——と *Verdichutung* ——圧縮——のドイツ語における類似性を支えにすることができる．

32．H．アーレント『近代の人間の条件』p.225.

33．芸術と詩に関するハイデガーの概念とアーレントの概念を，その親近性と差異において比較することが重要となるだろう．

34．H．アーレント「1946年5月30日のゲルトルート・ヤスパース宛書簡」，『ハンナ・アーレント＝カール・ヤスパース往復書簡』p.84．以下も参照．「1946年5月29日のヘルマン・ブロッホ宛書簡」，『ハンナ・アーレント＝ヘルマン・ブロッホ往復書簡』（Lettre à Hermann Broch, 29/5/1946, *Hannah Arendt-Hermann Broch. Briefwechsel*. 1946 bis 1951, Jüdischer Verlag, 1996）p.9.

35．H．アーレント「隠された伝統」，『隠された伝統——パーリアとしてのユダヤ人』p.192，179.

36．H．アーレント「ベルトルト・ブレヒト」，『政治的生』p.230.

37．H．アーレント「隠された伝統」，『隠された伝統——パーリアとしてのユダヤ人』p.191.

38．K．ブルーメンフェルト 前掲書『ユダヤ人問題体験』p.103，104.

39．H．アーレント「1959年8月10日のK．ブルーメンフェルト宛の書簡」，『ハンナ・アーレント＝クルト・ブルーメンフェルト往復書簡』p.310.

40．H．アーレント「隠された伝統」，『隠された伝統——パーリアとしてのユダヤ人』p.209.

41．H．アーレント「フランツ・カフカ」，『隠された伝統——パーリアとしてのユダヤ人』p.113.

42．H．アーレント「隠された伝統」，『隠された伝統——パーリアとしてのユダヤ人』p.209.

43．同上 p.210-211.

44．カフカ『城』（Kafka, *Le Château*, Presses Pochet, 1984）p.107.

45．H．アーレント「フランツ・カフカ」，『隠された伝統——パーリアとしてのユダヤ人』p.106.

46．H．アーレント「隠された伝統」，『隠された伝統——パーリアとしてのユダヤ人』p.216-217.

47．G．アンダース．以下を参照．『カフカ——賛と否』（*Kafka, Pour et contre*, Circé, 1990）p.9.

48．以下を参照．H．アーレント「ヴァルター・ベンヤミン」，『政治的生』．

49．カフカ『審判』（Kafka, *Le procès*, Folio, 1993）p.271.

50．H．アーレント『全体主義の体系』p.206-207.

51．H．アーレント「フランツ・カフカ」，『隠された伝統——パーリアとし

てのユダヤ人』p.101.
52．カフカ 前掲書『審判』p.280.
53．H．アーレント「フランツ・カフカ」，前掲書 p.101.
54．H．アーレント「隠された伝統」，『隠された伝統――パーリアとしてのユダヤ人』p.220.
55．「今や私は，自由の名の下で，権利の名の下で，そして正義の名の下で，反ユダヤ主義に反抗する．私が声をあげた唯一の人間であろうか．そうでないことを望む」．（ベルナール・ラザール「反ユダヤ主義に抗して」，前掲書『ユダヤ人と反ユダヤ主義』p.97）．
56．『裁判の誤り――ドレフュス事件』（*Une erreur judiciaire. L'Affaire Dreyfus*, Allia, 1993）．
57．アレクサンドル・ゼヴァエスの言葉．ジャン＝ドゥニ・ブルダン『ベルナール・ラザール――アナーキストから預言者へ』（Jean-Denis Bredin, *Bernard Lazare, L'antisemitisme, De l'anarchiste au prophète*, Paris, Fallois, 1992）p.178 より引用．
58．B．ラザールのレーナック・メモ．N．ウィルソン『ベルナール・ラザール――反ユダヤ主義，ドレフュス事件，ユダヤ的アイデンティティの探求』（N. Wilson, *Bernard Lazare. Lantisèmitisme, l'Affaire Dreyfus et la recherche de l'identité juive*, Albin Michel, 1985）p.198 より引用．
59．B．ラザール「ユダヤナショナリズム」，『ユダヤ人と反ユダヤ主義』p.151．強調はわれわれによる．
60．以下を参照．B．ラザール 前掲書『ヨブの寝藁』p.61–62.
61．B．ラザール「ナショナリズムとユダヤ人の解放」，『ユダヤ人と反ユダヤ主義』p.174.
62．H．アーレント『反ユダヤ主義について』p.200.
63．B．ラザール 前掲書『裁判の誤り――ドレフュス事件』p.3.
64．H．アーレント『反ユダヤ主義』p.257.
65．B．ラザール「反ユダヤ主義に抗して」と「反ユダヤ主義を前にしたユダヤ人プロレタリアート」，前掲書『ユダヤ人と反ユダヤ主義』p.115，137.
66．B．ラザール 前掲書『ヨブの寝藁』p.19–20.
67．バルーフ・アガニ，『ベルナール・ラザール』（Baruch Hagani, *Bernard Lazare*, Paris, 1919）p.30．以下も参照．シャルル・ペギー『われらの青春』（Charles Péguy, *Notre Jeunesse*, Gallimard, Idées, 1969）p.121.
68．以下を参照．H．アーレント「隠された伝統」，『隠された伝統――パーリアとしてのユダヤ人』p.196.
69．B．ラザール「ユダヤ資本主義と民主主義」，前掲書（B. Lazare, «Capitalisme juif et démocratie»（1901），*Juifs et antisémites, op. cit.*）p.214.
70．B．ラザール「ナショナリズムとユダヤ人の解放」，前掲書『ユダヤ人

と反ユダヤ主義』p.66-167．以下より引用．アーレント「隠された伝統」，『隠された伝統――パーリアとしてのユダヤ人』p.196.

71.「反ユダヤ主義を前にしたユダヤ人プロレタリアート」，「ユダヤナショナリズム」，「反ユダヤ主義を前にしたユダヤ人プロレタリアート」，『ユダヤ人と反ユダヤ主義』p.140，146.

72. H．アーレント「ヴァルター・ベンヤミン」，『政治的生』p.288-289, 294.

73. カフカ『アフォリズム』ヨーゼフ・Kの箇所（Kafka, *Aphorismes*, Joseph K., 1994）p.60-61．以下より引用．H．アーレント，「ヴァルター・ベンヤミン」，『政治的生』p.290．強調はアーレントによる.

74. H．アーレント「伝統と近代」，『文化の危機』（H. Arendt, «La tradition et l'âge moderne», *CC*）p.40.

75. H．アーレント「ベルトルト・ブレヒト」，『政治的生』p.206，218.

76. H．アーレント『全体主義の体系』p.52-53.

77. H．アーレント「ベルトルト・ブレヒト」，『政治的生』p.219と『全体主義の体系』p.55.

78. H．アーレント「ヴァルター・ベンヤミン」と序文，『政治的生』p.300, 10.

79. H．アーレント「暗い時代の人間性について」と「アイザック・ディネセン」，『政治的生』p.31，134.

80. F．カフカ 前掲書『アフォリズム』p.63．強調はわれわれによる.

81. H．アーレント「隠された伝統」，『隠された伝統――パーリアとしてのユダヤ人』p.205.

82. 前記，Ⅰ部2章を参照.

83. H．アーレント「『文化の危機』への序文」参照，同書p.25.

V

1．H．アーレント「諸民族の和解を実現するための方法」，『出来事を思考する』p.120.

2．H．アーレント『記録　1号――青年ユダヤ団』，1942年3月11日の会議.

10章

1．H．アーレント「諸民族の和解を実現するための方法」，『出来事を思考する』p.120.

2．H．アーレント「ユダヤ民族の家郷を救うためにはまだ時間が必要であ

る」，『出来事を思考する』（H. Arendt, «Pour sauver le foyer national juif il en est encore temps»（1948），*PE*）p.145.

3．H．アーレント「ユダヤの政治―― 1942年8月20日にアーレントからヨーゼ・ミレルマン宛に送られたシオニスト概念のための草稿」，『ライブラリー・オブ・コングレス・ワシントン』（H. Arendt, *Jüdische Politik*, projet d'article envoyé par Arendt le 20/8/42 à José Mirelman pour *Idea Sionista, LC*, boîte 71）.

4．H．アーレント「諸民族の和解を実現するための方法」，『出来事を思考する』p.116.

5．H．アーレント『全体主義の本性』p.71.

6．M．アバンスール「ハンナ・アーレントと問題のシオニズム」（M. Abensour, «Hannah Arendt et le sionism en question», *Passé Présent*, n° 3, 1984）p.20.

7. H．アーレント『記録 1号――青年ユダヤ団』，1942年3月11日.

8. H．アーレント「近東における平和か休戦か」，『アウシュヴィッツとエルサレム』（H. Arendt, «La paix ou l'armistice au Proche-Orient?»（1950），*AJ*）p.188と「対独協力について」，『アウシュヴィッツとエルサレム』（«Sur la collaboration»（1948），*AJ*）p.162.

9．H．アーレント『記録 1号――青年ユダヤ団』，1942年5月13日.

10. W．ベンヤミン「歴史哲学についてのテーゼ」p. Ⅷ，199.

11. H．アーレント『全体主義の独裁政権における道徳的責任』，『ライブラリー・オブ・コングレス・ワシントン』（H. Arendt, *Moral responsibility under totalitarian dictatorship*，（1965/66），*LC*, boîte 62）.

12. H．アーレント『判断――カントの政治哲学について』（H. Arendt, *Juger. Sur la philosophie politique de Kant*,（以下*J*），Seuil, 1991）p.37，69.

13. H．アーレント『哲学とは何か』p.130.

14. H．アーレント『全体主義の本性』p.68.

15. 同上p.91. これらすべての主題に関して，以下も参照.「自由とは何か」，『文化の危機』（«Qu'est-ce que la liberté?»，in *CC*）p.197-198.

16. H．アーレント『判断――カントの政治哲学について』p.37.

17. H．アーレント『全体主義の体系』p.206.

18. H．アーレント「近東における平和か休戦か」，『アウシュヴィッツとエルサレム』p.195-196. M．アバンスール「ハンナ・アーレントと問われるシオニズム」，前掲書p.19による引用と翻訳.

19. H．アーレント『記録 1号――青年ユダヤ団』，1942年3月11日の会議.

20. 以下を参照.「悪魔の雄弁」，『アウシュヴィッツとエルサレム』（«L'éloquence du diable», *AJ*）p.34. 翻訳は変更されている.

21. H．アーレント「諸民族の和解を実現するための方法」，『出来事を思考する』p.120.

22. 諸利害対立のゲームとしての現実という概念の批判は，アーレントにおいてはホッブズの批判に関わっている．彼女はそうした批判を『帝国主義』のなかで展開している．われわれはここでは慈愛に対する正義の調整機能だけを考慮しておこう．

23. ヘルマン・コーエン『ユダヤ教の源泉に由来する理性の宗教』（Hermann Cohen, *Religion de la raison tirée des sources du judaïsme*, PUF, 1994）p.192, 202, 209, 592, 595.

24. このくだりの一部はすでに，『オートルマン――顔』誌（*Le visage, Autrement*, n° 144, dir. C. Chalier, octobre 1994）に「憐憫の政治的危険」（« Les risque politiques de la pitié»）として出版されている．

25. H．アーレント『エルサレムのアイヒマン――悪の陳腐さについての報告』p.122, 61. 注25に対して，アーレントにおける同情と憐憫の違いについては以下を参照．リュック・ボルタンスキー『遠く離れた苦しみ』（Luc Boltanski, *La souffrance à distance*, Métailié, 1993）p.15 以降.

26. H．アーレント『革命について』p.106, 122, 128, 129-130.

27. H．アーレント「暗い時代の人間性について」，『政治的生』p.23. 強調はわれわれによる．幸福と正義の区別は同じくカントに由来するものでもある．

28. H．アーレント『記録　1号――青年ユダヤ団』，1942年4月21日と前掲書『ユダヤの政治』.

29. H．アーレント「ヘルツルとラザール」，前掲書 p.150.

30. H．アーレント「哲学とは何か」p.57. 翻訳では変更されている．

31. 同上 p.82.

32. H．アーレント『革命と自由』，『ライブラリー・オブ・コングレス・ワシントン』（H. Arendt, *Revolution and freedom, LC*. boîte 97）p.15.

33. H．アーレント『哲学とは何か』p.58.

34. H．アーレント「自由とは何か」，『文化の危機』p.189, 198, 219.

35. H．アーレント「暗い時代の人間性について」，『政治的生』p.24-26.

36. M．アバンスール「いかにしてハンナ・アーレントと共に政治を思考するか」，『国家という問い――フランス語圏ユダヤ知識人のシンポジウム』p.190.

37. H．アーレント「カール・ヤスパース――世界の市民？」，『政治的生』p.94.

38. この点については以下を参照．ミリアム・ルボー・ダローヌ「判断する勇気――『カントの政治哲学』への後書き」（Myriam Rebault d'Allones, «Le courage de juger», Postface à H. Arendt, *J*）.

11章

1．ここでA．ゴレンの書物のタイトルを再び挙げておこう．これはマグネスの多くのテクストを収めた書物である．『シオンにおける反対者』(*Dissenter in Zion*, Harvard University Press, 1982)．

2．H．アーレント「1946年1月14日のクルト・ブルーメンフェルト宛書簡」，『ハンナ・アーレント＝クルト・ブルーメンフェルト往復書簡 1933-1963』p.57．翻訳は変更されている．

3．K．ブルーメンフェルト「1946年1月17日のマルティン・ローゼンブリュート宛の手紙」，前掲書『シオニズムをめぐる戦いのなかで—— 50年間の書簡』p.197-198．躊躇っていたとはいえ，ブルーメンフェルトは公に『シオニズム再考』について態度を表明することはなかった．これら二つの書簡については，以下を参照．D．バーナウ 前掲書 p.112-119．

4．それゆえ『クリティック』誌80号（1954）誌に掲載された『全体主義の起源』についての説明のなかでレイモン・アロンは次のように書いている．「アーレント女史の調子は，彼女が意識することさえなく，事物や人間に対する尊大な優位性を帯びている……」(p.52)．

5．G．ショーレム「1946年1月28日のH．アーレント宛書簡」，『シオニズム』(G. Scholem, Lettre à H. A., 28/1/1946, in *Sionisme*)．1988年ドゥニ・シャルビとアルバン・ミシェルによって集められた基礎文献集 p.665-668と1946年6月11日，『ライブラリー・オブ・コングレス・ワシントン』(*LC*, boîte 14)．

6．D．バーナウ 前掲書 p.112．アーレントがいつも，反シオニスト的環境から発せられた命題はすべて拒絶してきたことは知られている．決して『シオニズム再考』のテーゼを撤回することなく，また，古くからのみずからのシオニスズムへのアンガジュマンを喚起させながら，彼女はいつも，自分に宛てて書いてきた者たちに答えた．この点については以下を参照．E．ヤング＝ブルーエル，前掲書 p.474．

7．E．ヤング＝ブルーエル 前掲書 p.301．

8．H．アーレント『記録 1号——青年ユダヤ団』，1942年4月7日，「ユダヤ国家の50年」，『出来事を思考する』p.127と「残された者の考え」(«Ceterum censeo»)，『アウシュヴィッツとエルサレム』p.29．

9．H．アーレント 前掲書『ユダヤ政治』と「混乱」(«Konfusion»)，『アウフバウ』誌1942年8月14日．

10．H．アーレント「母語だけが残っている」，『隠された伝統——パーリアとしてのユダヤ人』p.246と『帝国主義』p.181，83．

11．H．アーレント「母語だけが残っている」，『隠された伝統——パーリア

としてのユダヤ人』p.247.

12. H．アーレント『近代の人間の条件』p.282. 翻訳は変更されている．さらに，『革命について』p.104.

13. M．アバンスール「マルクスとマキアヴェッリの瞬間――〈真の民主主義〉とモデルニテ」，『現象学と政治』誌（M. Abensour, «Marx et le moment machiabélien. “Vraie démocratie” et modernité», *Phénoménologie et politique*, Ousia, 1989）p.109-110.

14. H．アーレント『反ユダヤ主義について』p.233,『全体主義国家と民主主義――ラジオ放送』,『ライブラリー・オブ・コングレス・ワシントン』（*Nationalstaat und Demokratie*, Émission de radio, Cologne, mars 1963, *LC*, boîte 75）.

15. H．アーレント『記録 1号――青年ユダヤ団』, 1942年3月11日.

16. H．アーレント『革命について』p.104-106. 翻訳では変更されている．『反ユダヤ主義について』p.233，前掲書『全体主義国家と民主主義――ラジオ放送』,『全体主義の体系』p.29.

17. H．アーレント『記録 1号――青年ユダヤ団』, 1942年3月11日.

18. H．アーレント「最初の一歩」,『アウフバウ』誌（H. Arendt, «Ein erster Schritt», *Aufbau*, 30/1/1942）.

19. H．アーレント『記録 1号――青年ユダヤ団』, 1942年3月11日.

20. 以下を参照．H．アーレント「テオドーア・ヘルツルのユダヤ国家50年」,『出来事を思考する』（H. Arendt, «Le cinquantenaire de l'État juif de Theodor Herzl»（1946）, *PE*）p.124.

21. 以下を参照．H．アーレント「1969年10月17日のメアリー・マッカーシー宛書簡」,『友のあいだで――ハンナ・アーレント＝メアリー・マッカーシー往復書簡 1949-1975年』p.249と『エルサレムのアイヒマン――悪の陳腐さについての報告』p.172.

22. H．アーレント「ヴァルター・ベンヤミン」,『政治的生』p.289.

23. H．アーレント「シオニズム再考」,『アウシュヴィッツとエルサレム』p.111と「1952年9月7日のK．ヤスパース宛書簡」,『ハンナ・アーレント＝カール・ヤスパース往復書簡』p.286.

24. H．アーレント「テオドーア・ヘルツルのユダヤ国家50年」,『出来事を思考する』p.126.

25. H．アーレント「母語だけが残っている」,『隠された伝統――パーリアとしてのユダヤ人』p.238-239.

26. H．アーレント「残された者の考え」（26/12/1941），『アウシュヴィッツとエルサレム』p.29と『記録 1号――青年ユダヤ団』, 1942年3月11日.

27. H．アーレント「残された者の考え」,『アウシュヴィッツとエルサレム』p.29. 翻訳は変更されている.

28. H．アーレント 前掲書『ユダヤ政治』.

29. ヘルツル「ユダヤ人の社会とユダヤ人国家」，『ユダヤ人の国家』(Herzl, «Society of Jews et État des Juifs», in *L'État des Juifs*, La Découverte, 1990) p.101.

30. B．ラザール 前掲書『ユダヤ人と反ユダヤ主義』のP．オリオルの前書き (B. Lazare, in Avant-propos de P. Oriol, *Juifs et antisémites, op. cit.*) XIII頁.

31. J.-D. ブルダンによる，B．ラザール前掲書 p.309 からの引用と「1901年6月24日のヴァイツマン宛書簡」，『ユダヤ人と反ユダヤ主義』XV頁.

32. B．ラザール「ユダヤナショナリズム」，前掲書 p.159.

33. H．アーレント『精神の生活　II』p.231.

34. H．アーレント『記録　1号――青年ユダヤ団』，1944年4月7日と「ヘルツルとラザール」，前掲書 p.153. 以下も参照.「シオニズム再考」，『アウシュヴィッツとエルサレム』p.120-121.

35. H．アーレント「能動的忍耐」，『隠された伝統――パーリアとしてのユダヤ人』p.54.

36. H．アーレント『記録　1号――青年ユダヤ団』，1942年5月13日.

37. S．クルティーヌ＝ドゥナミ『ハンナ・アーレント』(S. Courtine-Denamy, *Hannah Arendt*, Paris, Belfond, 1994) p.29.

38. H．アーレント『記録　1号――青年ユダヤ団』，1942年5月13日.

39. H．アーレント「歴史の概念」，『文化の危機』p.94.

40. H．アーレント『反ユダヤ主義』p.166.

41. H．アーレント『ショーレムへの書簡』p.224. ゴルダ・メイアとの出会いについては以下を参照. H．アーレント「1961年4月26日のH．ブリュヒャー宛の手紙」，『ハンナ・アーレント＝ハインリヒ・ブリュヒャー往復書簡』p.481-482.

42. この点については以下を参照. H．アーレント「宗教と政治」，『全体主義の本性』，「歴史の概念」と「権威とは何か」，『文化の危機』.

43. H．アーレント「テオドーア・ヘルツルのユダヤ国家50年」，『出来事を思考する』p.124-125. 次も参照. 前掲論文「再評価されるユダヤの歴史」.

44. H．アーレント「テオドーア・ヘルツルのユダヤ国家50年」，『出来事を思考する』p.124.

45. H．アーレント『記録　1号――青年ユダヤ団』，1942年5月13日.

46. H．アーレント『エルサレムのアイヒマン――悪の陳腐さについての報告』p.20.

47. H．アーレント『記録　1号――青年ユダヤ団』，1942年3月11日.

48. H．アーレント「ユダヤ軍，ユダヤ政治の始まり？」，『アウシュヴィッツとエルサレム』(H. Arendt, «L'armée juive, le début d'une politique

juive?»（14/11/41），*AJ*）p.25．強調はわれわれによる．

49．H．アーレント「背水の陣」，『アウシュヴィッツとエルサレム』（H. Arendt, «Le dos au mur»（3/7/42），*AJ*）p.44.

50．H．アーレント「諸民族の和解を実現するための方法」，『出来事を思考する』p.115，120.

51．H．アーレント「軍隊から旅団へ」，『アウフバウ』誌（H. Arendt, «Von der Armee zur Brigade. Eine kleine Erfüllung, aber immerhin eine Erfüllung», *Aaufbau*，6/10/1944）.

52．H．アーレント『アイヒマン―― 1946年2月18日ホフストラ大学』（H. Arendt, *Eichmann. Hofstra College*, 18/2/1946, *LC*, boîte 67）.

53．以下を参照．K．ブルーメンフェルト「反ユダヤ主義の克服」，『アウフバウ』誌（K. Blumenfeld, «Uberwindung des Antisemitismus», *Aufbau*, 24/11/41）.

54．H．アーレント「シオニズム再考」，『アウシュヴィッツとエルサレム』p.117．ヴァイツマンは，1911年からシオニズムの方向を決定するようになった「実践的シオニズム」のリーダーであった．ヴァイツマンについては，以下を参照．H．アーレント「個人の財産」，『現代のユダヤ人の記録』（H. Arendt, «the assets of personality», *Contemporary Jewish Record*, avril 1945），「シオニズムへの唯一の進路」，『サタデー・リヴュー・オブ・リテラチャー』（«Single track to Zion», *Saturday Review of Literature*, 5/12/49）.

55．G．ショーレム「1946年1月28日のH．アーレント宛の書簡」，前掲書p.665.

56．H．アーレント「1938年8月24日のH．ブリュヒャー宛の書簡」，『ハンナ・アーレント＝ハインリヒ・ブリュヒャー往復書簡』p.55．以下も参照．「残された者の考え」，『アウシュヴィッツとエルサレム』p.30と「シオニズムの危機」，『アウシュヴィッツとエルサレム』p.54.

57．H．アーレント『反ユダヤ主義』p.29，31.

58．H．アーレント「ユダヤ軍，ユダヤ政治の始まり？」，『アウシュヴィッツとエルサレム』p.23.

59．H．アーレント「シオニズム再考」，『アウシュヴィッツとエルサレム』p.119，118.

60．H．アーレント「残された者の考え」，『アウシュヴィッツとエルサレム』p.27-28．以下も参照．「テオドーア・ヘルツルのユダヤ国家50年」，『出来事を思考する』p.130.

61．H．アーレント「シオニズム再考」，『アウシュヴィッツとエルサレム』p.117.

62．「1946年1月28日のショーレムのH．アーレント宛書簡」，前掲書p.311-312と「1946年4月21日のアーレントの返答」，『アルシーブ・

G．ショーレム――エルサレム国立・大学図書館』(*Archives G. Scholem, Bibliothèque nationale et universitaire de Jérusalem*).

63．H．アーレント「シオニズム再考」,『アウシュヴィッツとエルサレム』p.129-130.

64．T．セゲブ『700万番目――イスラエル人とジェノサイド』(T. Segev, *Le septième million. Les Israéliens et le Génocide*, trad. E. Errera, Liana Levi, 1933).

65．H．アーレント 前掲書『ユダヤ政治』.

66．同上.

67．H．アーレント 前掲論文「混乱」.

68．H．アーレント『記録　1号――青年ユダヤ団』, 1942年4月7日.

69．重要になるのが, 1944年, 10月14日アトランタシティーで招集されたアメリカのシオニスト協会の第47回目の年次大会である.

70．ハショメール・ハツァーイール――「若き番人」――(これは第一次世界大戦前のガリシアで創設された) はキブツ主義や社会主義者の発想に近い若者たちによる連合であった. アリアー・ハダサー――「新しい移民」――は1942年にパレスチナで中央ヨーロッパのユダヤ人によって結成され, 1948年に解散した.

71．H．アーレント「自由で民主主義的な」,『アウフバウ』誌 (H. Arendt, «Frei und demokratisch», *Aufbau*, 3/11/44) と「ユダヤ民族の家郷を救うためにはまだ時間が必要である」(1948年),『出来事を思考する』p.142.

72．H．アーレント「アメリカのユダヤ人に関する題名のないテクスト」,『ライブラリー・オブ・コングレス・ワシントン』(H. Arendt, *Texte sans titre à propos des Juifs américains*, 1948 ou 1949, *LC*, boîte 76).

73．H．アーレント「ユダヤ民族の家郷を救うためにはまだ時間が必要である」,『出来事を思考する』p.142.

74．H．アーレント「1946年11月11日のK．ヤスパース宛書簡」,『ハンナ・アーレント＝カール・ヤスパース往復書簡』p.115.

75．J. L. マグネスが, まさにビルトモアホテルでの会議の直後, 1942年8月にエルサレムで設立した集団のこと. これに参加したのは, マルティン・ブーバー, ヘンリエッタ・ゾルド, 歴史家のハンス・コーン, エルネスト・ジーモン, ローベルト・ウェルチュなどである.

76．H．アーレント「1948年9月10日のJ．L．マグネス宛の手紙」,『ライブラリー・オブ・コングレス・ワシントン』(H. Arendt, Lettre à J. L. Magnes, 10/9/1948, *LC*, boîte 12).

77．H．アーレント「1948年9月6日と1948年9月17日のJ．L．マグネス宛書簡」, 同上.

78．「1949年1月4日のアレクサンダー・ダスキンのジェイムズ・マーシ

ャル宛書簡」と「1948年10月31日のアーレントのK．ヤスパース宛書簡」（Lettre de Alexander Dushkin à James Marshall, 4/1/1949 et de H. Arendt à K. J., 31/10/1948, *C*, p.181）.

79. H．アーレント 前掲論文「混乱」.

80. H．アーレント「ユダヤ－アラブ問題は解決可能か」,『アウシュヴィッツとエルサレム』（H. Arendt, «La question judéo-arabe peut-elle être résolue?»（1943）, *AJ*）p.59. 以下も参照.「シオニズムの危機」, 同上 p.48.

81. H．アーレント「シオニズム再考」,『アウシュヴィッツとエルサレム』p.125.

82. H．アーレント「バルフォア宣言とパレスチナの委託者」,『アウシュヴィッツとエルサレム』（H. Arendt, «la Déclaration Balfour et le mandat sur la Palestine»（1944）, *AJ*）p.71.

83. 以下を参照. B．ラザール「シオニスト会議とスルタン」, 前掲書『ユダヤ人と反ユダヤ主義』（B. Lazare, «Le congrès sioniste et le Sultan»（1902）, *Juifs et antisémites, op. cit.*）p.218.

84. 以下を参照. J.-D. ブルダン, 前掲書 p.312, 314.

85. H．アーレント「バルフォア宣言とパレスチナの委託者」,『アウシュヴィッツとエルサレム』p.71.

86. H．アーレント「ユダヤ－アラブ間の協調のための新たな提言」,『アウシュヴィッツとエルサレム』（H. Arendt, «Nouvelles propositions pour une entente judéo-arabe»（25/8/44）, *AJ*）p.89.

87. J. L. マグネス「1920年5月のノルマン・ベントヴッチ宛書簡」, 前掲書『シオンにおける反対者』（J. L. Magnes, Lettre à Norman Bentwitch, mai 1920, in *Dissenter in Zion, op. cit.*）p.188. この書簡の一部は以下に再び収められている.『すべての民族と同じように？』（*Like all the nations?*, Jérusalem, 1930）.

88. H．アーレント「シオニズムの危機」,『アウシュヴィッツとエルサレム』p.54.

89. H．アーレント「マグネス，ユダヤ民族の良心」,『ジューイッシュ・ニューズレター』誌（H. Arendt, «Magnes, the conscience of the jewish people», *Jewish Newsletter*, 24/11/1952）.

90. H．アーレント「ユダヤ－アラブ間の協調のための新たな提言」（1944年）,『アウシュヴィッツとエルサレム』p.89.

91. H．アーレント「シオニズムの危機」,『アウシュヴィッツとエルサレム』p.48.

92. P．メンデス＝フロール「マルティン・ブーバー『ひとつの土地に二つの民族――ユダヤ－アラブ問題』の紹介」（P. Mendes-Flohr, Présentation de Martin Buber, *Une terre et deux peuples. La question Judeo-arabe*, Lieu

commun, 1985）p.15.

93. H．アーレント「ユダヤ民族の家郷を救うためにはまだ時間が必要である」（1948年），『出来事を思考する』p.145.

94. H．アーレント「パレスチナ問題――公開討論における論題」，『ウスター・デイリー・テレグラフ』紙（H. Arendt, «Palestine issue. Topic at forum», *Worcester Daily Telegraph*, 23/11/1948）.

95. H．アーレント「近東における平和か休戦か」，『アウシュヴィッツとエルサレム』p.187.

96. H．アーレント「1948年10月31日のK．ヤスパース宛書簡」，『ハンナ・アーレント＝カール・ヤスパース往復書簡』p.181．翻訳は変更されている.

97. H．アーレント 前掲「1948年10月31日のJ．L．マグネス宛書簡」.

98. H．アーレント「1948年11月24日のエリオット・コーエン宛書簡」，『ライブラリー・オブ・コングレス・ワシントン』.

99. H．アーレント 前掲論文「マグネス，ユダヤ民族の良心」.

100. J．L．マグネス「1930年2月6日のS．ワイズ宛書簡」，前掲書『シオンにおける反対者』（J. L. Magnes, Lettre à S. Wise, 6/2/1930, *Dissenter in Zion, op. cit.*）p.286と『すべての民族と同じように？』.

101. H．アーレント「シオニズムの危機」，『アウシュヴィッツとエルサレム』p.49.

102. H．アーレント 「近東における平和か休戦か」，『アウシュヴィッツとエルサレム』p.196.

103. J．マグネス「パレスチナにおける平和へ向かって」，『フォーリン・アフェアーズ』紙（J. Magnes, «Towards peace in Palestine», *Foreign affairs*, 21/1/1943）と「パレスチナに対する妥協――編集者あるいは『ニューヨーク・タイムズ』紙へ」，『シオンにおける反対者』（«Compromise for Palestine. To the Editor or the *New York Times*», 17/2/1945, in *Dissenter in Zion*）p.389以降とp.422以降.

104. 以下を参照．H．アーレント『パレスチナ入植に対するベルナドッテの提案についてのメモ』，『ライブラリー・オブ・コングレス・ワシントン』（H. Arendt, *Memo on Bernadotte's proposals for a Palestine settlement*, août 1948, *LC*, boîte 12）と「ベルナドットの使命――理性の失敗」，『ザ・ニューリーダー』誌（«The mission of Bernadotte. The failure of reason», *The New Leader*, oct. 1948）.

105. H．アーレント 前掲「1948年8月24日と1948年8月28日のJ．マグネス宛書簡」.

106. 1925年に知識人と入植者のグループによってエルサレムで創設された．その目的は，ユダヤ人とアラブ人の良き関係を促進することと，政治的解決を共に探求することであった.

107. G．ショーレム「1946年の1月29日のH．アーレント宛書簡」,『手紙』(G. Scholem, Lettre à H. A. 29/1/1946, in *Briefe*, Band Ⅰ：1914-1917, München Beck) p.311.

108. H．アーレント「シオニズム再考」, 前掲書 p.97. マグネスが日記に記したように,「〈ユダヤ人国家〉というスローガンは〔……〕, 実際ユダヤ人に対するアラブ人への戦争宣言と同じものなのだ」(1942年8月30日付,『シオンにおける反対者』p.382).

109. J. マグネスがH. アーレントに次のように書いた通りである.「パレスチナの世論で, ベルナドッテの暗殺に対して大きな満足があるとは, 私には考えがたい. そのせいで, 私は私たち自身の自己統治能力を疑わしく思うようになったのです」(1948年9月24日付).

110. H．アーレント「近東における平和か休戦か」,『アウシュヴィッツとエルサレム』p.176, 174, 195. ベルナドッテの暗殺後にアーレントが書いたテクストにおいて, 彼女はイスラエル政府の態度が不明瞭で混乱していると判断した. 殺人者は逮捕されず,「シュテルンのグループのメンバーは, イスラエル国家の警察さえも自分たちに同調していると世界に知らしめるために, 刑務所に服役することを利用した」. 前掲論文「ベルナドッテの使命」.

111. H．アーレント「1948年8月28日のH．L．マグネス宛の手紙」.

112. H．アーレント 前掲論文「マグネス, ユダヤ民族の良心」.

113. H．アーレント「シオニズムの危機」,『アウシュヴィッツとエルサレム』p.49と『ヨーロッパのユダヤ人に対する言葉, 1946年の講義』,『ライブラリー・オブ・コングレス・ワシントン』.

114. H．アーレント「忘却の穴」,『ユダヤのフロンティア』p.36. 以下も参照. 前掲書『全体主義の体系』p.174.

115. H．アーレント「テオドーア・ヘルツルのユダヤ国家50年」,『出来事を思考する』p.133-134.

116. H．アーレント 前掲書『ヨーロッパのユダヤ人に対する言葉』.

117. H．アーレント「テオドーア・ヘルツルのユダヤ国家50年」,『出来事を思考する』p.132-134と「1946年1月14日のK．ブルーメンフェルト宛書簡」,『ハンナ・アーレント＝クルト・ブルーメンフェルト往復書簡 1933-1963』p.56.

118. H．アーレント『エルサレムのアイヒマン——悪の陳腐さについての報告』p.250.

119. H．アーレント 前掲論文「テオドーア・ヘルツルのユダヤ国家50年」.

120. H．アーレント「ユダヤ民族の家郷を救うためにはまだ時間が必要である」,『出来事を思考する』p.133.

121. B．ヘヒト「イスラエルのパルチザン」,『ユダヤ人のフロンティア』(août 1948).

122. H. アーレント「対独協力について」,『アウシュヴィッツとエルサレム』p.163.

123. H. アーレント「シオニズム再考」,『アウシュヴィッツとエルサレム』p.101.

124. 以下を参照. H. アーレント「ユダヤ－アラブ問題は解決可能か」,『アウシュヴィッツとエルサレム』p.61.

125. H. アーレント「シオニズム再考」,『アウシュヴィッツとエルサレム』p.130-131.

126. H. アーレント『帝国主義』p.270. 翻訳では少し変更されている.

127. H. アーレント「ユダヤ－アラブ問題は解決可能か」,『アウシュヴィッツとエルサレム』p.62.

128. 以下を参照. H. アーレント「近東における平和か休戦か」,『アウシュヴィッツとエルサレム』p.97 と前掲書『パレスチナ入植に対するベルナドッテの提案についてのメモ』.

129. H. アーレント「1946 年 1 月 29 日の K. ヤスパース宛書簡」,『ハンナ・アーレント＝カール・ヤスパース往復書簡』p.69. 翻訳は変更されている. さらに以下も参照.「リトル・ロックについての考察」(1959 年),『出来事を思考する』p.235-236.

130. 以下を参照. H. アーレント「1946 年 1 月 29 日の K. ヤスパース宛書簡」, 同上.

131. H. アーレント「1957 年 12 月 16 日の K. ブルーメンフェルト宛書簡」,『ハンナ・アーレント＝クルト・ブルーメンフェルト往復書簡 1933-1963』p.258.

132. トクヴィルが次のように書いた通りである.「ニューイングランドの住民はみずからの共同体に愛着をもっているが, それは, 自分たちがそこに属し, 運営していくために苦労してもそれだけの価値があると思っている自由で力強い仲間意識を見ているからというより, 彼らがそこで生まれたからである」(前掲書『アメリカにおける民主主義』p.91).

133. H. アーレント『革命について』p.217, 247, 225, 224. 翻訳では変更されている.

134. H. アーレント「ユダヤ－アラブ問題は解決可能か」,「ユダヤ－アラブ間の協調のための新たな提言」,「近東における平和か休戦か」,『アウシュヴィッツとエルサレム』p.60, 90, 196.

135. J. L. マグネス,「パレスチナにおける平和へ向かって」と「覚書」, 前掲書『シオンにおける反対者』p.393, 354.

136. H. アーレント 前掲論文「アメリカのユダヤ人に関する題名のないテクスト」. 以下も参照.「シオニズム再考」,『アウシュヴィッツとエルサレム』p.127.

137. 1941年12月17日付の日記で，マグネスはこう記している.「宗教的には，私はユダヤ人である［……］政治的には，私はアメリカ人である（『シオニズムにおける反対者』p.379).

138. J. L. マグネス 前掲書『すべての民族と同じように？』.

139. 以下を参照. A. ゴレン 前掲書『シオンにおける反対者』p.10.

140. J. L. マグネス「エマニュエル寺院でなされた説教」，前掲書『シオニズムにおける反対者』（J. L. Magnes, «Sermon delivered at Temple Emanuel»（9/10/1909），in *Dissenter in Zion, op, cit.*）p.106.

141. H. アーレント「ユダヤ民族の家郷を救うためにはまだ時間が必要である」，『出来事を思考する』p.152.

142. われわれはここで，キブツ主義の成員の政治的立場の評価に関して，『シオニズム再考』のとても重要なもう一つの側面を扱っていない. アーレントの判断は，正義の要請と――これは直接的にユダヤ人の伝統に繋がっている――自由の公的制度との緊張についての解明との関係で，理解されるべきものである.

12章

1. H. アーレント『ノーマン・ポドホレツへ―― 1963年9月19日の会談』，『ライブラリー・オブ・コングレス・ワシントン』（H. Arendt, *Ad Norman Podhoretz. Talk*, 19/9/1963, *LC*, boîte 51).

2. H. アーレント「1961年1月2日のバッサー大学宛書簡」，E. ヤング＝ブルーエル 前掲書 p.430 より引用（H. Arendt, Lettre à Vassar College, 2/1/1961, citée par E. Young-Bruehl, *op, cit.*）p.430. 以下も参照.「1960年12月2日のK. ヤスパース宛書簡」，『ハンナ・アーレント＝カール・ヤスパース往復書簡』p.553-554.

3. H. アーレント『グラフトンへの回答―― 1963年9月20日の草稿』，『ライブラリー・オブ・コングレス・ワシントン』（H. Arendt, *Answer to Grafton. Draft*（20/9/1963），*LC*, boîte 47）p.1-2.

4. H. アーレント「1963年7月18日宛のヘルマン・メイアー＝クロネメイアー宛書簡」，『ライブラリー・オブ・コングレス・ワシントン』（H. Arendt, Lettre à Hermann Mecier-Cronemeyer, 18/7/63, *LC*, boîte 48).

5. アーレント自身，グラフトンに同書のこの一節を参照させている（『エルサレムのアイヒマン――悪の陳腐さについての報告』p.17. 翻訳は変更されている).

6. H. アーレント「1960年12月23日のK. ヤスパース宛書簡」，『ハンナ・アーレント＝カール・ヤスパース往復書簡』p.563. 翻訳は変更されている.

7. 論争で用いられる数々の言葉のなかでも，それらを最も衝撃的に凝縮し

たものが，共同書簡のタイトルに見られる．すなわち，『ハンナ・アーレントはナチスか』である．これは，1966年10月26日付『ヌーヴェル・オプセルヴァトゥール』紙において公開された．

8．E．ヤング＝ブルーエル 前掲書 p.442．特にドイツで爆発した論争に対しては，以下のわれわれの論文を参照．「再会した友との対話――ハンナ・アーレント＝カール・ヤスパース，戦後のドイツ」，『ヌーヴォー・カイエ』誌（«Dialogue avec un ami retrouvé. Hannah Arendt, Karl Jaspers et l'Allemagne d'après-guerre», *Les nouveaux cahiers*, été 1991，n°105）．

9．こうした連続性は，ユダヤ軍，シオニストの指導部が承認した「ハアヴァラ協定」と称される移転協定，1933年から1939年のあいだのナチの体制，シオニズムの意義，強制収容所の生存者の絶望，などに関係している．

10．H．アーレント「シオニズムの危機」，『アウシュヴィッツとエルサレム』p.49．

11．われわれはユダヤ人会議についての問いの分析に集中し，イスラエルの政治におけるアイヒマン裁判の位置づけに関するアーレントの判断を直接的には扱わない．

12．「1946年8月17日のH．アーレントのK．ヤスパース宛書簡」，『ハンナ・アーレント＝カール・ヤスパース往復書簡』p.100．以下も参照．「地獄絵図」，『アウシュヴィッツとエルサレム』p.152と「社会科学の諸技術と強制収容所研究」，『アウシュヴィッツとエルサレム』p.215．

13．H．アーレント「地獄絵図」，『アウシュヴィッツとエルサレム』p.153，154．

14．H．アーレント「ナチズムのあと――支配の結果」，『出来事を思考する』（H. Arendt, «Après le nazisme：les conséquences de la domination»（1950），*PE*）p.63と「組織化された罪」，同上（«La culpabilité organisée»（1945），*ibid.*）p.21-29．

15．H．アーレント『全体主義の独裁政権における道徳的責任』（1965/66年），『ライブラリー・オブ・コングレス・ワシントン』（boîte 62）．

16．H．アーレント『エルサレムのアイヒマン――悪の陳腐さについての報告』p.316．

17．H．アーレント『全体主義の体系』p.187-188．

18．H．アーレント「地獄のイメージ」，『アウシュヴィッツとエルサレム』p.152．

19．H．アーレント『ユダヤ人の学生たち――アイヒマン，1963年7月23日』，『ライブラリー・オブ・コングレス・ワシントン』（H. Arendt, *Jewish students. Eichmann*, 23/7/1963, *LC*, boîte 61）．

20．H．アーレント「地獄のイメージ」，『アウシュヴィッツとエルサレム』p.152と『エルサレムのアイヒマン――悪の陳腐さについての報告』p.20-21．

21. H．アーレント『アイヒマン―― 1946年2月18日ホフストラ大学』，前掲書 p.4と『エルサレムのアイヒマン――悪の陳腐さについての報告』p.20.

22. H．アーレント「社会科学の諸技術と強制収容所研究」，『アウシュヴィッツとエルサレム』p.214,『全体主義の体系』p.188，前掲書『アイヒマン―― 1946年2月18日ホフストラ大学』.

23. H．アーレント「変化の日々」，『アウシュヴィッツとエルサレム』（H. Arendt, «Les juours du changement», *AJ*）p.81.「背水の陣」，『アウシュヴィッツとエルサレム』（«Le dos au mur», *AJ*）p.44. 翻訳では変更されている.「ひとが些細な悪にも屈しないとき」，『アウフバウ』誌（«Wenn man dem kleineren Übel nicht widersteht», *Aufbau*, 17/7/1942）. ホフストラ大学の会議において，アーレントは，そのアウシュヴィッツ滞在に関して，ポーランドの詩人タデウズ・ボロウスキーを引用する.「かつて人間と同じくらい希望が強かったことはなかったし，かつて収容所におけるのと同じほど希望が悪をもたらしたところはなかった. われわれは希望を捨てることを教わらなかった. したがって，われわれはガス室で死んでいくことになるのである」（同上 p.4）.

24. 同上.

25. H．アーレント 前掲書『アイヒマン―― 1946年2月18日ホフストラ大学』.

26. H．アーレント「地獄のイメージ」，『アウシュヴィッツとエルサレム』p.154.

27. H．アーレント「組織化された罪」，『出来事を思考する』p.33.

28. プリーモ・レヴィ 前掲書『休戦』（Primo Levi, *La trêve*）. S．ティスロン前掲書 p.28より引用.

29. H．アーレント「組織化された罪」，前掲書 p.33-34. これは，アーレントがヘブライ語を引用した珍しいテクストのうちのひとつだ. この場合は，キプールの祈りが以下の通り引用されている. *Avinou malkenou hotonou lefoneho*（われらの父，われらの王，われらはあなたの前で罪を犯した）. アーレントが表した政治的義務と，「他者の過失や不幸に対する」責任としての倫理的要請との類似性には驚かないわけにはいかない. そうした責任はE．レヴィナスの思考の中心にある（『存在するとは別の仕方で』（*Autrement qu'être ou au-delà de l'essence*, Livre de poche, 1990）p.24.

30. H．アーレント「共同の責任」（1968年），前掲書『存在論と政治――ハンナ・アーレント』p.178.

31. H．アーレント『エルサレムのアイヒマン――悪の陳腐さについての報告』p.137-138. 翻訳は変更されている. ツッカーマン夫人については以下も参照.「1961年5月6日のH．アーレントのハインリヒ・ブリュヒャー宛書簡」，『ハンナ・アーレント＝ハインリヒ・ブリュヒャー往復書簡』p.484.

32.「ナチの迫害に対するユダヤ人の反応」，『ドイツからのユダヤ人会議』

(«Jewish Reactions to nazi persecutions», *Council of Jews from Germany*, 12/3/1963, *LC*, boîte 47).

33. 「1963年4月10日のH．アーレントのメアリー・マッカーシー宛の手紙」(非公刊),『ライブラリー・オブ・コングレス・ワシントン』(boîte 47).

34. H．アーレント『エルサレムのアイヒマン――悪の陳腐さについての報告』p.19, 139.

35. H．アーレント『エルサレムのアイヒマン――悪の陳腐さについての報告』p.82. 翻訳は変更されている.

36. この点については以下も参照. イザイア・トランク『ナチ占領下の東ヨーロッパにおけるユダヤ人会議』(Isaïah Trunk, *Judenrat. The jewish councils in eastern Europe under nazi occupation*, NY, Macmillan, 1972). この書物は, まさにユダヤ人を大量虐殺する強制収容ゆえにユダヤ人会議の構成が不安定なものであったことを強調している. 道徳的に清廉潔白な成員から成っていたユダヤ人会議はそのとき, ナチ党員たちによって, よりいかがわしい者たちによって取って代わられたのだ.

37. ユダヤ人評議会の役目については, 以下を参照.『ヨーロッパのユダヤ人の根絶』. ドイツの事情はp.157-164, ポーランドの事情はp.189-193とp.200-204に記されている. ヒルバーグはこの点を次の書物の序文で銘記している. アダム・クチェルニアコフ『ワルシャワ・ゲットー手帳』(Adam Czerniakow, *Carnets du ghetto de Varsovie*, 6 *septembre* 1939-23 *juillet* 1942, La Découverte, 1996) p. XII以降.

38. I. トランク 前掲書p.43.

39. 以下を参照. H. アーレント『エルサレムのアイヒマン――悪の陳腐さについての報告』p.72. ローベルト・ウェルチュはドイツシオニズムの, そしてブリト・シャロームの卓越した成員であった.

40. 「1963年のローベルト・ウェルチュのH．アーレント宛書簡」と「1963年8月29日のH．アーレントのローベルト・ウェルチュ宛書簡」,『ライブラリー・オブ・コングレス・ワシントン』(*LC*, boîte 48).

41. H．アーレント『ショーレムへの書簡』p.227. 翻訳は変更されている.

42. H．アーレント『エルサレムのアイヒマン――悪の陳腐さについての報告』p.19.

43. 同上.

44. 同上p.50. アーレントはまたこう付け加えている. 彼らはまた, さらに他のヨーロッパの国でも同じく未来はなかったということに気づくことになる. それゆえ, ある人たちは――彼女の予想に反して――ドイツに帰ってきた.

45. 『エルサレムのアイヒマン』の初版で, アーレントは, アイヒマンのような人物がレオ・ベックに与えたユダヤ人の「総統」(Führer) というあだ名を再び用いている. これをR. ヒルバーグが引用したのだが (『ヨーロッパの

ユダヤ人の根絶』p.385)，第 2 版では彼女はこれを削除した．

46．アルベルト・ホッシャンダー・フリートレンダー，「アイヒマンについてのアーレント報告とユダヤ共同体——評価」，『セントラル・カンファレンス・オブ・アメリカン・ラビ』(Albert Hoschander Friedländer, «The Arendt report on Eichmann and the jewish community：an evaluation», *Central conference of american rabbis*, oct. 63）p.54.

47．「ハンス・ヨナスのH．アーレント宛書簡」，『ライブラリー・オブ・コングレス・ワシントン』(boîte 11)．

48．H．アーレント 前掲書『ユダヤ人問題』(1937 年あるいは 1938 年)．

49．H．アーレント『エルサレムのアイヒマン——悪の陳腐さについての報告』p.51．アーレントはここで，R．ヒルバーグ前掲書 p.49 に依拠している．

50．H．アーレント 同上 p.72.

51．H．アーレント『エルサレムのアイヒマン——悪の陳腐さについての報告』p.19.

52．R．ヒルバーグ 前掲書 p.900 からの引用とH．アーレント『エルサレムのアイヒマン——悪の陳腐さについての報告』p.135.

53．メアリー・マッカーシー「抗議の叫び」，『パーティザン・リヴュー』誌 (Mary McCarthy, «The hue and cry», *Partisan Review*, jan.-fév. 1964）p.84.

54．H．アーレント『エルサレムのアイヒマン——悪の陳腐さについての報告』p.130-131，133.

55．以下を参照．メアリー・マッカーシー，「抗議の叫び」，前掲書 p.86.

56．H．アーレント「個人的責任」，前掲書 p.100 と『道徳哲学の幾つかの質問——第 1 部』．

57．H．アーレント 前掲書『道徳哲学の幾つかの質問』p.6-7．ただし，アーレントが書く通り，「運がよければ，全体主義の独裁の下でこのような道徳的態度をとっても，同国人から孤立するくらいですむ．運が悪ければ，こうした態度をとれば死へと行き着くことになる」(同上)．

58．H．アーレント『道徳哲学の幾つかの質問——第 3 部』(10/3/1965, 024602a)．

59．ジョージ・カテブ『ハンナ・アーレント——政治，良心，悪』(George Kateb, *Hannah Aredt. Politics, conscience, evil*, Rowman et Allanheld, 1984) p.57.

60．同上 p.133，147，191-197，131.

61．H．アーレント『エルサレムのアイヒマン——悪の陳腐さについての報告』p.139 と『ショーレムへの書簡』p.226.

62．I．トランクによれば，ユダヤ人評議会の成員のおよそ 8 割が命を落とした．この立場はいかなる場合にも，共通の運命に対する防護になることはなかった（前掲書 p.328)．

63. H．アーレント『エルサレムのアイヒマン――悪の陳腐さについての報告』p.134，133，141．裏切り者や協力者について語ることの拒絶を解明するためには以下を参照．「恐るべきロビンソン博士」，『パーリアとしてのユダヤ人』（«The formidable Dr. Robinson：A reply by Hannah Arendt», in *The Jew as pariah*）p.261.

64. H．アーレント 前掲「グラフトンへの返答」．これはまさにA．チェルニアコフの手帳を読んだことから生じた印象ではないだろうか．

65. H．アーレント「あなたは私を理解しなかった」（H. Arendt, «Vous ne m'avez pas comprise»）．G．ショーレムへの回答（Réponse à G. Scholem（*Aufbau*，20/12/63）），前掲書『神学－政治』p.29および前掲書『ホフストラ大学』．

66. M．マッカーシー「抗議の叫び」，前掲書p.85.

67. H．アーレントp.225．強調はわれわれによる．

68. 以下を参照．I．トランク 前掲書p.17以降．

69. 以下を参照．H．アーレント『ニューズウィークのインタビュー集』，『ライブラリー・オブ・コングレス・ワシントン』（H. Arendt, *Corrections à l'interview de Newsweek, LC*, boîte 47）．われわれは「彼らがそれを知ったとき」と銘記しておこう．それは，一方では，女性から子供まで何百万人もを絶滅するための必要不可欠条件である秘密の戦略を念頭におくためであり，他方では，1942年から徐々に漏れ聞こえはじめた恐るべき情報を信じることの極端な困難――ユダヤ人も非ユダヤ人もすべての者にとっての困難――を心に刻み込んでおくためである．

70. 「ユダヤ民族が本当に解体していて指導者たちもいなかったら，カオスが，そして多くの惨事も君臨していただろう．しかし，犠牲者の数は600万人よりも少なく450万人にも達しなかっただろう」（『エルサレムのアイヒマン――悪の陳腐さについての報告』p.14）とアーレントが書いたとき，彼女は自分なりにエマニュエル・リンゲルブルムの次のような判断を再び採り上げているのだ．「われわれは強制収容をなすすべもなく展開させるべきではなかった．街頭に飛び出し，至るところに火をつけ，壁を取り壊し，アーリア人の陣営に逃れなければならなかったのだ．そうすれば，ドイツ人は復讐することになっただろう．それによって，われわれの側に何万もの犠牲が出ることになっても，30万人には達しなかっただろう」（『ワルシャワ・ゲットーの年代記』（*Chronique du ghetto de Varsovie*, Payot, 1995）．

71. 以下を参照．「1963年のH．アーレントのM．マッカーシー宛書簡」，前掲書p.152.

72. 以下を参照．E．ジーモン「ハンナ・アーレント――ある分析」，『論争――ハンナ・アーレント，アイヒマン，ユダヤ人』（E. Simon, «Hannah Arendt. Eine Analyse», in *Die Kontroverse, Hannah Arendt, Eichman und*

die Juden, Nymphen Verlagshandlung, 1964) p.73.

73. H．アーレント『ショーレムへの手紙』p.226.

74. M．マッカーシー 前掲書 p.86.

75. H．アーレント『エルサレムのアイヒマン――悪の陳腐さについての報告』p.311.

76. G．エゾルスキー「全体主義とホロコーストについてのハンナ・アーレントの見地」,『フィロソフィカル・フォーラム』誌（G. Ezorsky, «Hannah Arendt's view of totalitarianism and the holocaust», *The philosophical forum* XVI，n° 1-2, hiver 1984-1985).

77. 以下より引用．アンリ・ミンクゼール『ブントの一般的歴史』(Henri Minczeles, *Histoire générale du Bund. Un mouvement révolutionnaire juif*, Austral, 1995) p.407.

78.「1963年7月18日のH．アーレントのユダ・ゴルディン宛書簡」,『ライブラリー・オブ・コングレス・ワシントン』(Lettre de H. Arendt à Judah Goldin, 18/7/1963, *LC*, boîte 47).

79. H．アーレント『エルサレムのアイヒマン――悪の陳腐さについての報告』p.142. そのことが彼女の第一の目的であったということは，ロナルド・ベルマンによって感知されていた（「人類の敵」(«Hostis humani generis», *Kenyon Reviex*, été 1963)). このテクストを受け取ったあとに，アーレントは彼にこう書いた.「私はすごく嬉しかったです．私が読んだなかで最も洞察力に富み知性に溢れた解説でした」(「1963年9月20日のR．ベルマン宛書簡」,『ライブラリー・オブ・コングレス・ワシントン』(Lettre à R. Berman, 20/9/1963, *LC*, boîte 46).

80.『ショーレム宛書簡』p.225.

81. H．アーレント 前掲『グラフトンへの回答』.

82. I．トランクは次のように示している．みずからで犠牲者を選べという命令に関して，ラビたちは伝統的な教えにもとづいた共通の倫理的立場に至ることはなかった．なかには，異邦人に届けるためにユダヤ人を選別することを禁じたマイモニデスの次のような古い命令を援用する者（たとえばヴィルナ出身の者など）もいた.「もし異邦人があなたにこう言うとしよう.〈あなたがたの誰かを引き渡せ．われわれはその者を殺す，さもなければあなたがた全員を殺す〉．そうであれば，みなが殺されなければならないのだ．ユダヤ人の唯一の魂は引き渡されてはならない」．別の者たちが援用するのは，タルムードの命令であり，それによれば，国の法が法であるということになる（たとえばトゥーレク＝ヴァルテラント地区において)，前掲書 p.425 以降.

83. これはたとえば，カストナーによって引き起こされた議論である．以下を参照．H. アーレント『エルサレムのアイヒマン――悪の陳腐さについての報告』p.149.

84. 以下を参照.『ヨーロッパのユダヤ人の根絶』p.896.

85. I. トランク 前掲書 p.420-424.

86. 以下を参照. H. アーレント『エルサレムのアイヒマン——悪の陳腐さについての報告』p.148.

87. H. アーレント『エルサレムのアイヒマン——悪の陳腐さについての報告』p.148. こうした議論に対する完全な反対意見として，ワルシャワの名も知れぬ人の反論——これはI. トランクによれば，極端な反論ということになるが——を引用しておこう.「ユダヤ人会議もない. 警察もない. 何もない. やりたいことをやればいい. われわれはそれに応じない. あなたがたはわれわれを捕まえたいのでしょう（強制労働をさせるため）——ならば，捕まえればいい. あなたがたはわれわれを殺したがっている. だったら殺せばいい. これは受動的な抵抗だ. あなたがたはわれわれを支配したいと考えている——それがおそらく必然だから——. しかし，われわれは決して自発的に協力する臣下にはならない」（前掲書 p.17）.

88. H. アーレント『エルサレムのアイヒマン——悪の陳腐さについての報告』p.148.

89. H. アーレント『エルサレムのアイヒマン——悪の陳腐さについての報告』p.134，M. マッカーシー「抗議の叫び」，前掲書 p.85.

90. H. アーレント『ショーレム宛書簡』p.224.

91. メアリー・シルキン 前掲書 p.11-12.

92. K. ヤスパース『ドイツの罪』（K. Jaspers, *La culpabilité allemande*, Minuit, 1990）p.81.

93.「1963年8月16日のR. ウェルチュのH. アーレント宛の手紙」と「1963年8月29日のアーレントの返答」.

94. A. アルヴァレス「それはあらゆる場所で起こったのではない」，『ニューステイツマン』誌（A. Alvarez, «It did not happen everywhere», *New Statesman*, 11/10/1963）p.488.

95. ハーベイ・シャピロ「1964年2月16日のH. アーレント宛書簡」，『ライブラリー・オブ・コングレス・ワシントン』（Harvey Schapiro à H. A., 16/2/1964, *LC*, boîte 51）とH. アーレント 前掲『グラフトンへの回答』.

96.「1963年7月1日のG. ヴァイラーのH. アーレント宛書簡」，「1966年3月31日のアーサー・ハーツバーグのH. アーレント宛書簡」と「1966年4月8日のアーレントの回答」，『ライブラリー・オブ・コングレス・ワシントン』（Lettre de G. Weiler à H. A., 1/7/1963, de Arthur Hertzberg à H. A. du 31/3/1966 et réponse d'Arendt du 8/4/1966, *LC*, boîte 47）. 以下も参照. A. ハーツバーグ「ユダヤ人の殺人を弁明する」，『ナショナル・カトリック・リポーター』（A. Hertzberg, «Expaining away the murder of the Jews», *National Catholic Reporter*, 24/2/1965）.

結論

1．「批判 —— BBC におけるボウネン，H．ホブソン，C．シルヴェスター，G．メリー，A．アルヴァレス」(«The critics», Discussion à la BBC entre Bownen, H. Hobson, C. Sylvester, G. Melly, A. Alvarez (13/10/1963), *LC*, boîte 51).

2．M．アバンスール「いかにしてハンナ・アーレントと共に政治を思考するか」，前掲書 p.184.

3．H．Arendt，「ローザ・ルクセンブルク」，前掲書『政治的生』p.50-52, 55，63.

4．H．フリートレンダー 前掲書 p.55.

文献目録

1．より完全な文献目録としては，S．クルティーヌ＝ドゥナミとW．ハウア（ドイツ語版）によって記載された著作群を参照.

文献目録

I　フランスで出版された ハンナ・アーレントの著作

Condition de l'homme moderne, Calmann-Lévy, 1961, trad. G. Fradier, nouvelle édition préfacée par Paul Ricoeur, Agora, 1983.

Essai sur la révolution, Gallimard, 1967, trad. M. Chrestien, nouvelle édition Gallimard, coll. « Tel », 1985.

Eichmann à Jérusalem. Rapport sur la banalité du mal, Gallimard, 1966, trad. A. Guerin, nouvelle édition revue par M.I. Brudny de Launay, Gallimard, Folio, 1991.

Sur l'antisémitisme, Calmann-Lévy, 1973, trad. M. Pouteau, nouvelle édition, Le Seuil, coll. « Points Politiques », 1984 ; *L'impérialisme*, Fayard, 1973, trad. M. Leiris, nouvelle édition Seuil, coll. « Points », 1984 ; *Le Système totalitaire*, Seuil, coll. « Points », 1972, trad. J.L. Bourget, R. Davreu et P. Lévy.

La crise de la culture, Gallimard, 1972, coll. « Idées », traduit sous la direction de P. Levy.

Du mensonge à la violence. Essais de politique contemporaine, Calmann-Lévy, 1972, trad. G. Durand. Réédition Agora Presses Pocket, 1989.

Vies politiques, Gallimard, trad. E. Adda, J. Bontemps, B. Cassin, D. Don, A. Kohn, P. Levy, A. O. Faure. Nouvelle édition, coll. « Tel », 1986.

La vie de l'esprit, vol. I : La pensée, vol. II ; Le vouloir, PUF, 1981 et 1983, trad. L. Lotringer.

Rahel Varnhagen, la vie d'une Juive allemande à l'époque du romantisme, Tierce, 1986, trad. H. Plard, réédition Pocket Agora, 1994.

La tradition cachée, Bourgois, 1987, trad. S. Courtine-Denamy. Réédition 10/18, 1993.

Penser l'événement, Belin, 1989, trad. sous la direction de C. Habib.

Le concept d'amour chez Augustin, Tierce, 1991, trad. A.S. Astrup, préface G. Petitdemange. Réédition Rivages, 1999.

La nature du totalitarisme, Payot, 1990, trad. et présentation de M.I. Brudny-de Launay.

Auschwitz et Jérusalem, Tierce, 1991, trad. S. Courtine-Denamy, préface F. Collin. Réédition Agora Pocket, 1993.

Juger. Sur la philosophie politique de Kant, Seuil, 1991, trad. M. Revault d'Allonnes, avec deux essais interprétatifs de R. Beiner et M. Revault d'Allonnes.

Qu'est-ce que la politique ?, Seuil, 1995, trad. et préface S. Courtine-Denamy.

Considérations morales, Rivages, 1996, trad. M. Ducassou et D. Maes.

La philosophie de l'existence et autres essais, Payot, 2000.

Les origines du totalitarisme, suivi de Eichmann à Jérusalem, Gallimard, coll. « Quarto », 2002, éd. P. Bouretz.

Ⅱ 書 簡

Hannah Arendt-Karl Jaspers. Correspondance 1926-1969, Payot, 1996, trad. E. Kaufholz-Messmer, avant-propos L. Köhler et H. Saner.

Hannah Arendt-Mary Mc Carthy. Correspondance 1949-1975, Stock, 1996, trad. F. Adelstein, préface C. Brightman.

Hannah Arendt-Kurt Blumenfeld. Correspondance 1933-1963, Desclée de Brouwer, 1998, trad. J. L. Evard, préface M. Leibovici.

Hannah Arendt-Heinrich Blücher. Correspondance 1936-1968, Calmann-Lévy, 1999, trad. A. S. Astrup, introduction L. Köhler.

Hannah Arendt-Martin Heidegger. Lettres et autres documents, 1925-1975, (trad. P. David, Paris, Gallimard, 2001).

*Hannah Arendt-Hermann Broch. Briefwechsel. 1946 bis 1951, (*Jüdischer Verlag, ed. P. Michaël Lützeler, 1996).

Ⅲ ハンナ・アーレント研究書もしくは アーレント論を含めた著作 (主要なもの)

Amiel Anne, *Hannah Arendt, politique et événement*, PUF, 1996 ; *La non-philosophie de Hannah Arendt. Révolution et jugement*, PUF, 2001.

Barnow Dagmar, *Visible spaces : Hannah Arendt and the German-jewish experience,* The John Hopkins University Press, 1990.

Bernstein Richard, *Hannah Arendt and the jewish question*, Polity Press, 1996.

Bernauer James ed., *Amor mundi : Explorations in the faith and thought of Hannah Arendt*, Martinus Nijhoff, 1987.

Bowen-Moore Patricia, *Hannah Arendt's philosophy of natality*, St Martin's Press, New York, 1989.

Brossat Alain, *L'épreuve du désastre. Le XXe siècle et les camps*, Albin Michel, 1996.

Brudny Michèle-Irène, *Hannah Arendt, la question juive et le totalitarisme*, thèse soutenue à Paris X, 17/12/1991.

Canovan Margaret, *Hannah Arendt. A reinterpretation of her political thought*, Cambridge University Press, 1992.

Caloz-Tschopp Marie-Claire, *Les sans-État dans la philosophie d'Hannah Arendt. Les humains superflus, le droit d'avoir des droits et la citoyenneté*, Éditions Payot, Lausanne, 2000.

Cedronio Marina, *Hannah Arendt : politique et histoire. La démocratie en danger*, trad. M. Raiola, L'Harmattan, 1999.

Chaumont Jean-Michel, *Autour d'Auschwitz. De la critique de la modernité à l'assomption de la responsabilité historique*, Académie royale de Belgique, 1991.

Collin Françoise, *L'homme est-il devenu superflu ? Hannah Arendt*, Odile Jacob, 1999.

Courtine-Denamy Sylvie, *Hannah Arendt*, Belfond, 1994 ; *Trois femmes dans de sombres temps : Edith Stein, Hannah Arendt, Simone Weil ou Amor fati, amor mundi*, Albin Michel, 1997 ; *Le souci du monde, dialogue entre Hannah Arendt et quelques uns de ses contemporains : Adorno, Buber, Celan, Heidegger, Horkheimer, Jaspers*, Vrin, 1929.

Enegren André, *La pensée politique d'Hannah Arendt*, PUF, 1984.

Eslin Jean-Claude, *Hannah Arendt, l'obligée du monde*, Éditions Michalon, coll. « Le Bien commun », 1996.

Ettinger Elzbieta, *Hannah Arendt et Martin Heidegger*, Seuil, 1995, trad. N. Guilhot.

Heuer Wolfgang, *Hannah Arendt*, trad. J. Chambon, Éditions Jacqueline Chambon, 1993.

Kateb George, *Hannah Arendt, Politics, conscience, evil*, Oxford, 1984.

Kristeva Julia, *Le génie féminin I, Hannah Arendt*, Fayard, 1999.

Leibovici Martine, *Hannah Arendt. La passion de comprendre*, Desclée de Brouwer, 2000.

Roviello Anne-Marie, *Sens commun et modernité chez Hannah Arendt*, Ousia, 1987.

Taminiaux Jacques, *La fille de Thrace et le penseur professionnel – Arendt et Heidegger,* Payot, 1992.

Tassin Étienne, *Le trésor perdu. Hannah Arendt et l'intelligence du politique*, Payot, coll. « Critique de la politique », 1999.

Traverso Enzo, *Les juifs et l'Allemagne. De la « symbiose judéo-allemande » à la mémoire d'Auschwitz*, La Découverte, 1992 ; *L'histoire déchirée. Essai sur Auschwitz et les intellectuels*, Cerf, 1997.

Vallée Catherine, *Hannah Arendt. Socrate et la question du totalitarisme*, Ellipses, 1999.

Villa Dana, *Arendt and Heidegger. The fate of the political*, Princeton University Press, 1996.

Young-Bruehl Elizabeth, *Hannah Arendt*, Anthropos, 1986. Réédition 1999, trad. J. Roman et E.Tassin.

Ⅳ　共同論集（主要なもの）

Die Kontroverse. Hannah Arendt, Eichmann und die Juden, Nymphenburger Verlagshandlung, München, 1964.

Hannah Arendt, Social research, 44/1, 1977.

Hannah Arendt, Esprit, n° 6, juin 1985.

Hannah Arendt, Études phénoménologiques, n° 2, 1985.

Hannah Arendt, Cahiers du Grif, 1986, éd. F. Collin.

*Hannah Arendt. Confrontations, Les cahiers de philosoph*ie, n° 4, 1987.

Ontologie et politique, Hannah Arendt, Tierce, 1988, éd. M. Abensour *et alii*, rééd. *Hannah Arendt, politique et pensée,* Payot, 1997.

Hannah Arendt, philosophie et politique, *Magazine littéraire*, n° 337, novembre 1995.

Hannah Arendt et la modernité, éd. A.M. Roviello et M. Wayembergh, Vrin, 1993.

Hannah Arendt, les sans-État et le « droit d'avoir des droits », vol. 1; Hannah Arendt, la « banalité du mal comme mal politique », vol. 2, Paris, éd. M.C. Caloz-Tchopp, L'Harmattan, 1998.

Modernité, démocratie et totalitarisme, Simone Weil, Hannah Arendt, éd. M. Cedronio, Paris, Klinsieck, 1996.

Hannah Arendt, *La Revue internationale de philosophie,* n° 208, Paris, PUF, 1999.

Hannah Arendt. L'humaine condition politique, éd. E. Tassin, L'Harmattan, 2002.

Les catégories de l'universel. Simone Weil et Hannah Arendt, éd. E. Tassin et M. Narcy, L'Harmattan, 2002.